教育部直属高校历史发展沿革概览

主编 陈昆 涂上飙

副主编 蒋明 周传彪 郑公超

武汉大学出版社

图书在版编目(CIP)数据

教育部直属高校历史发展沿革概览/陈昆,涂上飙主编.—武汉:武汉大学出版社,2018.9
ISBN 978-7-307-19376-5

Ⅰ.教… Ⅱ.①陈… ②涂… Ⅲ.高等学校—校史—中国 Ⅳ.G639.28

中国版本图书馆CIP数据核字(2018)第167142号

责任编辑:李 琼 责任校对:汪欣怡 版式设计:汪冰滢

出版发行:武汉大学出版社 (430072 武昌 珞珈山)
(电子邮件:cbs22@whu.edu.cn 网址:www.wdp.com.cn)
印刷:武汉鑫佳捷印务有限公司
开本:787×1092 1/16 印张:27.5 字数:652千字 插页:1
版次:2018年9月第1版 2018年9月第1次印刷
ISBN 978-7-307-19376-5 定价:68.00元

版权所有,不得翻印;凡购买我社的图书,如有质量问题,请与当地图书销售部门联系调换。

目 录

北京大学 ··· 1
清华大学 ··· 9
中国人民大学 ··· 16
北京师范大学 ··· 21
中国农业大学 ··· 28
北京外国语大学 ··· 37
北京语言大学 ··· 42
北京科技大学 ··· 47
北京化工大学 ··· 52
北京交通大学 ··· 56
北京邮电大学 ··· 60
中国地质大学（北京）·· 64
中国矿业大学（北京）·· 68
中国石油大学（北京）·· 72
北京林业大学 ··· 76
中国传媒大学 ··· 80
中央财经大学 ··· 84
中国政法大学 ··· 90
中央音乐学院 ··· 94
中央戏剧学院 ··· 98
中央美术学院 ·· 102
北京中医药大学 ·· 107
对外经济贸易大学 ·· 111
华北电力大学 ·· 115
南开大学 ·· 120
天津大学 ·· 125
大连理工大学 ·· 131
东北大学 ·· 136
吉林大学 ·· 142
东北师范大学 ·· 147

学校	页码
东北林业大学	151
复旦大学	154
上海交通大学	160
同济大学	166
华东理工大学	172
东华大学	177
华东师范大学	183
上海外国语大学	189
上海财经大学	195
南京大学	201
东南大学	207
中国矿业大学	214
河海大学	220
江南大学	226
南京农业大学	229
中国药科大学	235
合肥工业大学	241
浙江大学	246
厦门大学	252
山东大学	258
中国海洋大学	264
中国石油大学（华东）	269
武汉大学	273
华中科技大学	284
中国地质大学（武汉）	291
武汉理工大学	296
华中师范大学	301
华中农业大学	308
中南财经政法大学	313
中南大学	319
湖南大学	324
中山大学	330
华南理工大学	336
重庆大学	341
西南大学	347
四川大学	354
西南财经大学	361
西南交通大学	367

电子科技大学	375
西安交通大学	380
西北农林科技大学	387
陕西师范大学	396
西安电子科技大学	400
长安大学	405
兰州大学	409
中国科学技术大学	415
哈尔滨工业大学	420
北京航空航天大学	426
暨南大学	430
后记	436

北京大学

北京大学的前身是京师大学堂,成立于 1898 年。1912 年 5 月改名为北京大学,校长严复。1916 年 12 月,蔡元培出任校长。北京大学曾经是中国新文化运动的中心和五四运动的策源地。中华人民共和国成立后,北京大学在中国共产党的领导下,走上社会主义道路,现在,朝着建设世界一流大学的目标前进。学校经历了以下一些发展阶段:

1. 京师大学堂时期(1898—1911)

清政府为了应付日益繁多的外交事务活动,于 1862 年成立京师同文馆,培养外语人才。先设英文馆,后开设法文馆、俄文馆、德文馆和东文馆。1866 年,设立算学馆。京师同文馆的设立是中国新式学校的开端。

1895 年,《马关条约》签订后,维新运动迅速高涨。胡燏芬上书清廷,请裁改书院,开设学堂。1896 年 6 月,刑部左侍郎李端棻在给清政府的奏折中,提出在京师设大学堂。同时,孙家鼐也奏陈开办京师大学堂的六条意见。但由于经费困难,计划被搁置了。

1898 年年初,康有为在《应诏统筹全局折》中提出:在"京师立大学,省立高等中学,府县立中小学",并建议在内廷设"学校局"专管此事。6 月 11 日,光绪下《明定国是诏》,正式宣布变法,强调"京师大学堂为各行省之倡,尤应首先举办"。1898 年 9 月 21 日,顽固派发动政变。新政措施几乎全部被废除,唯有京师大学堂"以萌芽早,得不废",由孙家鼐继续负责筹办。12 月,京师大学堂正式开学。

1900 年,八国联军进犯北京,大学堂被迫停办。1902 年 1 月,清政府下令恢复京师大学堂,任命张百熙为管学大臣。8 月,他主持拟订一套《钦定学堂章程》,经清廷批准后颁行。这是我国第一部以政府名义规定的完整学制。章程规定,大学堂分大学预备科、大学专门科和大学院三级。大学院相当于研究生院,大学专门科即大学本科。分科大学共设 7 科 35 目,7 科即政治、文学、格致、农业、工艺、商务、医术。

1902 年 10 月 14 日,京师大学堂正式举行招生考试。12 月 17 日,京师大学堂举行开学典礼,宣布正式开学。京师同文馆正式并入大学堂。1903 年 5 月,同文馆改为译学馆,分设英、俄、法、德、日五国语言文字专科,学制五年。1903 年建立医学实业馆,后成为医学专门学校。同年设进士馆。1906 年进士馆与仕学馆合并,改为政法学堂。1909 年师范馆改为优等师范学堂,成为后来的北京师范大学。1910 年之前,大学堂设经、政、文、格致、农、工、商 7 科,科下设门,共设 46 门。1910 年调整为 7 科 13 门。除商科学制三年外,其余各科均为四年。1904 年选出 47 人派往外国留学,这是京师大学堂派出的第一批留学生。

在这期间,京师大学堂师生为反对沙俄企图吞并我国东北的阴谋,开展拒俄运动。这是北大历史上发生的第一次爱国运动,也是北大学生运动的开端。

2. 五四运动前后的北京大学

1912年5月,京师大学堂改为北京大学,大学堂总监改称大学校长,各科监督改称学长。严复为北京大学第一任校长。1913年6月译学馆停办。1914年3月农科改为农业专门学校,脱离北大而独立。1913年11月学校第一批本科生226人毕业。1914年胡仁源任北大校长。1916年学生增至1600人。1915年11月学校开始设立评议会,这是校政的最高机关。1916年9月学校在汉花园兴建300余间的宿舍楼一幢,就是著名的北大民主广场上的红楼。

1916年12月26日,蔡元培被任命为校长。他具有民主主义思想、开明的作风和渊博的学识,在教育界有崇高的地位,一去就对北京大学进行了整顿和改革。改革前的北大封建思想和官僚习气十分严重,当时的学生大多以上大学为升官发财之阶梯,对学问不感兴趣,教员中不少人不学无术。于是,他延聘了陈独秀担任文科学长、夏元瑮任理科学长。1917年年底,李大钊被聘为学校图书馆主任,兼任史学、经济学系教授。1920年鲁迅任兼职讲师。胡适、杨昌济、钱玄同、刘半农、沈尹默、马叙伦、徐悲鸿、陈垣、马裕藻、黄节、朱希祖、张星烺、李仲揆(四光)、颜任光、李书华、俞同奎、何杰、翁文灏、马寅初、陶孟和、周鲠生、陈启修等先后到北大任教,形成了一个以蔡元培、陈独秀为核心的革新营垒,推动了北大以至全国的教育、文化和学术的发展。

同时,蔡元培对北大的领导体制进行了改革,建立了相关的机构和规章制度。(1)设立评议会,将其作为全校的最高立法机构和权力机构。评议会成员由从各科学长和教授中选出组成,五名教授选评议员一人,每年选举一次。(2)设行政会议,由各专门委员会的委员长、教务长、总务长组成,将其作为全校最高行政机构和执行机关,实施评议会决定的事项。(3)设教务长。1919年4月,废各科学长,成立教务处,领导全校的教学工作。马寅初任第一任教务长。成立总务处,管理全校的人事和财政。(4)废门改系,各系成立教授会,规划本系的教学工作。此外,还扩充文理两科,停办工、商两科,把北大办成本科以文理两科为主的大学。1918年,文、理、法3科都成立研究所,招收和培养研究生。1919年,改门为系,全校共设14个系。1920年增设地质研究所、文科研究所。实行选科制,本科学生满80个单位(每周一学时的课,学完全年为一单位),即可毕业。预科学制由三年改为两年,本科由三年改为四年。

首开女禁,实行男女同校。1920年2月,王兰、奚浈、查晓园三名女生首批入北大文科旁听。1920年暑假学校正式招考录取九名本科女生。

蔡元培提倡思想自由和鼓励学术研究。他指出,大学是研究高深学问的地方,不应把大学作为升官发财的阶梯。对各派学术,他主张兼收并蓄、兼容并包。

1915年,全国兴起新文化运动。陈独秀主张民主与科学,其任北大文学科学长后,实现了《新青年》与北大的结合,使北大成为当时新文化运动的中心。学校的新派以陈独秀、鲁迅、钱玄同、胡适等人为主，另有以刘师培、辜鸿铭、梁漱溟等人为主的旧派，针锋相对。1918年秋至1920年年初，毛泽东和蔡和森等来到北京。毛泽东在北大图书馆工作半年，受到李大钊思想的直接影响，由一个革命民主主义者转变为一个共产主义者。

1919年5月1日，中国在巴黎和会上外交失败的消息传至国内。5月2日，蔡元培在北京大学大饭厅号召大家奋起救国。5月4日，北京十几所中等以上学校学生队伍3000多人，在天安门汇齐，痛斥帝国主义侵华罪行和反对北洋政府的卖国行径。"五四"当晚，在北大三院召开大会，蔡元培发表支持学生的讲话。5日，北大学生约同其他学校开始总同盟罢课。

在北大的发起下，5月6日，成立"北京中等以上学校联合会"，会址设在北大二院。8日，迫于北洋政府的压力，蔡元培提出辞职，出走天津。6月3日，反动当局逮捕学生一百七十多名，绝大部分是北大学生，引起全国各界的强烈抗议。北洋政府迫于形势，10日决定罢免曹汝霖、陆宗舆、章宗祥。28日，中国驻巴黎和会代表被迫拒绝签署和约。"五四"爱国运动取得重大胜利。

五四运动后，马克思主义在中国广泛传播。北京大学涌现出一批具有初步共产主义思想的知识分子，邓中夏、黄日葵、高君宇、何孟雄、范鸿劼等是其中的卓越代表。以后，在中共组织领导下，北大师生还积极开展声援京汉铁路工人的"二七"罢工、上海的五卅运动，以及发起参加反对段祺瑞卖国政府的"三一八"斗争。1927年4月28日，奉系军阀张作霖杀害李大钊和其他19名革命者。7月2日决定取消北大，将北京的9所国立高校合并成为所谓的"京师大学校"。

3. 南京国民政府时期的北京大学（1928—1949）

1928年6月，京师大学校改为中华大学，后又改为北平大学。遭到北大师生的强烈反对。1929年8月，南京政府被迫决定恢复国立北京大学。1930年12月，由蒋梦麟出任校长。他按照美国的大学教育制度，提出"教授治学，学生求学，职员治事，校长治校"的主张。改文、理、法3科为文、理、法3学院，各设院长1人。文学院院长为胡适，下设哲学、史学、中国文学、外国语文学、教育学5个系；理学院院长刘树杞，下设数学、物理学、化学、地质学、生物学、心理学6个系；法学院院长为周炳琳，下设法律学、政治学、经济学3个系。从1931年起，实行教授专任制度，规定教员不得外出兼职。聘任刘树杞、李四光、饶毓泰、江泽函担任专职教授。1932年12月，公布《国立北京大学守则》，规定本科各系修业年限为四年，每年上课至少在28周以上，实行学分制，每个学生至少要修满132个学分才可毕业。1932年，研究所扩建为研究院，下设文史部、自然科学部和社会科学部。10月，第一次正式招收25名研究生。

1931年九一八事变后，北大师生组成"南下示威团"反对蒋介石的反动卖国政策。1935年，发起一二·九运动，北大有200多名学生参加。

1937年，北大与清华大学、南开大学共同组成长沙临时大学，设文、理、工、法商4个学院，17个学系，由蒋梦麟、梅贻琦、张伯苓组成的常务委员会主持，蒋兼总务长，梅兼教务长，张兼建设长。临时大学1938年4月迁至昆明，更名为国立西南联合大学，增设师范学院，共 5 个学院 26 个学系。北大设有自己的办事处，办理自身的事务。1939年夏，北京大学研究院恢复活动，开始招收研究生。到抗战后期，共设有文、理、法 3 个研究所，12 个学部。抗战结束后，北大迁回北平。

1946 年 10 月，复员后的北京大学在北平正式开学。合并了北平临时大学的一部分，有文、理、法、医、农、工，共 6 个学院 35 个系，2 个专修科。1946 年，学生总数为 3420 人。复校后，由胡适担任校长，本科学制仍为四年，工科改为五年，农科从 1947 年也改为五年，医科则是七年制，研究生学制一般为两年。

4. 中华人民共和国成立后的北京大学 30 年（1949—1979）

1949 年 5 月 4 日，北大成立了由 23 人组成的校务委员会，汤用彤教授任主任。为发扬五四运动的光荣传统，学校将每年的 5 月 4 日定为校庆日。1951 年 6 月，政务院任命马寅初为北京大学校长。1949 年 6 月开始进行部分院系调整，取消北大教育学系。9 月北大农学院与华北大学、清华大学的两个农学院合并为北京农业大学。12 月医学院划归卫生部，后改为北京医学院。1952 年的院系调整，工学院并入清华大学及其他学院，清华大学、燕京大学的文、理、法科各系以及辅仁大学、中法大学、浙江大学等校的有关系科并入北大。旧北大校园狭小，1952 年 9 月从北京城内迁至西郊原燕京大学校址（即燕园）。至此，北京大学成为一所侧重于基础科学教学和研究的社会主义文理综合性大学。全校共有 13 个系，即数学力学、物理、化学、生物、地质地理、中国语言文学、历史、哲学、经济、东方语言文学、西方语言文学、俄罗斯语言文学等系，共 33 个专业。

1954 年新设法律学系。1955 年增设经济地理专业，重设地质学专业。1956 年增设地貌学专业、地球化学专业、计算数学专业、生物化学专业、胶体化学专业、图书馆学专业、图书馆学系。至 1957 年，共设 14 个系 45 个专业。在校本科生 7143 人，研究生 199 人。科研工作也取得很大进展。1957 年承担 80 项重点科技攻关项目，在概率论、空气动力学、原子光谱学、固体物理、气象、高分子化学、生物化学、经济地理等方面的研究作出重要贡献。

从 1957 年至 1966 年这十年，北京大学在曲折中前进。1958 年，成立中国第一个原子能系，举办计算机学习班。1959 年，成立无线电电子学系和地球物理学系。1960 年增设古典文献专业、西班牙语专业，增设梵文、巴利文班，新建国际政治学系。1964 年，建立了亚非研究所、外国哲学研究所和世界近现代史研究室。1962 年，在校本科生达 10671 人。1949 年至 1965 年，为国家培养了 30000 余名本科生和 200 余名研究生。

5. 改革开放 10 年的北京大学（1979—1989）

从 1979 年开始，北京大学逐步对学校结构进行改革：继续重视基础学科专业，加强技术科学和应用型学科，发展新兴边缘学科；以培养本科生和研究生为主，增加研究生的比重，开展各种形式的成人教育。在改革中，扩建心理学系、考古系，地质地理系分开设立地质学系和地理学系，建立英语语言文学系。在理科方面，新建、加强力学系、计算机科学技术系、概率统计系、技术物理系、无线电电子学系、地球物理学系及信息、应用数学、环境生物学与生态学、应用生物化学、计算机系统结构和软件等专业。在文科方面，加强经济、政法等方面的系科专业。新建经济管理学系、国际经济学系，与经济学系一起组成经济学院。扩大法律学系，增设经济法、国际法两个专业。新建政治学与行政管理系。增设宗教学、逻辑学、情报学、国际文化、编辑、秘书等专业。

到 1989—1990 学年，学校共设有 1 个学院（经济学院），29 个系，82 个专业。这些学系是：数学系、概率统计系、力学系、物理学系、技术物理系、地球物理系、无线电电子学系、计算机科学技术系、化学系、生物学系、地质学系、城市与环境科学系、心理学系、中国语言文学系、历史学系、考古学系、哲学系、国际政治系、政治学与行政管理系、经济学系、国际经济系、经济管理系、法律学系、图书馆学系、社会学系、东方语言文学系、西方语言文学系、俄罗斯语言文学系、英语语言言文学系。

有 123 个学科、专业有硕士学位授予权，其中有 75 个学科、专业有博士学位授予权。1990 年，在校本科生 6682 人，研究生 2636 人（博士生 433 人），外国留学生 571 人，进修教师 322 人，还有夜大生 248 人，函授生 4930 人。全校有教职工 7560 人，其中专任教师 2439 人，专任教师中有教授 292 人，副教授 938 人，讲师 758 人，助教 388 人，教员 63 人。教师中有中国科学院学部委员 25 人，国务院学位委员会委员及学科评议组成员 32 人，博士研究生导师 186 人。有突出贡献的中青年国家级科技专家 9 人。在老教师中，有一批学识渊博、蜚声中外的专家、学者，如周培源、费孝通、雷洁琼、陈岱孙、季羡林、冯友兰、闻家驷、陈守一、芮沐、王铁崖、朱德熙、邓广铭、樊弘、金克木、江泽涵、段学复、程民德、王仁、胡宁、胡济民、谢义炳、刑其毅、唐有祺、徐光宪、高小霞、张青莲、冯新德、侯仁之、乐森璕、董申葆、李汝祺、吴祖缃、周一良、宿白、张岱年、黄楠森、王宪钧、罗志如、陈振汉、赵靖、杨周翰、李赋宁、庄圻泰、廖山涛、丁石孙、孙天风、虞福春、张龙翔、陈阅增等。

先后与美国、日本、德国、法国、苏联、中国香港等 22 个国家和地区的 78 所大学和机构建立了联系。正式签订协议的已有 50 所大学，如哈佛大学、普林斯顿大学、哥伦比亚大学、早稻田大学、莫斯科大学等。

6. 今日的北京大学（1990— ）

1996 年 10 月、1998 年 5 月，北大成为国家高等教育"211 工程""985 工程"首批重点建设的高校之一。1998 年 5 月 4 日，北京大学在人民大会堂举行百年校庆，中共中央总书记、国家主席江泽民等党和国家领导人出席庆典活动。1999 年 11 月，许智宏院士出任北京大学校长。2000 年 4 月 3 日，北京大学与北京医科大学合并，组建了新的北京大学。2001 年，北大启动"元培计划"，实践新的人才培养模式。2002 年 2 月，王选院士获得 2001 年度国家最高科学技术奖。2014 年 5 月，北大启动"燕京学堂"项目。2014 年 9 月 3 日，《北京大学章程》正式核准、生效。2015 年 10 月，北大校友屠呦呦获得诺贝尔生理学或医学奖，理由是她发现了青蒿素。2016 年 8 月 29 日，学校与深圳市人民政府签署合作举办北京大学深圳校区。2017 年 9 月，北京大学入选国家"双一流"（世界一流大学和一流学科）建设高校名单。

截至2017年3月，学校共有实验室157个，国家实验室（等）1个，国家重点实验室11个，国家级重点实验室2个，国家工程实验室3个，国家工程研究中心2个，教育部人文社会科学重点研究基地13个，232个各类人文社会科学研究机构。

国家实验室是北京分子科学国家实验室（筹）。国家重点实验室有人工微结构和介观物理、分子动态及稳定态结构、蛋白质与植物基因研究、生物膜与膜生物工程（联合）、湍流与复杂系统研究、稀土材料化学及应用、区域光纤通信网与新型光通信系统（联合）、核物理与核技术、天然药物及仿生药物、环境模拟与污染控制（联合）等实验室。

"十五"期间，北京大学共获得1项国家最高科学技术奖，11项国家自然科学二等奖，8项国家科学技术进步二等奖，共有10篇论文在 *Nature* 和 *Science* 上发表。

有世界一流建设学科（41个）：哲学、理论经济学、应用经济学、法学、政治学、社会学、马克思主义理论、心理学、中国语言文学、外国语言文学、考古学、中国史、世界史、数学、物理学、化学、地理学、地球物理学、地质学、生物学、生态学、统计学、力学、材料科学与工程、电子科学与技术、控制科学与工程、计算机科学与技术、环境科学与工程、软件工程、基础医学、临床医学、口腔医学、公共卫生与预防医学、药学、护理学、艺术学理论、现代语言学、语言学、机械及航空航天和制造工程、商业与管理、社会政策与管理。

有一级学科国家重点学科（18个）：哲学、理论经济学、法学、政治学、社会学、中国语言文学、历史学、数学、物理学、化学、地理学、大气科学、生物学、力学、电子科学与技术、计算机科学与技术、口腔医学、药学。二级学科国家重点学科（25个）：国民经济学、基础心理学、英语语言文学、印度语言文学、天体物理、固体地球物理学、构造地质学、通信与信息系统、核技术及应用、环境科学、免疫学、病理学与病理生理学、内科学（肾病、心血管病、血液病）、儿科学、精神病与精神卫生学、皮肤病与性病学、外科学（骨外、泌尿外）、妇产科学、眼科学、肿瘤学、运动医学、流行病与卫生统计学、企业管理、教育经济与管理、图书馆学。

2017年12月，教育部学位与研究生教育发展中心公布了第四轮全国学科评估结果，北大获评A+学科［前2%（或前2名）］21个，居全国第一。

近年来，北京大学进入了一个新的历史发展阶段，在学科建设、人才培养、师资队伍建设、教学科研等各方面都取得了显著成绩，为将北大建设成为世界一流大学奠定了坚实的基础。今天的北京大学已经成为国家培养高素质、创造性人才的摇篮、科学研究的前沿、知识创新的重要基地和国际交流的重要桥梁和窗口。

7. 现任与历任领导

（1）现任领导。
党委书记：郝 平
党委副书记：林建华　安钰峰　叶静漪　刘玉村
常务副书记：于鸿君

纪委书记：叶静漪
党委常委：郝　平　林建华　于鸿君　安钰峰　叶静漪　刘玉村　高　松　詹启敏
　　　　　王　博　龚旗煌　陈宝剑　柴　真　蒋朗朗
校长：林建华
副校长：高　松　王仰麟　田　刚　詹启敏　王　博　龚旗煌　陈宝剑
（2）历任党委书记、校长。
历任党委书记
江隆基（1957.10—1958.09）
陆　平（1957.10—1966.06）
周　林（1977.09—1979.12）
韩天石（1979.12—1982.09）
王学珍（1984.03—1991.01）
汪家镠（1991.01—1994.07）
任彦申（1994.07—2000.03）
王德炳（2000.04—2002.04）
闵维方（2002.04—2011.08）
朱善璐（2011.08—2016.12）

历任校长

孙家鼐（1898.07—1900）	蒋梦麟（1930.12—1945.09）
许景澄（1899.07—1900.07）	胡　适（1945.09—1948.12）
张百熙（1902.01—1904.02）	汤用彤（1949.05—1951.09）
张亨嘉（1904.02—1906.02）	马寅初（1951.06—1960.03）
李家驹（1906.02—1907.07）	陆　平（1960.03—1966.06）
朱益藩（1907.07—1907.12）	周培源（1978.07—1981.03）
刘廷琛（1907.12—1910.09）	张龙翔（1981.05—1984.03）
柯劭愍（1910.09—1911.11）	丁石孙（1984.03—1989.08）
劳乃宣（1911.11—1912.02）	吴树青（1989.08—1996.08）
严　复（1912.02—1912.10）	陈佳洱（1996.08—1999.11）
何燏时（1912.12—1913.11）	许智宏（1999.11—2008.11）
胡仁源（1913.11—1916.12）	周其凤（2008.11—2013.03）
蔡元培（1916.12—1927.08）	王恩哥（2013.03—2015.02）

◎ **参考资料：**

1. 萧超然、沙健孙、周承恩等：《北京大学校史（1898—1949）》，上海教育出版社1981年版。
2. 郝平：《北京大学创办史实考证》，北京大学出版社2008年版。
3. 梁柱：《蔡元培与北京大学》，宁夏人民出版社1983年版。

4. 北京大学官网"学校概况"。
5. 北京大学百度百科条目。
6. 陶鹤山撰，萧超然审：《北京大学》，载季啸风主编：《中国高等学校变迁》，华东师范大学出版社1992年版，第1~11页。

（陈昆　涂上飙　编）

清华大学

清华大学是中国一所著名的以工科为主，建有理科、文科和管理学科的综合性大学。它经历了清华学堂（1911—1912）、清华学校（1912—1928）、国立清华大学（1928—1937）、国立西南联合大学（1938—1946）、复员后国立清华大学（1946—1948）、中华人民共和国成立后的清华大学（1949—　）时期。现在，清华大学是全国第一流的高等学府，在国际上也颇具影响。

1. 早期的清华大学

清华学堂，是"辛丑条约"后，用美国"退还"的部分"庚子赔款"办起来的一所留美预备学校。

1909 年 6 月，清政府在北京设立游美学务处，由外务部会同学部共同管辖。周自齐任总办，范源濂和唐国安为会办，负责选派游美留学生和筹建游美肄业馆。8 月，清政府将北京西北郊的清华园拨给游美学务处，作为游美肄业馆馆址。1909 年至 1911 年，游美学务处先后选派三批留美生共 180 人。著名的有梅贻琦、王士杰、秉志、张子高、赵元任、张彭春、钱崇澍、竺可桢、胡适、庄俊、周仁、姜立夫、杨光弼等。

1911 年 2 月，改名为"清华学堂"，4 月 29 日，清华学堂在清华园正式开学。

辛亥革命后，改名为清华学校，唐国安任第一任校长。学制定为 8 年，设高等、中等两科，各为四年。高等科毕业生全部资送赴美国留学，插入美国大学二、三年级学习。

1925 年，设立大学部，增设国学研究院。清华学校改组成包括大学部、留美预备部和国学研究院三个部分，逐步向完全的综合性大学过渡。1928 年正式被命名为"国立清华大学"。翌年，取消留美预备部和国学研究院。

从 1911 年到 1929 年，学校先后培养和选送留美生 1099 人，还有留美自费生、特别官费生。他们回国后，成为科学、文化和教育界的著名人士。其中有：金岳霖、吴宓、洪深、茅以升、燕树棠、汤用彤、叶企孙、钱端升、曾昭抡、李继侗、闻一多、潘光旦、雷海宗、萨本栋、梁思成、顾毓琇、周培源、王造时、高士其、汤佩松、吴其昌、贺麟、梅汝璈、陆侃如、王力、江泽涵、张荫麟、庄长恭、马寅初。

国立清华大学首任校长是罗家伦，于 1928 年 8 月就职，1930 年 5 月离任。后校长人选几经更换，1931 年 12 月，梅贻琦任校长。梅贻琦（1889—1962）是第一批直接留美生，在清华连任 17 年校长。

国立清华大学设有文学院、法学院、理学院和工学院共 16 个系，还设有理科、文科及法学三个研究所。清华大学倡导教育自主、学术独立，重视教授在办学中的作用。在清华，名师云集。文科早年有王国维、梁启超、赵元任、陈寅恪四大导师，还有闻一多、朱自清、杨树达、刘文典、俞平伯、王力、王文显、吴宓、冯友兰、金岳霖、雷海宗、张荫麟等著名学者；法学有陈岱孙、张奚若、钱端升、陈达、吴景超、潘光旦等知名教授；理科有叶企孙、吴有训、周培源、萨本栋、赵忠尧、任之恭、霍秉权、熊庆来、杨武之、孙光远、赵访熊、华罗庚、张子高、萨本铁、陈桢、李继侗、翁文灏、袁复礼、冯景兰等优秀自然科学家；工科有刘仙洲、顾毓琇、施家炀、庄前鼎、陶葆楷、李辑祥、章名涛等优秀工程学家。

1937年，清华大学南迁，在长沙与北京大学、南开大学合组国立长沙临时大学。不久，再迁昆明，定名为"国立西南联合大学"。

西南联大设有文、法、理、工和师范等五个学院共26个系，两个专修科和一个先修班。在校学生约3000人。西南联大不设校长，由北大、清华、南开三校校长和联大秘书主任组成常务委员会，常委梅贻琦主持校务。清华大学既是西南联大的一个组成部分，又单独设立了清华大学办事处，由校长梅贻琦领导。

抗日战争胜利后，1946年秋，清华大学复员回到北平清华园。清华园在北平沦陷期间，被日本侵略军抢占，仪器设备和家具损失达90%以上，图书损失超过半数。这一时期，院系有较大增加，增加了人类学系、气象学系与心理学系、法律学系、航空工程学系、化学工程系、建筑工程学系，新设了农学院，包括农艺、植物病理、昆虫学、农业化学四个系。清华大学成为包含文、法、理、工、农五个学院共26个学系的综合大学。全校学生总数增至2300多人，其中工学院学生占1200多人；教师有391人，其中教授、副教授110人。

从1925年清华设立大学部到1948年清华园解放，清华大学共培养大学本科毕业生2549人（其中工科742人），研究生138人，培育了大批优秀人才。著名的有：王淦昌、夏坚白、陈永龄、余冠英、邵循正、钱锺书、赵九章、乔冠华、吴晗、曹禺、夏鼐、季羡林、钱学森、张光斗、陈省身、费孝通、钱伟长、胡乔木、汪德熙、陈新民、蒋南翔、钱三强、王大珩、姚依林、郑天翔、宋平、叶笃正、杨振宁、李政道、邓稼先、朱光亚、黄昆、涂光炽、何东昌、梁植权、王汉斌等。

2. 中华人民共和国成立后至1978年的清华大学

1949年1月10日，北平军管会文化接管委员会正式宣布接管清华大学。中华人民共和国成立后不久，学校对院系进行了局部调整。1949年9月，农学院与北京大学及华北大学的农学院合并，成立北京农业大学。1951年5月，厦门大学、西北工学院、北洋大学3校的航空系并入清华大学，设立清华大学航空学院。

1952年6月，全国高等学校进行大规模的院系调整。北京大学、燕京大学的工学院并入清华大学，清华大学文学院、理学院和法学院并入北京大学。以清华某些院系为基础，成立了北京航空学院、北京钢铁学院、北京矿业学院、北京地质学院。院系调整后，清华大学设置机械制造、动力机械、土木工程、建筑、电机工程、无线电工程和石油工程等8个系共22个专业。不久，石油工程系又调出清华大学，组成北京石油学院。清华大学由多院制综合大学的体制，转变为一所多科性工业大学。

1952年11月，蒋南翔任清华大学校长。1956年后，实行党委领导下的校长负责制，蒋南翔校长同时任党委书记。蒋南翔（1913—1988），1932年9月入清华大学中文系，曾任清华大学地下党负责人。1949年后，任青年团中央副书记、清华大学校长、教育部副部长、高教部长、教育部长、中央委员、中共中央党校第一副校长等职。院系调整后，他出任清华大学校长，历时14年。

1955年起，清华大学先后建立了无线电电子学、自动控制、工程物理、工程化学、工程力学数学等新技术及应用理科的系和专业。到1966年6月，已拥有土木建筑工程、水利工程、精密仪器及机械制造、动力机械、农业机械、冶金、电机工程、无线电电子学、自动控制、工程物理、工程化学、工程力学数学等12个系共40个专业。

到1966年，全校共有教师2150多人，其中教授76人，副教授126人。主要有：刘仙洲、钱伟长、梁思成、吴良镛、李国鼎、张光斗、黄万里、陈梁生、吴仲华、金希武、金国藩、潘际銮、王宗淦、余谦六、张宝霖、李传信、何东昌、吕应中、李志坚、杜庆华、黄克志、高景德、何成钧、夏学江、王英杰、谢祖培。

到20世纪60年代中期，在校本科生和研究生达到万人规模（本科学制为五年和六年）。在科研方面，完成了华北最大的水利工程——密云水库的设计、屏蔽实验原子反应堆的建造、核燃料后处理工艺、高校中第一台通用电子数字计算机的研制。

毕业生中，有一批成为各条战线的骨干：如彭珮云、周光召、何祚麻、朱镕基、朱森林、吴敏达、胡仁宇、叶选平、夏国治、刘国光、赵宝江、李义杰、贾春旺、吴官正、张德邻、胡锦涛、吴邦国等。

3. 改革开放后至1998年的清华大学

党的十一届三中全会以后，清华大学进入整顿、恢复、发展、提高的新阶段。实行工作重点转移，积极贯彻教育要"面向现代化，面向世界，面向未来"的指导方针，开始了全面的教育改革。

新建了一批高技术新兴学科专业，建立了经济管理学院，增设文科三个系（社会科学系、中国语言文学系、外语系），新建了环境工程系、材料科学与工程系和城市规划系，工科类的系增至17个，扩建建筑学院。还建立了研究生院和继续教育学院，经过十年努力，按照"理工结合、文理渗透"的发展战略，完成了由多科性工业大学到以工科为主的多学科综合大学的转变。

1989年10月，全校设有建筑学院、理学院、经济管理学院等3个学院，共有28个系41个专业。有土木工程系、水利水电工程系、环境工程系、机械工程系、精密仪器与机械学系、热能工程系、汽车工程系、电机工程与应用电子技术系、电子工程系、计算机科学与技术系、自动化系、工程物理系、工程力学系、化学工程系、材料科学与工程系、应用数学系、现代应用物理系、化学系、生物科学与技术系、管理信息系统系、管理工程系、经济系、国际贸易与金融系、社会科学系、中国语言文学系、外语系等。

有硕士学位授予权的学科、专业共83个,其中有54个学科、专业有博士学位授予权。

1989年10月,全校共有在校本专科生10759人,其中本科生10574人,专科生185人;在校研究生2713人,其中硕士生2016人,博士生651人,研究生班46人;来自39个国家和地区的外国留学生164人,还有夜大学学生445人。从1978年至1989年,共培养大学毕业生13712人,毕业研究生4579人,其中已授予硕士学位4193人、博士学位339人。

在1989年首届国家优秀教学成果奖评选中,有28项优秀教学成果获奖,其中国家特等奖2项,国家优秀奖5项,北京市级奖10项,北京市高等教育局局级奖11项,获奖者62人。学校主编的教材有《核电子学》《电机过渡过程的基本理论及分析方法》《曲柄压力机》《结构力学》《工程传热传质学(上)》《激光原理》《高频电路》《信号与系统》《锅炉原理及计算》《外国建筑史》《钢筋混凝土基本构件》,参编的教材《水工钢筋混凝土》《互换性与测量技术基础》《传热学》等获国家级优秀教材奖。

全校设有核能技术、微电子学等研究所34个,12个跨系、跨学科的研究机构。经过十年努力,取得了1101项研究成果,有951项成果获得各种科技奖励,其中:国家自然科学奖9项;国家发明奖40项;国家科技进步奖50项;申请专利295件;授权专利112件。梁思成等完成的"中国古代建筑理论及文物建筑保护的研究"获国家自然科学一等奖;潘际銮等完成的"新型MIG焊接电弧控制法(OH-ARC)的研究"和茅于海等完成的"自适应和数字电可控非相参频率捷变雷达系统的研究"均获国家发明一等奖;吕崇德等完成的"大型发电机组模拟系统的研究"获国家科技进步一等奖。

学校拥有一支约4000人的教师和科技人员队伍,其中教授(含研究员、编审)412人,副教授(含副研究员、高级工程师、副编审)1590人。张维、汪家鼎、张光斗、章名涛、高景德、孟昭英、钱宁、黄文熙、吴良镛、王补宣、潘际銮、常迥等为中国科学院学部委员,有15人为国务院学位委员会委员及学科评议组成员,125人任博士研究生导师。

学校先后与22个国家和地区开展了科技合作与交流,形式有工程项目的合作研究、产品及软件的联合开发、基础研究方面的信息交流与联合培养研究生、双边学术研讨会、互派访问学者、参加国际咨询机构、举办国际短训班等。

4. 今日的清华大学

1999年,中央工艺美术学院并入,成立清华大学美术学院。2012年,原中国人民银行研究生部并入,成为清华大学五道口金融学院。在国家和社会的大力支持下,通过实施"211工程""985工程"和"双一流"建设,清华大学在人才培养、科学研究、社会服务、文化传承创新、国际合作交流等方面都取得了显著进展。目前,清华大学共设20个学院、57个系,已成为一所具有理学、工学、文学、艺术学、历史学、哲学、经济学、管理学、法学、教育学和医学等11个学科门类的综合性研究型大学。

截至2016年12月底,学校有教师3414人,其中45岁以下青年教师1793人;教师中具有正高级职务的 1353 人，具有副高级职务的 1532 人；教师中有诺贝尔奖获得者 1 名，图灵奖获得者 1 名，在清华大学工作的中国科学院院士 50 人（其中外籍院士 4 人）、中国工程院院士 37 人（截至 2017 年 11 月），16 名国家级高等学校教学名师，150 人入选教育部长江学者奖励计划特聘教授，58 人入选长江学者奖励计划讲座教授，16 人入选长江学者奖励计划青年学者，208 人获得国家杰出青年科学基金，106 人获得优秀青年科学基金，"千人计划"入选者 113 人，"青年千人计划"入选者 151 人。

截至 2017 年 3 月底，清华大学正在运行的科研机构共 354 个，其中政府部门批准建立的科研机构共 149 个，学校自主批准建立的科研机构共 107 个，学校以协议形式与校外独立法人单位联合建立的科研机构共 98 个。具有代表性的科研机构有：国家实验室 1 个：清华信息科学与技术国家实验室（筹），国家重大科技基础设施 1 个：国家蛋白质科学基础设施（北京基地），国家大型科学仪器中心 2 个：北京电子显微镜中心、北京电子能谱中心，国家重点实验室 13 个：化学工程联合国家重点实验室、环境模拟与污染控制联合国家重点实验室、低维量子物理国家重点实验室、膜生物学国家重点实验室、精密测试技术及仪器国家重点实验室、集成光电子学国家重点实验室、微波与数字通信技术国家重点实验室、智能技术与系统国家重点实验室、水沙科学与水利水电工程国家重点实验室、摩擦学国家重点实验室、汽车安全与节能国家重点实验室、电力系统及发电设备控制和仿真国家重点实验室、新型陶瓷与精细工艺国家重点实验室。

截至 2017 年 2 月，有博士后科研流动站 48 个。一级学科博士硕士学位授权点 49 个：哲学、理论经济学、应用经济学、法学、政治学、社会学、马克思主义理论、教育学、体育学、中国语言文学、外国语言文学、新闻传播学、中国史、世界史、数学、物理学、化学、生物学、生态学、统计学、力学、机械工程、光学工程、仪器科学与技术、材料科学与工程、动力工程及工程热物理、电气工程、电子科学与技术、信息与通信工程、控制科学与工程、计算机科学与技术、建筑学、土木工程、水利工程、化学工程与技术、航空宇航科学与技术、核科学与技术、环境科学与工程、生物医学工程、城乡规划学、风景园林学、软件工程、网络空间安全、管理科学与工程、工商管理、公共管理、艺术学理论、美术学、设计学。

一级学科国家重点学科 21 个：数学、物理学、生物学、力学、机械工程、光学工程、材料科学与工程、动力工程及工程热物理、电气工程、电子科学与技术、信息与通信工程、控制科学与工程、计算机科学与技术、建筑学、土木工程、水利工程、化学工程与技术、核科学与技术、生物医学工程、管理科学与工程、工商管理。二级学科国家重点学科 6 个：数量经济学、设计艺术学、专门史、分析化学、精密仪器及机械、环境工程。

面向未来，清华大学继续秉持"自强不息、厚德载物"的校训和"行胜于言"的校风，坚持"中西融会、古今贯通、文理渗透"的办学风格和"又红又专、全面发展"的培养特色，弘扬"爱国奉献、追求卓越"传统和"人文日新"精神，深入贯彻习近平总书记致清华大学建校 105 周年贺信精神，坚持正确方向、坚持立德树人、坚持服务国家、坚持改革创新、面向世界、勇于进取、树立自信、保持特色，广育祖国和人民需要的各类人才，深度参与创新驱动发展战略实施，努力在创建世界一流大学方面走在前列，为国家发展、人民幸福、人类文明进步作出新的更大的贡献。

5. 现任与历任领导

(1) 现任领导。
党委书记：陈　旭
党委副书记：邱　勇　邓　卫　李一兵　过　勇
党委常务副书记：姜胜耀
纪委书记：李一兵
校长：邱　勇
副校长：姜胜耀　薛其坤　吉俊民　杨　斌　尤　政　王希勤
教务长：杨　斌（兼）
总务长：吉俊民（兼）

(2) 历任领导。

学校名称	姓名	职务	任期
清华学堂	周自齐	监督	1911.02—1912.04
	唐国安	监督	1912.04—1912.10
清华学校	唐国安	校长	1912.10—1913.08
	周诒春	校长	1913.10—1918.01
	张煜全	校长	1918.07—1920.01
	金邦正	校长	1920.09—1921.10
	曹云祥	校长	1922.04—1927.12
	温应星	校长	1928.04—1928.06
国立清华大学	罗家伦	校长	1928.08—1930.05
	吴南轩	校长	1931.04—1931.06
	梅贻琦	校长	1931.12—1937.08
国立长沙临时大学	未设校长，设立"常务委员会"		
	由北大、清华、南开三校校长任常务委员		
国立西南联合大学	梅贻琦	常务会主席、清华校长	1938.05—1946.05
国立清华大学	梅贻琦	校长	1946.10—1948.12
清华大学	冯友兰	校务会议临时主席	1948.12—1949.05
	彭珮云	党总支书记	1949.03—1950.03
	叶企孙	校务委员会主任委员	1949.05—1952.06
	何东昌	党委书记	1950.03—1953.09
	刘仙洲	院系调整筹委会主任	1952.06—1952.09
	袁永熙	党委书记	1953.09—1956.05
		党委书记	1956.05—1966.06
	蒋南翔	校长	1952.11—1966.06
		校长	1978.06—1983.05

刘　达	党委书记	1977.04—1982.07
林　克	党委书记	1982.07—1984.02
高景德	校长	1983.05—1988.10
李传信	党委书记	1984.02—1988.09
方惠坚	党委书记	1988.09—1995.09
张孝文	校长	1988.10—1994.01
王大中	校长	1994.01—2003.04
贺美英	党委书记	1995.09—2002.02
陈　希	党委书记	2002.02—2008.12
顾秉林	校长	2003.04—2012.01
胡和平	党委书记	2008.12—2013.12
陈吉宁	校长	2012.01—2015.03

◎ **参考资料：**

1. 清华大学校史编写组编著：《清华大学校史稿》，中华书局1981年版。
2. 清华大学官网"学校概况"。
3. 清华大学百度百科条目。
4. 刘文渊、徐心坦撰，李传信、王凤生审：《清华大学》，载季啸风主编：《中国高等学校变迁》，华东师范大学出版社1992年版，第18~27页。

（陈昆　涂上飙　编）

中国人民大学

中国人民大学是中国共产党创办的第一所新型正规大学，是一所以陕北公学、华北联合大学、北方大学、华北大学为基础创立的以人文社会科学为主的综合性研究型全国重点大学。

1. 学校早期历史

陕北公学1937年9月创办于延安，校长成仿吾。宗旨是培养革命干部。华北联合大学成立于1939年7月7日，由陕北公学、延安鲁迅艺术学院、延安工人学校、安吴堡青年训练班等合并建立。成仿吾为校长，先后设置社会科学、法政、教育、文艺和外国语等5个学院。1948年，华北联合大学和北方大学合并，成立华北大学。吴玉章任校长。

2. 中华人民共和国成立至1978年的学校历史

中华人民共和国成立至1978年，中共中央和政务院于1949年年底决定成立中国人民大学。1949年12月16日，中央人民政府政务院通过《关于成立中国人民大学的决定》，任命吴玉章为校长。学校的任务是：有计划、有步骤地培养我国的各种建设干部。

1950年10月3日，中国人民大学举行隆重的开学典礼，这一天被确定为校庆日（1987年改定为11月1日，从陕北公学1937年11月1日举行开学典礼算起）。1950年，全校共有学生2930人，其中干部及工人占72%，青年学生占28%。

学校的办学目的是要为国家培养德才兼备的建设人才，政治理论课在整个教学工作中占有极为重要的地位。当时设置的政治理论课有：马克思列宁主义基础、政治经济学、中国革命史、辩证唯物主义与历史唯物主义。

建校初期，学校借鉴苏联经验，设立了42个教研室，有教员249人。1952年，学校设立马列主义研究班，主要为高等学校培养政治理论课教师。1952年，成立统计系。中央财经学院和山西大学财经学院于1953年并入中国人民大学。1952年成立函授部，建立北京、天津、太原函授辅导站，招收函授生2700多人。

1954年，成立农业经济系；对外贸易专业划出，建立了对外贸易学院；劳动专修科由劳动部接办，成立了劳动干部学校。1955年，成立新闻系和历史档案系。俄文系和外交系划出，成立了俄语学院和外交学院。1956年，增设哲学、历史、政治经济学3个系。1956年以后，学校重点转为培养政治理论师资和科研人才，培养财经、政法、新闻、档案等专业干部。

1958年，历史系分为马列主义基础系和中共党史系。1960年，成立中国语言文学系和语言文字研究所。国民经济计划系与统计系合并为计划统计系。财政系和贸易系合并为财政贸易系。农业经济系改名为人民公社经济系。到"文革"开始前，学校共设有哲学、国际政治、政治经济学、历史、新闻、法律、中国语言文学、档案、工业经济、计划统计、财政贸易、农业经济等12个系。有的专业还培养少数研究生，共接收24个国家和地区的400余名留学生。1969年12月至1972年12月，学校被下放到江西省余江县办"五七干校"，1973年学校正式被解散。

从建校至1965年，中国人民大学共取得科研成果2397项。何千之主编的《中国现代革命史讲义》、胡华主编的《中国革命史讲义》、尚钺编著的《中国历史纲要》、戴逸著的《中国近代史稿》、教研室编写的《国民经济计划学》《统计学原理》《商品学》《社会主义商业经济》等都是有影响的著作。

3. 改革开放后的学校历史

1978年7月，学校开始在原址恢复办学。国务院任命成仿吾为校长兼党委书记。此时加强了社会科学理论人才、经济管理人才和高等学校政治课教师的培养，强调本科生和研究生并重，教学和科研并重。到1989年，设有7个学院，25个系，1个部，12个研究所。经济学院设经济学、财政金融、国际经济3个系，计划统计学院设计划经济学、统计学2个系，工商管理学院设工业经济、农业经济、土地管理、贸易经济、投资经济、商品学、会计7个系。还有劳动人事学院、法学院、新闻学院、档案学院，以及哲学系、中共党史系、国际政治系、经济信息管理系、人口学系、中国语言文学系、历史系、社会学系、外语系和体育部。

1989学年全校共有学生7123人，其中博士研究生138人，硕士研究生1098人，研究生班141人，双学士学位生184人，大学本科生4666人，专科生20人，干部专修科学院514人，外国留学生133人，经济培训中心学员24人，进修生180人，短训班学员25人，另有函授生7848人，夜大生580人。全校共有教职工3991人，其中专任教师1380人。专任教师中教授138人，副教授410人，讲师484人，教员72人，助教276人。教师中，有一批是非常有名望的教师，如宋涛、胡华、戴逸、萧前、黄达、吴大琨、邬沧萍、李秀林、罗国杰、卫兴华、高放、刘铮、高铭暄、吴树青、李文海、陈先达、周新诚、吴易风、方立天、杨焕章、张立文、胡乃武、靳辉明等。

设有马列主义发展史、经济学、外国经济管理、苏联东欧、社会学、人口理论、语言文字、清史、法学、行政管理学、马列主义理论教育、软科学等12个研究所。

1978年复校以来，科研成果已有20420项，其中著作类5602项，论文类14818项。戴逸主编的《简明清史》获得首届吴玉章历史学奖、国家教委教材一等奖、北京市社科优秀成果一等奖。萧前、李秀林、汪永前主编的《辩证唯物主义原理》获得全国高等学校优秀教材奖、北京市社科优秀成果一等奖。黄达编写的《社会主义财政金融问题》获得全国高等学校优秀教材奖、北京市社科优秀成果一等奖；罗国杰主编的《马克思主义伦理学》获全国高等学校优秀教材奖、北京市社科优秀成果一等奖。萨师煊、王珊编写的《数据库系统概论》获全国高等学校优秀教材奖。

学校始终坚持党的领导，坚持马克思主义指导地位，坚持为党和人民事业服务，形成了"人民共和国建设者"的摇篮、人文社会科学高等教育的重镇、马克思主义教学与研究的高地三大办学特色，被誉为"在我国人文社会科学领域独树一帜"。学校是国家首批"985工程""211工程"重点建设大学，2017年首批入选国家"世界一流大学和一流学科"建设名单。

现有26个教学单位（23个学院、3个研究院）、25个跨学院研究机构，另设有培训学院、苏州校区、深圳研究院等。设有学士学位专业81个，硕士学位学科点186个（其中自主专业35个、交叉学科9个、专业学位22个），博士学位学科点125个（其中自主专业32个、交叉学科7个）。拥有硕士学位一级学科授权点35个，博士学位一级学科授权点20个，博士后流动站19个。

拥有8个国家重点一级学科，8个国家重点二级学科，在人文社会科学领域均居全国第一；拥有13个教育部普通高等学校人文社会科学重点研究基地，名列全国高校第一；拥有5个国家基础学科人才培养和科学研究基地、1个大学生文化素质教育基地；拥有2个教育部工程研究中心、重点实验室，4个国家级实验教学示范中心。在连续十五届的全国百篇优秀博士论文评选中，中国人民大学获选29篇，占全国已入选人文社科优秀博士论文总数的12%，在所有高校和科研院所中位居第一。

2017年，学校入选世界一流大学建设高校（A类名单），哲学、理论经济学、应用经济学、法学、政治学、社会学、马克思主义理论、新闻传播学、中国史、统计学、工商管理、农林经济管理、公共管理、图书情报与档案管理等14个一级学科入选世界一流学科建设名单，在人文社会科学领域位居全国领先地位。

截至2017年9月，学校有专任教师1883人，其中教授659人，副教授773人。有19名第七届国务院学位委员会委员和学科评议组成员，有14名教授受聘为第二届教育部社会科学委员会委员，人数居全国高校前列；有54位专家入选中央"马克思主义理论研究和建设工程"课题组首席专家或主要成员，人数居全国高校首位；先后有462人享受国务院颁发的"政府特殊津贴"；有"万人计划"入选者20人，"千人计划"入选者23人，突出贡献中青年专家19人，教育部哲学社会科学"跨世纪优秀人才培养计划工程"入选者25人，"百千万人才工程"国家级人选27人，"长江学者"奖励计划入选者67人，"长江学者"创新团队3个；有6人被评为国家级教学名师，8人获得国家杰出青年科学基金，11人获得国家优秀青年科学基金，10人荣获教育部"高校青年教师奖"，188人入选教育部"新世纪优秀人才支持计划"。

学校名师辈出，俊彦云集，已故名家大师吴玉章、成仿吾、范文澜、艾思奇、何思敬、何干之、何洛、胡华、尚钺、吴景超、李景汉、庞景仁、石峻、缪朗山、李秀林、徐禾、塞风、许孟雄、孟氧、佟柔、戴世光、刘铮、查瑞传、苗力田、吴大琨、萧前、林文益、阎达五、阎金锷、方生、高鸿业、钟契夫、吴宝康、彭明、彦奇、曾宪义、宋涛、萨师煊、王传纶、李文海、许崇德、刘佩弦、周诚、王思治、方立天、郑杭生、夏甄陶、周升业、罗国杰、蓝鸿文、甘惜分、黄顺基、庄福龄、孙国华等为学校的学科发展、学术繁荣和人才培养作出了奠基性、开创性的贡献。老一辈著名学者黄达、戴逸、卫兴华、胡钧、陈共、严瑞珍、高铭暄、王作富、许征帆、何沁、高放、方汉奇、李占祥、赵履宽、邬沧萍、陈先达、张立文、钟宇人、吴易风、胡乃武、周新城、赵中孚等成就卓著，耕耘不辍，为学校的学科建设、人才培养和科学研究奠定了坚实基础。

截至 2017 年 9 月，中国人民大学共有全日制在校生 22749 人，其中本科生 9558 人，硕士生 7890 人，博士生 3810 人，外国留学生 1491 人。留学生人数在全国高校中位居前茅。此外，学校还有在职攻读硕士学位学生 4393 人，成人高等教育学生 3410 人，网络教育注册生 68112 人。学校以"国民表率、社会栋梁"为人才培养目标，充分发挥人文社会科学学科在全国高校数量多、门类全、综合水平高的优势，积极培养高素质、高层次的理论型、管理型优秀人才，培养"人民共和国的建设者"。从陕北公学至今，学校共培养了 26 万名高水平的优秀建设者和各行各业、各个层面的领袖人才，其中既有许多成就卓著的专家学者，又有许多闻名遐迩的企业家，政绩斐然的党政军高级领导干部，以及卓有建树的新闻、法律、文学艺术和科学技术工作者。

目前，全体师生员工正在深入学习贯彻党的十九大精神和习近平总书记致中国人民大学建校 80 周年贺信精神，始终不忘"立学为民、治学报国"的办学宗旨，不忘"始终奋进在时代前列"的责任担当，不忘培养"人民共和国的建设者"的光荣使命，不忘"与党和国家同呼吸共命运"的政治追求，不忘"实事求是、艰苦奋斗"的精神品格，全面推进人才培养体系改革、思想库建设、国际影响力提升、大学形象建设和美丽校园建设"五大战略"，为把学校建成"人民满意、世界一流"大学而努力奋斗。

4. 现任与历任领导

（1）现任领导。
党委书记：靳　诺
校长：刘　伟
党委常务副书记：张建明
党委副书记、纪委书记：吴付来
党委副书记：郑水泉
常务副校长：王利明
副校长：伊志宏、洪大用、贺耀敏、吴晓球、刘元春
（2）历任领导。
历任校长
吴玉章（1950.02—1966.12）
成仿吾（1978.07—1983.06）
成仿吾（1983.06—1984.05）
郭影秋（1983.06—1985.10）
袁宝华（1985.09—1988.05）
黄　达（1991.11—1994.06）

历任书记
胡锡奎（1950.11—1956.10）
阎子元（1950.02—1951.12）
胡锡奎（1951.12—1952.11）
崔耀先（1952.11—1956.10）
胡锡奎（1956.10—1963.04）
郭影秋（1963.04—1969.09）
郭影秋（1978.07—1983.06）
成仿吾（1978.07—1983.06）
张腾霄（1983.06—1985.09）
袁宝华（1985.06—1991.11）
李焕昌（1985.09—1987.10）

◎ **参考资料：**

1. 中国人民大学档案馆编：《人大 档案 记忆（第一辑）》，中国人民大学出版社2017年版。

2. 中国人民大学官网"学校概况"。

3. 中国人民大学百度百科条目。

4. 楼杳撰，马绍孟审：《中国人民大学》，季啸风主编：《中国高等学校变迁》，华东师范大学出版社1992年版，第13~17页。

（陈昆 涂上飙 编）

北京师范大学

北京师范大学是教育部直属重点大学,是一所以教师教育、教育科学和文理基础学科为主要特色的著名学府。"七五""八五"期间,北京师范大学被确定为国家首批重点建设的十所大学之一。"九五"期间,又被首批列入"211 工程"建设计划。"十五"期间,学校进入国家"985 工程"建设计划。2017 年,学校进入国家"世界一流大学"建设 A 类名单,11 个学科进入国家"世界一流学科"建设名单。

1. 学校早期发展沿革

(1)京师大学堂师范馆。

北京师范大学前身可追溯至 1902 年 12 月创办的京师大学堂师范馆。1901 年,张百熙为管学大臣,颁布了他拟奏的《钦定学堂章程》。章程颁布后,京师大学堂创立,先办仕学馆和师范馆,师范馆首先招生,1902 年 12 月 17 日正式开学,当时考取的学生 79 人,学习 4 年。

(2)师范科。

1904 年师范馆改为优级师范科,当时招生有两种方式:一是自愿投考,在京直接考试,二是由省选择保送,通过复试录取。第一学年普通课,第二学年分科,学生学习 4 年。

(3)京师优级师范学堂。

1905 年京师大学堂优级师范科改为京师优级师范学堂,这是中国高等师范学校独立设置的开始。1908 年 10 月,举行第一次入学考试,11 月 14 日正式开学。课程学习分为"三节":公共科,学习一年(相当于预科);分类科,学习三年(相当于本科);加习科,学习一年或两年(实际并未设立)。所设课程如教育学、心理学、辩学、外国文、图画和各种自然科学,都是聘请日本人担任教师,这种状况经过了较长时间才逐步有所转变。

(4)北京高等师范学校。

1911 年 10 月,辛亥革命爆发,京师优级师范学堂陷于停顿。辛亥革命后,民国成立,修订学制。京师优级师范学堂于 1912 年 5 月 15 日改为北京高等师范学校。8 月 12 日举行开学典礼,教育总长蔡元培参加。同时,公共科改为预科,其分类的"类"改为"部"。1913 年 2 月,原各类改称为英语部、物理化学部、博物馆,8 月增设历史地理部。1915 年增设国文部、数理部和教育专修科、国文专修科、手工图画专修科。1916 年,附设音乐训练班、职工科（培养乙种实业学校教员）。1917年增设体育科。北京高等师范学校成立后，聘请了不少从日本和欧美留学回国的留学生，教师阵容很强。学生的功课学得比较扎实、认真，除专业课外，要学好公共课，特别是国文，毕业生都具有较好的国文水平。

1920年，学校开办了教育研究所，这是中国高等学校招收研究生的开始。1921年，增设理化、博物、数理三部的研究科。本科开始招收女生，男女学生同班上课。

（5）国立北京师范大学校。

1922年11月，根据北京政府公布的《学制系统改革案》规定，修业年限改为四年，同时成立北京师范大学筹备委员会。1923年7月，国立北京师范大学校正式成立。范源濂任第一任校长。学校于9月28日开学，从此中国教育史上出现了第一所师范大学。学校设教育、国文、英文、史地、数学、物理、化学、生物等8个系和体育、手工图画2个专修科，梁启超、吴承仕、陈垣、黄侃等知名学者先后到校任教，教师阵容更强。

（6）京师大学校师范部。

1927年，北京国立高校被整合为京师大学校，学校改称为京师大学校师范部。

（7）北平大学第一师范学院。

1928年6月，国民政府修订的《大学区组织条例》，北平9所国立高等学校合并为北平大学，该校改为北平大学第一师范学院，女子师范大学改为北平大学第二师范学院。大学区制试行后，各高等学校一致反对，先后要求独立。

1929年6月大学区制停止执行，北平大学第一师范学院又恢复为北平师范大学。

（8）国立北平师范大学。

1931年7月，北平大学女子师范学院与北平师范大学合并，定名为国立北平师范大学。合并后设教育师范学院、文学院、理学院及研究院11个系：文学院设国文、外国语文、历史3个系；理学院设数学、物理、化学、生物、地理5个系；教育学院设教育、体育、实用艺术3个系。

（9）国立西北联合大学。

1937年7月，卢沟桥事变发生，日寇占领北平，国立北平师范大学转移到西北，与国立北平大学、国立北洋工学院在陕西西安组为国立西安临时大学。1938年春，国立西安临时大学迁至汉中。4月，国立西安临时大学改称为国立西北联合大学。教育学院改称师范学院，设国文、英语、史地、数学、理化、教育、体育、家政8个系及劳作专修科，又设立师范研究所（后改为教育研究所）。

（10）国立西北师范学院。

1939年8月，国立西北联合大学改称国立西北大学，师范学院独立为国立西北师范学院，校址在城固。增设公民教育系和博物系后，全院共10系1科，各系学制为5年。1940年，国立西北师范学院决定迁至甘肃兰州，1941年先在兰州设兰州分院。从这一年起，城固学院学生陆续毕业，不再招生，兰州分院则逐年招生。1942年本部迁至兰州，城固学院改为分院。1944年11月全部迁移完毕。这时，学院除设有上述10系1科外，又增设国文、史地、理化、国语、体育5个专修科和劳作师资训练班、优良小学教师训练班与先修班，共有学生1010人，教师159人，并有附中、附小和附属师范部等。

（11）国立北平师范学院。

1945年抗日战争胜利后，国民党政府不准国立西北师范学院复员，引起师生和校友的强烈反对。1946年3月，国民党教育部被迫答应设立国立北平师范学院，国立西北师范学院师生可以无条件转入。7月，国立北平师范学院成立，10月复员师生陆续到齐，11月开始上课。复员后学院设国文、英语、历史、地理、数学、物理、化学、博物、教育、体育、音乐、家政等12个系和1个劳作专修科。这时全校师生共有1059人。

2. 中华人民共和国成立后的发展演变

（1）北平师范大学。

1949年2月17日，北平市军管会派钱俊瑞等代表接管学校。3月，北平市设立体育专科学校并入师院体育系。4月，中国大学理学院划归北平师范学院，该校数理、生物、化学3系200余人并入。5月，成立北平师范大学校务委员会，黎锦熙为校委会主席。9月，首都北平改称，师大也相应地改为北京师范大学。

1949年，家政系改为保育系，劳作专修科改为美术工艺系，语文专修科并入国文系，音乐系扩大为音乐戏剧系（下设音乐、戏剧2个专业），体育系改为体育卫生系。1950年，外语系改为俄语系。1951年，国文系改为中国语文系。

（2）北京师范大学。

1952年全国院系调整，辅仁大学主体并入北京师范大学。调整前学校共有12个系，人数保持在1300人左右。在调整中，中国人民大学教育学研究室和教育专修班并入，燕京大学教育系也同时并入。辅仁大学并入北京师范大学，音乐戏剧系的戏剧专业调出，并入人民艺术剧院，音乐专业恢复为音乐系。经过调整，在校学生增至2367人，教师增至343人，校舍使用面积增加近一倍，和平门外南新华街北京师范大学原校址称为南校，定埠大街原辅仁大学校址称为北校。1953年，体育卫生系从北京师范大学分出，支援中央体育学院的建立，新建政治教育系。

院系调整后，开始招收研究生，1954年在校研究生已有207人。同年，图画制图系的制图专业并入教育系，图画专业和音乐专业调出，另建北京艺术师范学院。还抽调76名教师支援10个省市的新建院校。

从1952年院系调整到1957年，学校规模有很大发展，学生人数增至4836人，教师队伍增至712人，图书馆藏书增至90万册。从1953年起开始在北太平庄建设新校舍，校舍总面积达82万平方千米，从1954年暑假起，各系陆续迁往新校。

经过百余年的发展，学校秉承"爱国进步、诚信质朴、求真创新、为人师表"的优良传统和"学为人师，行为世范"的校训精神，形成了"治学修身，兼济天下"的育人理念。北京师范大学学科综合实力位居全国高校前列。

2002年，北京师范大学成为首批拥有自主设置本科专业审批权的6所高校之一。现有本科专业69个、硕士学位授权一级学科36个、博士学位授权一级学科24个、硕士学位授权二级学科点144个、博士学位授权二级学科点109个、博士后科研流动站25个。5个一级学科、11个二级学科获批国家重点学科，2个二级学科获批国家重点（培育）学科。现有全日制在校生24700余人,其中:本科生10260人、研究生12891人、长期留学生1600余人。现设3个学部、23个学院、2个系、10个研究院(所)。馆藏图书465余万册,电子图书809余万册。

学校是国家人文社科科研和科技创新的一支重要力量,拥有国家重点实验室4个(其中联合2个)、国家工程实验室1个、教育部重点实验室9个、北京市重点实验室12个,教育部工程研究中心5个、北京市工程中心4个,教育部人文社会科学重点研究基地7个、教育部区域和国别研究培育基地4个、北京市哲学社会科学重点研究基地2个,国家级协同创新中心1个,北京市高精尖创新中心1个。定期出版专业刊物25种。

学校教师队伍结构合理、素质精良。现有校本部教职工3086人,其中专任教师2007人,91%的专任教师具有博士学位,16%的专任教师具有海外学历。现有两院院士8人、"双聘"院士13人,资深教授6人,"千人计划长期项目"入选者12人,"长江学者"特聘教授39人,国家杰出青年基金获得者47人,"万人计划领军人才"10人,国家级高等学校教学名师7人,国家级创新研究群体6个。"千人计划青年项目"入选者、万人计划青年拔尖人才、国家优秀青年科学基金资助获得者、长江学者奖励计划青年学者等共计71人。

学校国际合作交流广泛,与30多个国家和地区的近500所大学、研究机构签署了合作协议,与美国、加拿大、英国、德国、日本、韩国、瑞士、西班牙、港澳台等国家和地区的100余所大学有学生交流项目的合作。学校先后与英国曼彻斯特大学、美国旧金山州立大学、俄克拉荷马大学、加拿大道森学院、丹麦奥尔堡大学、意大利马切拉塔大学、美国威廉玛丽大学、美国塔夫茨大学合作建立了8所孔子学院。接收来自135个国家和地区的长短期留学生4700余人次,学历生占长期留学生的比例约为78.5%。

学校第十三次党代会进一步明确了建设"综合性、研究型、教师教育领先的中国特色世界一流大学"的办学定位,提出了"三步走"的战略构想,明确到21世纪中叶进入世界一流大学前列。当前,学校正着力构建"高原支撑、高峰引领"的学科发展体系和"一体两翼"的办学格局,不断深化综合改革,推进各项事业发展。北京师范大学正向着建设世界一流大学的目标稳步迈进。

3. 现任与历任领导

(1)现任领导。

党委书记:程建平

党委副书记:董 奇 孙红培 田 辉 李晓兵

党委常委:程建平 董 奇 史培军 孙红培 田 辉 郝芳华 张 凯 周作宇
　　　　　陈 丽 李晓兵 王守军

校长:董 奇

常务副校长:史培军

副校长:葛剑平 郝芳华 张 凯 周作宇 陈 丽 王守军

(2) 历任领导。

历任校（院）长

名称	姓名	职务名称	任职时间
京师大学堂师范馆	张百熙	管学大臣	1902.12—1904.01
京师大学堂优级师范科	张亨嘉	总监督	1904.02—1906.02
京师大学堂优级师范科	李家驹	总监督	1906.03—1907.07
京师大学堂优级师范科	朱益藩	总监督	1907.07—1907.12
京师大学堂优级师范科	刘廷琛	总监督	1908.01—1908.06
京师优级师范学堂	陈问咸	监督	1908.06—1912.05
北京高等师范学校	陈宝泉	校长	1912.05—1919.11
北京高等师范学校	陈映璜	代校长	1919.11—1920.11
北京高等师范学校	邓萃英	校长	1920.12—1921.10
北京高等师范学校	李建勋	校长	1921.10—1922.11
北京高等师范学校		评议会代行校长职责	1922.12—1923.07
国立北京师范大学校	范源廉	校长	1923.11—1924.09
国立北京师范大学校	陈裕光	代校长	1924.09—1925.09
国立北京师范大学校	张贻惠	校长	1925.10—1927.08
京师大学校师范部	张贻惠	学长	1927.08—1928.11
国立北平大学第一师范学院	黎锦熙	院长（未就职）	1928.11—1929.01
国立北平大学第一师范学院	张贻惠	院长	1929.01—1929.08
国立北平师范大学		评议会维持校务	1929.09—1930.02
国立北平师范大学	李石曾	校长（未到任）	
国立北平师范大学	李 蒸	代校长	1930.02—1930.12
国立北平师范大学	徐炳昶	校长	1931.02—1932.05
国立北平师范大学	李 蒸	校长	1932.07—1937.09
国立西安临时大学		筹备委员会代行校长职权	1937.11—1938.04
国立西北联合大学		常务委员会负责管理校政	1938.04—1938.07
国立西北联合大学师范学院	李 蒸	院长	1938.07—1939.08
国立西北师范学院	李 蒸	院长	1939.08—1945.08
国立西北师范学院	黎锦熙	教务主任兼代院长	1945.08—1945.12
国立西北师范学院	黎锦熙	院长	1945.12—1947.03
国立北平师范学院	黄如今	代院长	1946.07—1946.08

名称	姓名	职务名称	任职时间
国立北平师范学院	袁敦礼	院长	1946.08—1948.10
国立北平师范大学	袁敦礼	校长	1948.10—1948.12
国立北平师范大学	汤璪真	代校长	1948.12—1949.05
国立北平师范大学	黎锦熙	校务委员会主席	1949.05—1950.02
北京师范大学	林砺儒	校长	1950.02—1952.09
北京师范大学	陈 垣	校长	1952.10—1971.06
北京师范大学	王梓坤	校长	1984.05—1989.05
北京师范大学	方福康	校长	1989.05—1995.05
北京师范大学	陆善镇	校长	1995.05—1999.07
北京师范大学	袁贵仁	校长	1999.07—2001.04
北京师范大学	钟秉林	校长	2001.04—2012.07
北京师范大学	董 奇	校长	2012.07—

历任校党委书记

名称	姓名	职务名称	任职时间
北京师范大学	刘明哲	党总支书记	1949.09—1950.03
北京师范大学	臧 权	党总支书记	1950.03—1950.10
北京师范大学	丁浩川	党总支书记	1950.10—1953.02
北京师范大学	李开鼎	党总支书记	1953.02—1954.10
北京师范大学	李开鼎	党委书记	1954.10—1956.05
北京师范大学	张 斧	党委书记	1956.09—1956.12
北京师范大学	何锡麟	党委书记	1956.12—1957.10
北京师范大学	刘墉如	党委书记	1957.10—1964.10
北京师范大学	程今吾	党委书记	1965.08—1970.05
北京师范大学	丁元贞	党的领导小组组长	1973.05—1975.01
北京师范大学	高 沂（代理书记）	党委书记	1975.08—1977.10
北京师范大学	贾 震	党委书记	1977.10—1980.10
北京师范大学	聂菊荪	党委书记	1980.10—1983.10
北京师范大学	陈静波	党委书记	1983.10—1985.12
北京师范大学	方福康	党委书记	1985.12—1989.04
北京师范大学	周之良	党委书记	1990.08—1996.09
北京师范大学	袁贵仁	党委书记	1996.10—2000.02

北京师范大学	陈文博	党委书记	2000.02—2005.06
北京师范大学	刘川生	党委书记	2005.06—2016.12
北京师范大学	程建平	党委书记	2016.12—

◎ **参考资料：**

1. 季啸风主编：《中国高等学校变迁》，华东师范大学出版社1992年版。
2. 北京外国语学校官网"学校概况""历任领导""现任领导"。
3. 北京外国语学校"百度百科"条目。

（胡利清　撰稿）

中国农业大学

中国农业大学是教育部直属高校,先后入选为国家"985 工程"和"211 工程"重点建设的高校,2017 年 9 月进入国家"世界一流大学建设高校"(A 类)。

1. 学校早期发展沿革

(1)京师大学堂农科大学。

1896 年 6 月 12 日李端棻在《请推广学校折》中,最早建议设京师大学堂,设置农学课。同年 8 月孙家鼐在《议复开办京师大学堂折》中提出开办京师大学堂的六条意见,建议分设十科,其中包括农学科。

1898 年 7 月 3 日,军机大臣、总理衙门奏《遵筹开办京师大学堂折、附章程清单》中,再次明确提出分设十科,包括农学科的主张。同日,光绪正式批准设立京师大学堂。

1905 年,京师大学堂筹建分科大学。农科大学开始筹建,形成中国农业大学的最早源头。1908 年 8 月 16 日学部提出另寻建设农科大学。1909 年 4 月,学部任命罗振玉为农科大学监督,派罗振玉去日本考察农业教育。

(2)北京大学校农科大学。

1912 年 5 月,改京师大学堂为北京大学校,总监督改称大学校长,各分科监督为各分科大学学长。农科大学仍属北京大学校一个分科大学。是年 11 月,农科大学校舍落成,遂由城内马神庙迁入新址。民国 2 年,有 44 名学生(农艺门 27,农艺化学门 17)毕业,为中国农科大学第一届毕业生。

(3)国立北京农业专门学校。

1914 年 2 月农科大学脱离北京大学校独立,直属教育部领导,改名为国立北京农业专门学校,设农、林二科及预科,并增设林场。1915 年,设农业教员养成所一个班,两年毕业。1921 年 11 月,经教育部批准,学制改为四年制,取消预科。原农学科分为农业经济学、农艺化学、植产学、畜牧学四门;原林学科分林政学、造林学、利用学三门,并采用选科制。

国立北京农业专门学校以"教授农业高等学术,养成专门人才"为办学宗旨,是当时北京著名的国立八校之一。

(4)国立北京农业大学。

1923 年 3 月,经教育部批准,北京农业专门学校改为国立北京农业大学。学校共设农艺、森林、畜牧、园艺、生物、病虫害和农业化学 7 个系,修业年限为五年(前两年为预科），改行学分制；设农事试验场，分水田、旱田、园艺、畜牧、蚕桑和森林6个部，还有卢沟桥、南口林场、老山林场和八里庄试验场等4个分场；增设研究科，对前农业专门学校及本校专门部的毕业生作进一步培养，学制为一年。

1927年8月，将北京国立专科以上学校（包括北京大学）组成京师大学校，北京农业大学成为该校的农科，除本科外还设有预科，学制本科四年，预科两年，分农学、林学、农业化学、畜牧学、农业生物学和农业经济学6个系。1928年8月，随着奉系军阀撤离北京，国民政府派员接收了学校，京师大学校撤销，北京农业大学恢复了原名。

（5）国立北平大学农学院。

1928年6月，北京改为北平，在撤销了京师大学校以后，将北京国立九校组成中华大学，复改中华大学为北平大学。北京农业大学改组为北平大学农学院，设农艺系、林学系、农业化学系、农业生物学系、农业经济学系等5个系。

（6）国立西安临时大学农学院。

1937年七七事变爆发后，北平沦陷，北平大学农学院师生来到西安。9月，国立北平大学、国立北平师范大学和国立北洋工学院三院校合组为国立西安临时大学，分农、工、医、法、商、文、理7个学院。农学院院长由周建侯教授担任，下分3个系：农学系、农业化学系、林学系，全院学生100余人。

（7）国立西北联合大学农学院。

1938年3月，国立西安临时大学再迁汉中，农学院迁沔县武侯祠。国立西安临时大学改名为西北联合大学，农学院称国立西北联合大学农学院。1938年7月，国立西北联合大学农学院与设立在陕西武功的国立西北农林专科学校合并，组成国立西北农学院，由国立西北农林专科学校校长辛树帜、国立西北联合大学农学院教授曾济宽、院长周建侯组成国立西北农学院筹备委员会，院址定在陕西武功原西北农业专科学校校址。从此，国立北平大学农学院离开国立北平大学而独立。原国立北平大学农学院教职员共54人留在国立西北农学院工作，其中有周建侯、贾成章、汪厥明、虞宏正、周桢、罗登义、陈朝玉、殷良弼等著名学者。

（8）北京大学农学院。

1946年10月，北京大学在北平复学，在原国立北平大学农学院院址重建农学院。北京大学农学院汇聚了一大批学界才俊，并建立起比较完善的院系体制，为当时全国农业院校之冠，其中，土壤肥料学系和兽医学系更为国内仅有。1949年7月，辅仁大学农学院并入北京大学农学院。

（9）清华大学农学院。

中国农业大学的第二支源头是清华大学农学院。1921年，清华学校开办农科，设立作物学、果树园艺学、畜牧学等课程，以为志愿赴美学农之选修。1934年，清华大学创办农业研究所。在抗战期间，农业研究所先后在河北及云南地区开展了大量植物病理、生理和昆虫学调查和研究，培养储备了一批农业科学技术人才，在艰苦的战争年代里，为中国农业科学作出了宝贵的贡献。1946年，清华大学复员北平，以农业研究所为基础，正式成立农学院。

（10）华北大学农学院。

中国农业大学的第三支源头是华北大学农学院。学院前身是1940年中共中央创办的延安自然科学院生物系。1943年，延安自然科学院并入延安大学，1944年，自然科学院生物系改为农业系。1947年3月，为了"开展农村大生产运动，为战争和人民服务"，晋冀鲁豫边区以原自然科学院农业系为基础，在山西长治建立北方大学农学院。1948年7月，北方大学与华北联合大学合并成立华北大学，农学院随之改为华北大学农学院，迁往河北石家庄。

2. 中华人民共和国成立后的发展演变

（1）北京农业大学。

1949年9月，华北人民政府高教委员会决定将北京大学农学院、清华大学农学院和华北大学农学院合并。10月并迁工作完成，12月12日，中央人民政府教育部委派乐天宇、俞大绂、汤佩松等25人组成校务委员会，乐天宇任主任委员，俞大绂、汤佩松为副主任委员。设农艺、园艺、植病、昆虫、森林、农化、土壤、畜牧、兽医、农业机械、农业经济等11个系，森林、兽医、糖业3个专修科和植病、昆虫、农业化学、农业生物科学4个研究所。为了坚持农业教育为生产服务的方向，还设有农村教育工作站。

1950年4月8日，教育部正式定校名为北京农业大学。1954年和1984年，北京农业大学分别被国务院列为全国六所重点院校和全国重点建设的十所高等院校之一。

（2）北京农业工程大学。

1952年全国高校院系调整，学校的农业机械系与中央农业部机耕学校、华北农业机械专科学校合并成立北京机械化农业学院。1953年1月，平原农学院部分师生并入北京机械化农业学院。同年7月，更名为北京农业机械化学院。1960年10月，学校进入全国64所重点大学行列。1985年10月北京农业机械化学院改名为北京农业工程大学。

（3）中国农业大学。

1995年9月，经国务院批准，北京农业大学与北京农业工程大学合并成立中国农业大学，成为一所规模更大、学科设置更趋综合化的新型农业大学，江泽民同志亲自为学校题写校名。

1998年，学校被列入国家重点建设"211工程"高校；2003年，学校进入国家重点建设的高水平大学"985工程"高校行列。

历经百年风雨，中国农业大学已经发展成为一所以农学、生命科学、农业工程和食品科学为特色和优势的研究型大学，形成了特色鲜明、优势互补的农业与生命科学、资源与环境科学、信息与计算机科学、农业工程与自动化科学、经济管理与社会科学等学科群。学校共设有18个学院，涉及农学、工学、理学、经济学、管理学、法学、文学、医学、哲学等9大学科门类；设有研究生院、继续教育学院和体育与艺术教学部。在第四轮一级学科水平评估中，6个一级学科获评A+，获评A+的学科数量在全国高校中排名第六位；拥有3个国家级重点实验室，1个国家工程实验室，2个国家工程技术研究中心，85个省部级重点实验室（中心、基地）；1个国家野外科学观测研究站，6个部级野外科学观测实验站。

中国农业大学具备培养学士、硕士、博士的完整教育体系。学校拥有15个博士后流动站，20个博士学位授权一级学科，95个博士学位授权点，29个硕士学位授权一级学科，144个硕士学位授权点，9种专业学位类型，33个专业学位领域；65个本科专业，其中生物学、化学两个学科被列入"国家理科基础学科研究和教育人才培养基地"。全日制本科生11503名，全日制研究生7780名，其中全日制硕士研究生4486名，全日制博士研究生3294名；在站博士后研究人员233名。

中国农业大学围绕人类的营养与健康，以国家农业科技重大需求和国际学术前沿为导向，开展高水平科学研究、社会服务和文化传承与创新。在生物与农业高技术领域的研究居国内领先水平。主持国家重点基础研究计划（"973计划"）项目22项（含重大科学问题导向项目和重大科学研究计划项目各1项），有国家现代农业产业技术体系首席科学家6名。2001年以来，获国家级科技奖励84项，获省部级科技奖励509项，获得授权专利4115件。2017年度被SCI、EI和SSCI收录论文数量达到2425篇。在ESI学科评价指标中，农业科学、植物与动物科学、环境/生态学、生物学与生物化学、化学、微生物学、工程学、分子生物学与遗传学、社会科学总论和药理学与毒理学10个学科和所有学科论文总引用量进入了全球前1%，其中农业科学、植物与动物科学两个学科的总引用量保持在全球前1‰。

国富民殷、强农为本。解民生之多艰，育天下之英才，是学校百年不变的追求。今天的中国农业大学，以培养"三农"人才，提升农业科技水平为己任，保持农业优势学科，发展多种新兴学科，同瞬息万变的世界紧密相连，与日新月异的科技同步发展，朝着建设中国特色、农业特色的世界一流大学目标阔步迈进。

3. 现任与历任领导

（1）现任领导。
党委书记：姜沛民
党委副书记、副校长：张东军　张东军（兼）
党委副书记、纪委书记：秦世成
党委副书记：钱学军　宁秋娅
党委常委、副校长：张建华　王　涛　李召虎　辛　贤
校长：孙其信
副校长：龚元石
（2）历任领导。

历任校（院）长

名称	姓名	职务名称	任职时间
京师大学堂农科大学	叶可梁	监督	1912.02—1912.05
北京大学校农科大学	叶可梁	学长	1912.05—1913.01
北京大学校农科大学	吴宗栻	学长	1913.01—1914.02

国立北京农业专门学校	路孝植	校长	1914.02—1917.07
国立北京农业专门学校	金邦正	校长	1917.07—1920.09
国立北京农业专门学校	吴宗栻	校长	1920.09—1922.11
国立北京农业专门学校	许璇	代理校长	1922.11—1922.12
国立北京农业专门学校	章士钊	校长	1922.12—1923.03
国立北京农业大学	章士钊	校长	1923.03—1924.04
国立北京农业大学	沈步洲	校长	1924.04—1924.08
国立北京农业大学	廖训矩	代理校长	1924.08—1924.11
国立北京农业大学	许璇	校长	1924.11—1925.04
国立北京农业大学	张明纶	校长（未就职）	1925.04—1925.05
国立北京农业大学	章士钊	校长（兼）	1925.05—1926.01
国立北京农业大学	李石曾	校长（未就职）	1926.01—1926.07
国立北京农业大学	许璇	代理校长	1926.07—1926.11
国立北京农业大学	许璇	校长	1926.11—1927.08
国立京师大学校农科	路孝植	代理学长	1927.08—1928.08
国立北平大学农学院	董时进	代理院长	1928.11—1929.03
国立北平大学农学院	董时进	院长	1929.03—1929.09
国立北平大学农学院	萧瑜	院长	1929.09—1930.07
国立北平大学农学院	刘拓	代理院长（未就职）	1930.07—1931.04
国立北平大学农学院	许璇	院长	1931.04—1931.10
国立北平大学农学院	董时进	代理院长	1931.10—1931.12
国立北平大学农学院	虞振镛	代理院长	1931.12—1932.01
国立北平大学农学院	沈尹默	院长（兼）	1932.01—1932.05
国立北平大学农学院	曾济宽	院长	1932.05—1932.10
国立北平大学农学院	刘运筹	院长	1932.10—1937.01
国立北平大学农学院	徐诵明	代理院长（兼）	1937.01—1937.05
国立北平大学农学院	周建侯	院长	1937.05—1937.09
国立西安临时大学农学院	周建侯	院长	1937.09—1938.04
国立西北联合大学农学院	周建侯	院长	1938.04—1938.07
国立北京大学农学院	俞大绂	院长	1946.07—1949.09
国立清华大学农学院	汤佩松	院长	1946.05—1949.09
北方大学农学院	乐天宇	院长	1947.03—1948.11

机构	姓名	职务	任期
华北大学农学院	乐天宇	院长	1948.11—1949.09
沦陷区日伪"北京大学"农学院	庞敦敏	院长	1938.02—1942.08
沦陷区日伪"北京大学"农学院	钱稻孙	院长（兼）	1942.08—1943.07
沦陷区日伪"北京大学"农学院	蒋丙然	院长	1943.07—1945.08
北京农业大学	乐天宇	校长（主任委员）	1949.12—1951.03
北京农业大学	孙晓村	校长	1951.03—1960.01
北京农业大学	陈漫远	校长	1960.01—1963.11
北京农业大学	王观澜	校长	1964.06—1967.06
北京农业大学	冯兴旺（学生）	革命委员会主任	1967.06—1970.01
北京农业大学	张维城	校长（"革委会"负责人）	1970.09—1971.09
延安大学	张维城	校长（合校领导小组组长）	1971.09—1972.05
延安大学	张维城	校长（核心领导小组组长）	1972.05—1973.04
华北农业大学	高鹏先	校长（核心领导小组组长）	1973.04—1978.11
北京农业大学	高鹏先	校长（核心领导小组组长）	1978.11—1980.01
北京农业大学	俞大绂	校长	1980.01—1982.12
北京农业大学	安民	校长	1982.12—1987.05
北京农业大学	石元春	校长	1987.05—1995.08
北京机械化农业学院	张省三（兼）	校长	1952.10—1952.12
北京机械化农业学院	徐觉非	校长	1952.12—1953.07
北京农业机械化学院	徐觉非	校长	1953.07—1959.08
北京农业机械化学院	李菁玉	校长	1959.08—1961.11
北京农业机械化学院	王更生（代）	校长	1961.11—1963.06
北京农业机械化学院	佟磊	校长	1963.06—1966.06

名称	姓名	职务名称	任职时间
北京农业机械化学院	宋敏之	北京市、八机部工作组组长	1966.06—1966.07
北京农业机械化学院	董荣臣	临时"革委会"主任	1966.07—1966.10
北京农业机械化学院	周 放	军训团团长	1967.03—1967.08
四川农机学院	宋连山	"革委会"主任（军宣队）	1968.03—1970.09
北京农业机械化学院	李伯顺	核心领导小组组长（军宣队）	1970.10—1971.07
四川农业机械化学院	李伯顺	核心领导小组组长（军宣队）	1970.07—1972.06
四川农业机械学院	肖泽西	"革委会"主任	1972.06—1972.07
重庆农业机械化学院	肖泽西	"革委会"主任	1972.07—1978.11
华北农业机械化学院	张纪光	校长	1978.03—1979.03
北京农业机械化学院	张纪光	校长	1979.03—1982.06
北京农业机械化学院	郑定立	校长	1982.06—1984.08
北京农业机械化学院	翁之馨	校长	1984.08—1985.09
北京农业工程大学	翁之馨	校长	1985.09—1995.09
中国农业大学	毛达如	校长	1995.08—1998.09
中国农业大学	江树人	校长	1998.09—2002.04
中国农业大学	陈章良	校长	2002.04—2008.01
中国农业大学	柯炳生	校长	2008.01—2017.07
中国农业大学	孙其信	校长	2017.07—

历任校党委书记

名称	姓名	职务名称	任职时间
北京农业大学	乐天宇	总支书记	1949.12—1951.03
北京农业大学	郝 文	总支书记	1951.04—1951.11
北京农业大学	李开鼎	总支书记	1951.11—1953.02
北京农业大学	周大澂	总支书记	1953.03—1955.04
北京农业大学	吴汝焯	总支书记	1955.04—1956.05
北京农业大学	施 平	书记	1956.05—1960.01
北京农业大学	陈漫远	书记	1960.01—1963.11

北京农业大学	高鹏先	代理书记	1963.12—1964.04
北京农业大学	王观澜	书记	1964.04—1967.06
延安大学	张维城	核心领导小组组长	1972.05—1973.04
华北农业大学	高鹏先	核心领导小组组长	1973.04—1978.11
北京农业大学	高鹏先	核心领导小组组长	1978.11—1980.01
北京农业大学	李广文	临时党委书记	1980.01—1982.12
北京农业大学	朱荣	临时党委(兼)	1982.12—1985.05
北京农业大学	周鹏程	书记	1985.05—1995.09
北京机械化农业学院	高峻岳	分总支书记	1952.09—1953.02
北京机械化农业学院	徐香圃	分总支书记	1953.02—1953.07
北京机械化农业学院	徐香圃	分总支书记	1953.07—1956.11
北京机械化农业学院	徐香圃	分总支书记	1956.11—1957.02
北京机械化农业学院	孙景鲁	书记	1957.02—1958.07
北京农业机械化学院	徐觉非	代理书记、书记	1958.07—1959.08
北京农业机械化学院	李菁玉	书记	1959.08—1960.11
北京农业机械化学院	王更生	书记	1960.11—1966.06
北京农业机械化学院	宋敏之	(第八机械工业部)工作小组组长	1966.06—1966.07
北京农业机械化学院	王厚	临时党委书记	1966.07—1966.10
北京农业机械化学院	李伯顺	核心领导小组组长(军宣队)	1970.10—1971.07
四川农业机械学院	李伯顺	核心领导小组组长(军宣队)	1971.07—1972.06
四川农业机械学院	肖泽西	临时党委书记	1972.06—1972.07
重庆农业机械化学院	肖泽西	临时党委书记	1972.07—1973.10
华北农业机械学院	肖泽西	临时党委书记	1973.10—1978.12
华北农业机械化学院	张纪光	临时党委书记	1978.12—1979.03
华北农业机械化学院	张纪光	书记	1973.03—1979.05
北京农业机械化学院	张纪光	书记	1979.05—1982.11
北京农业机械化学院	郑定立	书记	1982.11—1984.08
北京农业机械化学院	艾荫谦	书记	1984.08—1985.09

北京农业工程大学	艾荫谦	书记	1985.09—1995.09
中国农业大学	艾荫谦	书记	1995.09—1998.09
中国农业大学	李晶宜	书记	1998.09—2002.04
中国农业大学	瞿振元	书记	2002.04—2013.06
中国农业大学	姜沛民	书记	2013.06—

◎ 参考资料：

1. 季啸风主编：《中国高等学校变迁》，华东师范大学出版社1992年版。
2. 北京外国语学校官网"学校概况""历任领导""现任领导"。
3. 北京外国语学校"百度百科"条目。

（胡珊　撰稿）

北京外国语大学

北京外国语大学是教育部直属、首批"211工程""985工程优势学科创新平台"、首批一流学科建设高校，是中国外国语类高等院校中历史悠久、教授语种最多、办学层次齐全的全国重点大学，被誉为"共和国外交官摇篮"。

北京外国语大学是中国共产党创办的第一所外国语高等学校，前身是1941年成立于延安的中国人民抗日军事政治大学三分校俄文队，后发展为延安外国语学校，建校始隶属于党中央领导。中华人民共和国成立后，学校归外交部领导，1954年更名为北京外国语学院，1959年与北京俄语学院合并组建新的北京外国语学院。1980年后直属国家教育部领导，1994年正式更名为北京外国语大学。

1. 学校早期发展沿革

（1）中国人民抗日军事政治大学三分校俄文队。

北京外国语大学前身是1941年成立于延安的中国人民抗日军事政治大学三分校俄文队。之后发展为俄文大队（下属一、二、三队）。同年12月，中国人民军事政治大学三分校改为延安军事学院，俄文大队转为延安军事学院俄文科。

（2）延安军委俄文学校。

1942年6月，中央军委决定，延安军事学院俄文科独立建校，成为延安军委俄文学校。1943年4月，延安大学俄文系停办，部分师生转入延安军委俄文学校。

（3）延安外国语学校。

1944年6月，学校增设英文系，校名改为延安外国语学校。学校在极其艰苦的战争条件下坚持办学，为中国共产党培养了一大批军事翻译人才和外语人才，也为中华人民共和国储备了一批外事干部。1945年8月，抗日战争胜利，延安外国语学校师生分批离开延安，前往东北、华北解放区。

（4）华北联合大学外国语学院。

1946年1月，延安外国语学校的部分师生到达晋察冀解放区的张家口，在华北联合大学文艺学院内成立外语系。1946年6月，外语系与晋察冀军政干部的外文干部训练班合并，成立华北联合大学外国语学院。1946年12月，因战争，华北联合大学撤离张家口，转移至冀中束鹿县路过村。1948年5月，学校迁至河北省正定县。

（5）外事学校。

1948年6月，以华北联合大学外国语学院英语系的师生为基础，成立外事学校，由中央外事组领导，浦化人任校长。同年8月，华北联合大学与北方大学合并，改名华北大学。华北联合大学的外国语学院与北方大学的外文班合并为华北大学二部外语系。

2. 中华人民共和国成立后的发展演变

（1）外国语学校。

1949年北平解放后，华北大学二部外语系与外事学校合并，学校改名为外国语学校。解放战争胜利以后，外事学校与华北大学二部进驻北京，合并为外国语学校，由中央外事组领导。10月，中央人民政府外交部成立，学校隶属外交部领导。

1950年12月，俄文部调离学校，并入新成立的北京俄文专修学校。1951年8月德文组与法文组合并为德法文组。1953年2月，外国语学校成立西班牙文组，与德法文组合为德西法文系。

（2）北京外国语学院。

1954年8月，外国语学校改名北京外国语学院。在教学方面学习苏联，进行实践、创新，逐步建立了具有鲜明特色的外语教育体系。1957年6月起，北京外国语学院不再采取选送和推荐的方法录取新生，改为提前考试的办法。1956年9月，根据中罗文化协定，北京外国语学院增设罗马尼亚语专业。学校改隶高等教育部领导。

1959年2月，北京外国语学院与北京俄语学院合并为新的北京外国语学院，由教育部领导。学院设有六个系八个专业和一个留苏预备部。

1959年9月，成立北京市北外附属外国语学校。1960年9月，留苏预备部撤销，成立外国留学生办公室。1962年1月，学院改隶外交部领导。1962年8月，亚非语系正式成立，德语系与东欧语系合并。1964年9月，北京外国语学院发展为中国语种最多的高等外语专业学院，设有6个系27个语种。

1978年，学院开始招收研究生。北京外国语学院成为中国首批具有硕士、博士学位授予权单位之一。1980年学院重新直属国家教育部领导。1981年11月，北京外国语学院获批6个硕士学位授权点，英语专业博士学位授权点，成为中国首批具有硕士、博士学位授予权单位。

1981年12月成立外国留学生汉语进修部。1984年3月，成立"外国语言研究所"和"外国文学研究所"。1984年9月，外国留学生汉语进修部与直属中国语文教研室合并为汉语部；同时，联合国译员训练班独立建制，改为联合国译员培训部。1985年9月，建立"北京日本学研究中心"和"出国人员培训部"。1985年9月，汉语部改为中文系。10月成立英语二系。

（3）北京外国语大学。

1994年，学校更名为北京外国语大学。

2002年，学校进入首批"211工程"高校名单。2006年，组建法学院和国际关系学院。2007年，孔子学院工作处正式成立，为中国高校第一家专门指导孔子学院建设的处级工作机构。2008年，成立"北京外国语大学易学与儒学研究中心"。2012年5月，北京外国语大学与中国人民大学建立国内首家高校战略共同体，双方将互为"第二校园"，互相开放相关课程等；6月，成立北京外国语大学研究生院。

2017年9月，入选首批世界一流学科建设高校名单；9月29日，发起成立中日人文交流大学联盟。

学校现有19个学院，6个直属系部，8个校级实体研究中心。近年来，学校与英国诺丁汉大学合作成立国际研究生院，陆续成立许国璋高等语言研究院、王佐良外国文学高等研究院、区域与全球治理高等研究院、比较文明与人文交流高等研究院等众多特色研究机构；大力推进人才培养模式改革，建立北外学院、国际组织学院。学校拥有教育部人文社会科学重点研究基地：中国外语与教育研究中心，国家语委科研中心：国家语言能力发展中心，北京市哲学社会科学重点研究基地：北京中外文化交流研究基地等。4个教育部区域和国别研究培育基地：中东欧研究中心、日本研究中心、英国研究中心、加拿大研究中心，37个教育部国别和区域研究备案中心：联合国与国际组织研究中心等。

学校秉承延安精神，坚持服务国家战略，目前已基本开齐175个与中国建交国家的官方用语，形成了以外国语言文学学科为主体，文、法、经、管等多学科协调发展的格局。在2017年全国第四轮学科评估结果中，学校外国语言文学一级学科评级为A+，位居全国榜首。2018年"QS世界大学学科排名"发布，学校语言学、现代语言2门学科再次进入全球前100强，居国内同类院校之首。

学校创新人才管理机制，全面提升师资队伍水平，现有在职在编教职工1269人，来自54个国家和地区的外籍教师165人。学校拥有国家级突出贡献的中青年专家、享受政府特殊津贴专家、新世纪百千万人才工程国家级人选、国家"四个一批"人才、国家"万人计划"哲学社会科学领军人才、"长江学者"讲座教授等高水平师资。中国外语与教育研究中心教师团队入选首批"全国高校黄大年式教师团队"。

学校坚持高端引领、整体推进的国际化办学思路，与世界上83个国家和地区的高校和学术机构开展交流，签订了480余份校际交流协议。学校承办了23所海外孔子学院，位于亚、欧、美18个国家，居国内高校之首。

在77年的办学历程中，北京外国语大学紧密结合国家发展需要，形成了"外、特、精"的办学理念和"兼容并蓄、博学笃行"的校训精神，成为培养外交、翻译、经贸、新闻、法律、金融等涉外高素质人才的重要基地。据不完全统计，北京外国语大学毕业的校友中，先后出任驻外大使的就有400多人，出任参赞的有1000多人，北京外国语大学因此赢得了"共和国外交官摇篮"的美誉。

当前，学校全面贯彻落实党的十九大精神和习近平新时代中国特色社会主义思想，秉承传统，追求卓越，精益求精，致力于培养国家亟须、富有社会责任感、创新精神和实践能力，具有中国情怀、国际视野、思辨能力和跨文化能力的复合型、复语型、高层次国际化人才，加快中国特色、世界一流外国语大学的建设步伐。

3. 现任与历任领导

（1）现任领导。

党委书记：王定华

党委副书记：彭　龙　胡志钢
纪委书记：胡志钢
党委常委：王定华　彭　龙　闫国华　袁　军　贾德忠　贾文键　孙有中　胡志钢
校长：彭　龙
副校长：闫国华　袁　军　贾德忠　贾文键　孙有中
校长助理：杨建国　林卫民　王文斌

（2）历任领导。

历任校（院）长

学校名称	姓名	职务	任期
中国人民军事政治大学三分校	常乾坤	俄文大队队长	1941.07—1941.12
延安军事学院	常乾坤	俄文科俄文队长	1941.12—1942.05
延安军事学院	卢竞如	俄文科主任	1941.12—1942.05
延安军委俄文学校	曾涌泉	校长	1942.05—1945.06
延安外国语学校		校长	
延安外国语学校	杨尚昆	校长	1945.06—1946.06
华北联合大学外国语学院	浦化人	院长	1946.06—1950.03
外事学校		校长	
外国语学校	刘仲容	校长	1950.03—1959.02
北京外国语学院		院长	
北京俄文专修学校	师　哲	校长	1949.10—1954.06
北京俄语学院	张锡俦	院长	1954.06—1966.05
北京外国语学院	廖承志	院长	1973.02—1980
北京外国语学院	刘　柯	院长	1981.02—1984.04
北京外国语大学	王福祥	校长	1984.04—1997.02
北京外国语大学	陈乃芳	校长	1997.02—2005.06
北京外国语大学	郝　平	校长	2005.06—2010.09
北京外国语大学	陈雨露	校长	2010.09—2012.08
北京外国语大学	韩　震	校长	2012.08—2014.02
北京外国语大学	彭　龙	校长	2014.02—

历任校党委书记

学校名称	姓名	职务	任期
北京俄文专修学校	杨 岗	党总支书记	1949.10—1953
外国语学校	浦化人	党总支书记	1950.02—1950.03
外国语学校	杨化飞	党总支书记	1950.03—1950.12
外国语学校	罗 清	党总支书记	1950.12—1952.08
外国语学校	刘 柯	党总支代理书记、书记	1952.07—1959.02
北京外国语学院		党委书记	
北京俄文专修学校	张锡俦	党委书记	1953.02—1964.08
北京俄语学院		党委书记	
北京外国语学校	罗士高	党委书记	1964.08—1966.05
北京外国语学院	杨伯箴	临时领导小组组长	1973.01—1975.04
北京外国语学院	杨伯箴	党委书记	1975.04—1980.03
北京外国语学院	孙 萍	党委书记	1981.02—1984.04
北京外国语学院	李宜今	党委书记	1984.12—1992.01
北京外国语大学	曹小先	党委书记	1992.01—1996.05
北京外国语大学	陈乃芳	党委书记	1996.05—2002.07
北京外国语大学	杨学义	党委书记	2002.07—2014.02
北京外国语大学	韩 震	党委书记	2014.02—2018.02
北京外国语大学	王定华	党委书记	2018.02—

◎ **参考资料：**

1. 季啸风主编：《中国高等学校变迁》，华东师范大学出版社1992年版。
2. 北京外国语学校官网"学校概况""历任领导""现任领导"。
3. 北京外国语学校"百度百科"条目。

（胡珊 撰稿）

北京语言大学

北京语言大学,简称北语,是中华人民共和国教育部直属高等学校,是在周恩来总理的亲自关怀下建立的,创办于 1962 年,时名为"外国留学生高等预备学校";1964 年 6 月由国务院批准定名为"北京语言学院";1974 年毛泽东主席为学校题写校名;1996 年 6 月更名为"北京语言文化大学";2002 年校名简化为"北京语言大学"。

1. 学校早期发展历史

(1)东欧交换生中国语文专修班。

学校的历史可追溯到中华人民共和国成立初。中华人民共和国成立不久,为增进与我国建交国家的友谊,促进文化交流,中国开始接收来华留学生和派出留学生,于是产生了外国留学生学习汉语和对出国前留学生培训外语的客观需求。1950 年 7 月,教育部委托清华大学开始进行对外汉语教学机构的筹建工作。1950 年 9 月 6 日,教育部根据政务院文化教育委员会的指示,正式通知清华大学承担中华人民共和国首批外国留学生的第一年在华的汉语培训任务。清华大学将这一为外国留学生设立的汉语培训班定名为"东欧交换生中国语文专修班"。由此,在中国高等教育发展史上,清华大学成为第一所成规模地接收外国留学生来华学习的大学。专修班不仅要为东欧国家培养掌握汉语、熟悉中国政治文化的人才,也承担着为这些国家培养第一代驻华外交官的任务。

(2)北京外国语学院留苏预备部成立。

1952 年 3 月,北京俄文专修学校成立留苏预备部,定名为"北京俄文专修学校第二部",第一期留苏预备生 180 人,经过 11 个月的培训于 1953 年 8 月出国。1955 年"俄文专修学校第二部"改名为"留苏预备部"。

(3)北京大学外国留学生中国语文专修班成立。

1952 年,中国进行高等院校调整时,"东欧交换生中国语文专修班"调入北京大学改名为"北京大学外国留学生中国语文专修班"。从 1950 年到 1960 年,我国共招收 60 个国家和地区的外国留学生 2844 名,这些留学生一般首先在北京大学外国留学生中国语文专修班学习汉语,然后再分到各有关院校学习专业知识。

(4)出国人员培训部。

随着派往国家数量的增加,培训语种由单一语种发展为多语种,1960 年年底,"留苏预备部"改名为"出国人员培训部",简称"出国部"。

(5)北京外国语学院外国留学生办公室成立。

20世纪60年代初，中国和非洲地区相互交流活动广泛展开，根据周恩来总理关于"非洲地区要求派遣留学生来我国学习，我们应该接受安排，并应专设机构"的批示精神，1960年9月北京外国语学院"非洲留学生办公室"设立，1961年7月北京大学外国留学生中国语文专修班除有小部分教师暂时留守外，其余调进北京外国语学院，与非洲"留学生办公室"合并，改名为"外国留学生办公室"。

（6）外国留学生高等预备学校。

1962年6月，教育部决定将原属北京外国语学院的"外国留学生办公室""出国人员培训部"从该校分离出来，单独建校，定名为"外国留学生高等预备学校"，直属教育部领导，校址在北京西郊苏州街。同年暑假，北京大学外国留学生中国语文专修班的老师调入"外国留学生高等预备学校"。建校之初，成立了来华留学生汉语部和出国留学生培训部，分别负责来华留学生的汉语预备教育和出国留学生的外语预备教育。学校的成立，对加强和改善留学生的管理工作和中国语言文化教育工作发挥了重要作用，标志着中华人民共和国的留学生教育进入了一个新阶段。

（7）北京语言学院。

学校成立后，始终得到了周恩来总理和国家有关部门的关怀和支持。到1964年，学校规模已不能适应形势的发展和日益扩大的任务的需要，6月5日，教育部研究通过了"关于外国留学生高等预备学校的发展方向和校舍、校名问题的请示"，上报国务院外事办公室，并报周总理和陈毅副总理。周恩来总理仔细审阅了报告，并于1965年1月9日亲自批示，"同意更改名称，扩大任务。校舍问题待某些院校外迁后，交赵鹏飞副秘书长解决"。1964年7月9日教育部部长蒋南翔到学校视察，鼓励全校教职员工要努力办好学校，搞好汉语教学，自己创牌子并走向世界。

1971年10月19日，根据北京市"革命委员会"的决定，北京语言学院与北京第二外国语学院合并。"文化大革命"开始后，北京语言学院的教学和科研以及其他各项工作都陷入停顿。直到1972年10月，周恩来总理亲自批示恢复北京语言学院。1974年9月9日，毛泽东主席为北京语言学院亲笔题写了校名。

2. 改革开放以来的学校发展

1978年学校开始接收短期学汉语的留学生，1982年成立外国留学生短期汉语进修部。1984年起，这个部发展成一年四季全年开班。

发展学历教育是对外汉语教学领域里一次深刻的变革。1978年北京语言学院第一个创办了外国留学生汉语言本科专业，在对外汉语教学领域里，发展和延伸了短期语言培训、汉语预备教育，学科层次提高了一步。1981年首届留学生本科毕业生共25人圆满完成了学习任务，获得本科学历。本科教育经过三十多年的发展，课程体系、培养目标、专业性质、知识结构都日臻完善，目前已有汉语言和中国语言文化等多个专业，在汉语言专业中设立了经贸、翻译、教学等方向。

对中国人的外语教学主要包括出国留学人员出国前的外语培训，大学本科生、研究生的外语教育几部分。1985年9月，在外语系汉语教研室的基础上，成立了语言文学系，招收本科生，并从1986年始招收对外汉语教学专业的硕士研究生。1988年，学校首次开始招收外国留学生研究生。

1993年年初，学校从留学生教育和中国学生教育的实际需要出发，优化教育资源配置，全面实行学院制。先后设立了汉语学院、汉语进修学院、汉语速成学院、汉语教师进修学院、人文学院、外国语学院、继续教育学院，还成立了基础教学部。1996年6月13日，经教育部（原国家教委）批准，正式更名为"北京语言文化大学"。2002年7月2日经教育部批准，校名简化为"北京语言大学"。

迄今为止，学校已经为世界上183个国家和地区培养了近20万名懂汉语、熟悉中华文化的外国留学生。其中很多校友已经成为学界、政界、商界的知名人士。原联合国副秘书长、联合国日内瓦办事处总干事卡塞姆·托卡耶夫，埃塞俄比亚总统穆拉图·特肖梅·沃图，哈萨克斯坦政府总理卡里姆·马西莫夫，俄罗斯外交部副部长伊戈尔·莫尔古洛夫，德国汉学家顾彬，美国物理学家、诺贝尔奖获得者埃里克·康奈尔等知名人士都曾在北语学习过。此外，北语还为中国培养了数以十万计的优秀人才，其中包括大批在出国留学人员培训部接受过专门外语培训的公派留学人员，现在他们多已成为国家各个领域的栋梁。

20世纪90年代以来，北京语言大学一方面保持在汉语国际教育领域的特色和优势，另一方面，积极发展相关学科，学科涵盖文学、经济学、法学、工学、历史学、教育学、管理学和艺术学等八个门类，现有博士后流动站1个、博士学位授权一级学科点2个、博士学位授权二级学科点17个；硕士学位授权一级学科点6个、硕士学位授权二级学科点31个；硕士专业学位授权点6个，其中国家重点学科1个，北京市重点学科10个。

学校目前设有3个学部、8个直属学院（教学部）和4个科研院所，分别为：汉语国际教育学部（含汉语学院、汉语进修学院、汉语速成学院、预科教育学院、华文学院）、外国语学部（含英语学院、高级翻译学院、应用外语学院、东方语言文化学院、西方语言文化学院、中东学院）、人文社会科学学部（含汉语教育学院、人文学院、政治学院、国际关系学院、新闻传播学院）；信息科学学院、商学院、艺术学院、马克思主义学院、语言康复学院、培训学院、网络教育学院、体育教学部；语言科学院、对外汉语研究中心、语言资源高精尖创新中心、中华文化研究院。学校目前设有省部级以上研究中心（或基地）13个，其中对外汉语研究中心是教育部人文社会科学百所重点研究基地之一，阿拉伯研究中心是教育部国别和区域研究重点培育基地，国家语言资源监测与研究平面媒体中心是国家语委语言资源监测的重要基地，中国语言文字规范标准研究中心是国家语委研制和修订语言文字规范标准的阵地，中国语言资源保护研究中心是国家语委实施语言资源保护国家工程的专业机构，国际汉语教学研究基地是国家汉办首批建立的汉语国际推广十大研究基地之一，中国文化对外翻译与传播研究中心是文化部投入建设的中外文化互译合作平台，首都国际文化研究基地和北京文献语言与文化传承研究基地是北京市哲学社会科学重点研究基地，语言资源高精尖创新中心是北京市教委建设的"北京高等学校高精尖创新中心"中唯一一家语言类中心，中国民族语文应用研究中心是国家民委支持建立的民族语言文字应用研究机构，中医药国际教育与文化传播基地是依托于国家中医药管理局建立的特色基地，光明文学遗产研究院是与《光明日报》联合共建的研究机构。除了省部级科研中心（或基地）之外，学校还有33个校级研究机构，如孔子学院可持续发展协同创新中心、中国周边语言文化协同创新中心等。

随着我国对外交流与合作的不断扩大，学校与世界的联系日益广泛、密切。目前与世界上58个国家和地区的321所大学及教育机构建立了合作交流关系，形成了全方位、多领域、深层次、富有成效的国际教育格局。学校与哈佛大学合作设立哈佛北京书院。在泰国设立了曼谷学院，在日本设立东京分校。学校采取多种形式开展中外联合办学，与美国韦伯斯特大学、美国乔治梅森大学、德国康斯坦茨应用科学大学、英国曼彻斯特大学等十余所国外大学开展联合培养本科生或研究生项目。承办了18所孔子学院和1所孔子课堂，被评为"先进中方合作院校"。最近几年，平均每年有100名左右的教师在海外任教，有400余名学生出国交流学习，每年接待外宾1500余人次。

学校编辑出版学术刊物九种，其中《世界汉语教学》《语言教学与研究》《中国文化研究》为核心期刊，《汉学研究》为核心辑刊，《国际汉语教学研究》和 *Translating China*（《翻译中国》）为一般刊物，《语言规划学研究》《文献语言学》《汉风》为集刊。学校出版社出版的各类教材在海内外产生了广泛影响，有近百个国家的各类院校和培训机构使用北京语言大学出版社出版的对外汉语教材。

北京语言大学是中国唯一一所以对来华留学生进行汉语、中华文化教育为主要任务的国际型大学，素有"小联合国"之称；学校对中国学生进行外语、中文、信息科学、经济、艺术等专业教育，同时承担着培养汉语师资、出国留学预备人员出国前的外语培训工作等任务。经过五十多年的发展，北语已经发展成为一所以语言教学与研究为特色和优势，中文、外语及相关学科协同发展的多科性大学，已成为我国中外语言、文化研究的学术重镇和培养涉外高级人才的摇篮。2014年，学校明确了建设世界一流语言大学的奋斗目标和构筑四大学术方阵的战略构想。

3. 现任与历任领导

（1）现任领导。
党委书记：倪海东
党委副书记：刘　伟
党委副书记、纪委书记：马贵生
校长、党委副书记：刘　利
副校长：戚德祥　曹志耘　董立均
（2）历任领导。

时期	姓名	姓名	任职时间
北京语言学院	王亦山	党委书记兼院长	1962—1974
	苏　林	党委书记兼院长	1974—1979
	温建平	党委书记兼院长	1979—1983

	唐腾义	党委书记	1983—1987
	吕必松	院长	1983—1989
	屈 忠	党委书记	1987—1991
	杨庆华	校长	1989—1999
	吴林祥	党委书记	1991—1995
北京语言文化大学	张晋峰	党委书记	1995—1997
北京语言大学	曲德林	校长	1999—2005
北京语言大学	王路江	党委书记	1999—2012
北京语言大学	崔希亮	校长	2005—2017
北京语言大学	李宇明	党委书记	2012—2017

◎ 参考资料：

1. 北京语言大学官网："学校概况"。
2. 北京语言大学"百度百科"条目。

（肖文瑶　撰稿）

北京科技大学

北京科技大学是一所以工为主，工、理、管、文、经、法等多学科协调发展的教育部直属全国重点大学。原名为北京钢铁工业学院。

1. 学校的早期发展

1952年4月，以天津大学、北方交通大学唐山铁道学院、北京工业学院、西北工学院、山西大学等5所院校的矿冶和材料系科为基础，建立北京钢铁工业学院。校址选在海淀区满井村。1953年9月学校迁入新校址。

当时学院设置有采矿、冶金、金相及热处理、钢铁压力加工、钢铁机械等5个系，采矿、炼铁、炼钢、电炉冶金、金相、轧钢、机械等7个专业，成为一所以矿冶和材料为主要学科的新型工科学院。有名望的教授和专家有魏寿昆、张文奇、林宗彩、朱觉、章守华、赵锡霖、陈大受、卢焕云、童光煦、刘之祥、杨尚灼、谢家兰、任殿元、谢树英、顾静徽等。

1956年6月，成立物理化学系，设金属物理和冶金物理化学两个理科专业。知名专家柯俊、萧纪美、张兴钤等相继到院任教。专业设置日臻完善，学院发展成为理工结合的理工学院。

1960年2月4日，北京钢铁工业学院改为北京钢铁学院。

"文革"前夕，学院设有6个系、1个部、18个专业。采矿系设采矿、选矿、矿山机械3个专业；冶金系设炼铁、炼钢、电冶、铸造、冶金炉5个专业；金属学系设金相热处理、高温合金、精密合金、粉末合金4个专业；压力加工系设轧钢、特种压力加工2个专业；机械系设冶金机械、工企自动化2个专业；理化系设金属物理、冶金物理化学2个专业。基础部设应用数学专业和举办物理师资班。

1972年先后培养5期从工农兵中招收的学员4286名。1975年成立自动化系，设置工业企业自动化工程、冶金自动化仪表、电子计算机工程3个专业。在物理化学系内增设了金属腐蚀和防护专业。机械系内增设机械制造工艺及设备、流体传动及控制2个专业。

为加强科学研究的实力，从1981年开始，先后建立矿业研究所、冶金研究所、金属材料研究所、金属压力加工研究所、机械工程研究所、热工研究所、金属科学与工程研究所、计算机应用及系统科学研究所、自动控制研究所、材料失效研究所、机器人研究所、轧钢技术改造研究所、应用物理研究所、管理工程研究所、高等教育研究所等15个研究所和思想政治教育研究室。

1984年7月经国务院批准，成为全国首批建立研究生院的单位。

到1989年下半年，全校有教职工3560人，其中专任教师1469人，教辅人员594人。专任教师中有教授120人、副教授500人、讲师400人。另有外籍教师10余人，兼职教授20余人，名誉教授30余人。有学生5318人，其中本科生4246人、硕士研究生840人、博士研究生171人、外国留学生29人、干部专修科23人、预科生9人。

学科设置有地质系、采矿系、冶金系、材料科学与工程系、金属压力加工系、机械工程系、自动化系、计算机系、物理化学系、材料物理系、表面科学与腐蚀工程系、热能工程系、物理系、化学系、数理系、外语系、管理科学系、社会科学系。

11个博士学位授予权的学科是：冶金机械、金属物理、金属材料及热处理、金属压力加工、金属腐蚀磨损及防护、冶金物理化学、钢铁冶金、粉末冶金、工业自动化、采矿工程。

承担科研课题5300项，有650余项取得重大成果，共获得国家发明奖6项，科学技术进步奖128项，其他奖41项，还有专利20余项。柯俊教授关于钢中奥氏体在中温转变机理和中国古代冶金技术发展历程的研究，获得国家自然科学三等奖；萧纪美教授等关于材料应力腐蚀和氢致断裂机理的研究，获国家自然科学二等奖；冯铭翰教授关于冶金矿山潜孔钻新材料、新工艺、新技术研究，获国家科学技术进步一等奖。

从1979年4月与联邦德国阿亨大学建立校际合作关系以来，先后与10个国家的20所著名大学建立了校际合作关系。

2. 今日的北京科技大学

1997年5月，学校首批进入国家"211工程"建设高校行列。2006年，学校成为首批"985工程"优势学科创新平台建设项目试点高校。2014年，学校牵头的，以北京科技大学、东北大学为核心高校的"钢铁共性技术协同创新中心"成功入选国家"2011计划"。2017年，学校入选国家"双一流"建设高校。

现有1个国家科学中心，1个"2011计划"协同创新中心，2个国家重点实验室，2个国家工程（技术）研究中心，2个国家科技基础条件平台，2个国家级国际科技合作基地，50个省、部级重点实验室、工程研究中心、国际合作基地、创新引智基地等。特别是2007年，学校作为第一所教育部直属高校牵头承担了国家重大科技基础设施项目——重大工程材料服役安全研究评价设施，并负责筹建国家材料服役安全科学中心。

学校由土木与资源工程学院、冶金与生态工程学院、材料科学与工程学院、机械工程学院、能源与环境工程学院、自动化学院、计算机与通信工程学院、数理学院、化学与生物工程学院、东凌经济管理学院、文法学院、马克思主义学院、外国语学院、高等工程师学院，以及研究生院、体育部、管庄校区、天津学院、延庆分校组成。

现有20个一级学科博士学位授权点，30个一级学科硕士学位授权点，79个二级学科博士学位授权点，137个二级学科硕士学位授权点，另有MBA（含EMBA）、MPA、法律硕士、会计硕士、翻译硕士、社会工作、文物与博物馆和工程硕士等8个专业学位授权点，16个博士后科研流动站，50个本科专业。学校冶金工程、材料科学与工程、矿业工程、科学技术史4个全国一级重点学科学术水平蜚声中外（2017年进入国家世界一流学科建设行列；在第四轮学科评估中，冶金工程、科学技术史获评A+，材料科学与工程获评A），安全科学与工程、环境科学与工程、控制科学与工程、动力工程与工程热物理、机械工程、计算机科学与技术、土木工程、化学、外国语言文学、管理科学与工程、工商管理、马克思主义理论等一批学科具有雄厚实力，力学、物理学、数学、信息与通信工程、仪器科学与技术、纳米材料器件、光电信息材料与器件等基础学科与交叉学科焕发出勃勃生机。

截至2017年年底，全日制在校生2.4万余人，其中本专科生13663人，各类研究生10125人（其中硕士生6959人、博士生3166人），国际学生985人，成人教育学院学生4030人，远程教育学生65025人，在站博士后239人，已形成研究生教育、全日制本专科、高职教育、成人教育、继续教育和远程教育多层次、较完整的人才培养体系。

教职工总数3375人，具有正高级专业技术职务的教职工495人，具有副高级专业技术职务的教职工792人，其中专任教师1760人。现有中国科学院院士3人，中国工程院院士5人（双聘2人），国务院学位委员会委员1人，国务院学位委员会学科评议组成员5人，国家973项目首席科学家3人，国家"千人计划"（含"青年千人计划"）入选者20人，国家级有突出贡献专家15人，省部级有突出贡献专家10人，"长江学者奖励计划"特聘教授14人、讲座教授4人、青年学者2人，国家杰出青年科学基金获得者20人，"万人计划"领军人才3人，青年拔尖人才3人，国家级教学名师2人，国家百千万人才工程入选18人，国家优秀青年科学基金获得者11人，北京市教学名师29人，教育部跨世纪/新世纪优秀人才104人。

1978年至2017年12月底，共申请专利6859项，授权专利4064项；有2000余项科研成果获国家、省、部委级等各种奖励，其中国家级奖励169项。1999年教育部编辑的《中国高等学校科技50年高校获奖重大成果一览表》中收录北京科技大学12项重大科研成果，在全国高校中名列前茅。据教育部统计，1978—2011年，学校获国家科技进步一等奖4项，列全国高校第4。近几年学校"大型深凹露天矿安全高效开采关键技术研究""流射沸腾冷却强化多功能淬火控冷装备与工艺开发及创新""钢铁材料及制品大气腐蚀数据积累、规律和共享服务""宽带钢热连轧生产成套关键技术与应用""复杂破碎条件下露天—地下联合高效开采关键技术""特低渗透油藏有效开发渗流理论和开发方法研究及应用""大型铝合金型材挤压成套工模具设计制造技术与应用""高性能铜铝复合材料连铸直接成形技术与应用""大型深采矿山资源开发风险防控关键技术与应用"等大批科研成果在国民经济建设中发挥了重要作用，获得了巨大的经济效益和社会效益。据2017年发布数据，2016年学校师生发表论文被"SCIE""EI"收录数量分别居全国高校第30位和19位。

学校与国内130多个省市区政府、大型企事业单位签署了全面合作协议。同时，学校瞄准世界前沿，加强国际合作，先后与德国亚琛工业大学、美国橡树岭国家实验室、英国牛津大学等170多所著名大学和科研机构建立了合作关系，并开展了实质性的合作。

建校65年来，学校逐步形成了"学风严谨，崇尚实践"的优良传统，为社会培养各类人才20余万人，大部分已成为国家政治、经济、科技、教育等领域尤其是冶金、材料行业的栋梁和骨干。党和国家领导人罗干、刘淇、徐匡迪、黄孟复、范长龙、郭声琨、刘晓峰等都曾在校学习，另有38名校友当选为中国科学院或中国工程院院士，一大批校友担任宝武集团、鞍钢集团、中国铝业、神华集团和新兴际华等国家特大型企业的董事长或总经理。学校被誉为"钢铁摇篮"。

今天，北京科技大学向着"把北京科技大学建设成为以工为主，工、理、管、文、经、法等多学科协调发展，规模适度，特色突出，国内一流，国际知名的高水平研究型大学"的目标而奋进。

3. 现任与历任领导

（1）现任领导。
党委书记：武贵龙
校长：张欣欣
党委副书记：张欣欣　权良柱　戴井岗　薛庆国
纪委书记：戴井岗（兼）
副校长：王维才　薛庆国　吴爱祥　何民庆　臧　勇　吕昭平
党委常委（以姓氏笔画为序）：王维才　权良柱　吕昭平　吴爱祥　何民庆　张欣欣　武贵龙　薛庆国　臧　勇　戴井岗

（2）历任领导。

魏景昌	党支部书记／副院长	1952.12—1953.10／1952.12—1956.06
林　楠	党总支书记	1953.10—1954.11
杜若牧	党总支书记	1954.11—1956.04
高芸生	党委书记／院长	1956.09—1966.07／1956.06—1966.07
金昭典	党委书记	1973.08—1975
成　克	党委书记	1975—1979.02
叶志强	党委书记	1979.02—1980.08
刘少华	党委书记	1980.08—1983.05
张文奇	院长	1979.02—1983.10
符　荣	党委书记	1983.05—1992.04
王　润	院长	1983.10—1990.10
李静波	党委书记／校长	1992.04—1995.04／1990.10—1993.03
杨天钧	代党委书记／校长	1995.04—1997.12／1993.03—2004.06
刘建平	党委书记	1997.12—2003.01
徐金梧	校长	2004.06—2013.01
罗维东	党委书记	2003.01—2016.05
张欣欣	校长	2013.01—
武贵龙	党委书记	2016.05—

◎ **参考资料：**

1. 北京科技大学官网"学校概况"。
2. 贾世轸撰审：《北京科技大学》，载季啸风主编：《中国高等学校变迁》，华东师范大学出版社1992年版，第48~52页。

（涂上飙　编）

北京化工大学

北京化工大学是中华人民共和国教育部直属的一所以化学、化工为特色,拥有理学、工学、管理学、经济学、法学、文学、教育学、哲学、医学等学科的多科性全国重点大学;是教育部与国家国防科技工业局、国家安全生产监督管理总局、中国石油化工集团公司、北京市共建高校,国家"211工程"、"985工程优势学科创新平台"重点建设院校,国家首批"双一流"世界一流学科建设高校,入选"卓越工程师教育培养计划""国家大学生创新性实验计划""111计划",是北京高科大学联盟的重要成员。

1. 学校的早期发展

1958年7月14日,邓小平同志签发文件,同意化学工业部筹建北京化工学院,旨在"培养尖端科学技术发展所需要的高级化工技术人才",学校由此诞生。1960年被中共中央列为首批全国重点建设大学行列之一。

建校初期学校设有3个系12个本科专业,在校生规模达3150人,校舍建筑面积9万平方米。

1966—1970年,学校停课,中断招生。1971—1976年,招收6届工农兵学员。1971年10月,与北京化纤工学院合并,这期间学校对专业进行了大幅度调整,停办了全部尖端绝密专业,增设了若干新专业,全院共设置5个系14个专业。

1977年10月,恢复统一高考招生制度,招收四年制本科生。1978年,招收首届研究生。同年10月北京化纤工学院从学校分出。

1994年2月,学校更名为北京化工大学。1996年4月,原化工管理干部学院并入。1997年,进入国家"211工程"重点建设高校行列。1998年9月,划转为教育部直属高校。

2. 今日北京化工大学

2001年7月,学校通过国家"211工程""九五"期间建设项目验收。2006年,教育部与国家安全生产监督管理总局、中国石油化工集团公司共建北京化工大学。2008年,进入"985工程优势学科创新平台"建设高校行列。2013年,教育部与北京市共建北京化工大学新校区。2014年,北京化工大学与北戴河新区签约,在新区设立秦皇岛校区,2017年开始招生。2016年,北京化工大学入选国家国防科技工业局、教育部共建高校。

2017年9月，入选"双一流"世界一流学科建设高校名单。11月，学校获评第一届全国文明校园荣誉称号。

北京化工大学经过60年的建设，已经发展成为理科基础坚实，工科实力雄厚，管理学、经济学、法学、文学、教育学、哲学、医学等学科富有特色的多科性重点大学，形成了从本科生教育到硕士研究生、博士研究生、博士后流动站以及留学生教育等多层次人才培养格局。目前，学校共设有15个学院，在校全日制本科生15305人，研究生6768人（其中博士885人），函授、夜大等继续教育学生3675人，学历留学生318人。

学校学科实力稳步增强。化学、材料科学、工程学以及生物学与生物化学4个学科进入ESI排名的前1%。化学工程与技术一级学科在全国第四轮学科评估中排名并列第3。学校现有7个博士后流动站，7个一级学科博士点，29个二级学科博士点，96个硕士点，5个专业硕士学位门类，10个工程领域工程硕士点，55个本科专业；1个一级学科国家重点学科（涵盖5个二级重点学科），2个二级学科国家重点学科，1个国家重点（培育）学科，3个一级学科北京市重点学科（涵盖14个二级重点学科），2个北京市交叉重点学科，3个二级学科北京市重点学科；8个国家级特色专业建设点，16个北京市级特色专业建设点，5个教育部工程教育专业认证专业；2个国家重点实验室，1个国家工程技术研究中心，1个国家工程实验室，12个省、部级重点实验室，15个省、部级工程技术研究中心，2个社科类省部级基地。

学校师资队伍实力雄厚。学校现有教职工2509人，其中两院院士8人，外籍院士5人，国家"千人计划"创新人才项目入选专家7人，教育部"长江学者奖励计划"特聘教授12人、讲座教授2人，国家杰出青年基金获得者26人，国家"万人计划"教学名师3人，"973"首席科学家8人次，国家"千人计划"青年项目入选专家3人，国家"万人计划"科技创新领军人才2人，国家"万人计划"青年拔尖人才3人，国家优秀青年科学基金获奖者9人，国家级高等学校教学名师5人，教育部"全国优秀教师"8人，全国杰出专业技术人才1人，中国青年女科学家奖获得者2人，"国家百千万人才工程"入选者9人，中国青年科技奖获得者7人，"科技北京百名领军人才培养工程"入选者4人，教育部跨（新）世纪优秀人才71人。

学校教学改革成果不断涌现。目前已经拥有2个国家级教学基地，1个国家大学生文化素质教育基地，2个国家级实验教学示范中心，3个国家级虚拟仿真教学实验中心，12个国家级大学生校外实践教学基地，1个国家级人才培养模式创新实验区，4个教育部综合改革试点专业，6个教育部"卓越工程师教育培养计划"试点专业，7个北京市级实验教学示范中心，5个北京市级校外人才培养基地，2个北京市级示范性校内创新实践基地，1个北京市级文化素质教育基地，1个北京市哲学社会科学研究基地；5门国家级精品课程，15门国家级资源共享课程，5门省、部级双语示范课程，37门北京市级精品课程；教育部普通高等教育精品教材1门，北京高等教育精品教材10部；国家级教学成果奖一等奖1项，国家级教学成果奖二等奖10项；国家级教学团队5个，北京市优秀教育团队10个。

学校科研工作发展迅速。承担重大项目、解决国家经济社会发展重大需求的能力进一步增强，科技经费不断创出历史新高，人均科研经费名列全国高校前茅。2001年以来，学校已有26个科研项目获得国家科技大奖，拥有3个国家自然科学基金委员会创新研究群体，6个教育部长江学者创新团队，1个国家国防科工局第二批国防科技创新团队，4个国家引智基地，位居全国高校前列，是入选国防科工局和教育部"十三五"期间共建高校中仅有的3所"211工程"和"985优势学科创新平台"行业院校之一。2017年学校科技经费到款6.18亿元，获专利授权483项，鉴定成果7项。

学校科技成果转化不断加强。学校坚持科技创新服务经济社会发展，积极推进"三权"改革。北京化工大学科技园被认定为"国家大学科技园""北京市中小企业创业基地"和第四批"国家技术转移示范机构"。学校的科技产业拥有20多个与教学、科研紧密结合的科技产业实体，依托学校科技和人才优势，以科技成果产业化为经营宗旨，形成了具有特色的高科技产业，在生物化工、日用化工、精细化工、化工新材料等领域已形成系列技术和多种产品。近年来，结合校内优势学科、地方经济发展战略和企业科技创新能力提升的需求，学校在珠三角、长三角和环渤海地区相继成立先进材料、工业生物技术等校地合作地方研究院，在威海、安庆、沧州、嘉兴、济源等地成立了技术转移中心。

学校国际交流合作日益广泛。学校拥有一批高水平国际合作项目，如"高等学校学科创新引智计划"（简称"111计划"）、"高端外国专家项目"、"海外名师项目"、"学校特色项目"等，正逐步引领我校科研团队走向世界，先后与英、美、法、德、澳、韩、日等国家的114所大学建立了学术合作关系。学校大力推进中外合作办学项目，首个中外合作办学机构"北京化工大学巴黎居里工程师学院"于2017年正式获得教育部批准成立。学校积极推进学生国际化交流，已经与30多所国外院校合作开展海外学习项目，2017年学生海外学习项目共派出362人，在校留学生总数601人。学校持续提升师资国际化水平。2017年度，学校派出教职工158团组/286人次临时出国（境）公干，接待境外短期专家763人次，在校任职的长期外籍专家共16名。2017年学校举办"一带一路"大学校长论坛，来自43所中外高校、企业及科研机构的嘉宾共100余人参加论坛，参会的21所高校共同签署了《"一带一路"大学校长论坛北化宣言》。

学校高度重视学生就业工作。举全校之力推进就业工作，建立了完善的就业指导和服务体系，重视对学生的全过程就业指导，积极发挥学校在毕业生与用人单位供需见面、双向选择过程中的主导作用，学校有25位老师入选教育部"全国万名优秀创新创业导师人才库"，他们悉心指导学生自主创业，多年来毕业生一次性就业率一直名列全国高校前茅。2017年本科毕业生就业率为98.71%，毕业研究生就业率为98.30%。

今天的北京化工大学，将继续秉承"宏德博学、化育天工"的校训和"团结奉献、艰苦奋斗、务实力行、博学创新"的北化精神，以"双一流"建设为契机，加快建设成为特色鲜明、在国际上有影响的高水平研究型大学，为实现"两个一百年"的奋斗目标，实现中华民族伟大复兴的中国梦贡献北化力量。

3. 现任与历任领导

(1) 现任领导。

党委书记：王　芳

校长：谭天伟
副校长：王　贵　陈冬生　陈标华　李显扬　王　峰
党委副书记：任新钢　关昌峰　王同奇
纪委书记：关昌峰
总会计师：查道林
（2）历任领导。

书记	任期
马芳庭	1959.03—1971.04；1979.07—1982.06
周　静	1973.07—1979.07；1982.06—1983.12 代理
姜法善	1985.01—1993.10
卢济金	1993.10—1996.08
冯文林	1996.08—2002.12

校长	任期
李　苏	1958.08—1960.12
马芳庭	1959.03—1971.04；1979.07—1982.06
陈鉴远	1982.06—1985.01
庞瑶琳	1985.01—1993.10
樊丽秋	1993.10—1997.08
王子镐	1997.08—2012.06

◎ **参考资料：**

1. 北京化工大学官网"学校概况"。
2. 北京化工大学百度百科。

（武汉大学后勤保障部徐莉　编撰）

北京交通大学

北京交通大学是以工科为主，工、管、理、文相结合的多科性全国重点大学。

1. 学校的早期历史

清朝末叶，邮传部上书清廷，奏准在北京筹办铁路管理专门学校。1909 年 9 月 10 日新校舍落成，学校定名为铁道管理传习所，招收了 300 名新生入校。

1911 年 3 月，在增设邮电班后，铁道管理传习所改名交通传习所，设有铁路管理、统计、铁路工程、无线电、有线电、电气工程等科。1916 年，交通传习所分为铁路管理学校和邮电学校，交通部次长叶恭绰出任两校监督。1921 年 7 月，上海工业专门学校、唐山工业专门学校、铁路管理学校和邮电学校合并，成立交通大学，下设京、沪、唐三校区，总校设于北京，叶恭绰任校长。1922 年夏，三校分立。京校称北京交通大学。1928 年 6 月，改校名为北平交通大学铁道管理学院。1929 年 2 月三校再度合并，于上海成立总校，孙科任交通大学校长，京校时称交通大学北平铁道管理学院。

1937 年，七七事变后，北平铁道管理学院并入暂设在湘潭的唐山工学院，缩编为唐山工学院的铁道管理系，茅以升任院长。1938 年 11 月，学校西撤，先到桂林，后到贵州平越县。1941 年 7 月，校名改为国立交通大学唐山工程学院、北平铁道管理学院。后又改称国立交通大学贵州分校（含两院）。1943 年 11 月，学校再度西迁至重庆附近的璧山县丁家坳镇，直到抗战胜利。

1946 年 6 月，师生迁回北平。校名改称国立北平铁道管理学院，设运输、材料和业务管理 3 系，学制四年。学生共计 357 名。

2. 中华人民共和国成立后的发展

1949 年 1 月 31 日，北平和平解放。中央人民政府铁道部接管学校。7 月，铁道部令北平铁道管理学院、唐山工学院、华北交通学院合并，组成中国交通大学，校部设于北京，茅以升为校长。下设北京铁道管理学院和唐山工学院。1950 年 9 月，中国交通大学更名为北方交通大学，毛泽东主席题写校名，茅以升任校长，刘炽晶为北京铁道管理学院院长。

1952 年秋，在院系调整中，北方交通大学校名撤销，京、唐两院独立建制为铁道学院。1960 年，北京铁道学院发展成为工管学科的工科高等学校。10 月被国务院列为全国重点大学。到1966年年初，北京铁道学院设有铁道电信、铁道建筑、铁道材料、铁道经济、铁道运输、理化等系，设有13个专业。在校生3000余人。教职工1290人，教师585人，其中教授20人，副教授22人，讲师188人，教员13人，助教342人。

1970年6月经国务院批准，学校复名为北方交通大学，将学校搬迁至石家庄，受铁道部和河北省双重领导，以铁道部为主。1977年11月经国务院批准，学校不再搬迁，仍在北京办学。

截至1989年，学校设有管理学院、成人教育学院、研究生部，13个系，29个专业，8个研究所和8个研究实验中心。系设置如下：运输管理工程系、经济管理系、物资管理工程系、工业与建筑管理工程系、通信与控制工程系、计算机科学技术系、电气工程系、机械工程系、土木建筑系、数学系、物理系、外语系、社会科学系。

有8个学科专业可以授予博士学位，25个学科专业可以授予硕士学位。具有博士学位授予权的学科专业有：运输自动化与控制、通信与电子系统、运输管理工程、桥梁隧道及结构工程、铁道工程、运输经济、铁道牵引电气化与自动化、机车车辆。

截至1989年10月，共有学生8300名，其中全日制学生8381名（包括研究生553名，本专科生5441名，留学生87名，干部专修科和继续教育班学生300名）；非全日制学生1919名（包括函授生1560名，夜大生359名）；教师1200名，其中教授92名，副教授340名。

此时有一批老教授在讲台上辛勤耕耘，如运输专家金士宣、林达美、沈奏廷、许靖，运输经济学家赵传云、刘炽晶，信号专家汪禧成、叶杭，通信专家杜锡钰、黄宏嘉，铁道工程专家王竹亭、钟桂彤，建筑专家刘福泰，机车车辆专家应尚才、葛炳林、钮泽铨和英语教授王芳荃、徐士瑚，俄文教授张剑飞，等等。

学校先后成为"211工程""985工程"优势学科创新平台项目建设高校。牵头的"2011计划""轨道交通安全协同创新中心"是国家首批14个认定的协同创新中心之一。2017年，学校正式进入国家"双一流"建设行列。

2000年学校与北京电力高等专科学校合并，由铁道部划转教育部直属管理。2003年恢复使用"北京交通大学"校名。

在全国第四轮学科评估中，系统科学连续四次蝉联全国第一，系统科学、交通运输工程、信息与通信工程、计算机科学与技术、工商管理等5个学科被评为A类，另有7个学科进入前20%。3个学科进入ESI前1%，其中工程学排名前1.5‰。计算机科学、物理学、材料科学等3个学科以及工学领域入围U.S. News世界大学学科排名，其中工学领域排名97、中国大陆排名17。电气与电子工程，计算机科学与信息系统，机械、航空与制造工程，数学，物理学与天文学，统计学与运筹学等6个学科入围2018年QS世界大学学科排名。

学校形成了以信息、管理等学科为优势，以交通科学与技术为特色，工、管、经、理、文、法、哲等多学科协调发展的完备的学科培养体系。学校设有电子信息工程学院、计算机与信息技术学院、经济管理学院、交通运输学院、土木建筑工程学院、机械与电子控制工程学院、电气工程学院、理学院、语言与传播学院、软件学院、马克思主义学院、建筑与艺术学院、法学院、国家保密学院等14个学院。有交通运输工程、信息与通信工程 2 个一级学科国家重点学科，产业经济学、桥梁与隧道工程 2 个二级学科国家重点学科，包括一级学科所涵盖的二级学科国家重点学科总数达到 8 个；建有博士后科研流动站 15 个；有一级学科博士点 21 个，一级学科硕士点 33 个，有工程博士、MBA、工程硕士、会计硕士、法律硕士等 14 类专业学位。

全校在职教职工 2980 人，其中专任教师 1868 人（具有副高级及以上专业技术职称的 1311 人，具有硕士及以上学历的 1772 人）。学校有中国科学院院士 4 人，中国工程院院士 10 人，国家级教学名师 5 人，国务院学位委员会学科评议组成员 6 人，"973"首席科学家 4 人，国家"千人计划"入选者 8 人，国家"万人计划"入选者 10 人，在聘"长江学者"特聘教授、讲座教授和青年学者 10 人，百千万人才工程国家级人选 11 人，国家杰出青年基金获得者 10 人，优秀青年基金获得者 12 人，享受国务院政府特殊津贴专家 154 人。

有在校本科生 14620 人，博士研究生 2913 人，硕士研究生 8036 人，非全日制硕士研究生 888 人，在职专业学位研究生 4709 人，成人学生 7255 人，外国留学生总计 1865 人。在近三届教学成果奖评选中，获得国家级特等奖 1 项、一等奖 3 项、二等奖 12 项。

拥有省部级以上科研平台 59 个，其中包括国家重点实验室 1 个，国家工程研究中心 1 个，国家工程实验室 6 个（其中 5 个参与），国家能源研发中心 1 个，国家国际科技合作基地 1 个，轨道交通安全协同创新中心（牵头）1 个，国家认可实验室 4 个，国家大学科技园 1 个，教育部重点实验室/工程研究中心 9 个。近 5 年，学校承担了"973"计划、"863"计划、国家重点研发计划项目（课题）、国家社会科学基金重大项目、国家自然科学基金项目以及有关部委的各类科研课题 1 万余项，科研经费 38 亿元。发表 SCIE 检索论文 4246 篇、EI 检索论文 6780 篇、ISTP 检索论文 2420 篇。申请专利 2385 项，获授权专利 1343 项。获得国家级奖励 11 项，省部级科技奖励 154 项，其中主持完成项目获国家科学技术进步奖一等奖 1 项，国家科技进步奖二等奖 1 项和国家技术发明奖二等奖 2 项。

与美、英、德、法等 45 个国家的 235 所大学及著名跨国企业建立了合作关系。

学校始终瞄准科技发展前沿和国家重大战略需求，依托信息、管理和交通科学与技术等优势特色学科，通过智力支持、人才保障和专业服务，全面参与了铁路大提速、青藏铁路建设、大秦铁路重载运输、高速铁路建设和城市轨道交通核心技术自主研发等中国轨道交通发展的重大历史事件，取得了一系列具有完全自主知识产权、处于国际先进水平的一系列原创性重大成果，为服务国家交通、物流、信息、新能源等行业以及北京经济社会发展作出了积极贡献，成为支撑和引领国家、行业和区域科技创新发展的重要力量。

目前，学校正在全面推进实施学校"十三五"规划和《综合改革方案》各项任务，坚持"三步走"战略，到 21 世纪中叶基本建设成为特色鲜明的世界一流大学。

3. 现任领导

党委书记、校务委员会主任：曹国永
校长、党委副书记：宁　滨
党委副书记、副校长兼党委统战部长：孙守光
党委副书记、纪委书记：郭　海

党委副书记兼党委组织部长：文海涛
党委常委、副校长、校务委员会副主任：高　艳
党委常委、副校长：张星臣　关忠良　刘　军　余祖俊
党委常委、兼宣传部长：蓝晓霞
校长助理：吴　强　郑广天　徐宇工

◎ **参考资料：**

1. 北京交通大学官网"学校概况"。
2. 张其坤撰，陈篆生审：《北方交通大学》，载季啸风主编：《中国高等学校变迁》，华东师范大学出版社1992年版，第28~33页。

（涂上飙　编）

北京邮电大学

北京邮电大学是教育部直属、工业和信息化部共建的全国重点大学，是一所以信息科技为特色、工学门类为主体、工管文理协调发展的多科性、研究型大学。

1. 学校的早期发展

1954年全国院系进行调整，学校以天津大学电信工程系"电话电报通讯""无线电通讯及广播"两专业及重庆大学"电话电报通讯"专业为基础组建，名为北京电信学院。1955年开始招收四年制本科生。1958年将本科学制改为5年。1959年4月北京电信学院及其附设中技部并入北京邮电学院。1960年10月邮电科技大学并入北京邮电学院，开始招收三年制研究生。1963年9月，长春邮电学院并入学院有线系。

初期，设置电报电信通信、无线电通信与广播、邮电通信经济与组织3个专业，分属3个系。到20世纪60年代初，先后共设置电报电话通信、无线电通信与广播、邮电通信经济与组织、有线通信设备设计与制造、通信自动控制、无线通信设备设计与制造、无线电物理等7个专业。

1958年以黑白电视播送设备和短距离半导体三路载波机作为重点研究项目，研制成中国第一部半导体三路载波机样机，建成我国高等院校第一台教学实验用的黑白电视发射台。

1970年10月"北京邮电学院"改名为"北京电信工程学院"。1973年7月恢复"北京邮电学院"院名。

1980年开始逐步调整好充实本科专业，实行学分制，开设大量选修课，规定优秀学生可提前毕业，可读双学位。学院在通信理论、计算机通信、程控交换、信号处理、光通信、图像通信以及电接触理论、精密机械和化学防护领域的研究方面都取得了可喜的研究成果。在电子学与通信方面，有蔡长年、周炯槃、唐人亨、陈俊亮、全子一、刘诚、蔡学勋、张家谋的研究；在电磁场与微波技术方面，有叶培大、李国瑞、连汉雄的研究；在光电子学方面，有陈德昭、徐大雄、宋俊德、辛德禄的研究；通信网方面，有朱祥华、倪维桢、丁炜的研究；电路与系统方面，有刘泽民、王德隽、诸维明、王中德的研究；计算机应用方面，有沈树雍、胡健栋、宋亚民、舒贤林、徐星宁的研究；在机械工程方面，有梁崇高、王士耕、彭道儒、章继高、李家樾等的研究；在管理工程方面，有梁雄健、翁龙年的研究。化防所彭道儒教授研制的BY-2固体薄膜润滑剂和DJB-823电接触固体薄膜保护剂，相继荣获国家发明二等奖。

1990年年初，学院设有9个系，19个本科专业和3个专科专业，分别是电信工程系、无线电工程系、机械工程系、计算机工程系、应用科学技术系、信息工程系、管理工程系、社会科学系、外语系。通信与电子系统，信号、电路与系统，电磁场与微波技术，半导体物理与器件，计算机应用，应用数学，光学，机械制造，工业管理工程9个学科、专业有硕士学位授予权；通信与电子系统，信号、电路与系统和电磁场与微波技术3个学科、专业有博士学位授予权。有博士生导师10位，叶培大、蔡长年、周炯槃、刘泽民、高攸纲、陈俊亮、徐大雄、胡健栋、胡正铭、全子一。通信与电子系统、电磁场与微波技术2个学科已列为国家重点学科；远程交换与通信网实验室已列为国家重点实验室。

有教职员工2288人，专任教师914人，其中教授66人，副教授299人，讲师353人，助教182人，各类专业技术人员747人，具有高级职称的专业技术人员88人，另有外籍教师4人。在校学生8000余人，其中本、专科学生3226人，研究生352人，夜大学生226人，函授学生4280人，外国留学生42人（来自23个国家）。

2. 今日的北京邮电大学

1993年经原国家教委批准，"北京邮电学院"更名为"北京邮电大学"，时任中共中央总书记、国家主席江泽民题写校名。1998年成为全国首批重点建设的61所"211工程"院校。2000年全国院校调整后，直属国家教育部管理。2004年成为全国56所设立研究生院的高校之一。2005年，教育部和原信息产业部联合签署协议共建北京邮电大学。2011年，经教育部批准，北京邮电大学成为"985工程"优势学科创新平台项目重点建设高校之一。2012年，北京邮电大学沙河校区开工建设。2017年，"信息网络科学与技术学科群"和"计算机科学与网络安全学科群"两个学科群进入一流学科建设行列。

学校现设有信息与通信工程学院、电子工程学院、计算机学院、自动化学院、软件学院、数字媒体与设计艺术学院、现代邮政学院、网络空间安全学院、光电信息学院、理学院、经济管理学院、人文学院、马克思主义学院、国际学院、网络教育学院、继续教育学院、民族教育学院、体育部等18个教学单位，以及网络技术、信息光子学与光通信、感知技术与产业3个研究院，可信网络通信2011协同创新中心，并设有研究生院。

学科专业已经涵盖理学、工学、文学、法学、经济学、管理学、教育学、哲学、艺术学等9个学科门类，涉及22个一级学科。学校信息与通信工程、计算机科学与技术以及电子科学与技术三个一级学科在教育部第四轮学科评估中被评为A类学科，其中信息与通信工程取得了A+的优异成绩。

学校现有西土城路校区、沙河校区、宏福校区和小西天校区，在江苏无锡和广东深圳分别设有研究院。全日制本、硕、博学生及留学生近23000名，正式注册的非全日制学生近55000名。

近年，学校在全国百篇优秀博士学位论文、国家精品课程、北京市精品课程、国家级双语教学示范课程、普通高等教育精品教材、国家级教学团队、北京市优秀教学团队、国家级教育成果奖、北京市教育成果奖等各级各类评选工作中均取得了良好的成绩。学生就业率一直保持在全国高校领先水平。在以英语、电子、数学和物理竞赛为代表的国内外大学生重大赛事中成绩优异，位居全国重点高校前列。连续九年创办大学生创新创业成果展示交流会暨创新创业论坛，创办研究生创新创业成果展，学生创新创业实践活动取得突出成绩。

学校拥有着一支以中国科学院院士、中国工程院院士、外籍院士、973项目首席科学家、国家自然科学基金委创新研究群体、"长江学者和创新团队发展计划"创新团队、"长江学者""千人计划""新世纪百千万人才工程"国家级人选、国家级突出贡献专家、"国家杰出青年科学基金"获得者、教育部"跨世纪优秀人才计划"获得者、"新世纪优秀人才支持计划"获得者、北京市优秀教学团队、北京市科技新星、省部级"青年学科带头人"、省部级"优秀青年骨干教师"、国务院政府特殊津贴专家、国家级教学名师等为骨干的实力雄厚的师资队伍。具有博士、硕士学位的教师占专任教师总数的88%，外籍教师近百人。

目前，学校具有博士学位授权一级学科点10个，硕士学位授权一级学科点22个（含一级学科博士点10个），有7类专业硕士学位授权点，有43个本科专业，建立博士后科研流动站6个。学科涵盖了理、工、文、法、哲、经济、管理、教育、艺术等9个学科门类，初步形成了信息学科优势突出、工管文理相互支撑的多科性学科架构。在重点学科建设方面，有一级学科国家级重点学科2个、北京市重点学科7个、部级重点学科8个。

学校现有国家重点实验室2个、国家工程实验室5个（其中2个为牵头、3个为合作）、教育部工程研究中心2个、教育部"111创新引智基地"5个、北京实验室1个、各类部级重点实验室9个。近年来共获得国家科技发明奖、国家科技进步奖、省部级科研奖励数十项。

学校与150余所国（境）外知名大学、科研机构、知名企业建立了深厚的合作与交流关系。

学校在"团结，勤奋，严谨，创新"的校风、"厚德博学，敬业乐群"的校训和"崇尚奉献，追求卓越"的北邮精神的引领下，正朝着建成特色鲜明、优势突出、世界著名的高水平研究型大学这一宏伟目标而阔步前进。

3. 现任与历任领导

（1）现任领导。
党委书记：吴建伟
校　长：乔建永
党委副书记：乔建永　王同奇　曲昭伟
纪委书记：王同奇
副校长：赵纪宁　温向明　郭　军　李　杰　王文博
党委常委：吴建伟　乔建永　赵纪宁　王同奇　温向明
　　　　　曲昭伟　李　杰　王文博　庄育锋
（2）历任校长。
钟夫翔　　　1955—1956

孟贵民　1957—1981
叶培大　1981—1985
胡健栋　1985—1989
朱祥华　1989—1998
林金桐　1998—2007
方滨兴　2007—2013
乔建永　2013—

◎ **参考资料：**

1. 北京邮电大学官网"北邮概况"。
2. 北京邮电大学百度百科条目。
3. 王英柏撰，李秀峰审：《北京邮电学院》，载季啸风主编：《中国高等学校变迁》，华东师范大学出版社1992年版，第53~57页。

（涂上飙　编）

中国地质大学（北京）

中国地质大学是首批"211工程"和"985工程优势学科创新平台"重点建设高校之一，是一所以地质、资源、环境、地学工程技术为主要特色，理、工、文、管、经、法相结合的多科性全国重点大学，是中国地学人才培养的主要教育机构和地学研究的基地，在国际地球科学界享有盛誉的高水平、综合性、研究型大学，为中国的地球科学事业作出了卓越的贡献。现有中国地质大学（北京）和中国地质大学（武汉）两个独立的办学实体。

1. 中国地质大学（北京）前身历史

中国地质大学前身为北京地质学院。1952年，教育部根据"以培养工业建设人才和师资为重点，发展专门院校，整顿和加强综合性大学"的方针，在全国范围内进行院系调整。由北京大学地质系、清华大学地学系地质组、天津大学（原北洋大学）地质工程系、唐山铁道学院（现西南交通大学）采矿系地质组以及西北大学地质系本科3个班的学生（46名）等著名大学的地质系、科合并而成立北京地质学院，是当时著名的八大学院之一。

1952年7月14日，成立了北京地质学院筹备委员会，中国地质工作计划指导委员会主任李四光任筹委会主任。1952年11月1日，在北京端王府夹道举行了北京地质学院首届开学典礼，教育部副部长曾昭抡、地质部部长李四光、北京大学副校长汤用彤教授等各部门的代表出席了大会并讲了话。

学校决定11月7日为北京地质学院的"校庆日"。1952年12月24日，政务院任命红军老干部刘型为北京地质学院首任院长，著名地质学家、中国地质工作指导委员会副主任尹赞勋教授任副院长，教务长尹赞勋（兼），副教务长张席褆、李广信，总务长陈子谷，副总务长杨遵仪。

建校初期，学校分别在北京沙滩（原北京大学地质馆）、端王府夹道（原北京大学工学院）和河北宣化地质学校三处办学。1954年后陆续迁入北京西北郊学院路新校址。据1952年11月15日统计，北京地质学院有教授、副教授29人，讲师15人，助教94人，职员116人，工友175人，教职工总计429人。在校学生1527人（其中新生1188人），毕业生31人。

（1）北京地质学院时期。

建院初期，学校从北京大学、清华大学、天津大学、唐山铁道学院和地质调查所汇聚了一大批优秀教师。讲师以上的教师，绝大部分毕业于北京大学、清华大学、中央大学和西南联大，许多人长期在上述名牌大学任教，其中有16人在20世纪20—40年代赴欧美深造，到北京地质学院后又向来华的苏联专家学习，兼容并蓄，结合北京大学、清华大学等院校地质系的教学经验和方法，使北京地质学院的教学工作从建校开始就有了坚实的基础和较高的起点，使其能在50年代培养出一批优秀人才，并为学校后来的发展奠定了良好的基础。1966年"文化大革命"爆发后，1966年至1970年的5年时间中，学校停止招生。

（2）湖北地质学院时期。

1970年9月18日，国家地质总局在《关于北京地质学院迁往湖北江陵基本建设的批复》中同意将拟迁往湖南石门县建校计划改为迁往湖北江陵县。征地面积为江陵县城东门内约435亩地，建校规模按5个系13个专业、学生2000人、教职工1700人进行规划，总建筑面积为86 220平方米，总投资初步估计约811.4万元，两年建成。学校更名为湖北地质学院。此间，学校形成了四点办学的格局：江陵校本部（教职工549人）、丹江"五七"地质队（教职工231人）、江西"五七"干校（教职工561人）、北京留守处及机工厂（教职工347人）。

1972年8月9日，湖北省"革命委员会"关于成立湖北地质学院武汉分院的批复：同意湖北地质学院在武汉地质学校的教学点改为"湖北地质学院武汉分院"。9月2日，湖北省"革命委员会"同意湖北地质学院在江陵城东门内建校。1972年年底，"军工宣队"全部撤离学校，高元贵被任命为学校"革委会主任"，教职工从湖北江陵、丹江、沙洋3点撤回北京。学校在保证武汉教学改革的同时，在北京很快就承担了相当一部分国家级科研项目和科技情报工作。

（3）武汉地质学院时期。

1974年7月27日，湖北省"革命委员会"批复：同意湖北地质学院在武汉市建校。12月18日，湖北省"革命委员会"批复：同意湖北地质学院改名为武汉地质学院。

学校南迁后，留京的教职工在原来留守处的基础上，经治理整顿，于1978年成立武汉地质学院北京研究生部。1985年9月9日，地质矿产部决定，将武汉地质学院北京研究生部、北京地质管理干部学院和中国地质科学院研究生部合并，成立了"北京地质教育中心"。翟裕生教授任主任。

2. 中国地质大学时期

1987年11月4日，国家教委下发地矿部"关于同意成立中国地质大学的批复"。11月7日，建校35周年之际，在武汉和北京学区同时举行了隆重的中国地质大学挂牌揭幕仪式。

1988年4月9日，地矿部就中国地质大学领导班子及4个实体做出决定。5月29日，朱训校长主持召开第一次校务会议，决定大学办公室于1988年6月1日开始办公，同时启用"中国地质大学"印章，在京汉两地办公。从此中国地质大学成为一所在武汉、北京两地办学，具有四个相对独立实体，各实体人、财、物独立或相对独立，可对外独立开展教学、科研、生产经营，理工文管齐全，普通成人教育兼有，高等教育各层次配套的、以地质类学科专业为主的综合性大学。7月22日，经国家教委批准，岩石学、矿物学、古生物学及地层学、矿产普查与勘探、探矿工程5个学科为国家级重点学科。

1997年12月6日，经国家计划委员会批准，学校第一批进入"211工程"行列，成为国家进行重点建设的大学。

2005年3月，根据教育部文件，位于武汉的大学总部撤销，武汉和北京两个校区独立办学，教育部仍然以一个中国地质大学整体进行建设。2006年，教育部与国土资源部签署文件宣布共同建设中国地质大学。同年，学校申报的"优势学科创新平台"得到教育部和财政部批准，中国地质大学成为国家"985工程"建设的一部分。

64年来，学校历经了创建、发展、搬迁、重建和振兴的曲折办学历程。历届学校领导班子带领全体地大人，艰苦奋斗、自强不息，培养了大批经济建设急需的地质专门人才，为新中国工业的起飞和地质事业的发展作出了不可磨灭的贡献。学校现有中国科学院院士10人，俄罗斯外籍院士6人，教授217人，副教授302人。在十万余名毕业生中，有33人成为两院院士，200余人成为省部级以上劳动模范。经过60余年的建设，学校逐步成为以地质、资源、环境、地学工程技术为主要特色，理、工、文、管、经、法相结合的多科性全国重点大学，成为我国地学人才培养的摇篮和地学研究的重要基地。学校现有17个教学单位，34个本科专业正在招生，2个国家一级重点学科，14个省部级重点学科，13个一级学科博士学位授权点，33个一级学科硕士学位授权点，17个工程硕士领域和MBA、MPA等10个专业学位授权点，13个博士后流动站。在职教职工1345人，全日制在校生15000余人，继续教育和网络远程教育在读生60000余人。现任党委书记王鸿冰，校长邓军。

学校认真贯彻党的教育方针，坚持社会主义办学方向，秉承"艰苦朴素、求真务实"的优良校训，坚持"特色加精品"的办学理念，培养"品德优良、基础厚实、知识广博、专业精深"的高素质创新人才，加快建设高水平研究型大学，为实现"地球科学领域世界一流大学"的长远目标而不懈奋斗。

3. 现任领导

党委书记：王鸿冰

党委副书记：姜恩来

党委常委、副校长：雷涯邻

党委副书记、纪委书记：张　丽

党委常委、副校长：刘大锰

党委常委、校长：邓　军

副校长：王训练

党委常委、副校长：万　力　王果胜

◎ **参考资料：**

1. 中国地质大学（北京）官网"学校概况"。
2. 中国地质大学百度百科。

（钟崴　编撰）

中国矿业大学（北京）

中国矿业大学（北京）是教育部直属的全国重点高校、国家"211 工程"、"985 工程优势学科创新平台"、一流学科建设高校，是全国首批产业技术创新战略联盟高校，同时也是教育部与国家安全生产监督管理总局共建高校。1960 年和 1978 年，学校先后两次被确定为全国重点高校，为全国首批具有博士和硕士授予权的高校之一，设有研究生院。学校有两个校区：学院路校区坐落于北京市高校云集的海淀区学院路，沙河校区坐落于北京市昌平沙河高教区。

1. 学校发展简史

学校的前身是焦作路矿学堂，建于 1909 年，位于河南焦作。1909 年 3 月，焦作路矿学堂成立。1913 年 12 月，首届学生毕业后，英国福公司停办了焦作路矿学堂。1915 年 6 月，恢复办学，定名为福中矿务学校，确定每年 6 月 5 日为校庆日。1919 年 2 月，学校举办专门本科后成为一所既有预科又有本科的专门学校。1921 年夏，学校增设大学本科，更名为福中矿务大学。1931 年 4 月，改名为私立焦作工学院，成为当时国内唯一的私立工学院。

1938 年，学校西迁并与东北大学、北洋大学、北平大学的工学院联合组建国立西北工学院。1946 年 7 月，焦作工学院在河南洛阳复校，9 月迁至江苏苏州。1949 年 4 月，苏州解放，更名为国立焦作工学院。9 月迁回焦作工学院原址。

1950 年 9 月，中央人民政府决定以焦作工学院为基础筹建中国矿业学院，学校迁至天津。1951 年 4 月，在天津举行开学典礼和成立大会。1952 年院系调整期间，天津大学、唐山交通大学、清华大学的采矿系调整到中国矿业学院，学校聚集了全国一流的采矿科学技术人才。1953 年，学校迁至北京，更名为北京矿业学院。1960 年 10 月，学校被确定为全国重点大学。1970 年 5 月，成为 13 所"京校外迁"高校之一，从北京搬迁到四川省合川县，更名为四川矿业学院。

1978 年 2 月，经国务院批准，在江苏省徐州市重新建校，恢复中国矿业学院校名，在北京学院路原址设立中国矿业学院北京研究生部，恢复招收和培养研究生。学校再次被确定为全国重点大学。1988 年，学校更名为中国矿业大学，邓小平同志亲笔为学校题写校名。1997 年，改中国矿业大学北京研究生部为中国矿业大学北京校区，学校被确定为国家"211 工程"重点建设高校。1998 年恢复招收本科生，北京煤炭管理干部学院并入北京校区。2000年，学校划转教育部直属管理。2003年9月，中国矿业大学北京、徐州两地校长分设。2006年成为"985工程优势学科创新平台"建设高校，2017年成为一流学科建设高校。2009年10月，中国矿业大学（北京校区）更名为中国矿业大学（北京）。2013年5月，中国矿业大学（北京）沙河新校区揭牌启用。2017年9月，入选国家首批"双一流"世界一流学科建设高校名单。

2. 学校发展现状

学校的建设与发展得到了党和国家领导人亲切关怀。毛泽东同志"开发矿业"的题词曾激励着一代代矿大人为事业不懈奋斗；邓小平同志亲笔批示指引学校在改革开放中走上中兴之路。100多年来，学校与中国工业化进程同步发展，与人民共和国一起成长。经过一代又一代矿大人的努力奋斗，学校铸就了中国煤炭高等教育的一流品牌和独特的精神文化品格，形成了"勤奋、求实、进取、奉献"的校风、"好学力行"的学风，积淀形成了艰苦奋斗的创业精神和迎难而上的拼搏精神。

通过长期发展和建设，学校已经形成了以理工为主、以矿业与安全为特色、理工文管法经等多学科协调发展的学科专业体系和多科性大学的基本格局。在煤炭能源的勘探、开发、利用、资源、环境和生产相关的矿建、安全、测绘、机械、信息技术、生态恢复、管理工程等领域形成了优势品牌和鲜明特色。

现有63个本科专业，16个一级学科博士点，34个一级学科硕士点，69个二级学科博士点，163个二级学科硕士点，12个硕士专业学位授权类别；1个一级学科国家重点学科，8个二级学科国家重点学科，1个国家重点培育学科，21个省部级重点学科；14个博士后科研流动站。在教育部2012年第三轮学科评估中，矿业工程、安全科学与工程、测绘科学与技术、地质资源与地质工程分别排名第一、一、三、四位。工程学、地球科学、材料科学、化学等4个学科进入ESI排名前1%。矿业工程、安全科学与工程等2个学科入围"双一流"建设学科名单。

学校拥有一支高水平的师资队伍，现有各类教职工984人。专任教师中，有教授175人，副教授226人；博士生导师168名，硕士生导师230名，拥有博士学位的教师比例达79%以上。教师队伍中，有教育部"创新团队发展计划"4个，拥有1名中国科学院院士、8名中国工程院院士，长江学者奖励计划特聘教授7人，国家973项目首席科学家4人；先后有7人获国家杰出青年科学基金，12人入选"新世纪百千万人才工程"国家级人选，44人被列入教育部跨世纪、新世纪优秀人才支持计划，1人获首届中国青年科学家奖，6人被评为国家有突出贡献的中青年专家，3人入选国家"万人计划"，2人被评为"全国优秀教师"。

学校始终坚持以育人为本，积极构建能源工业精英教育教学体系，致力于培养德智体美全面发展、富有社会责任感、创新精神和实践能力的高素质人才。广大毕业生当中许多人已成长为国家现代化建设及行业发展的科技精英、管理骨干和领军人物。学校先后有8个专业荣获国家"第一类特色专业建设点"项目，8个专业荣获北京市高等学校特色专业项目,"采矿工程"和"安全工程"专业通过教育部工程教育专业认证。拥有 1 个国家级实验教学示范中心,2 个国家级工程实践教育中心;1998 年以来,学生参加省级以上国内外科技竞赛有千余人次获奖;先后有 8 篇博士论文入选全国百篇优秀博士论文。目前全校有全日制普通本科生 7422 人,各类硕士、博士研究生 7092 人,成人教育本专科生 1149 人,留学生 21 人。

围绕人才培养的核心任务和国家及行业的战略需求,学校致力于科学研究,提升学校的创新能力,取得了一大批高水平科技成果。"十五"以来,先后获得国家级科技奖励 28 项,省部级科技奖励 368 项。在研科研项目 3500 余项,研究与发展经费快速增长。学校建设了完备的高水平科技创新平台,拥有 2 个国家重点实验室,2 个国家工程研究中心。

学校积极发挥自身优势,服务行业人才培养、科技进步及地方经济社会发展,推进产学研协同创新。学校拥有中国首家以能源与安全为特色的科技园——"中关村能源与安全科技园"和"中国矿业大学留学人员创业园",并与北京市共建能源安全产业技术研究院组成了学校产学研用及科技成果转化体系,成为中关村国家自主创新示范区及首都区域创新体系建设的重要组成部分。

学校积极开展国内外学术交流与合作,不断推进国际化办学。目前,与国内 10 所高水平行业特色型大学联合发起成立"北京高科大学联盟",与 45 所世界著名高校和科研院所签订了校际合作协议,与百余所国外知名大学和科研院所的相关学科开展了学术交流;多次举办了国际煤岩学委员会年会、国际有机岩石学年会(ICCP-TSOP)联合会议、第一届行为安全与安全管理国际会议、国际有机岩石学会(TSOP)年会、国际采矿科学与技术大会、国际采矿岩层控制会议等国际性学术会议,学术交流日益活跃。

学校坚持"面向现代化、面向世界、面向未来"的指导方针,按照"深化改革、强化特色、提高质量、创新发展"的总体思路,抓住"统筹规划、队伍建设、科学管理"三个关键,积极推进世界一流大学和一流学科建设工作,使学校整体办学水平实现新的跨越发展,努力把学校建成特色鲜明、国际知名的高水平矿业大学。

3. 学校现任领导

党委书记:徐孝民

党委副书记:王忠强

党委副书记、纪委书记:董　晞(女)

党委常委:徐孝民　杨仁树　王忠强　朱书全　董　晞(女)　范中启　王家臣

校长、党委副书记:杨仁树

副校长:姜耀东　朱书全　范中启　王家臣

◎ **参考资料：**

1. 中国矿业大学（北京）官网"学校概况"。
2. 中国矿业大学（北京）百度百科条目。
3. 邹放鸣主编：《中国矿业大学史（1909—2009）》，中国矿业大学出版社 2009 年版。

（涂上飙　编）

中国石油大学（北京）

中国石油大学（北京）一校两地（北京、克拉玛依），北京校区坐落在风景秀丽的北京市昌平区军都山南麓，校园占地面积 700 余亩；克拉玛依校区位于新疆维吾尔自治区克拉玛依市，校园占地面积 7000 余亩。学校是一所石油特色鲜明、以工为主、多学科协调发展的教育部直属的全国重点大学，是设有研究生院的高校之一。1997 年，学校首批进入国家"211 工程"建设高校行列；2006 年，成为国家"985 工程优势学科创新平台"建设高校。2017 年，学校进入国家一流学科建设高校行列，全面开启建设中国特色世界一流大学的新征程。

1. 学校发展沿革

1953 年，为支持新中国的经济建设和石油工业发展，以清华大学石油系、化工系为基础，汇聚北京大学、天津大学等高校的石油石化等系科，中华人民共和国第一所石油高等院校——北京石油学院正式创立，这就是中国石油大学的前身。

1960 年，跻身国务院确立的 64 所"全国重点大学"行列。1969 年学校迁至山东东营，更名华东石油学院。

1981 年 6 月，在北京石油学院原校址内成立研究生部。1988 年，更名"石油大学"，校本部设在北京，由石油大学（北京）和石油大学（华东）两部分组成；石油大学（北京）在 1989 年面向全国恢复招收本科生。

1997 年，学校正式进入国家"211 工程"首批重点建设的高等院校行列。

2000 年，学校由中国石油天然气集团公司划归教育部直属管辖，同年 6 月，学校成立研究生院。2001 年，矿产普查与勘探、油气井工程、油气田开发工程、油气储运工程、化学工艺等 5 个二级学科被评定为国家重点学科。2003 年，教育部与中国石油天然气股份有限公司、中国石油化工集团公司、中国海洋石油总公司签署共建石油大学的协议。2005 年 1 月，石油大学更名"中国石油大学"，石油大学（北京）也相应更名为"中国石油大学（北京）"。

2006 年，学校以优秀的成绩通过教育部本科教学工作水平评估；同年，"油气资源勘探开发与转化创新平台项目"进入"国家 985 工程优势学科创新平台"。2007 年，"工业催化"学科和"地球探测与信息技术"学科被批准为国家重点（培育）学科，在石油石化领域优势突出。

2014 年，学校的科研成果"复合离子液体碳四烷基化生产高品质清洁汽油新技术"

入选"中国高等学校十大科技进展"。2014年5月,教育部与中国石油天然气集团公司、中国石油化工集团公司、中国海洋石油总公司、神华集团有限责任公司、陕西延长石油(集团)有限责任公司等五大能源企业集团公司共建中国石油大学[包括中国石油大学(北京)、中国石油大学(华东)]协议正式签署。2015年12月10日晨,中国石油大学(北京)克拉玛依校区揭牌仪式在乌鲁木齐举行。

2017年9月,教育部、财政部、国家发展改革委印发《关于公布世界一流大学和一流学科建设高校及建设学科名单的通知》,公布世界一流大学和一流学科(简称"双一流")建设高校及建设学科名单。中国石油大学入围世界一流学科建设高校名单。

2. 今日中国石油大学(北京)

经过60多年的建设发展,学校形成了石油特色鲜明,以工为主、多学科协调发展的学科专业布局。石油石化等重点学科处于国内领先地位,并在国际上形成了一定影响。据ESI2015年8月更新数据表明,学校有4个学科进入ESI排行前1%,分别是Chemistry(化学)、Engineering(工程学)、Materials Science(材料科学)和Geosciences(地球科学)。围绕石油石化产业结构,构建起由石油石化主体学科、支撑学科、基础学科和新兴交叉学科组成的石油特色鲜明的学科专业布局,实施了"攀登计划""提升计划"和"培育计划",分别建设石油与天然气工程、地质资源与地质工程等石油石化优势学科,化学、材料科学与工程等基础支撑学科,非常规油气、新能源、海洋油气工程等新兴交叉学科。

学校始终把人才培养作为根本任务,坚持"人才培养质量是学校生命线"的理念。半个多世纪以来,学校为国家培养了近二十万名优秀专门人才,为国家石油石化工业的发展奠定了人才基础,被誉为"石油人才的摇篮"。学校现有在校全日制本科生8856人、硕士研究生5800人、博士研究生1258人、留学生679人,在校生总数近1.6万人。毕业生受到社会和用人单位普遍欢迎,毕业生就业率持续保持高位。

学校坚持把人才作为第一资源,深入实施人才强校战略,建立了一支高水平的师资队伍。现有教职工1463人,其中教授240人,副教授376人,博士生导师207人。有中国科学院院士2人,中国工程院院士2人,英国皇家学会院士、挪威国家科学院院士、加拿大皇家科学院院士1人,"千人计划"创新人才长期项目入选者5人,"万人计划"领军人才2人,国家杰出青年基金获得者10人,"长江学者奖励计划"特聘教授9人,"长江学者奖励计划"讲座教授1人,国家"973项目"首席科学家5人,国务院学位委员会学科评议组成员4人,国家级教学名师1人,全国优秀教师4人,"千人计划"青年项目入选者2人,"长江学者奖励计划"青年项目入选者1人,国家优秀青年基金获得者6人,"新(跨)世纪百千万人才工程"国家级人选9人,教育部"新世纪优秀人才支持计划"33人。现有国家自然科学基金创新研究群体1个,教育部、国家外国专家局"高等学校学科创新引智计划"(简称"111计划")4个,教育部"长江学者和创新团队发展计划"创新团队4个,国家级教学团队3个,北京市优秀教学团队6个。学校坚持引进与培养相结合,通过青年拔尖人才计划选拔、青年教师成长工程两条快速成长通道,支持优秀青年教师快速成长,一批优秀青年教师脱颖而出。

学校坚持把科学研究作为强校之路,按照"搭建大平台、承担大项目、凝聚大团队、取得大成果、作出大贡献"的思路,不断提高科技创新能力和综合科研水平。现有2个国家重点实验室、6个国家级科研创新平台分室以及20个省部级各类科研创新平台和18个中国石油天然气集团公司重点实验室分室。石油石化学科研究领域优势突出,在多个研究领域居国内领先水平,在非常规油气、新能源等新兴研究领域发展迅速。"十一五"以来,学校共承担国家级科研项目1139项,获国家级三大科技奖37项、省部级科技进步奖364项。"十二五"期间,学校共承担国家级科研项目354项,获得国家科技奖22项,其中作为第一完成单位的有4项;获得省部级及社会力量科技奖共270项,其中作为第一完成单位的有135项。国家级奖励数在2014年、2015年全国高校通用项目中均排名第10。

学校坚持走"政产学研"相结合的办学道路。2013年10月,教育部与五大石油公司签署了共建石油大学的协议。学校先后与121个省市区政府、企事业单位签订了全面合作协议,特别是探索建立了产学研联合培养人才的新机制、新模式。现有近76家石油石化企业在校设置企业奖助学金;13家石油石化企业在校建立了育才厅;与25家石油石化单位签署了"订单式"本科生联合培养协议;与40家企业博士后科研工作站联合招收博士后;在155家石油石化企业设立了研究生工作站或联合培养基地;在100家企业建立了学生实习基地;在67家石油石化企业建立了社会实践基地。积极探索政产学研协同育人机制。学校与克拉玛依市联合建立克拉玛依工程师学院,与三大石油公司在京研究院联合建立北京工程师学院,着力实施本科卓越计划和专业学位研究生培养,在高等工程教育领域迈出了新步伐。

学校重视国际交流与合作,通过实施国际化战略,国际交流与合作领域和范围不断拓宽,国际影响不断扩大。学校与美国、法国、英国、加拿大、日本等发达国家的150多所高校和多家公司建立起了多层次、多领域、多渠道的交流合作关系。与国外大学或公司联合建设了11个国际联合研究机构;与厄瓜多尔基多圣弗朗西斯科大学联合建立了孔子学院;平均每年举办或参与近十场国际性学术会议。

学校坚持把加强和改进党建与思想政治工作作为学校持续快速健康发展的坚强保证,把坚持正确的政治方向贯穿于学校工作的各方面,贯穿于人才培养的全过程。学校秉承石油文化传统,形成了石油特色鲜明的校园文化氛围。"实事求是、艰苦奋斗"的校风、"勤奋、严谨、求实、创新"的学风、"为学为师,立德立言"的教风、"厚积薄发,开物成务"的校训以及"实事求是,艰苦奋斗,爱国奉献,开拓创新"的石大精神,是石大文化的精髓。2007年,学校以优秀成绩顺利通过北京市党建和思想政治工作评估,"肩负历史使命,培育石油英才"获得单项奖;2014年,获得北京市党的建设和思想政治工作先进普通高等学校提名奖。

厚积薄发,开物成务。站在历史的新起点上,中国石油大学全校上下凝心聚力,向着"石油石化学科领域世界一流的研究型大学"的宏伟目标阔步迈进。

3. 现任领导

党委书记：山红红

党委副书记：雷玉江　韩克飞　韩尚峰

纪委书记：韩克飞

校长：张来斌

副校长：吴小林　陈大恩　张士诚　鲍志东　李根生　董朝霞　韩尚峰

◎ **参考资料：**

1. 中国石油大学（北京）官网"学校概况"。
2. 中国石油大学（北京）百度百科。

（郑公超　编）

北京林业大学

北京林业大学原名北京林学院，是一所以林为基础，兼有理科、工科、经济管理和社会科学的多科性、综合性、教育部直属、教育部与国家林业局共建的全国重点大学。

1. 学校的早期发展

学校由1902年京师大学堂中设立的农科林学门（相当于现在的专业），经过演变而成北京大学农学院森林系。

中华人民共和国成立后，北京大学农学院、清华大学农学院、华北大学农学院合并成立了北京农业大学，内设森林系。在院系调整中，北京农业大学森林系又与河北农学院森林系合并，建立了北京林学院。设林业专业和森林专修科，有教师31人，其中教授8人、副教授5人、讲师5人、助教13人、职工111人。有学生206人，其中本科生79人、专科生127人。

1953年，从当时的平原农学院调进一部分教职工。

1955年7月建立了林业系；1956年，清华大学建筑系的造园专业调入，成立城市及居民区绿化专业，1957年改为城市及居民区绿化系，1973年改为园林系。1958年增设了水土保持、森林保护、林业经济3个专业。1960年，学院被批准为全国重点高等学校。

到1966年6月，学校已有3个系8个专业，设有基础课教学部、函授部、马列主义教研室。教职工已达到927人，在校学生将近2500人。

1969年，全校师生员工分两批下放到云南省的11个林业局劳动锻炼。1973年，云南农业大学林学系43名教职工并入，成立亚热带经济林系。此时北京林学院改名为云南林业学院。

1978年，迁往云南的原北京林学院，从云南迁回北京办学，仍为全国重点学校，由国家林业总局和北京市双重领导。1979年建立水土保持系；1980年设立园林植物和园林规划设计2个专业。

1985年8月，学校改名为北京林业大学。

到1989年10月，北京林业大学设有森林生物、工程技术、资源环境、经济管理、人文社科五大类，按类别分为2个学院6个系。学院（系）有：林业资源学院、经济管理学院、森林工业系、水土保持系、园林系、风景园林系、外语系、社科系。

木材加工、林业机械、森林植物学、森林生态学、森林土壤学、林木遗传育种学、造林学、森林经理学、森林保护学、木材学、制材学、水土保持、园林植物、园林规划设计、林业经济等 15 个学科、专业被批准有硕士学位授予权。其中 7 个学科、专业有博士学位授予权，9 位教授担任博士生导师。这些是：森林生态学（汪振儒教授、徐化成研究员）、林木遗传育种学（朱之悌教授）、造林学（沈国舫教授）、森林经理学（范济州、关毓琇教授）、木材学（申宗圻教授）、水土保持（关君蔚教授）、园林植物（陈俊愉教授）。

森林经理、造林、森林生态、树木生理、林木遗传育种、森林病理、森林昆虫、园林、园林规划设计、水土保持、木材学、林业经济等为重点学科，其中森林病理、造林、水土保持 3 个学科为国家重点学科。

1989 年 10 月，全校有在校学生 1870 人，其中本科生 1646 人，博士生 15 人，硕士生 146 人。另有函授生 781 人（本科 263 人，专科 518 人），委托代培生 11 人。有教职工 1510 人，其中专任教师 616 人，专任教师中教授 44 人，副教授 154 人，讲师 191 人，助教及未评定职称的教员 227 人。研究员 1 人，副研究员 42 人。汪振儒、范济州、陈陆圻、陈俊愉、关君蔚等老教授都是中国著名的林学家或园林学家，并已列入《中国科技名人辞典》。"宁夏西吉黄土高原水土流失综合治理的研究"和"小流域土地资源信息库在水土保持规划中的应用的研究"获国家科技进步二等奖。

2. 今日的北京林业大学

1996 年学校被国家列为首批"211 工程"重点建设的高校。2000 年经教育部批准试办研究生院，2004 年正式成立研究生院。2005 年获得本科自主选拔录取资格。2008 年，学校成为国家"985 工程优势学科创新平台"建设项目试点高校。2010 年获教育部和国家林业局共建支持。2011 年与其他 10 所行业特色高校参与组建北京高科大学联盟。2012 年，牵头成立中国第一个林业协同创新中心——"林木资源高效培育与利用"协同创新中心。2016 年，学校"林木分子设计育种高精尖创新中心"入选北京市第二批高精尖创新中心。2017 年，学校入选世界一流学科建设高校行列，林学和风景园林学两个学科入围"双一流"建设学科名单。

学校以生物学、生态学为基础，以林学、风景园林学、林业工程、农林经济管理为特色，是农、理、工、管、经、文、法、哲、教、艺等多门类协调发展的全国重点大学。学校是国务院学位委员会、教育部授权可自行审定教授任职资格的高校，是国务院学位委员会授权一级学科内可自主设置博士、硕士二级学科及交叉学科的高校。经全国第四轮学科评估，林学和风景园林学两个一流建设学科位居 A+档位。学校现有 15 个学院，60 个本科专业及方向、26 个一级学科硕士学位授权点、1 个二级学科硕士学位授权点、12 个专业硕士学位类别、9 个一级学科博士学位授权点、7 个博士后流动站、1 个一级学科国家重点学科、2 个二级学科国家重点学科、1 个国家重点（培育）学科、6 个国家林业局重点学科（一级）、3 个国家林业局重点培育学科、3 个北京市重点学科（一级）（含重点培育学科）、4 个北京市重点学科（二级）、1 个北京市重点交叉学科。

学校形成了"知山知水，树木树人"的办学理念，为国家培养了 10 多万名高级专门人才和一批外国留学生，其中包括以 15 名两院院士等为代表的一大批杰出科技专家和管理人才，他们为我国林业事业和经济社会发展作出了卓越贡献。

截至 2017 年 12 月，学校在校生 27657 人，其中本科生 13233 人，全日制研究生 5717 人，在职攻读硕士学位 908 人，各类继续教育学生 7799 人。有教职工 1884 人，其中专任教师 1195 人，包括教授 310 人、副教授 555 人；中国工程院院士 3 人，中组部"千人计划"入选者 3 人，"万人计划"领军人才入选者 3 人，青年拔尖人才入选者 1 人，国家特聘专家 1 人，教育部"长江学者奖励计划"入选者 7 人，国家"973"首席科学家 1 人，"863"首席专家 1 人，国家社科基金重大项目首席科学家 1 人，国家百千万人才工程（新世纪百千万人才工程）入选者 10 人，中宣部文化名家暨"四个一批"人才入选者 1 人，科技部"中青年科技创新领军人才"入选者 1 人，环保部"国家环境保护专业技术青年拔尖人才"入选者 1 人，"国家杰出青年科学基金"获得者 5 人，"国家优秀青年科学基金"获得者 5 人，"中国青年科技奖"获得者 8 人，"中国青年女科学家奖"获得者 1 人，国家有突出贡献专家 8 人。

学校高度重视教学工作，实施导师制、主辅修制，拥有国家理科基地、国家卓越农林人才培养计划、梁希实验班、中外合作办学等多种拔尖创新人才和复合型人才的培养模式。学校获得国家级教学成果一等奖 3 项、二等奖 6 项、优秀奖 1 项和省部级教学成果奖 42 项。5 篇博士学位论文入选"全国优秀博士论文"，5 篇博士学位论文入选"北京市优秀博士论文"。研究生 53 人次在国际风景园林师联合会国际学生风景园林设计竞赛（IFLA—UNESCO）、国际大学生建筑设计大赛、中日韩大学生风景园林设计竞赛中获得金奖。

现有国家、省（部）级重点实验室、工程中心及野外站台共 42 个。其中，国家花卉工程技术研究中心 1 个、林木育种国家工程实验室 1 个、国家野外观测科学研究站 1 个、国家能源非粮生物质原料研发中心 1 个、林业生物质能源国际科技合作基地 1 个、国家水土保持科技示范园区 2 个、教育部重点实验室 3 个、教育部工程中心 3 个、国家林业局重点实验室 7 个、国家林业局工程技术研究中心 3 个、国家林业局质检中心 1 个、国家林业局野外观测研究站 6 个。

先后与 30 余个国家和地区的 190 余所高等院校、科研院所和非政府组织建立了教育与科技合作关系。截至 2017 年年底，学校累计培养外国留学生 2100 多人。

目前，学校正以办人民满意的高等教育为宗旨，进一步提高办学质量，为建设成为扎根中国大地的世界一流林业大学而努力奋斗。

3. 现任与历任领导

（1）现任领导。

党委书记：王洪元

党委副书记：谢学文　全　海

党委副书记、纪委书记：王　涛

副校长：骆有庆　王玉杰　张　闯　李　雄

校长助理（挂职）：李永和

（2）历任领导。

党支部书记	陈致生	1952.11—1953.03
党支部书记	杨纪高	1953.03—1954.03
党总支书记	杨纪高	1954.03—1955.05
代党总支书记	杨锦堂	1955.06—1956.06
党总支书记	李相符	1956.07—1957.01
党委书记	李相符	1957.01—1958.09
党委书记	张纪光	1958.10—1960.10
党委书记	王友琴	1960.11—1980.09
党委书记	阎树文	1986.02—1987.11
党委书记	米国元	1990.09—1993.07
党委书记	顾正平	1993.07—1996.12
党委书记	胡汉斌	1996.12—2004.01
党委书记	吴 斌	2004.01—2015.07
党委书记	王洪元	2015.07—
院长	李相符	1953.01—1962.12
院长	胡仁奎	1961.02—1966.12
院长	甄林枫	1972.05—1978.02
代院长	陈陆圻	1982.01—1984.02
院长	阎树文	1984.02—1985.08
校长	阎树文	1985.08—1986.02
校长	沈国舫	1986.02—1993.07
校长	贺庆棠	1993.07—2000.01
校长	朱金兆	2000.01—2004.07
校长	尹伟伦	2004.07—2010.08
校长	宋维明	2010.08—

◎ **参考资料：**

1. 北京林业大学官网"学校概况"。

2. 张泽民撰，沈国舫审：《北京林业大学》，载季啸风主编：《中国高等学校变迁》，华东师范大学出版社1992年版，第72~75页。

（涂上飙　编）

中国传媒大学

中国传媒大学是一所以信息传播为特色的教育部直属综合性研究型大学,是国家"211工程""985工程优势学科创新平台""珠峰计划""2011计划""111计划"建设的全国重点大学,是国家首批"双一流"世界一流学科建设高校。学校位于中国北京城东古运河畔,校园占地面积46.37万平方米,总建筑面积63.88万平方米。

1. 学校历史发展沿革

(1)中央广播事业局技术人员训练班(1954—1958)。

成立于1954年3月3日,中央广播事业局副局长李伍兼任训练班主任,是一所具有中专性质的技术学校,旨在培养从事掌握广播专业理论知识的技术人员。班址在北京西南郊良乡12号。第一期学员是从长春中国人民解放军第二机要学校招来的。1958年3月18日,训练班迁至城内南礼士路广播科研所(后为广播电影电视部南礼士路招待所),同年迁至北京市区南礼士路儿童医院对面。训练班共开办了六期,培养中等技术人员922人。主要开办发送和传音两个专业,还办过收音、播音员、电视等业务短期训练班。每期学习时间不等,长的两年,短的几个月。

(2)北京广播专科学校(1958—1959)。

成立于1958年9月2日,是中央广播事业局直属的第一所高等专科学校。倪正义为负责人。目标是培养具有大专水平的广播电视技术人才,学制两年,招收高中毕业生。校址在南礼士路,后迁至真武庙二条9号大灰楼(后改建为广播电影电视总局所属的中国广播电视音像资料馆)。首批招生357名。学生按照部队编制组成二、三、四、五连,原中央广播事业局技术人员训练班第六期学员当时还没有毕业,编为一连。11月22日,学校设立波斯语班,有8名学生入班学习(成立北京广播学院后,该班成为学院的第一个外语班)。学校开学一年后,357名学生分成发送技术、电视技术、传音技术三个专业,同时将二至五连建制改编为发送、电视、传音三个班。学校的师资,主要是从训练班的教师转来的,同时也从当年高校应届毕业生中选调了一部分新生力量。

(3)北京广播学院(1959—2003)。

成立于1959年9月7日。国务院任命周新武任院长兼党委书记。学院首批招生573人,其中新闻系240人,无线电系278人,外语系55人。原北京广播专科学校转入学生344人(包括外语系波斯班8人),全院在校学生917人。

1961年，学院停止招生。1963年5月27日，恢复招生。1965年6月，校址迁至福庄北京石油学校。1956年年底，学院有全日制在校生993人（其中大学本科生767人，大专生226人），函授在读生211人，教职工349人（其中专任教师135人）；已有东（定福庄东街1号）、西（复兴门外真武庙二条9号）两个校园。学院为全国广播电视系统培养输送了各类专业人才2270余人，其中工程技术专业毕业生1631人，占总数的72%。

1970年7月，学院被撤销。1973年，在周恩来的关怀下恢复重办。1974年11月恢复招生，开办新闻、外语、无线电三个系。1975年，开办艺术专业。学院挑选毕业于大、专艺术院校的演职人员担任教师，从工厂、农村、部队中招收工农兵学员。

1976年，学院与北京牡丹电视机厂合办"七二一大学"。1979年"七二一大学"统一改称职工大学。1980年，开始招收研究生。1981年，学校成为首批硕士学位授予单位。1984年2月，开办函授教育。1998年，成为博士学位授予单位。2001年，成为国家"211工程"重点建设高校。

（4）中国传媒大学（2004年8月至今）。

2004年8月，北京广播学院更名为中国传媒大学。2017年9月，入选"一流学科建设高校"名单，"新闻传播学""戏剧与影视学"两个学科入选"双一流"建设学科。

学校以新闻传播学、戏剧与影视学、信息与通信工程为龙头，文学、工学、艺术学、管理学、经济学、法学、理学等多学科协调发展。设有6个学部、1个协同创新中心，5个直属学院，拥有新闻学、广播电视艺术学2个国家重点学科，传播学1个国家重点培育学科，新闻传播学、艺术学理论、戏剧与影视学3个一级学科北京市重点学科，语言学及应用语言学、通信与信息系统、电磁场与微波技术、动画学4个二级学科北京市重点学科，7个博士后科研流动站，7个博士学位授权一级学科点，35个博士学位授权二级学科点，18个硕士学位授权一级学科点，95个硕士学位授权二级学科点，8个专业硕士类别，87个本科专业。现有全日制在校生近14000人，其中普通全日制本专科生9000余人，博士、硕士研究生4000余人；有继续教育在读生30000余人。

截至2017年10月，共有教职工2021人，其中专任教师1150人，正高级300人，副高级442人。学校拥有一批国内外享有盛誉的教授、学者，其中包括：3名双聘院士，3人入选"长江学者"，4人入选国务院学位委员会学科评议组成员，3人入选"新世纪百千万人才工程"国家级人选等。近年来，一批中青年学术骨干脱颖而出，分别入选教育部"新（跨）世纪优秀人才支持计划"、中宣部"四个一批"人才、"有突出贡献中青年专家"等，还有20余人次荣获国家级教学名师奖、全国优秀教师荣誉称号、北京市级教学名师奖等。学校还聘请了一批著名专家学者担任特聘教授、客座教授或兼职教授，教师队伍的整体水平日益增强。

学校建有艺术研究院、传播研究院、新媒体研究院和文化发展研究院，建有国家广播电视网工程技术研究中心（共建）、媒介音视频教育部重点实验室、教育部人文社会科学重点研究基地广播电视研究中心、广播电视数字化教育部工程研究中心、国家语言资源监测与研究中心有声语言分中心、国家工商行政管理总局全国公益广告创新研究基地、文化部国家文化贸易理论研究基地、北京市哲学社会科学研究基地（首都传媒经济研究基地)、国家新闻出版广电总局高校人文社科研究基地（新闻学与传播学研究基地、广播电视艺术学研究基地、语言学及应用语言学研究基地）、数字动画技术研究北京市重点实验室、现代演艺技术北京市重点实验室、视听技术与智能控制系统文化部重点实验室、广播电视传输部重点实验室、信号与信息处理部级重点实验室，建有"高等学校学科创新引智计划"——数字媒体工程创新引智基地、全国高等教育质量检测评估研究基地。学校主持完成了国家数字中短波广播技术标准制定与系统研制，参与国家手机电视、移动多媒体技术标准的制定。学校办有教育部"名刊工程"期刊《现代传播》。

学校建有校园多媒体网络、数字有线综合业务网、图书文献信息资源网、现代远程教育网，公共服务体系日趋完善；建有2个国家级实验教学示范中心——广播电视与新媒体实验教学中心、动画与数字媒体实验教学中心，6个北京市实验教学示范中心——广告实践教学中心、动画实验教学中心、影视艺术实验教学中心、传媒技术实验教学中心、电视节目制作实验教学中心、播音主持实验教学示范中心等；多媒体教室、演播馆、实验室等装备精良，功能完善；图书馆形成了信息传播学科内容丰富，纸质、电子、网络形式多样的馆藏体系。

学校与200多所国外知名大学、科研与传媒机构建立了交流合作关系。2009年学校发起成立了"传媒高等教育国际联盟"，27个国家和地区的65所知名传媒高校加入"联盟"。学校还是联合国教科文组织"媒介与女性"教席单位，建有亚洲传媒研究中心、欧洲传媒研究中心等国际学术研究机构。由学校主办的亚洲传媒论坛、世界大学女校长论坛、中国传播论坛等高层次国际学术会议，已成为国际传媒界、高教界交流的重要平台。

2. 现任与历任领导

（1）现任领导。

党委书记：陈文申

党委副书记：姜绪范

党委副书记、纪委书记：王达品

校长、党委副书记：廖祥忠

副校长：刘延平　刘守训　李新军

（2）历任领导。

中央广播事业局技术人员训练班

姓名	职务	任期时间
李　伍	主任（中央广播事业局副局长兼）	1955.06
谢俭风	主任（中央广播事业局干部处副处长兼）	1957.02
倪正义	主任	1957.12—1958.09

北京广播专科学校

姓名	职务	任期时间
倪正义	主任	1958.09—1959.09

北京广播学院

姓名	职务	任期时间
周新武	院长	1959.09—1970.11
	党委书记（兼）	1959.09—1963.07
左　荧	党委书记	1963.07
李哲夫	院长、党委书记（兼）	1978.07—1979.12
石敬野	院长、党委书记（兼）	1979.12
常振铮	院长	1983.07—1993.01
刘继男	党委书记	1990.07—1997.02
	院长（兼）	1993.07—2004.08
苏志武	党委书记	2004.05—2004.08

中国传媒大学

姓名	职务	任期时间
苏志武	党委书记	2004.08—2006.05
刘继男	校长	2004.08—2006.05
苏志武	校长	2006.05—2015.11
李培元	党委书记	2008.12—2012.08
陈文申	党委书记	2012.08—2015.11
胡正荣	校长	2016.09—2018.01

◎ **参考资料：**

1. 中国传媒大学官网"校史撷英"。
2. 中国传媒大学官网"学校概况"。
3. 中国传媒大学"百度百科"条目。

（王环　撰稿）

中央财经大学

中央财经大学是教育部直属的，教育部、财政部和北京市共建的大学，是国家"双一流"建设、"211工程"建设和首批"985工程优势学科创新平台"建设高校。

1. 学校历史发展沿革

（1）中央税务学校（华北税务学校）（1949年11月—1952年6月）

成立于1949年11月6日。第一任校长是时任税务总局局长的李予昂。校训是：忠诚朴实、廉洁勤能。校址在北京西皇城根22号。学校设税政、会计、统计、专卖四个专修班及研究班，并附设文化补习学校。1950年2月，财政部指令学校更名为中央税务学校，自建校到1952年共培养学员1874人。1952年6月27日，中央税务学校并入中央财政学院。

（2）中央财政学院（1951年9月—1952年8月）

成立于1951年9月，由财政部筹建，学院院长暂缺，副院长由财政部物资管理局长罗青兼任。学院设企业管理、财政、税务、会计4个系，招收学生482人，学院教职工有159人。1952年8全国院校大调整时，先是6月与中央税务学院整合，8月又与北京大学、清华大学、辅仁大学、燕京大学四所大学经济系合并重组为中央财经学院，由财政部主管变为高教部主管。

（3）中央财经学院（1952年8月—1953年8月）

成立于1952年8月23日，院长为陈岱孙。校址有三处，一是西直门外四道口，二是新皇城根22号，三是北京东城区的骑河楼。学院设财政、统计、会计、企业管理、贸易5个系，共13个专业，还设贸易、银行、劳动、保险4门专修科（两年制）。在校学生1531人，教职工458人，其中正副教授35人，图书馆藏书96000册。1953年8月，高教部通知撤销中央财经学院，学生及部分教工并入中国人民大学，部分教师留归中央财政干部学校。

（4）中央财政干部学校（1953年4月—1958年12月）

成立于1953年4月21日，这是我国第一所财政干部培训学校。第一任校长是由财政部代部长戎子和兼任。学校设财政、统计、会计、保险、基建和社会主义教育6个教研室。举办一年制专修班、师资班、研究班，共培训干部学员4148人。1957年下半年至1958年年底，因"整风运动"停止招生，1958年12月与中国人民银行总行干部学校合并成立中央财政金融干部学校。

（5）中国人民银行总行干部学校（1954年5月—1958年12月）

成立于1954年5月20日，中国人民银行总行副行长黄亚光兼任校长。学校办一年制信贷班、会计班、师资班。共培训近700人，还为越南国家银行培训实习学员37人。1958年12月与中央财政干部学校合并成立中央财政金融干部学校。

（6）中央财政金融干部学校（1958年12月—1983年7月）

成立于1958年12月，党委书记为时任财政部部长助理的贝仲选兼任。校址在北京西直门外学院南路，1960年1月23日，经中央财贸政治部批准，在中央财政金融干校的基础上，正式创办中央财经金融学院。两个学校一套人马两块牌子，贝仲选兼任两个学校的党委书记和校（院）长。1969年9月，国务院决定学院停办，至1974年学院彻底停办。1979年重新挂牌，1983年7月在中央财政金融干部学校基础上成立中央财政管理干部学院。

（7）中央财政管理干部学院（1983年7月—1998年12月）

成立于1983年7月，1988年独立建院，但属中央财政金融学院党委领导，1989年单独成立党委，1998年12月重新并入中央财经大学。

（8）中央财政金融学院（1960年1月—1978年3月）、中央财经大学（1960年1月至今）

成立于1960年1月，学院隶属财政部和人民银行总行，院址在北京西直门外四道口。学院初规模为1200人，当年招生136人，设财政、金融、会计3个系，下设财政、金融、外汇（后改为国际金融）、会计4个专业。1969年被迫停办，1978年2月复校，1996年5月16日更名为中央财经大学。

2000年，学校由财政部划转教育部直属管理，2005年进入国家"211工程"重点建设高校，2006年成为国家"985工程优势学科创新平台"首批建设高校。

学校现有学院南路校区、沙河校区、清河校区、西山分部共四个校区，总占地面积1027165平方米，其中学院南路校区占地面积141962平方米，沙河校区占地面积789798平方米。

截至2017年12月，全校教职工1743人，其中专任教师1189人。教授311人，占专任教师总数的26.16%，副教授462人，占专任教师总数的38.86%；具有博士学位者856人，占专任教师总数的71.99%。学校现有全日制学生15235人，其中，普通本科生10054人，硕士研究生4286人，博士研究生631人，留学生264人。

学校形成以经济学、管理学和法学学科为主体，文学、哲学、理学、工学、教育学、艺术学等多学科协调发展的学科体系。学校设有50个本科专业，拥有经济学、管理学本科专业自主设置权，拥有8个国家特色专业建设点和7个北京市特色专业建设点；拥有应用经济学国家"双一流"建设学科；拥有应用经济学一级学科国家重点学科和会计学二级学科国家重点学科；拥有工商管理一级学科、统计学一级学科，政治经济学、马克思主义中国化研究、世界经济二级学科和经济信息管理、跨国公司管理交叉学科等北京市重点学科；拥有应用经济学、理论经济学、工商管理和统计学一级学科博士学位授权点，31个二级学科博士学位授权点，76个二级学科硕士学位授权点和工商管理硕士、公共管理硕士、会计硕士和法律硕士等13个专业学位授权点，其中工商管理、会计、法律等三个专业学位于 2010 年获批教育部专业学位研究生教育综合改革试点项目,全国保险、资产评估专业学位研究教育指导委员会秘书处设在该校;拥有国家级精品课程和北京市级精品课程 17 门,6 门国家级公开视频课,2 门国家精品资源共享课;先后获得 6 项国家级教学成果奖和 30 项北京市教学成果奖。拥有应用经济学、理论经济学、工商管理、马克思主义理论、统计学等 5 个博士后科研流动站;拥有国家"985 工程优势学科创新平台"首批 5 个试点项目之一"经济学与公共政策优势学科创新平台";拥有教育部人文社会科学重点研究基地中国精算研究院和首批北京市哲学社会科学研究基地北京财经研究基地。

学校高度重视师资队伍建设。在老一代教师中,著名经济学家和学者陈岱孙、崔敬伯、崔书香、李宝光、刘光第、胡中流、李天民、张玉文、闻潜、姜维壮、魏振雄、王佩真、侯荣华、李继熊等先后在校任教,其中一些老教授仍活跃在教学科研第一线。学校先后有 42 人成为享受国务院政府特殊津贴专家。在中青年骨干教师中,学校拥有"千人计划"入选者 2 人、长江学者 7 人、国家教学名师 2 人、"新世纪百千万人才工程国家级人选" 5 人、教育部社会科学委员会委员、教育部"新世纪优秀支持人才"等各类杰出人才。学校是首批实施"长江学者奖励计划"的人文社科类院校。学校拥有国家级教学团队 3 个和北京市优秀教学团队 7 个。学校聘请了一批国内外著名学者担任学院领导和学术带头人,例如,诺贝尔经济学奖获得者劳伦斯·克莱因、约瑟夫·斯蒂格利茨、罗伯特·恩格尔、埃里克·马斯金、罗杰·迈尔森等担任学校学术委员、名誉教授、客座教授和兼职教授。

学校承担了 516 项国家社会科学基金项目、自然科学基金项目以及教育部人文社会科学重大课题攻关项目等重大科研课题。

学校设立了人才培养模式试验区,着力培养具有国际视野的创新人才。2006 年和 2007 年,学校相继成为教育部"国家大学生文化素质教育基地"和"国家大学生创新性实验计划项目"首批高校。2010 年,学校成为国家"财经应用型创新人才培养模式改革试点"院校和教育部"专业学位研究生教育综合改革试点"院校。

学校与遍及世界五大洲的高校、政府机构、国际组织、跨国企业等 126 家单位建立了密切的合作关系。2006 年以来,作为国家援外项目培训发展中国家政府高级官员的学校受中央政府委托,先后对来自 91 个发展中国家的 730 名政府高级官员进行培训。学校是"国家建设高水平大学公派研究生项目"首批 46 所高校之一。2005 年和 2007 年,学校先后成为国家接受外国留学生政府奖学金项目学校和接受中国政府奖学金来华留学生院校。

学校校训是:忠诚、团结、求实、创新。

学校的发展战略目标:将中央财经大学建设成为有特色、多科性、国际化的高水平研究型大学。

2. 现任与历任领导

(1) 现任领导。

党委书记:傅绍林

党委副书记:梁 勇 陈 明

纪委书记：陈　明（兼）
校长、党委副书记：王瑶琪
副校长：史建平　孙国辉　马海涛　朱凌云
总会计师：蔡艳艳

（2）历任领导。

中央税务学校（华北税务学校）

姓名	职务	任期时间
李予昂	校长（税务总局局长兼）	1949.11—1952.06

中央财政学院

姓名	职务	任期时间
罗　青	副院长（主持工作）	1952.08—1952.08
陈岱孙	副院长（主持工作）	1952.11—1953.08
秦穆伯	党总支书记	1952.12—1953.08

中央财经学院

姓名	职务	任期时间
李　涉	党总支书记	1952.06
罗　青	副院长（主持工作）	1952.08—1953.08
陈岱孙	副院长（主持工作）	1952.12—1953.08

中央财政干部学校

姓名	职务	任期时间
秦穆伯	党总支书记、党委书记	1953.04—1959.06
戎子和	校长（财政部代部长兼）	1953.04—1953.12
王绍鳌	校长（财政部副部长兼）	1953.12—1955.08
胡立教	校长（财政部副部长兼）	1955.08—1956.09
安志诚	校长	1956.09—1959.03

中国人民银行总行干部学校

姓名	职务	任期时间
黄亚光	校长（中国人民银行总行副行长兼）	1954.07—1958.02

中央财政金融干部学校

姓名	职务	任期时间
贝仲选	校长（财政部部长助理兼）	1959.04—1962
	院长	1960.07—1961.05
	党委书记（兼）	1960.08—1961.05
秦穆伯	校长	1962.03—？
	党委书记	1962.09—1965.05

中央财政管理干部学院

姓名	职务	任期时间
陈如龙	院长、党委书记	1964.10—1970
姜明远	校长	1979.06—1982.11
陈菊铨	院长	1984.04—1985.11
景　致	院长	1985.11—1998.10
李玉书	党委书记	1994.08—1998.10

中央财政金融学院、中央财经大学

姓名	职务	任期时间
戎子和	党委书记	1979.01—1985.11
	院长（兼）	1978.06—1983.08
陈菊铨	党委书记	1985.11—1987.07
刘志华	党委书记	1987.08—1991.06
李保仁	党委书记	1991.06—1996.07
王柯敬	院长	1992.09—1996.07
李保仁	党委书记	1996.07—2005.02
王柯敬	校长	1996.07—2003.06
邱　东	党委书记	2005.02—2009.02
胡树祥	党委书记	2009.02—2015.01
王广谦	校长	2003.06—2017.09

◎ **参考资料：**

1. 中央财经大学校史编写组：《中央财政大学 60 年史（上编）》，中国财政经济出版社 2009 年版。
2. 季啸风主编：《中国高等学校变迁》，华东师范大学出版社 1992 年版。
3. 中央财经大学档案馆官网。
4. 中央财经大学官网"学校概况"。
5. 中央财经大学"百度百科"条目。

（王环　撰稿）

中国政法大学

中国政法大学是一所以法学为特色和优势,兼有文学、历史学、哲学、经济学、管理学、教育学、理学、工学等多学科的教育部直属高等学校,是国家"211 工程"重点建设大学,"985 工程优势学科创新平台""2011 计划"和"111 计划"(高校学科创新引智计划)重点建设高校,国家"双一流"建设高校。现有海淀区学院路和昌平区府学路两个校区。

1. 学校历史发展沿革

(1)北京政法学院(1952—1983)。

成立于 1952 年 11 月,由北京大学法律系和清华大学政治系,燕京大学法律系、政治系和辅仁大学社会学系合并组建。毛泽东亲笔题写了院名。首任院长是著名法学家、政治学家钱端升。校址在北京大学红楼。学院除继续培养 4 校转来的本科生(学制三年),还招收政法专修科(两年制)、干训班(一年制)。至 1952 年年底,全校教职工 255 人,其中教师 53 人,在校学生(包括干部学员)641 人。1955 年 9 月至 1957 年 8 月开办刑事诉讼法和民法等专业研究生班。1953 年 12 月,学院迁入北京西郊的学院路 41 号院(即现今的北京西土城路 25 号)。1954 年,学院由成立时的受高教部和华北行政委员会的双重领导改为由司法部领导。1960 年,学院被国务院列为教育部直属重点学校,增设政治理论教育系,学制四年。1965 年,学院改由最高人民法院领导。1966 年,在"文革"中学院停办。1978 年 8 月 5 日,中央批准复办学院。由刘镜西为首组筹备小组,负责复校工作。1979 年 3 月,最高人民法院任命曹海波为学院党委书记兼院长。1979 年秋,学院恢复招收本科生,开始招收研究生。至 1983 年上半年,全校教职工 663 人,其中教师 255 人,各类学生 1952 人。

(2)中国政法大学(1983 年 5 月至今)。

成立于 1983 年 5 月,由北京政法学院与中央政法干校合并组建。邓小平亲笔题写了校名。司法部长刘复之兼任校长,陈卓任党委书记。学校设本科生院、研究生院和进修学院(1985 年 10 月更名为中央政法管理干部学院,单独办学,2000 年又合并于中国政法大学)。1985 年,学校开辟昌平校区。至 1989 年,学校设法律系、经济法系、国际经济法系、政治系共 4 个系 5 个专业。

2000 年,中国政法大学划归教育部;2005 年,中国政法大学进入"211 工程"重点建设高校行列;2007 年,法学一级学科被教育部确定为"国家重点学科";2011 年,学校成为"985工程优势学科创新平台"建设大学；2013年，由中国政法大学牵头组建的司法文明协同创新中心被首批认定为国家"2011计划"协同创新中心；2014年，"证据科学创新引智基地"获准国家"高等学校学科创新引智计划"（即"111计划"）立项，是全国唯一获批的法学类引智基地。

截至2017年9月，学校有全日制在校生16757人，其中本科生9319人，研究生6633人，留学生805人；教师968人，教学科研岗教师中教授306人，博士生导师201人、硕士生导师613人，有博士或硕士学位的比例达89.25%。

截至2018年1月，学校拥有34个博士学位授权点、78个硕士学位授权点、5个专业硕士学位授权点和3个博士后科研流动站。法学、政治学、马克思主义理论为博士学位授权一级学科，哲学、理论经济学、应用经济学、社会学、心理学、外国语言文学、新闻传播学、中国史、工商管理、公共管理为硕士学位授权一级学科，其中，法学为一级学科国家重点学科，政治学为一级学科北京市重点学科。

学校设有法学、侦查学、政治学与行政学、行政管理、国际政治、公共事业管理、工商管理、经济学、国际商务、金融工程、哲学、汉语言文学、汉语言、思想政治教育、社会学、社会工作、应用心理学、英语、德语、翻译、新闻学、网络与新媒体、数学与应用数学、信息管理与信息系统（法治信息管理）共24个本科专业，其中法学、政治学与行政学、社会学为国家级特色专业。

学校设有法学院、民商经济法学院、国际法学院、刑事司法学院、政治与公共管理学院、商学院、人文学院、外国语学院、马克思主义学院、社会学院、光明新闻传播学院、中欧法学院、法律硕士学院、国际儒学院、国际教育学院/港澳台教育中心、继续教育学院/网络教育学院、科学技术教学部/法治信息管理学院、体育教学部共18个教学单位。设有国家治理研究院、诉讼法学研究院（教育部人文社会科学重点研究基地）、法律史学研究院（教育部人文社会科学重点研究基地）、证据科学研究院（教育部重点实验室）、法治政府研究院/青少年法制教育研究中心（北京市哲学社会科学研究基地、教育部青少年法制教育研究基地）、人权研究院（国家人权教育与培训基地、国家高端智库建设培育单位）、比较法学研究院、法与经济学研究院、法律古籍整理研究所、法学教育研究与评估中心/高等教育研究所/质量评估中心、全球化与全球问题研究所、公司法与投资保护研究所等11个在编科研机构；设有资本金融研究院、仲裁研究院、互联网金融法律研究院、绿色发展战略研究院、制度学研究院、国家监察研究院、网络法学研究院、法治经济研究院、国家法律援助研究院、国际法治研究院等10个新型研究机构；设有司法文明协同创新中心、国家领土主权与海洋权益协同创新中心、马克思主义与全面依法治国协同创新中心、全球治理与国际法治协同创新中心、知识经济与法治发展协同创新中心、人权建设协同创新中心、法治政府协同创新中心7个协同创新中心。其中，由中国政法大学牵头组建的司法文明协同创新中心是首批经教育部、财政部认定的14个国家"2011计划"协同创新中心之一，学校参与组建的"国家领土主权与海洋权益协同创新中心"成为第二批获得认定的24个国家"2011计划"协同创新中心之一，学校牵头组建的"马克思主义与全面依法治国协同创新中心"获批北京高校中国特色社会主义理论研究协同创新中心之一。

学校先后与50个国家和地区的235所知名大学、科研机构和国际组织建立了合作交流关系。2008 年建立的中国政法大学中欧法学院是中国政府和欧盟在法学教育领域最大的合作项目。学校从 2009 年开始全面实施国际化发展战略，不断提升国际化办学水平，学校培养国际型人才的格局已经初步形成。2012 年以来，学校先后在英国、罗马尼亚、巴巴多斯建成 3 所孔子学院。

学校的校训是：厚德、明法、格物、致公。

学校的办学目标是：学校遵循国家教育方针和高等教育规律，弘扬传统，与时俱进，努力办成开放式、国际化、多科性、创新型的世界一流法科强校。

2. 现任与历任领导

（1）现任领导。
党委书记：胡　明
校长、党委副书记：黄　进
党委副书记、纪委书记：刚文哲
党委副书记：高浣月
党委副书记、副校长：常保国
副校长：冯世勇　马怀德　李树忠　徐　扬　时建中　于志刚
（2）历任领导。

北京政法学院

姓名	职务	任期时间
戴　铮	临时党组书记	1952.08—1953.01
钱端升	院长	1952.08—1958 年春
武振声	党组书记	1953.01—1954.11
刘镜西	党组书记	1954.11—1957.01
	党委书记	1957.03—1970.11
曹海波	党委书记、院长	1979.03—1982.12
云　光	党委书记（兼）	1983.01—1983.05

中国政法大学

姓名	职务	任期时间
陈　卓	党委书记	1983.02—1988.06
刘复之	校长	1983.02—1984.12
邹　瑜	校长	1984.12—1988.06
杨永林	党委书记	1988.06—2001.09
	校长（兼）	1994.03—2001.09

江 平	校长	1988.06—1990.02
陈光中	校长	1992.05—1994.03
徐显明	校长	2001.09—2009.02
石亚军	党委书记	2001.09—2017.07

◎ **参考资料**：

1. 季啸风主编：《中国高等学校变迁》，华东师范大学出版社1992年版。
2. 中国政法大学官网"学校概况"。
3. 中国政法大学"百度百科"条目。

（王环　撰稿）

中央音乐学院

中央音乐学院位于首都北京西城区鲍家街43号——原清朝醇王府的旧址（光绪皇帝出生地），这里飞檐碧瓦的古建筑群与高耸云天的现代建筑群交相辉映，中西乐声不绝于耳，织成一个绚丽的音乐世界。它是由中华人民共和国教育部直属的一所培养高级专门音乐人才的高等学府，全国艺术院校中唯一一所国家重点大学和"211工程"建设院校，国家首批"双一流"世界一流学科建设高校。

学校由国立音乐院、东北鲁迅文艺学校音工团、华北大学文艺学校音乐系、国立北平艺术专科学校音乐系，以及分设于上海、香港两地的中华音乐院等音乐教育机构于1949年在天津合并组建而成。1952年全国高校院系调整中燕京大学音乐系并入。1958年自天津迁至北京现址。1960年被确定为国家重点高等学校，1999年被列入国家"211工程"重点建设学校。学校原隶属于文化部，2000年划转教育部管理。

1. 学校早期发展沿革（1949—1989）

学校是20世纪20—40年代的几所各具特色的高等音乐院、校、系的联合与继续。它们分别是建于1927年的燕京大学音乐系，建于1939年的华北大学文艺学院音乐系，建于1946年的国立北平艺术专科学校音乐系和香港、上海的中华音乐院，建于1948年的东北鲁迅艺术学院音乐系，以及建于1940年的国立音乐院等。其主体为国立音乐院。上述各高等音乐教育机构，在1949年前已为我国培养了大批各有专长的青年音乐工作者，积累了大量办学的经验，集中了国内相当一批有经验的著名音乐家在校任教，这一切对中央音乐学院的创建和尽快进入正规的教学工作，提供了极其宝贵的条件。

1949年7月，中华全国文学艺术工作者第一次大会在北平胜利召开后不久，全国文联党组书记周扬提议，以华北大学三部、东北鲁迅艺术学院音乐系及南京国立音乐院为基础，成立国立音乐院，由马思聪、吕骥、贺绿汀分任正副院长，校址设在北平或天津。同年8月14日，中共中央宣传部同意周扬提议，并上报中央批准，17日，周恩来批示校址设在南京，并将上海音专定为该院分校，由贺绿汀兼任分校校长。后又决定将香港和上海的中华音乐院、北平艺术专科学校音乐系并入。至此，集全国音乐教育之精华，建立一所新型的高等音乐教育机构的战略部署已初步完成，为有计划、有步骤地改革旧的高等音乐教育制度、教育内容和教学法，为中华人民共和国培养音乐建设人才，发展中华人民共和国的音乐事业奠定了基础。

经马思聪、吕骥、李元庆等人实地勘察，由于南京原国立音乐院的校舍不敷使用，又不能另建新址；在北平选择一个适合于音乐学院的现成的校舍也较困难。最后认定在天津河东区大王庄原天津职工干部学校的校址建院。

1949年9月初，吕骥率李元庆、李焕之、李凌等人抵津，正式成立筹备处，统筹办理一切建院事宜，同时建立临时党组。同年10月，暂命名为"国立音乐院"，筹备处工作旋即结束。1949年12月18日，奉中央人民政府政务院令，定名为"中央音乐学院"，任命马思聪为院长，吕骥、贺绿汀为副院长，贺绿汀兼中央音乐学院上海分院（即原国立上海音乐专科学校）院长。1950年原南京国立音乐院和其常州幼年班全体教职员工、学生抵院，同年6月17日，隆重举行成立典礼。其时，全院拥有教员47人，本科学生215人，普通科学生10人，少年班学生63人，研究人员16人，音乐工作团团员132人。1952年8月，具有悠久历史的燕京大学音乐系师生，在全国高等学校院、系调整中并入，进一步壮大了师生队伍。

由于校址设在天津，工作诸多不便，1958年6月文化部决定将学院迁至北京。

1960年10月，学院被定为全国唯一一所重点高等艺术学校。

1964年1月，学院有关民族音乐的专业与原北京艺术学院音乐系合并，成立"中国音乐学院"。同年2月，将学院的民族作曲、民族声乐、民族音乐理论、民族器乐演奏等本科各专业和附属中学的民族音乐学科，以及附属的中国音乐研究所等建制及师生员工近300人全部调整至中国音乐学院。

"文革"期间，学院于1973年8月并入"中央五七艺术大学"。"文革"结束后，于1977年12月，"中央五七艺术大学"宣布撤销，中央音乐学院的名称和原建制得以恢复。1978年1月，学院成立领导小组，赵沨任组长，1980年正式任命赵沨为院长。1982年6月，赵沨改任名誉院长，吴祖强任院长，方仟为党委书记。

学院建院初期规模不大，专业设置有作曲、声乐、钢琴、管弦4个系，附设音乐工作团（1953年改为中央歌舞团）、研究部（1954年改为中国民族音乐研究所）和少年班。1957年6月，少年班改为附属中学与附属小学，后逐步增建附属音乐中学、附属音乐小学、音乐研究所和实验乐团，招收硕士、博士研究生，设立夜大学，形成小学、中学、大学、硕士研究生班、博士研究生班等一整套音乐教学体制。学校既培养音乐专门人才，又注意发展社会音乐教育；既为音乐教育中心，又是音乐研究、表演中心。

2. 繁荣发展时期（1990— ）

进入20世纪90年代，中央音乐学院进入全面改革和高速发展时期。作为全国音乐教育中心，音乐创作、表演和研究中心，以及社会音乐推广中心，中央音乐学院逐渐成为一所代表中国专业音乐教育水平，专业设置齐全，并在国内外享有很高声誉的音乐学府。

中央音乐学院20世纪80年代进行教学体制改革，在全国艺术院校中率先实行学分制教学体制。1993年进行内部管理体制改革，初步实行教职工聘任制度。1996年进行教育体制改革，拓展办学思路，将学院从单一模式向多元化转型。1999年进行机构改革和分配制度改革，进一步简化机关工作程序和提高教职工待遇。2002年进行新一轮的教学改革，进一步调整课程结构和完善学分制教学体系。

截至 2015 年，学校有在职教师总数为 359 人，其中博士生导师 47 人，硕士生导师 166 人；专任教师 281 人，其中教授 85 人，副教授 86 人，占专任教师总数 60%；有市级优秀教学团队 3 个。学校师资队伍中，既有造诣较深的老一辈音乐家，又有一批以本校培养的历届优秀毕业生为骨干的中青年教师。有本科在校生 1543 人，研究生在校生 663 人。

在专业设置方面，中央音乐学院设有 15 个教学单位：钢琴系，设钢琴、手风琴、电子管风琴专业；音乐学系，设中国音乐史、中国传统音乐理论、西方音乐史、音乐美学、世界民族音乐理论、音乐艺术管理、音乐治疗专业；作曲系，设作曲、复调、和声、曲式与作品分析、配器、视唱练耳专业；指挥系，设指挥、音响艺术指导专业；声乐歌剧系，设声乐歌剧专业；管弦系，设小提琴、中提琴、大提琴、低音提琴、长笛、双簧管、单簧管、巴松、萨克斯管、圆号、小号、长号、大号、打击乐、竖琴、吉他专业；民乐系，设古琴、筝、琵琶、三弦、柳琴、扬琴、箜篌、中阮、二胡、板胡、低音拉弦乐、笛、管子、笙、唢呐、打击乐专业；音乐教育系，设音乐教育专业；提琴制作研究中心，设提琴制作、琴弓制作、提琴修复专业。此外还设有基础教育部、乐队学院、附中、鼓浪屿钢琴学校、现代远程教育学院、继续教育学院。

中央音乐学院是全国高校首批博士点授予单位。学院有 1 个一级学科博士授权点音乐学，1 个一级学科硕士点音乐学，1 个博士后流动站艺术学科研流动站，1 个国家重点学科［音乐学（作曲与作曲技术理论、音乐学和音乐表演艺术）］。

学院有国家级精品课程 10 门（西方音乐体裁与名作、20 世纪西方音乐、中国古代音乐史、中国近代音乐史、音乐美学基本问题、西方音乐史、作品分析、音乐表演美学、世界民族音乐、中国传统器乐），北京市级精品课程 6 门（作品分析、世界民族音乐、中国传统器乐、音乐表演美学、曲式与作品分析、西方音乐史），"精品视频公开课" 1 门；有国家级特色专业 2 个（音乐学、音乐表演）、教育部人才培养模式创新实验区 2 个（西方音乐史教研人才培养模式创新实验区、数字化视唱练耳公共教学体系实验区）、国家级实验教学示范中心 1 个（管弦系）、北京市实验教学示范中心 2 个。

学校设有社会音乐教育部和海内外社会音乐考级委员会，以及中央音乐学院出版社和环球音像出版社。2005 年，创立了亚洲第一所培养和训练乐队演奏人才的机构——乐队学院。还设有海内外社会音乐考级委员会，与教育部考试中心共同推出"全国音乐等级考试"。

学校师生在国内外举办的各种音乐比赛中屡屡获奖，据不完全统计，自建院以来，学院共获国内外各类奖项共计 3219 人次，其中，国内获奖 2485 人次（金奖 779 人次），国际获奖 734 人次（金奖 250 人次），包括著名的柴可夫斯基国际音乐比赛的金银奖等。

在学术资料方面，中央音乐学院图书馆馆藏图书乐谱、音像资料、音乐期刊等各种载体形态的资料逾 47 万件（册），包括古琴、琵琶文字谱、寺庙音乐工尺谱、传统民族乐器演奏谱等珍贵资料，以及不同时期、不同流派的外国作品。另外还有不同语种的专业理论及工具书 7.5 万余册，音乐期刊 1 万余册，音像资料 22.6 万余件，是中国最大的专业音乐图书馆。同时，数字图书馆还拥有《馆藏音乐书籍全文库》《馆藏音乐乐谱全文库》《音乐核心期刊全文库》《馆藏音像资料点播库》等数据库。电子资源覆盖书籍、乐谱、期刊、音视频，是国内目前最大的专业音乐电子资源库。图书馆还收藏有中国现代作曲家的资料及手稿,以及许多珍贵的文字和音响资料。1997年,学校图书馆加入了国际音乐图书馆协会(IAML),成为国内的第一个会员馆。学术性季刊《中央音乐学院学报》是全国艺术类中文社科核心期刊中唯一拥有教育部名栏的期刊,2010年入选教育部高校哲学社会科学名刊工程。

中央音乐学院培养了众多享誉中外的音乐表演艺术家、作曲家、音乐学家和音乐教育家,许多人在国内外重要音乐机构中担任重要职务,其中包括几十位国家级院、团的艺术总监、团长和音乐学院的院长、校长。许多毕业生已经成为有国际声誉的知名音乐家,活跃在国内乃至国际的音乐舞台上。

3. 现任与历任领导

学校名称	学校主要领导人		任职时间	附注
中央音乐学院	院　　长	马思聪	1949.12—1966	
	党委书记	吕　骥	1950—1957	1956年12月前为党支部书记
	党委书记	赵　沨	1957—1966	
中央五七艺术大学	院　　长	赵　沨	1978.01—1982.06	
	党委书记	赵　沨	1975—1982.06	1980年前为领导小组组长
中央音乐学院	院　　长	吴祖强	1982.06—1988	
		于润洋	1988—	
	党委书记	方　仟	1982.06—1984	
		吴祖强	1984—1985	
		陈自明	1985—？	代理
	院　　长	于润洋	1988—1992	
	院　　长	刘　霖	1992—1996	
	院　　长	王次炤	1998—2015	
	党委书记	赵　旻	2017	
	院　　长	俞　峰	2016	

◎ **参考资料**:

1. 季啸风主编:《中国高等学校变迁》,华东师范大学出版社1992年版。
2. 中央音乐学院官网"学校概况"。
3. 中央音乐学院"百度百科"条目。

(马菲　撰稿)

中央戏剧学院

中央戏剧学院是中华人民共和国第一所戏剧教育高等学校，是教育部直属院校，是中国戏剧影视艺术教育的最高学府，是国家确定的世界一流学科建设高校，是中国高等戏剧教育联盟总部、亚洲戏剧教育研究中心总部和世界戏剧教育联盟秘书处所在地。

1. 初创阶段（1949—1952）

中央戏剧学院是一所面向全国的新型高等戏剧学院。它的前身是以延安鲁迅文艺学院、华北联合大学为前身的华北大学第三部，及南京的国立戏剧专科学校。它是为适应中华人民共和国文化建设需要而创办的。

1949年7月全国第一次文代会即提出筹建国立戏剧学院，会后成立筹委会，主任为周扬，筹委有欧阳予倩、田汉、洪深、曹禺、张庚、梅兰芳、程砚秋、沙可夫、焦菊隐、马彦祥、光未然等。11月筹备就绪，12月开始办公。中央人民政府政务院任命欧阳予倩为院长，曹禺、张庚为副院长。不久，更名为中央戏剧学院。

1950年4月2日隆重举行成立大会，中华人民共和国第一所戏剧最高学府宣告成立，毛泽东主席亲笔题写校名。

初创伊始，学院根据主客观条件设置普通科及本科。本科设话剧系、歌剧系、舞台美术系，1950年9月各招一班学员，1952年年底毕业。当时舞蹈人才奇缺，上级要求举办舞蹈班，培养人才，以应急需，遂由朝鲜舞蹈家崔承喜主持开班舞蹈研究班，由我国舞蹈家吴晓邦主持开办舞蹈运动干部训练班。同时，成立研究部，下设创作室、戏剧室、音乐室及联络科，附设话剧团、歌剧团、舞蹈团及管弦乐队。

2. 过渡到正规阶段（1953—1966）

1952年年底，学院开始重大调整。附属的演出团队相继独立，撤销歌剧系，创作室调往全国剧协。

1953年3月在文化部召开的艺术教育会议上，提出"调整巩固、重点发展、提高质量、稳步前进"的办学方针，明确规定中央戏剧学院为专业话剧学院，任务是为国家培养高级话剧人才。专业设置也有较大调整，设表演系、导演系、舞台美术系、戏剧文学系。表演、戏剧文学两系学制四年，导演、舞台美术两系学制五年。面对专业化、正规化的重任，学院对各门课程进行了总结，认真制订各专业的教学计划、教学大纲及部分教材，建立相应的教研室（组），初步形成一套新的教学体制。1953年夏，四系与高考同步，招收了正规化后的第一届学员。

1950年建成实验剧场投入使用，1956年成立附属实验话剧院，1962年话剧院独立，又成立教室演出团，以实践促教学。

从1957年起，连续的政治运动严重冲击了正常教学秩序，教学质量下降。

1960年，贯彻中央"调整、巩固、充实、提高"的方针，和"稳定教学秩序，提高教学质量"的要求，学院制定了一系列规定与措施，大力恢复教学秩序，收效显著，师生情绪稳定。但1963年年底"社教运动"又起，延续到"文革"开始。

1950—1953年中央戏剧学院共毕业458名学员；20世纪50年代四个专家班学员为134人；1953—1966年毕业生共1383名。

3. "文革"期间（1966—1976）

1966年"文革"开始，给学院带来无法估量的损失，一切陷入停顿。

1973年中央戏剧学院并入"中央五七艺术大学"。1973年、1974年两年，表演、导演、舞美、戏文4个系共招收"工农兵学员"242名，学制一年至三年不等。1976年10月粉碎"四人帮"后，结束了这场浩劫。

4. 恢复整顿时期（1977—1989）

粉粹"四人帮"后，中央戏剧学院立即投入重建工作。

1977年少数专业试招新生，1978年各系全面招生。

1978年在学院重建工作中，文化部副部长林默涵兼筹建领导小组组长；同年12月经中央政治局批准，正式恢复中央戏剧学院的建制，并任命曹禺为名誉院长，顾问李伯钊，金山任院长，刘亚明为党委书记。除本科按计划招生外，还办了各种训练班，并从毕业生中留下部分学院充实教师队伍。

十一届三中全会以来，党中央确定了"改革、开放"政策。为适应"四化"需要，培养新型戏剧人才，改革原有的知识结构，注入新的血液，已成当务之急。基于这一认识，学院迈开了改革的步伐。

在教学、科研领域中，提出知识结构的3个组成部分：（1）坚持现实主义基础；（2）在更高层次上研究、学习我国传统的美学原则；（3）有分析地吸收现代戏剧的一切有价值的成果。

教学上采取了一系列改革措施：除公共课按国家教委规定进行外，对原有专业课进行筛选、压缩，必要的基础课经过改革予以保留，多开新课及选修课（如影视课及艺术修养课等），以拓宽专业、加大其覆盖面。增加新的专业，如戏剧影视、话剧戏曲等双跨的专业，及设立多种进修班、函授班等，使培养规模与层次多样化。教学实行百花齐放，提倡多样教学法。

1976—1989 年，共设有表演、导演、舞台美术及戏剧文学系 4 个系 9 个专业，共培养各类戏剧（含歌剧、舞蹈 3 班）人才约 4200 人，其中硕士毕业生 31 人，本科毕业生 1993 人，大专毕业生 437 人，毕业及实习演出大戏共 107 台。

1978 年学院获准开始招收硕士生，由国务院学位委员会批准，戏剧历史及理论等 4 个学科有硕士学位授予权。1986 年经文化部专家会议初评、国务院学位委员会审定，中国戏剧历史及理论、外国戏剧历史及理论、导演学等学科获得博士学位授予权。

5. 繁荣发展时期（1990—   ）

进入 20 世纪 90 年代，特别是 1992 年邓小平同志视察南方发表重要谈话以后，我国高等教育进入全面改革和繁荣发展的新时期，中央戏剧学院也迎来了发展的春天。

中央戏剧学院现有两个校区，东城校区位于北京市东城区东棉花胡同 39 号，昌平校区位于北京市昌平区宏福中路 4 号。两个校区总占地面积约 23 万平方米，建筑面积约 18 万平方米。截至 2014 年年末，学院在校学生 2199 人，有专任教师 244 人，正高级职称人员 67 人，其中教授 55 人；副高级职称人员 86 人，其中副教授 71 人；本科生师比达 8.84∶1。

中央戏剧学院设表演系、导演系、舞台美术系、戏剧文学系、音乐剧系、京剧系、歌剧系、舞剧系、偶剧系、戏剧教育系、戏剧管理系、电影电视系。本科专业设置有：表演专业、戏剧影视导演专业、戏剧影视美术设计专业、戏剧影视文学专业、戏剧学专业、播音与主持艺术专业、艺术管理专业。学院具有戏剧与影视学和艺术学理论的博士、硕士学位授权一级学科点。

中央戏剧学院拥有中国唯一的表演专业领域国家级教学团队、唯一的导演专业领域国家级特色专业建设点、唯一的音乐剧表演教学国家级人才培养模式创新实验区、唯一的戏剧影视类国家级实验教学示范中心。学院是中国话剧协会、中国戏剧家协会导演艺术委员会、国际舞台美术联盟、中国舞美学会、国际舞美组织中国中心、国际戏剧评论家协会中国分会、中国音乐剧协会教学专业委员会、中国中小学戏剧教育研究中心以及中国戏剧文化管理协同创新中心所在地。

在长期的办学实践中，中央戏剧学院坚持现实主义美学原则，继承中华民族美学传统，博采众长，厚基础、重实践，秉承"求真、创造、至美"的校训，致力于为国家乃至世界培养戏剧影视艺术精英人才。学院的毕业生中有相当一部分人已成为闻名中外的艺术家、学者、教授和作家，为中国戏剧影视事业的繁荣和发展作出了卓越贡献。

面向未来，中央戏剧学院将牢牢把握高等教育深化改革、加快发展的重要战略机遇期，努力拓宽办学思路，加大教学质量与教学改革工程建设，加强学科建设和高层次教师队伍建设，推进管理体制机制创新，开展世界戏剧教育的多边交流与合作，不断提升学院的综合办学实力和整体办学质量，努力建设以戏剧艺术教育为主体、特色鲜明、国际一流的艺术院校。

6. 现任与历任领导

姓名	职务	任期
欧阳予倩	院长	1950—1962
曹　禺	副院长	1950—1966
	名誉院长	1979—1996
李伯钊	副院长、党委副书记、书记	1952—1966
	顾问	1979—1985
沙可夫（陈微明）	副院长、党委书记	1953—1961
金　山	院长	1979—1982
徐晓钟	院长	1983—1999
	名誉院长	1999—2006
王永德	党委副书记、书记	1983—1999
	院长	1999—2003
刘国富	党委书记	1999.05—2010.05
刘立滨	党委副书记、纪委书记、副院长	1993.07—2010.05
	党委书记	2010.05—2017.09
徐　翔	院长	2003.05—
	党委书记	2017.09—

◎ 参考资料：

1. 季啸风主编：《中国高等学校变迁》，华东师范大学出版社1992年版。
2. 中央戏剧学院官网"学校概况"。
3. 中央戏剧学院"百度百科"条目。

（马菲　撰稿）

中央美术学院

中央美术学院位于首都北京，是国内由中华人民共和国教育部直属的唯一一所世界一流美术学院，为中国八大美院之首，是中国现代美术教育的开端，是中国唯一一个美术学和设计学国家重点学科所在地，是首批国家唯一一所两个学科入选"双一流"建设学科的艺术院校，也是中国综合实力最强的美术类艺术大学，是中国美术界最高学府。

中央美术学院建于1918年，是由蔡元培先生倡导成立的国立北京美术学校；1927年改名为北平大学艺术学院，1934年，恢复为国立北平艺术专科学校，1938年，改名为"国立艺术专科学校"，1949年11月，国立北平艺术专科学校和华北大学三部美术系合并，华北大学三部美术系的前身是成立于1938年的延安鲁迅艺术学院美术系。经中央人民政府批准，成立国立美术学院，毛泽东主席题写院名。1950年1月，经中央人民政府政务院批准，正式定名为中央美术学院。

1. 学校早期发展沿革（1949—1989）

中央美术学院的前身——国立北京美术学校，创建于1918年4月15日。由留学日本京都美术学院回国的郑锦任校长，校址设于北京西单西京畿道。

美校初创时，先办中专部、设绘画、图案两科，两年后增设示范科。1919年，经北洋政府教育部批准为高等学校，设中国画、西洋画、图案3系。1922年正式定名为国立北京美术专门学校。同年7月中专部及师范科停止招生。1925年春学校停办。同年8月复办，增设音乐、戏剧二系，改校名为国立北京艺术专门学校。1926年，林风眠从法国留学回国接任校长，实行专科教室制，同时特聘齐白石为教授，从此，这位劳动人民出身的艺术巨匠便登上了大学的讲坛。

1927年11月，全国实行大学行政区制，将当时北京的9所国立大学合并为京师大学校，国立北京艺术专门学校改称京师大学校美术专门部，分设男女两部。1928年北伐战争结束后，国立北京艺术专门学校再度更名为国立北平大学艺术学院，并增设建筑系，改图案系为实用美术系。1929年6月，北平大学撤销，艺术学院停止招生。1930年秋，艺术学院仍复称国立北平艺术专科学校（简称"艺专"）。1932年，艺专再度停办。1934年1月，国民政府教育部成立北平艺术专科学校筹备处，重建艺专。1936年取消艺术示范科，招收本科生。

1937年七七事变后，北平沦陷，艺专南迁，先迁至江西九江牯岭，南京沦陷后，再经汉口迁湖南沅陵。1938年元旦后，杭州国立艺专奉命迁至沅陵与国立北平艺术专科学校合并，改称国立艺术专科学校，校址位于沅江畔的老鸭溪。1939年1月，华南战事告急，学校再次转移，经贵阳迁昆明，同年夏天复迁滇池呈贡县安江村，稍事安顿，1941年又撤至四川璧山，1942年再迁重庆磐溪。学校在迁徙过程中，陆续延聘了一批传统民族文化功力扎实和曾留学西欧和日本的艺术人才，教师队伍从单一化向多面化过渡，一时各种艺术风格兼容并蓄，多种艺术流派自由竞争，各种教学方法相互交流，蔚成风气。此时国立艺术专科学校因处于战争大后方的特殊环境里，一改过去忽视社会生活、轻视民族文化的倾向，以艺术为武器，积极为抗战服务，无论在教学或创作上都呈现出一派繁荣景象。在此期间，尽管办学条件困难，学校仍为祖国培养了大批优秀人才，其中有赵无极、吴冠中、王炳照、张权等。1945年8月抗战胜利后，仍然保留国立艺术专科学校校名，全校迁回杭州。

1937年7月29日北平失守后，艺专原西京畿道校址被日军侵占。1938年5月，北平日伪当局准许留驻的艺专复课，设绘画（分国画、西画两组）、雕塑和图案3科。初以西直门内井儿胡同育德中学为临时校址，后迁东城区东总部胡同10号，直到抗战胜利前，每年都有毕业生。1946年8月，国立北平艺术专科学校正式复校，改学制为五年，设绘画（分国画、西画两组）、雕塑、图案、陶瓷、音乐（分声乐、管弦、键盘、理论作曲4组）5科。

学校师生的思想一向活跃，1926年前后，学生中就曾成立绘画团体10余种，如艺光社、形艺社、红叶画社、西洋画社、心琴画社、漫画社等，平均每周举办画展一次。1926年3月，北京学生、群众在李大钊的领导下，集会天安门、游行请愿，要求拒绝八国通牒，艺专西画科学生姚宗贤担任学生反暴动行动指挥，被段祺瑞执政卫队杀害。1928年4月，与李大钊同时被捕的19名革命者中，艺专毕业留校教师谭祖尧、方伯务都是共产党员，他们在狱中屡受酷刑，坚贞不屈，最终与李大钊同时遇难。在抗战中，艺专师生以画笔为武器，参加了抗日战争。在北平沦陷区的艺专，1944年雕塑科首先建立中共地下党支部。1945年抗战胜利后，大批同学相继投入革命队伍。1947年，先后成立"民青""民先"等进步社团，并重建中共党的地下组织。在著名的"五二〇"学生运动中，艺专有大批师生参加了"反饥饿、反内战"的示威游行。1948年7月，全校师生参加声援东北学生反迫害、反剿民斗争，协助东北、华北学生抗议"七五血案"联合会印刷出版了木刻集《控诉》。北平解放前夕，由徐悲鸿出面组织了反南迁活动，把反动当局要成立的应变委员会变成了迎接解放的组织，并吸收学生一道参加活动。1948年年末为迎接北平解放，地下党组织成员和进步师生刻印了一大批木刻传单，张贴于北京街头。

1949年1月31日北平和平解放。3月8日，北平市军管会委派沙科夫为军代表，负责接管国立北平艺术专科学校。同年9月，华北联大文艺学院美术系并入国立北平艺术专科学校。11月2日，经中央人民政府批准，国立北平艺术专科学校更名为国立美术学院，毛泽东主席题写院名。徐悲鸿担任第一任院长。

1950年1月，经中央人民政府政务院批准，正式定名为中央美术学院。4月1日，在王府井校尉胡同5号校址举行中央美术学院成立典礼。

中央美术学院设绘画、雕塑、图案、陶瓷四科，定学制为三年。1949年至1950年，除招本科生外，曾先后举办美术干训班和调训班，以满足中华人民共和国成立初期国家对美术干部的急需。

1953年，根据教学需要，美院将绘画系的油画、彩墨画（当时要求不称为中国画）和版画3个专业扩建为系，改学制为五年。同时成立附属中等美术学校。1953年成立民族美术研究所，以民族绘画的发展和创作为主要研究任务，并注重对我国民族美术的历史、理论与技法进行探讨。1954年6月设立美术理论研究室。1956年以民族美术研究所和美术理论研究室为基础筹建美术史系，成为中国美术教育中第一个美术史系。

1957年夏，"反右"风暴骤起，学校一度元气大伤，教学工作遭到严重损害。

1958年1月，彩墨画系改为中国画系。同年6月，华东分院脱离中央美术学院，另成立浙江美术学院。同时，中央美术民主美术研究所划归文化部领导，并更名为中国美术研究所。1960年8月，中央美术学院重归文化部领导。

1964年，北京艺术师范学院撤销后，美术系全体师生并入中央美术学院。同年秋，全国开展社会主义教育运动，中央美术学院为试点单位。继之，全院师生去邢台农村参加"四清"运动。"文化大革命"开始后，学院有一批举世闻名的艺术家被赶进"牛棚"。1970年5月，全院教职工下放河北磁县劳动，由部队代管，其间曾一度转移获鹿县。1973年10月，国务院成立"五七艺术大学"，中央美术学院直属五七艺术大学领导。1974年3月恢复招生，招收"工农兵学员"，学制为三年，实行与生产劳动相结合的开门办学。粉碎"四人帮"后，翌年文化部撤销"五七艺术大学"，重新组建过渡阶段的美院领导小组。

1978年恢复高考制度后，全国有大批优秀青年报考中央美术学院，最后录取研究生54名，本科生55名，师资培训班生（两年制）20名。

中央美术学院20世纪80年代有7个系，15个专业。中国画系：设花鸟、山水、人物3个专业；油画系：设油画专业；版画系：设铜板、石板丝网、木刻4个专业；壁画系：设壁画专业；雕塑系：设雕塑专业；美术史系：设中国美术史、外国美术史、西方美术史3个专业；民间美术系：设连环画、民间美术2个专业。

2. 繁荣发展时期（1990— ）

20世纪90年代至今，中央美术学院致力于建设造型、设计、建筑、人文等学科群相互支撑、相互影响的现代形态美术教育学科结构，在构建21世纪中国特色的美术教育体系中发挥引领作用，以鲜明的中国特色、高水平的教学质量和研究成果，赢得国际美术教育界的高度赞誉，成为中国高等美术教育领域具有代表性、引领性和示范性的美术院校，并在国际一流的美术院校中享有重要地位。

截至2015年，学院在职在编教职工613人，专业技术人员465人，其中专任教师348人，学院外聘教师134人。在职在编专任教师中，正高职称83人，副高职称120人，讲师117人，初级人员28人，在校本科生和研究生4700余名，来自十几个国家的留学生百余名。学院每年招收中专生（附中）、专科生（成人教育）、本科生、硕士研究生、博士研究生和各类进修生。学院教学科研面积共占地495亩，总建筑面积24.7万平方米。

学院设有中国画学院、造型学院、设计学院、建筑学院、人文学院、城市设计学院、实验艺术学院、艺术管理与教育学院等 8 个专业分院，开办 20 个本科专业，包括中国画、书法学、绘画、雕塑、实验艺术、视觉传达设计、工业设计、产品设计、数字媒体艺术、服装与服饰设计、摄影、美术学、艺术史论、文化产业管理、建筑学、风景园林设计、影视摄影与制作、环境设计、公共艺术、动画。设有造型艺术研究所、继续教育学院和附属中等美术学校。

学院从 2004 年开始试行学分制教学管理和新的教学院历，每年设 38 个教学周，分三个学期。第一学期 20 周，主要安排学校及各个专业学院规定的必修课程；第二学期 10 周，主要安排各专业课程及外出教学课程；第三学期 8 周，主要由学校安排专业选修课程及公共选修课程，学生可以根据自己的爱好及专业发展需要自主选择跨专业的课程学习。

学院拥有国家级特色专业 4 个，北京市级校外人才培养基地 2 个，国家级实验教学示范中心 1 个，国家级虚拟仿真实验教学示范中心 1 个，北京市精品课程 2 门。设有 1 个一级学科硕士授予点，4 个二级学科硕士授予点（包括 1 个建筑学二级学科硕士授予点），1 个专业学位点，2 个二级学科博士授予点；1 个博士后流动站。

中央美术学院设有条件完好的教室、专业实验工作间（实验室）、图书馆、美术馆、体育馆、多媒体教室等教学设施。专业实验工作间（实验室）设备齐全，技术含量高，有力地支撑了我院的专业教学和学科建设。图书馆是目前国内最先进的美术专业图书馆之一，共有图书近 40 万册。美术馆藏有珍贵藏品，其中包括明清以来的卷轴画两千多件。美术馆还定期举办本院师生作品展，承办国内外学术水平较高的美术展览。体育馆、多媒体教室均能很好地满足各项教学要求。此外，学院出版发行《美术研究》《世界美术》两本国家一类学术刊物。

在百年的办学中，中央美术学院汇集了中国美术界一批大师级高端艺术人才，形成了蔚为壮观的美术教育精英队伍，其中既有中国画大师，又有从海外留学归来的艺术大师和史论家，还有学院培养的一批在全国享有盛誉的艺术家和美术理论家。学院已成为全国美术院校中师资力量最雄厚的美术学院。

3. 现任与历任领导

名称	姓名	职务	任期
国立北京美术专门学校	郑　锦	校长	1922.07—1924 春
	沈彭年	校长（代理）	1924 春—1924 秋
	陈延龄	校长	1924 秋—1925 春
	余绍宋	校长（未到任）	1925 春
国立北京艺术专门学校	刘百昭	校长（兼）	1925.08—1926
	林风眠	校长	1926—1927.11
	肖厔泉	校长	1927.11—？
京师大学校美术专门部	刘　庄	主任	1927—？

国立北平大学艺术学院	李书华	院长（兼）	1928—1928.10
	徐悲鸿	院长	1928.10—1928.12
	李书华	院长（代理）	1928.12—1929.06
国立北平艺术专科学校	杨仲子	校长	1931秋—1932夏
	严智开	校长	1934.01—1936
	赵畸	校长	1936—1938
国立艺术专科学校	林风眠	主任委员	1938春—1938.04
	滕固	校长	1938.04—1941
	吕凤子	校长	1941—1942
	陈之佛	校长	1942—1944春
	潘天寿	校长	1944.05—1945.08
国立北平艺术专科学校	徐悲鸿	校长	1946.08—1953.09
中央美术学院	江丰	院长	1953.09—1957
	吴作人	院长	1957—1966
	陈沛	党委书记	1958—1964
	陈播	党委书记	1964—1966
	江丰	院长	1979—1982
	陈沛	党委书记	1979—1983
	古元	院长	1983—1987
	洪波	党委书记	1983—1985
	杨礼	党委书记	1986—1987
	靳尚宜	院长	1987—2001
	盛阳	党委书记	1987—2001
	潘公凯	院长	2001—2014
	杨力	党委书记	2001—2012
	范迪安	院长	2014—
	高洪	党委书记	2012—

◎ **参考资料：**

1. 季啸风主编：《中国高等学校变迁》，华东师范大学出版社1992年版。
2. 中央美术学院官网"学校概况"。
3. 中央美术学院"百度百科"条目。

（马菲 撰稿）

北京中医药大学

北京中医药大学是一所以中医药学为主干学科的全国重点大学，是唯一进入国家"211工程"建设的高等中医药院校，也是国家"985工程优势学科创新平台"建设高校，直属教育部管理，由教育部、国家卫生和计划生育委员会、国家中医药管理局和北京市共建。

学校始建于1956年，前身为北京中医学院，是国务院批准最早创办的高等中医药院校；1960年，被中央确定为全国重点高校；1971年，与中国中医研究院合并；1977年，两院分开，恢复独立办学；1993年，更名为北京中医药大学；1996年，入选国家"211工程"重点建设大学；2000年，与北京针灸骨伤学院合并，组建新的北京中医药大学；2011年，入选国家"985工程优势学科创新平台"建设高校。

1. 学校历史沿革

（1）北京中医学院。

1956年，学校于北京市海运仓成立，隶属于原卫生部。1960年9月，学校被确定为64所全国重点大学之一，为5所全国重点医学院校之一。1971年7月至1977年11月与卫生部中医研究院（现中国中医科学院）合并，保留学院名称和建制。1978年再次被确定为全国重点大学。

（2）北京中医药大学。

1993年更名为北京中医药大学。1996年，成为国家"211工程"建设高校。2000年与原北京针灸骨伤学院合并组成新的北京中医药大学，直属教育部。2011年成为"985工程优势学科创新平台"建设高校。2016年9月27日，北京中医药大学与深圳市人民政府共同签署《北京中医药大学·深圳市人民政府合作办学备忘录》。2016年12月2日，大连市政府与北京中医药大学共同签署战略合作框架协议，瓦房店市政府与北京中医药大学共同签署北京中医药大学大连校区项目合作协议。2017年9月，北京中医药大学入选国家首批世界一流学科建设高校。

2. 学校今日现状

学校现有3个校区，分别为和平街校区、望京校区和良乡校区。在长期的办学实践中，学校秉承"勤求博采、厚德济生"校训，倡导"人心向学、传承创新"理念，坚持

"立德树人、以文化人"宗旨，弘扬"追求卓越、止于至善"精神，彰显特色、强化优势，是我国培养高层次创新型中医药人才的教育基地、高等中医药教育改革的示范基地、中医药知识创新和技术创新的研究基地、防治重大疾病和疑难疾患的医疗基地、弘扬优秀传统文化的人文基地、推进中医药走向世界的国际交流基地，为人类健康事业发展和文明进步作出了重要贡献，已经成为在国内外享有盛誉的集教学、科研、医疗于一体的著名中医药高等学府。

截至2017年3月，学校现有教职工4481人，专任教师1179人，其中具有高级专业技术职务者占62.68%，具有硕士以上学位者占80.58%，有博士生导师397名。学校有"国医大师"5人，"首都国医名师"9人，现有"长江学者"特聘教授3人，国家杰出青年科学基金获得者2人，优秀青年科学基金获得者1人，"973"项目首席科学家4人，"万人计划"科技创新领军人才2人，国务院学科评议组成员3人，"百千万人才工程"国家级人选8人，国家级有突出贡献中青年专家8人，中医药高等学校教学名师4人，享受国务院政府特殊津贴专家125人，形成了一支以国内外著名专家学者和国内有影响的中青年教授为主的师资队伍。

学校现有全日制在校生10596人，其中本、专科生6635人，硕士研究生3281人，博士研究生680人，研究生占37.39%，境外学生占10.02%。另有继续教育学生3042人，远程教育学生15655人，目前全校各类在校生达29293人。

学校现设有中医学院、中药学院、生命科学学院、针灸推拿学院、管理学院、护理学院、人文学院、马克思主义学院、国学院、国际学院、台港澳中医学部、第一临床医学院、第二临床医学院、第三临床医学院、第四临床医学院、第五临床医学院、第七临床医学院、研究生院、远程教育学院、继续教育学院、体育教学部等教学机构。学校致力于构建面向未来的以高层次教育为主的人才培养体系，目前设有中医学、中药学、中药制药、药学、针灸推拿学、康复治疗学、公共事业管理（卫生事业）、药事管理、信息管理与信息系统、护理学、英语、法学（医药卫生）12个本科专业。

学校是全国高等中医药院校中首批建立博士学科点和博士后科研流动站的单位之一，设有中医学、中药学、中西医结合3个博士后科研流动站。中医学、中药学、中西医结合均具有一级学科博士学位授权，囊括42个二级学科博士学位学科授予点，并有45个硕士学位学科授予点。学校现有一级学科国家重点学科2个，涵盖二级学科国家重点学科15个；有国家中医药管理局重点学科48个；一级学科北京市重点学科2个，二级学科北京市重点学科8个；重点学科建设在全国中医药院校中保持领先地位。

学校现有省部级以上科研基地48个，其中国家级国际科技合作基地2个，教育部重点实验室3个，教育部工程研究中心2个，高等学校学科创新引智基地2个，国家中医药管理局三级实验室14个，国家中医药管理局重点研究室11个，北京市重点实验室6个，北京市教委工程研究中心1个，北京市国际科技合作基地6个，北京中医药文化研究基地1个。

学校现有东直门医院（第一临床医学院）、东方医院（第二临床医学院）、第三附属医院（第三临床医学院）、枣庄医院（第四临床医学院）、深圳医院（第五临床医学院）、孙思邈医院（第七临床医学院）6所直属附属医院。学校有国家临床重点专科15个，国家中医药管理局重点专科35个。建设国医大师传承工作室5个,全国中医学术流派和全国名老中医药专家传承工作室42个,北京中医药"薪火传承3+3工程"名医传承工作站37个。另有临床教学基地36所,承担着全校学生的临床教学、见习、实习工作。

自建校之初,学校在全国高等中医药院校中率先接收外国留学生,已为世界91个国家和地区培养了2万余名中医药专门人才,并先后与30个国家和地区的117所知名大学和研究机构建立了良好的合作关系,建立了北京中医药大学圣彼得堡中医中心、北京中医药大学澳大利亚中医中心、北京中医药大学美国中医中心,与日本法人兵库医科大学合作建立了中医药孔子学院。

学校主办有国家级学术期刊《北京中医药大学学报》《现代中医临床》《中医教育》和《中医科学杂志》(英文),是中医药学术交流的重要园地。

面对高等教育和中医药事业发展的新常态,学校正加快发展步伐,主动适应国家经济建设和社会发展的需求,坚定不移地走教育创新和内涵发展之路,为建设"有特色、高水平、国际知名的研究型大学"而努力奋斗。

3. 现任领导与历任领导

(1)现任领导。
党委书记:谷晓红
党委副书记:靳　琦
党委副书记兼纪委书记:林志华
党委副书记、副校长:翟双庆
校长:徐安龙
副校长:王　伟　陶晓华
(2)历任领导。

姓名	职务	任职时间
陈育鸣	副院长	1956.08—1956底
鲁星文	副院长	1957初—1957.08
黄开云	院长	1957.08—1957底
	党委书记	1957底—1962冬
王发武	院长	1960冬—1963.05
	党委书记	
杨治	副院长	1963.05—1973.04
李忠诚	党委副书记	1963.05—1973.04
鲁之俊	院长	1973.04—1977.11
	党委书记	

季钟瑛	院长	1977.11—1984.01
王恩厚	党委书记	1977.11—1979.05
杨　信		1979.05—1980.11
王永炎	院长	1984.01—1985.10
王　瑛	党委书记	1980.11—1984.08
高鹤亭	党委书记	1984.08—1985.01
	院长	1985.10—1990
张世栋	党委书记	1985.01—1990

◎ 参考资料：

1. 北京中医药大学官网。
2. 北京中医药大学"百度百科"。

（高志全　撰稿）

对外经济贸易大学

对外经济贸易大学，原名北京对外贸易学院，经过多年发展已经成为一所拥有经、管、法、文、理、工等门类，以国际经济与贸易、法学（国际经济法）、金融学、工商管理、外语（商务外语）等优势专业为学科特色的多科性财经外语类教育部直属的全国重点大学，是中国社会主义经济建设事业人才培养和科学研究的重要基地之一。

1. 学校早期发展历史

中央人民政府贸易部 1951 年 11 月成立了高级商业干部学校。1952 年，中央贸易部撤销，学校划归对外贸易部，受对外贸易部和教育部双重领导。在院系调整中，学校改名为北京对外贸易专科学校，中央财政金融学院对外贸易教研室的教师全部并入。1953 年，学校更名为北京对外贸易专科学校，由教育部委托对外贸易部领导。

1954 年 7 月，北京对外贸易专科学校与中国人民大学贸易系对外贸易专业合并，成立北京对外贸易学院，设 4 个系 8 个专业：对外贸易经济系，设对外贸易经济专业；俄罗斯语言系，设俄语翻译专业；东方语言系，设日语翻译、朝鲜语翻译、越南语翻译专业；西方语言系，设英语翻译、德语翻译、法语翻译专业。1954 年到 1966 年期间，增设西班牙语、意大利语、阿拉伯语 3 个翻译专业。开设国际运输和国际金融两个专业，并招收研究生。1964 年，被列为国家重点发展院校之一。1966 年，在校学生有 2100 人，教职工有 719 人。

1969 年 10 月，学院迁到河南省固始县。1971 年年初，以原北京对外贸易学院的教职工为基本力量，在北京筹建对外贸易中等专业学校，招收中专学生。

1973 年 3 月，恢复北京对外贸易学院，受对外贸易部直接领导。学院复校后设置 4 个系，11 个专业：一系，设英语专业；二系，设俄语、德语、法语、西班牙语、意大利语、日语、朝鲜语、越南语和阿拉伯专业；三系，设对外贸易专业；四系，负责干部培训工作。

1982 年，增设国际经济管理系。1983 年，北京对外贸易学院与国际经济管理学院合并，设 6 个系 15 个专业。国际经济管理学院成立于 1980 年，直属原国家进出口管理委员会领导，是联合国开发计划署的一个援建项目。

1984 年，北京对外贸易学院改名为对外经济贸易大学，划归教育部直属。学校向着多科性、综合型经济、贸易、管理类多种层次、多种方式的高等教育方向发展，设有 9 个系 22 个专业，即对外贸易英语系、对外贸易外语系、国际贸易系、海关管理系、国际企业管理系、国际经济合作系、国际经济法系、人文科学系、对外贸易德语系。国际贸易、国际金融、国际经济法、国际企业管理、专门用途英语、法语、日语等专业可授予硕士学位,国际贸易和国际经济法专业可授予博士学位。

学校于1989年11月在国内率先成立了校董会。李岚清为首任校董会主席,荣毅仁、霍英东等任名誉主席,吴仪为第二任校董会主席。

1989年在校学生有2193人,其中博士生5人,硕士生175人,第二学士学位生35人,本科生1813人,专科生165人。另有夜大生171人,函授生1645人,广播函授生11000多人。有教职工1610人,其中专任教师846人(教授48人,副教授154人,讲师269人,教员160人,助教215人)。建校以来至1988年,共培养毕业生9475人,其中博士生2人,硕士生349人,本科生6659人,工农兵学员930人,专科生及专修科学生1535人。

2. 今日的对外经济贸易大学

2000年6月,原中国金融学院与原对外经济贸易大学合并成立新的对外经济贸易大学,划归教育部直属。2010年12月,教育部与商务部正式签署协议,共建对外经济贸易大学。

目前,学校下设研究生院及17个学院,并设有体育部和文化艺术教学部;拥有国家级重点学科2个,国家级人文社会科学重点研究基地1个,教育部战略研究(培育)基地1个、教育战略与规划研究中心1个,北京市重点学科7个,北京市哲学社会科学研究基地1个,博士后流动站4个,一级学科博士点7个,一级学科硕士点10个,专业硕士学位授权点12个,本科专业46个。

有教职工1600余人,其中专任教师1000余人,学校还聘请一定数量的兼职教师及外国专家。有在校学生1.6万余人,其中本科生8300余人,研究生5200余人,来华留学学历生2500余人。学校培养的毕业生遍布全国各地的外贸、金融、三资等行业领域及国家机关、中国驻外商务机构,为中国经济与社会发展,尤其是经贸事业的发展发挥着重要的作用。

学校设有110余个研究单位,其中中国WTO研究院是全国唯一的研究世界贸易组织的国家级人文社科重点研究基地。

学校图书馆文献总量180余万册(件)。学校主办并公开发行多种学术刊物,其中《国际贸易问题》《国际商务——对外经济贸易大学学报》《日语学习与研究》、*Journal of WTO and China*(WTO与中国)等享有较高的学术地位。学校出版社每年出书百余种,在高校中享有较高声誉。学校也是国家培训高级经济管理干部的基地之一,设有政府委托或与外国合办的多个高级在职培训机构。

学校在发展过程中受到海内外广泛关注和支持。目前,社会力量在学校设立的奖学金、奖教金等有20余项,院系级基金则更多。学校与美、英、法、德、日、俄、意、澳等48个国家和地区的250余所著名大学和研究机构建立合作交流关系,不断开展的对外交流与合作,使对外经济贸易大学面向世界办学的特色更加鲜明。

面对新时期全面实现小康社会建设目标、加快社会主义现代化建设的新形势，学校倡导追求卓越、创造精品的理念，坚持办精品大学、控制办学规模，办特色大学，走内涵发展、特色发展和现代化发展之路，加强国际化建设，着力培养复合型人才，将建设国际竞争力、影响力显著增强的国际知名有特色一流大学作为长期愿景和历史使命。

3. 现任与历任领导

（1）现任领导。
党委书记：蒋庆哲
校长、党委副书记：王稼琼
党委副书记：文　君　赵忠秀　李茂国
纪委书记：李茂国
副校长：张新民　赵忠秀　丁志杰　王　强
党委常委：蒋庆哲　王稼琼　文　君　张新民　赵忠秀
　　　　　李茂国　丁志杰　黄　捷　张小峰　王云海

（2）历任领导。
党委书记

解学恭	1954.09—1958.09
李秋野	1956.05—1958.07
李秋野	1958.07—1968
赵长春	1973.09—1974.12
赵长春	1974.12—1978.10
田光涛	1978.10—1980.03
田光涛	1982.12—1984.11
陈泉源	1984.11—1988.07
孙维炎	1988.07—1999.03
陈准民	1999.03—2000.06
许其立	2000.06—2004.05
王　玲	2004.05—2016.08

校（院）长

李秋野	1951.11—1954.09
解学恭	1954.09—1958.12
李秋野	1958.01—1968.06
刘　征	1968.03—1969.10
郭玉谦	1969.10—1970.08
赵长春	1973.10—1977.05
王文波	1969.10—1970.08

田光涛	1978.10—1980.03
田光涛	1982.12—1984.11
孙维炎	1984.10—1999.03
陈准民	1999.03—2009.05
施建军	2009.05—2016.08

◎ **参考资料：**

1. 对外经济贸易大学官网"学校概况"。

2. 杨倩萍撰，孙维炎审：《对外经济贸易大学》，载季啸风主编：《中国高等学校变迁》，华东师范大学出版社1992年版，第112~115页。

（涂上飙　编）

华北电力大学

华北电力大学是教育部直属的国家"211工程"重点建设大学、国家"985工程优势学科平台"重点建设大学。

学校校部设在北京,分设保定校区,两地实行一体化管理。学校长期隶属于国家电力部门管理。2003年,学校划转教育部管理,并由国家电网公司等七大电力央企组成的理事会与教育部共建。现华北电力大学理事会成员单位包括中国电力企业联合会等九家单位。

学校1958年创建于北京,原名北京电力学院。1969年由北京迁至河北邯郸,1970年学校由邯郸迁到保定,更名为河北电力学院。1978年经国务院批准为全国重点大学,同年更名为华北电力学院。1995年华北电力学院与北京动力经济学院(含华北电力学院北京研究生部)合并组建为华北电力大学。2005年10月,经国家教育部批准,华北电力大学校部由设在保定变更为设在北京。2017年9月,入围"双一流"学科建设高校名单。

1. 历史沿革

(1)初创奠基。

1950年9月,电力职工学校成立于北京西城区大盆胡同,隶属中央燃料工业部电业管理总局管理。1951年9月,电力职工学校迁往天津,成为天津工业学校之"一部"。1952年6月,电力职工学校在北京西直门外广通寺旁建立新校区,9月,电力职工学校由天津回迁新校区并更名为北京电气工业学校,隶属中央燃料工业部电业管理总局管理。1953年5月,北京电气工业学校更名为北京电力工业学校,隶属中央燃料工业部电业管理总局管理。10月,北京电力工业学校更名为北京电力学校,隶属中央燃料工业部电业管理总局管理。

1958年10月4日,北京电力学院成立于西直门北下关。北京电力学校改为北京电力学院之中专部,次年中专部变为相对独立和北京电力学院共同隶属中央燃料工业部电业管理总局直管,并由电力学院代为管理。1959年2月21日,北京电力学院隶属国家水电部管理。

1960年,北京电力学院在北京海淀区清河小营四拨子新建新校区并于迁入清河校区,隶属水电部管理。中专部彻底分离留在原处并再次启用北京电力学校校名。1961年9月始,原哈尔滨工业大学的发电厂电力网及其电力系统、高电压技术、动力经济与企业组织3个专业的教职工41人、学生230人以及教学设备等整体转入北京电力学院,后又有发电、电自合高压的研究生转入成为北京电力学院首批研究生。1964年,北京电力学院高电压技术和电厂化学专业整体并入武汉水利电力学院。

1965年,北京电力学院培养了由教育部安排的4名动力工业经济与组织的越南学生,这是学校首次招收留学生。

(2) 迁校河北。

1969年11月7日,因配合国家战备需要,北京电力学院迁至河北邯郸岳城水库,北京小营剩余部分成立留守处,通信兵419部队入驻北京小营校区。1970年10月17日,北京电力学院由邯郸迁到保定,更名为"河北电力学院"。由水电部和河北省双重领导,以河北省为主。1977年8月,全国恢复高校统一招生考试制度,学院开始招生。

(3) 改革开放时期。

1978年2月,学院被国务院确定为全国重点大学。9月,河北电力学院更名为"华北电力学院",学校由水电部和河北省双重领导,以水电部为主。华北电力学院恢复招收研究生。1979年2月5日,水电部批准在北京清河小营旧址尚存校舍成立华北电力学院北京研究生部,该部由华北电力学院和水电部电科院合办,以华北电力学院为主。

1982年9月,华北电力学院获批首批3个专业(电力系统及其自动化、发电厂工程、理论电工)的硕士授予权。1983年10月,由国家教委批准,在水利电力干部进修学院的基础上,由华北水利水院北京研究生部、北京水利水电学校、水电部电科院动能经济研究所及华北电力学院部分人员合并组建北京水利电力经济管理学院。北京水利电力经济管理学院由水电部和北京市双重领导,以水利部为主。

1984年6月1日,北京小营校区一分为二,其中一半校园划归电子部管理学院(即1969年入驻学校的通信兵419部队)。学校始招收首批工程硕士。1985年7月23日,水电部批准在华北电力学院北京研究生部的基础上成立北京水利电力管理干部学院并于同年7月24日挂牌。华北电力学院北京研究生部和北京水利电力管理干部学院实行合署实体办学和管理,由华北电力学院统一管理。

1986年7月28日,国务院学位委员会批准华北电力学院为博士学位授予单位,电力系统及其自动化专业获得博士学位授予权。1988年,能源部成立后,华北电力学院隶属能源部管理。

1990年9月,能源部决定,北京水利电力经济管理学院与北京水利电力管理干部学院、华北电力学院北京研究生部实行一体化办学,在北京形成了东郊定福庄、清河校区、西郊分部和建设中的朱辛庄校区四大块。西郊分部1992年9月划归水利部管理后,在北京演变为东郊定福庄、清河校区、北京水利电力研究所和建设中的朱辛庄校区四大块,1992年10月22日更名为北京动力经济学院并搬迁至朱辛庄校区。1991年9月10日,华北电力学院在保定韩庄乡建设的233亩新校区投入使用。1992年,大部制改革使得能源部撤销后,华北电力学院和北京动力经济学院隶属电力部管理。1995年,经原国家教委批准,华北电力学院和北京动力经济学院合并组建华北电力大学,校部设在河北保定,分设北京校区。

(4) 崭新时期。

2001年1月22日至30日,学校"211工程""九五"期间建设的7个子项目通过专家组验收。12月23日至25日，通过专家组整体验收。2002年7月10日，学校与河北省电力公司合作举办的华北电力大学科技学院挂牌。

2003年3月，学校由原国家电力公司划转教育部管理，正式成为教育部直属高校，并由国家电网公司、中国南方电网有限责任公司、中国华能集团公司、中国大唐集团公司、中国华电集团公司、中国国电集团公司、中国电力投资集团公司等七家大型电力企业集团组成的校董会与国家教育部共建。

2005年9月，学校被正式列入国家"十五""211工程"建设高校行列。10月，经教育部批准，华北电力大学校部由设在保定变更为设在北京，分设华北电力大学（保定）校区。两地实行实质性一体化管理。2007年，学校以"优秀"成绩通过了教育部本科教学工作水平评估。2010年9月，学校成为教育部首批"卓越工程师教育培养计划"实施高校。2011年9月，教育部批准华北电力大学等2所高校试办研究生院，9月22日，华北电力大学研究生院正式成立。2015年6月，《华北电力大学章程》正式公布实施。

2017年5月，学校与张家口市、国网节能公司共建张家口可再生能源发展与技术研究院。9月，入选国家"双一流"世界一流学科建设高校名单。

学校现有教职工近3千人，全日制在校本科生2万余人，研究生近1万人。学校占地1600余亩，建筑面积100余万平方米。

20世纪60年代以来，学校承载着为国家能源电力事业培养高素质人才与推进科技进步的历史使命。进入21世纪以后，学校贯彻"学科立校、人才强校、科研兴校、特色发展"的方针，抓紧机遇，加快发展，实现了跨越式快速发展。

2. 今日现状

学校设有电气与电子工程学院、能源动力与机械工程学院、控制与计算机工程学院、经济与管理学院、环境科学与工程学院、可再生能源学院、核科学与工程学院、数理学院、人文与社会科学学院、外国语学院、马克思主义学院等11大学院，59个本科专业。拥有"能源电力科学与工程"1个国家"双一流"重点建设学科，"电力系统及其自动化""热能工程"2个国家级重点学科、25个省部级重点学科；在第四轮学科评估中，电气工程和动力工程及工程热物理两个学科分别位列A档和A-档；"工程学""环境/生态学"2个学科进入ESI世界前1%行列；拥有5个博士后科研流动站、7个博士学位一级学科授权点、23个硕士学位一级学科授权点和工程硕士、工商管理硕士、公共管理硕士等9个专业学位授权类别，形成了培养本科、硕士、博士的完整教育体系。

学校拥有一支积极进取、素质优良、结构合理的高水平师资队伍。现有中国工程院院士2人，双聘院士5人，国家"千人计划"6人，国家"青年千人计划"2人，"国家高层次人才特殊支持计划"6人，"973首席科学家"5人，国家级教学名师1人，全国模范教师2人，全国优秀教师6人，国家杰出青年科学基金获得者9人，"长江学者"3人，国家"百千万人才工程"8人，国家有突出贡献专家3人，"中科院百人计划"入选者7人，38人入选教育部"新世纪优秀人才支持计划"，4支团队列入教育部"长江学者和创新团队发展计划"。

学校把人才培养作为中心工作，形成了"厚基础、重实践、强能力、求创新"的人才培养特色，成为教育部首批"卓越工程师教育培养计划"实施高校，发起成立"电力行业卓越工程师培养校企联盟"。学校现有7门国家级精品开放课程，2个国家级教学团队，1个国家级教学名师，11个国家级特色专业，4个国家战略性新兴产业相关专业，3个国家级实验教学示范中心，3个国家级工程实践教育中心，3个国家级虚拟仿真实验教学中心，1个国家级人才培养模式创新实验区。

学校积极参与国家创新体系建设，在新能源发电、特高压、智能电网、高效洁净燃煤发电技术、核电技术等重要领域都取得了巨大成果，现有3个国家级科技创新平台、1个国家级国际科技合作基地，6个高等学校学科创新引智基地，以及28个省部级科技平台及研究基地，学校入选国家创新人才培养示范基地。"十五"以来，承担国家重点研发计划、国家科技重大专项、"973""863"、国家科技支撑计划、国家自然科学基金等纵向课题3300余项，获国家级、省部级科技进步奖364项。科研经费快速增长，科技论文国际三大检索排名在教育部直属高校中名列前茅。

学校依托大学理事会平台，不断深化产学研合作，与国内外80余家大型能源电力企业达成战略合作关系，共同承担重大研发项目，加快科技成果开发与产业化，连续两次获得"国家电网公司特高压交（直）流试验示范工程特殊贡献单位"称号；学校多方位构建政产学研合作平台，与20余家地方政府签署框架合作协议，围绕战略性新兴产业领域，深化交流与合作，在促进区域科技创新、推动地方经济发展上取得显著成效；学校积极推进校际合作，作为主要发起单位参与组建北京高科大学联盟，实现高校之间的优势资源共享互补，促进校际协同创新。

学校全力推进国际化办学进程，与140多个国际知名大学和研究机构开展实质性交流合作，与合作伙伴高校实现了学分互认，开展了学生交流、科研合作、专家互访等项目。积极践行国家"一带一路"倡议，主动承担国家外交任务，承办商务部、科技部多个国家级援外培训项目；同德国黑森州—中国促进中心共同建立了中欧可再生能源创新中心；同蒙古建立了中国—蒙古可再生能源创新中心；作为上海合作组织大学能源学方向中方牵头院校，积极推进上海合作组织大学各项工作，建立上海合作组织大学能源智库；在美国建立的西肯塔基大学孔子学院是北美最大的孔子学院；举办多种模式的中外合作办学项目以及与国外高校开展来华留学生"2+2"联合培养等项目，国际化办学水平不断提升。

巍巍学府，电力之光。在新的历史起点上，学校承载新能源电力时代的光荣与梦想，积极承担为国家和社会培养高层次拔尖创新人才、创造高水平科研成果、提供一流社会服务的历史重任，昂首向建设一所具有鲜明特色的高水平研究型大学的目标奋进！

3. 现任领导、校理事会

（1）现任领导。
党委书记：周　坚
党委副书记、纪委书记：何　华
党委副书记：汪庆华　郭孝锋

校长：杨勇平
副校长：李双辰　郝英杰　孙忠权　王增平　律方成　檀勤良
（2）校理事会。
理事长　刘振亚　中国电力企业联合会理事长，全球能源互联网发展合作组织主席
副理事长　李庆奎　中国南方电网公司董事长、党组书记
曹培玺　中国华能集团公司董事长、党组书记
陈进行　中国大唐集团公司董事长、党组书记
赵建国　中国华电集团公司董事长、党组书记
乔保平　中国国电集团公司董事长、党组书记
王炳华　国家电力投资集团公司董事长、党组书记
杨　昆　中电联党组书记、常务副理事长
刘吉臻　中国工程院院士

◎ **参考资料：**

1. 华北大学官网"学校概况"。
2. 华北电力大学"百度百科"。

（高志全　撰稿）

南开大学

南开大学是国家教育部直属重点综合性大学，是周恩来总理的母校。学校成立于1919年，经历了私立南开大学、西南联合大学、国立南开大学、南开大学等几个办学时期，发展成为国家重点建设的综合性研究型大学。1996年，成为首批进入"211工程"建设的院校之一。2000年12月，获得教育部与天津市共建支持，并跻身首批"985工程"大学行列。先后入选国家首批"111计划""珠峰计划""2011计划""卓越法律人才教育培养计划"等。2017年9月入选国家"世界一流大学建设高校"（A类）。

1. 学校早期发展沿革

（1）私立南开大学。

1919年，著名爱国教育家严范孙和张伯苓秉承教育救国的思想创办了南开大学。学校成立初期，本着"文以救国、理以强国、商以富国"的理念，设文、理、商三科，招收学生96人，周恩来为文科第一期学生（学号62号）。1921年增设矿科（1926年停办）。1929年改科为院，设有文学院、理学院、商学院及医预科，共13个系。1931年，商学院与文学院经济系和社会经济研究委员会合并，成立经济学院；在理学院增设化学工程系和电机工程系；1932年设立应用化学研究所。

在校园建设上，1923年建成并搬进了天津八里台校区，之后，又先后建成了科学馆（题名"思源堂"）、"木斋图书馆""芝琴楼"等建筑。

学校作为私立大学，办学经费主要依赖于基金团体和私人捐赠。因此在办学上注重"贵精不贵多，重质不重量"的原则，控制办学规模，增强师资力量，教师大多是从留美人员中延聘，聘请了凌冰、姜立夫、刘晋年、饶毓泰、邱宗岳、杨石先、熊大仕、蒋廷黻、李济、徐谟、张忠钣、何廉、方显廷、李卓敏、黄钰生、张彭春、柳无忌、司徒月兰、冯文潜、张克忠、张洪沅等一批优秀教师。1937年在校学生429人，教职员110余人。1920年，学校率先实行男女同校。

在人才培养上，实行通才教育，要求各科学生文理沟通。在教学上以严格认真著称，课程设置不多，但内容涵盖广博。1934年，指定"公能"校训，以培养学生"爱国爱群之公德，与夫服务社会之能力"。学校造就了以周恩来、陈省身、吴大猷、曹禺为代表的杰出人才。

在师生的共同努力下，学校在20世纪30年代发展成为天津的"三宝"之一，以优越的学术环境、严谨科学的训练方针、崇尚务实的精神驰名中外。

(2) 西南联合大学。

1937年7月，日本侵华战争开始。7月29—30日，学校惨遭炸毁，30日下午，张伯苓通过《中央日报》发表谈话，指出"敌人此次轰炸南开，被毁者为南开之物质，而南开之精神，将因此挫折，而愈益奋励"。8月，教育部指定北京大学、清华大学、南开大学合组长沙临时大学，三校校长张伯苓、蒋梦麟、梅贻琦为常务委员，共主校务。

1938年4月，长沙临时大学迁往云南昆明。教育部电令学校改称国立西南联合大学，规定以"刚毅坚卓"为西南联合大学校训。西南联合大学期间，三校和衷共济，艰苦创业，"八年之久，合作无间，同无妨异，异不害同，五色交辉，相得益彰，八音合奏，终和且平"，"以其兼容并包之精神，转移社会一时之风气，内树学术自由之规模，外来民主堡垒之称号"。谱写了中国教育史上的光辉篇章，培养出了包括杨振宁、李政道两位诺贝尔奖得主在内的大批优秀人才，西南联合大学也被誉为"学府北辰"。

(3) 国立南开大学。

1945年，抗日战争胜利，三校复员北归。1946年4月9日，教育部宣布南开大学改为国立，张伯苓任校长。同年秋天，学校迁回天津，10月17日在八里台举行复校典礼。这一日被定为校庆日。

在校园建设上，重建南开园，修缮了芝琴楼、思源堂，修理了原日本中日中学作为男生宿舍，新建胜利楼作为教室和校部办公室，建设东南百树村平房作为教授宿舍。

复校之后，学校设立文学院、理学院、政治经济学院、工学院4个院16个系，另设有经济研究所、应用化学研究所和边疆人文研究室，聘请了吴大任、卞之琳、肖采瑜、傅筑夫、高振衡、李广田、罗大冈、汪德熙、谢国桢、张清常等一批学者来校执教，加强了师资力量。

学校重视学术研究自由，重视课程，考试严格，强调热心社会服务，发扬"公能"精神，重视课外活动，形成了课堂教学、校园文化、社会实践相结合的育人模式和"严谨、务实、团结、奋进"的南开校风。

2. 中华人民共和国成立后的发展演变

1949年1月，天津解放，学校开始了新的历程。党和政府十分关心学校的发展，周恩来总理于1951年、1957年和1959年三次回母校视察；1958年毛泽东主席莅校视察；1994年江泽民总书记视察南开大学（简称南开）；李鹏、朱镕基、李瑞环、温家宝、贾庆林、李岚清等党和国家领导人也曾先后视察南开，给南开师生以极大的鼓舞。

(1) 院系调整阶段的南开大学。

1952年，全国高等学校院系调整，学校工学院与北洋大学工学院等合组天津大学，北洋大学的数理两系及津沽大学的贸易、企业管理、会计等专业并入南开。学校由一所学科比较齐全的大学变成了一所文理综合性大学，设有14个系，3个专修科。院系调整后，郑天挺、雷海宗、吴廷璆、李何林、朱维之、李霁野、季陶达、顾昌栋、温公颐、陈仁烈、江安才、曾鼎禾、杨宗磐调入南开；王赣愚、何炳林、陈荣悌、陈茹玉、陈天池、王积涛、严志达、崔徵等一批国外留学者纷纷回归，相继加入南开教席。

1958年，学校的贸易、企业管理、会计、金融、财政、统计等系转入新组建的天津财经学院。1960年设立地质地理系（1961年停办）、物理二系（1961年转入兰州大学）和哲学系。20世纪80年代前，长期停滞于9个系的设置，即数学、物理、生物、化学、中文、外文、哲学、政治经济学、历史系。1962年创办了全国高校第一个化学研究机构——元素有机化学研究所。

"文革"期间，学校正常教学秩序被破坏，教学、科研工作完全瘫痪，1971年之前有五年之久不招生、上课。1976年7月唐山大地震波及天津，学校大部分校舍遭到不同程度的损坏。

（2）改革开放后南开大学的新发展。

1980年以后，学校为适应社会主义现代化建设需要，利用老专业基础好的优势，建立了一批新的专业和研究机构。文科重点增设了以财经类为主的应用性专业，并于1983年恢复了经济学院，理科重点增设了交叉、边缘和高新科技类专业。1994年，与天津对外贸易学院合并。2010年5月，中国旅游管理干部学院整建制划转南开，成立旅游与服务学院。2016年8月，天津市第四医院整建制划转南开，成立南开大学附属医院。到2017年，学校有专业学院24个，学科门类覆盖文、史、哲、经、管、法、理、工、农、医、教、艺等，形成了文理并重、基础宽厚、突出应用与创新的办学特色。

学校现有本科专业84个，硕士学位授权一级学科12个，博士学位授权一级学科29个，二级博士点3个，博士后科研流动站28个。有国家"双一流"建设学科5个，一级学科国家重点学科6个（覆盖35个二级学科），二级学科国家重点学科9个。在各学科中，其中数学、化学、经济、历史学科最负盛名，化学、数学与应用数学、物理学、金融学、经济学、工商管理、中国语言文学类、哲学、历史学、政治学与行政学、英语、生物技术、软件工程、人力资源管理、环境科学、计算机科学与技术、微电子学、资源环境科学与工程等18个本科专业为国家级特色专业。有国家级精品课35门、精品视频公开课15门。

学校现有八里台校区、津南校区、泰达校区三个校区，学校占地455.18万平方米，校舍建筑总面积195.88万平方米，形成了"一校三区"的办学格局。有全日制在校学生26902人，其中本科生14708人，硕士研究生8731人，博士研究生3463人。有网络专科学生58317人，网络本科学生37680人。有专任教师2048人，其中，博士生导师774人、硕士生导师865人，教授791人、副教授831人。有两院院士10人，发展中国家科学院院士5人，"863计划"首席科学家3人，"973计划"首席科学家12人，国家"青年千人计划"入选者32人，国务院学位委员会学科评议组成员14人，"长江学者"67人，国家自然科学基金委优秀青年基金获得者27人，教育部"新世纪优秀人才支持计划"入选者164人。

在办学体制上大胆创新，不断扩大办学空间，与国际知名的320多所大学和国际学术机构建立了合作与交流关系，并首创"南开—约克""南开—爱知"模式，推进高等教育国际化。进一步加大办学体制的创新力度，与天津大学实施各自独立办学、相互紧密合作的全新模式，与天津大港区共建滨海学院。推进创新创业教育，"百项工程"每年投入100多万元经费，鼓励学生自选课题进行科研；开办"创业班"，建设"青年创新创业实践基地";制定实施《南开大学"十三五"素质教育实施纲要》,出台《本科生素质发展辅学指导意见》,全面构建南开特色的"立公增能"学生素质发展辅学支持体系。

在科研方面,2007年以来,获得国家自然科学二等奖3项、国家科技进步二等奖1项、国家技术发明二等奖1项,获国家教学成果奖7项,获中国青年科技奖2项,全国百篇优秀博士论文累计入选20篇。11项成果获2016年度天津市科学技术奖。2016年,被SSCI收录论文39篇,被CSSCI收录论文1297篇,被SCI收录论文1392篇,EI收录论文817篇。近十年来,SCI论文累计被引用篇数12564篇,累计被引用次数210847次,被引用次数在全国高校中排名第15位;篇均被引用次数16.78次,在全国累计被引用次数较多的高校中保持第1位。

有国家级重点实验室2个,国家工程研究中心1个,"2011"协同创新中心3个,教育部重点实验室8个,教育部国际合作联合实验室2个,科技部重点实验室1个,国家环保总局重点实验室1个,教育部工程中心3个,国家基础学科人才培养和科学研究基地9个,大学生文化素质教育基地1个,国家外专局"111"创新引智基地7个,国家自然科学基金委创新研究群体5个,全国高校人文社会科学重点研究基地7个。2017年6月,成立灾害风险管理与巨灾保险研究中心。8月,设立全域旅游研究所,这是我国首个全域旅游研究所。10月"南开大学习近平新时代中国特色社会主义思想研究院"揭牌。

学校坚持"允公允能,日新月异"的校训,弘扬"爱国、敬业、创新、乐群"的传统,以"知中国,服务中国"为宗旨,坚持南开道路,光大南开品格,弘扬南开精神,坚持育人为本,强化质量特色,培养了大批优秀人才,知名校友中有国家总理周恩来,有陈省身、吴大猷、刘东升、郭永怀、母国光、何炳林等几十位院士,叶嘉莹、苏其昌、杨翼骧、范曾等各个领域的大师和领军人物。

学校将继续大力实施人才强校、强势学科、教育质量提升、科研创新、服务滨海、国际化六大战略,培育英才,繁荣学术,强国兴邦,传承文明,努力建设世界一流大学。

3. 现任与历任领导

(1) 现任领导。
党委书记:魏大鹏
党委副书记:曹雪涛　杨克欣　张　亚　李义丹　王　磊
纪委书记:李义丹
校长:曹雪涛
副校长:许京军　朱光磊　杨克欣(兼)　李　靖
(2) 历任领导。

职务	姓名	任职时间	备注
校长	张伯苓	1919—1948	
	杨石先	1948.03—1948.10	代理
	何　廉	1948.10—1949.01	代理

校务委员会			
主席	杨石先	1949.05—1947	
校长	杨石先	1957.04—1980	
党支部书记	李万华	1949.05—1949.11	1950年9月前为支部
	郑秉泇	1949.11—1951.02	
	张义和	1951.02—1952.10	
党委书记	王金鼎	1952.10—1956.07	1956.05前为总支
	楚 云	1956.07—1958.03	
	高仰云	1958.03—1964.07	
	臧伯平	1964.07—1973.02	
	朱子强	1973.02—1978.02	
	臧伯平	1978.02—1979.01	
	张再旺	1979.01—1982.09	
校长	滕维藻	1981.10—1986.01	
党委书记	滕维藻	1982.09—1983.09	代理
	李 原	1983.09—1988.06	
校长	母国光	1986.01—1995.08	
党委书记	温希凡	1988.06—1993.03	
校长	侯自新	1995.08—2006.05	
党委书记	洪国起	1993.03—2002.04	
校长	饶子和	2006.05—2011.01	
	龚 克	2011.01—2018.01	
党委书记	薛进文	2002.04—2016.09	
校长	曹雪涛	2018.01—	
党委书记	魏大鹏	2016.09—	
纪委书记	李义丹	2016.05—	

◎ **参考资料：**

1. 南开大学官网"学校概况"。
2. 南开大学百度百科。
3. 季啸风主编：《中国高等学校变迁》，华东师范大学出版社1992年版。
4. 本书编写组编：《南开大学校史（1919—1949）》，南开大学出版社1989年版。

（刘春弟　撰稿）

天 津 大 学

天津大学是教育部直属国家重点大学,1895 年(清光绪二十一年)光绪皇帝批准建立天津北洋西学学堂。1903 年易名为北洋大学,1949 年后改名为天津大学。

1. 学校初创

1985 年,天津海关道盛宣怀研究兴办新式学堂,将《拟设天津中西学堂章程禀》奏光绪皇帝,10 月 2 日奉谕照准,成立天津北洋西学学堂。第一任校长(督办)为洋务派实权人物盛宣怀,总教习为美国学者丁家立,设头等学堂、二等学堂各一所。头等学堂即大学本科,二等学堂即大学预科。1896 年学校改名为北洋大学堂。

北洋大学堂仿欧美兴办,以学习外语和现代的科学技术为主课。头等学堂分为法科和工科,工科又分为土木、采矿、冶金、机械四学门,设置法学、土木工程、采矿冶金、机械工程四个科(系)。头等学堂分为基础学和专门学。毕业生可免试直接进入美国耶鲁大学深造。著名经济学家马寅初、著名外交家王正廷、著名数学家秦汾、著名矿冶学家王宠佑、著名法学家王宠惠均出于此时期。

2. 学校的调整迁移

中华民国成立。北洋大学堂改称北洋大学校,设立校长。1914 年 3 月,北洋大学校更名为国立北洋大学,校长赵天麟,提出了"实事求是"校训。1917 年教育部对北京大学、北洋大学进行科系调整。北洋大学改为专设工科,法科调到北京大学。学制改为本科四年,预科二年。

1928 年,实行北平大学区制,北洋大学改称北平大学第二工学院。1929 年因北平大学区制宣告取消,恢复独立。第二工学院只有工科,北洋大学称北洋工学院,设土木、矿冶、机械系。1933 年增设电机系。1934 年,矿冶系分为采矿工程组、冶金工程组,土木工程系分为土木工程组、水利工程组。1935 年,机械系分为机械工程组、航空工程组。1934 年创办工科研究所。

1937 年卢沟桥事变爆发,北洋工学院迁往西安,与北平大学、北平师范大学合组为国立西安临时大学。1938 年,称国立西北联合大学。同年 7 月,国立西北联合大学所属各学院分别成立独立院校。国立西北联合大学工学院与东北大学工学院、河南焦作工学院合组国立西北工学院。

1946年，恢复北洋大学，茅以升任校长。设理、工两院。理学院下设物理、数学、化学、地质四系，工学院下设土木、水利、采矿、冶金、电机、航空、机械、化工八系。1947年撤销化学、地质两系，增设建筑、纺织两系。

3. 1949—1978 年的学校发展

1949年1月，天津解放。1951年9月，北洋大学和河北工学院合并，更名为天津大学，设土木工程、水利工程、采矿工程、纺织工程、冶金工程、机械工程、电机工程、化学工程、地质工程、数学、物理共11个系，设水利专修科、冶金研究所、附属工业学校。航空工程系调清华大学。

1952年院系调整，冶金工程系的金属组调归北京钢铁学院，地质工程系调归北京地质学院，采矿工程系的采煤组调归北京矿业学院，化工系的石油炼制、石油机械、石油勘探部分调归北京石油学院，数学系、物理系调归南开大学。南开大学、津沽大学的工学院与北京大学、清华大学、唐山铁道学院的化工系，北京铁道管理学院的建筑系等调入天津大学。设有7个系、20个专业和13个专修科。设化工研究所、石油工业学校。

1955年，学校电信系调归北京邮电学院，水利土壤改良专业调归武汉水利学院。1956年，测量专业调归武汉测绘学院。1956年年底，天津大学设机械工程、电力工程、土木工程、建筑工程、化学工程、纺织工程、水利工程共7个系。

1958年，天津大学改由河北省主管，增设矿业工程系。1959年，重划归教育部主管。纺织工程系调归河北纺织工学院，矿冶系调归唐山河北矿冶学院。

1966年，天津大学设有无线电电子工程、光学与精密仪器、水利工程、机械制造工程、动力与自动化工程、土木建筑工程、化学工程等7个系38个专业。

4. 改革开放后的学校发展

党的十一届三中全会以后，学校逐步得到大发展，设有21个系，54个专业，即机械制造工程系、精密仪器工程系、热能工程系、电力及自动化工程系、电子工程系、计算机科学与工程系、土木工程系、建筑系、海洋与船舶工程系、水资源与港湾工程系、化学工程系、应用化学系、化学系、数学系、物理系、力学系、外语系、管理工程系、人文与社会科学系、材料科学与工程系、技术经济与系统工程系。

到1989学年，全校共有学生12293人，其中本科生8140人，专科生322人，博士生165人，硕士生1345人，研究生班生4人，夜大生193人，函大生2074人，外国留学生50人；教职工6198人，其中专任教师2495人，包括教授195人，副教授756人，讲师1070人，助教310人，未评定职级的教员164人，另有研究员5人，副研究员9人。

有65个学科（专业）有硕士学位授予权，有一般力学、流体力学、实验力学、机械制造、光学仪器、测试计量技术及仪器、计时仪器、焊接、工程热物理、内燃机、电力系统及其自动化、化学工程、有机化工、应用化学、建筑设计、结构工程、海岸工程学、系统工程等18个学科（专业）有博士学位授予权。博士生导师有陈予恕、周恒、贾有权、佟景伟、彭泽民、刘又午、张以谟、姚建铨、蔡其恕、叶声华、孙家骕、孟广喆、张文铖、吕灿仁、黄鸿鼎、史绍熙、王仕康、赵奎翰、贺家李、余国琮、李绍芬、王绍亭、王世昌、张建侯、张銮、陈洪钫、郭鹤桐、彭一刚、吴健生、严宗达、何玉敖、赵子丹、刘豹、李光泉等34人。1984年设立研究生院，有国家重点实验室2个，科研机构29个，实验研究中心14个，有内燃机、化学工程、有机化工、测试计量技术及仪器、光学仪器、系统工程6个国家重点学科。

5. 今日的天津大学

学校是国家"211工程"、"985工程"首批重点建设的大学，2017年入选国家"世界一流大学建设"A类高校。

现有教职工4727人，其中有中国科学院院士5人，中国工程院院士7人，国家"千人计划"入选者91人，天津市"千人计划"入选者219人，"长江学者"特聘教授、讲座教授62人，"973"首席科学家17人，国家杰出青年基金获得者42人，国家"优秀青年科学基金"获得者45人，"万人计划"青年拔尖人才入选者36人，具有正高以上职称的教职工846人，教授779人。学校现有全日制在校生33159人，其中本科生17724人，硕士研究生11410人，博士研究生4025人。

学校坚持"办特色、出精品、上水平"的办学思路，坚持"育人为本""教学优先""质量第一"的教育教学理念，对学生实施综合培养，不断加强本科教育，大力发展研究生教育，建立起了适应21世纪经济建设和社会发展需要的教育教学体系。现有国家级教学名师奖获得者6人；国家级教学团队9个；国家级精品课程42门；国家级双语教学示范课程6门；国家级专业综合改革试点项目6项；国家级人才培养创新实验区10个；国家级"十二五"规划教材27种（参编2种）；并有国家级工程实践教育中心12个；国家级实验教学示范中心7个、国家级虚拟仿真实验教学中心3个和"国家大学生文化素质教育基地""国家示范性软件学院""国家集成电路人才培养基地"，全国示范性专业学位研究生联合培养基地4个，是首批"国家大学生创新性实验计划"入选学校。毕业生一次就业率始终在全国高校中名列前茅，2017届毕业生一次就业率超过98.59%。

在学科建设上，形成了以工为主、理工结合，经、管、文、法、医、教育、艺术、哲学等多学科协调发展的学科布局。现有63个本科专业，37个一级学科硕士点，27个一级学科博士点，23个博士后科研流动站。在第四轮全国学科评估中，天津大学共有25个一级学科参评，进入A类学科数达到14个。其中，化学工程与技术学科进入A+档、4个学科进入A档（2%~5%）、9个学科进入A-档（5%~10%）。与第三轮学科评估结果相比，进入前5%的学科数增加3个，进入前10%的学科数增加8个。8个学科领域进入ESI前百分之一，其中3个进入ESI前千分之一。由我校牵头培育组建的"天津化学化工协同创新中心"，于2013年通过教育部认定，成为全国首批14个"2011协同创新中心"之一。

有4个国家重点实验室，4个国家工程实验室，1个国家工程技术研究中心，3个国家工程研究中心，3个国家国际科技合作基地，8个教育部重点实验室，5个教育部工程研究中心。有国家自然科学基金委创新研究群体 3 个，教育部创新团队 12 个，国防科技创新团队 1 个。2017 年，学校科研成果日益显现，4 项成果获国家科学技术奖，4 项成果获高等学校科学研究优秀成果奖。2017 年，科研经费实现了稳定和持续的增长，实到科技经费总量 26.7 亿元，获批重点研发计划 15 项，排名全国高校前列；获批国家科技重大专项课题 1 项、国家自然科学基金项目 345 项。人文社会科学获批国家社科基金项目 14 项，4 家智库入选中国智库索引（CTTI）来源智库。

建校 122 年来，为祖国培养了 20 余万名高层次人才。革命先驱张太雷，经济学家马寅初，外交家王宠惠、王正廷，数学家秦汾，著名诗人徐志摩，"两弹一星"功臣吴自良、姚树人，香港实业家荣智健等均曾在这里秉烛夜读；著名法学家赵天麟、桥梁专家茅以升、机械学家刘仙洲、化工专家侯德榜、水利学家张含英、物理学家张国藩、教育家李曙森等知名学者都曾在此执鞭任教。据不完全统计，学校校友中有"两院"院士 60 余位，大学校长 50 余位。中华人民共和国成立以来，学校培养了一大批高级领导干部，数百名国家特大型企业负责人和总工程师。特别引人注目的是，天津大学校友在 2008 北京奥运会场馆建设中成功"会师"：崔恺（中国建筑设计研究院奥运项目总指挥）、李兴钢（国家体育场——"鸟巢"中方设计主持人）、赵小钧（国家游泳中心——"水立方"中方总设计师）等十余位领军人物均为天津大学毕业生。

现有各类留学生 3046 人，来自 140 个国家和地区。与世界上 42 个国家和地区的 210 所高校、研究机构及公司签署协议。在海外成立了 3 所孔子学院，分别是斯洛伐克布拉迪斯拉发孔子学院、澳大利亚昆士兰大学孔子学院和法国尼斯大学孔子学院。

在 21 世纪之初，学校制定了面向新世纪的总体发展目标和"三步走"发展战略：努力把学校建设成为世界知名高水平大学，并在 21 世纪中叶建设成为综合性、研究型、开放式、国际化的世界一流大学。

6. 现任与历任领导

（1）现任领导。
党委书记：李家俊
校长、党委副书记：钟登华
党委常务副书记：舒歌群
党委常委、副校长：刘东志
党委副书记、纪委书记：孙广平
党委常委、副校长：元英进　胡文平
党委副书记：雷　鸣
副校长：张凤宝
党委常委、副校长：王树新
副校级干部：谭　欣
党委常委、校长助理：张力新
党委常委、总会计师：古　瑶

校长助理：刘　宁　肖松山
党委常委、组织部长、统战部长：赵美蓉
党委常委、宣传部长：贾启君

（2）历任领导。

杨渝钦　1991—1992年任党委代理书记
　　　　1992—2002年任党委书记
杨　辉　1984—1991年任党委书记
李　瑞　1983—1984年任党委书记
胡泮生　1981—1983年任党委书记
路　达　1979—1981年任党委书记
臧伯平　1977—1978年任党委书记
苏　庄　1966年、1973—1977年任党委书记
贾　震　1957—1963年任党委书记
李曙森　1956—1957年任党委书记
　　　　1963—1965年党委代理书记
吴咏诗　1986—1993年任校长
史绍熙　1982—1986年任校长
李曙森　1978—1982年任校长
张国藩　1957—1966年任校长
吴　德　1952—1957年任校长
刘锡瑛　1949—1951年任校务委员会主席
　　　　1951—1952年任校务委员会主席
张含英　1948—1949年任校长
钟世铭　1947—1948年代理校长
金问洙　1946—1947年代理校长
陈荩民　1943—1946年任学院院长
潘承孝　1943—1946年任学院院长
赖　琏　1939—1944年任学院院长
李书田　1946—1948年任学院院长
蔡远泽　1930—1932年任学院院长
茅以升　1928年12月—1930年7月任学院院长
　　　　1946—1948年任大学校长
刘仙洲　1924—1928年任大学校长
冯熙运　1920—1924年任大学校长
赵天麟　1914年3月—1920年1月任大学校长
蔡儒楷　1906—1911年任学堂监督
　　　　1913—1914年任大学校长
徐德源　1911—1913年任大学监督、校长

蔡绍基　1895 年任二等学堂总办
　　　　1908—1910 年任大学堂督办
梁如浩　1907—1908 年任大学堂督办
梁敦彦　1906—1907 年任大学堂督办
唐绍仪　1902—1903 年任大学堂督办
丁家立　1895—1906 年任大学堂第一任总教习
　　　　1896—1908 年留美学生监督
盛宣怀　1892—1896 年天津海关道
　　　　1895—1896 年学堂第一任督办

◎ **参考资料：**

1. 北洋大学—天津大学校史编辑室：《北洋大学—天津大学校史（第一卷）》，天津大学出版社 2012 年版。
2. 天津大学官网"天大概况"。
3. 王杰、孟祥云撰，王玉林审：《天津大学》，载季啸风主编：《中国高等学校变迁》，华东师范大学出版社 1992 年版，第 161~167 页。

（涂上飙　编）

大连理工大学

大连理工大学是以工科为主，包括应用理科、管理学科、应用文科的多科性教育部直属全国重点大学。

1. 学校的早期发展

学校的前身大连大学工学院是1949年4月在原关东工业专门学校和关东电气工程专门学校（东北军区为前线培养电讯人才于1946年创办）的基础上创建的，设有应用数学、应用物理、机械、电机、造船、电讯、土木、化工、冶金9个系。1950年7月6日大连大学撤销建制，7月24日大连工学院成立。

1951年开始院系调整。学校的冶金系、电机系调到东北工学院，电讯系调到解放军通讯学院，应用数学系调到东北师范大学，应用物理系调到东北人民大学；东北工学院的化工系、土木系，哈尔滨工业大学的化工系和水能利用专业，大连海运学院的港工专业先后调入学校，1955年，造船系调到上海交通大学。1960年，学校被确定为全国26所教育部直属重点大学之一。

学校从1968年起成立了数理力学系（包括计算数学、应用物理、应用力学3个专业），恢复造船工程系，新设无线电工程系，创办电子计算机、原子核工程、放射化学等新兴学科。由院系调整后的3个系12个专业发展到7个系21个专业，在校学生7200人。到1966年，学校共培养本科生12661人，研究生266人。

党的十一届三中全会以后，学校大力进行改革和建设。中国科学院学部委员、著名的力学家钱令希教授继任院长。一批新兴学科、交叉学科和边缘学科逐步建起。1984年和1985年先后成立化工学和管理学院；1986年成立研究生院。

1988年1月，大连工学院改名为大连理工大学。1989年，全校共有22个系，39个专业，即应用数学系、应用物理系、化学系、工程力学系、机械工程系、材料工程系、船舶工程系、动力工程系、电子工程系、计算机科学与工程系、建筑工程系、土木工程系、化学工程系、化工机械系、无机化工系、石油化工系、精细化工系、高分子材料系、煤化工系、管理工程系、社会科学系、外语系。

有权授予硕士学位的学科、专业46个，其中计算数学、结构力学、计算力学、机械制造、光学仪器、铸造、内燃机、结构工程、海岸工程学、水工结构工程、水力发电工程、化学工程、有机化学（煤加工工程）、精细化工、系统工程等15个学科、专业有博士学位授予权，有27位教授担任导师。设有博士后科研流动站3个（力学、数学、土建、水利)。

1989年9月,全校共有全日制在校学生8502人,其中博士研究生118人,硕士研究生1037人,培训中心研究生班84人,第二学士学位46人,博士后研究人员4人,大学本科生6949人,专科学生106人,少数民族预科班学生27人,进修班学生68人。另有夜大学生1035人,函大学生884人。全校有教职工4469人,教师1811人,其中教授154人,副教授539人,讲师839人,助教254人,教员25人。其他专业技术人员共1303人。教师中,取得显著成果的教授和学者有:钱令希、唐立民、徐利治、胡国栋、郭可讱、钟万勰、侯毓汾、林纪方、杨长骙、刘培德、陈企平、李士豪、林皋、赵国藩、邱大洪、王众託、孙焕纯、王仁宏、程耿东、林均岫、袁一、沈自求、郭树才、杨锦宗、金俊泽、董毓新、陈守煜、利于呈、倪汉根、陈家骅等。

有工程力学、海洋工程、水利水电工程、化工、应用数学、应用物理、计算机技术、内燃机、系统工程、精密机械、模具、工程机械、形状记忆合金、机电设计、信息技术、化学工程、煤化工、船舶工程、体育科学、环境工程、工业催化剂结构工程等22个科学研究所和3个研究开发中心。有国家重点实验室两个,即:沿岸工程试验室和与复旦大学合办的"三束"材料改性实验室。计算力学、海岸工程、精细化工、机械制造4个学科于1988年被批准为国家重点学科。

2. 今日的大连理工大学

1996年启动实施"211工程"建设,2001年启动实施"985工程"建设,教育部、辽宁省、大连市重点共建大连理工大学;2003年被中央确定为中管干部学校;2012年正式启动领军型大学建设工程。2012年12月教育部正式批准大连理工大学建设盘锦校区,与主校区同标准、同档次、同水平办学。2017年9月,经国务院批准,入选世界一流大学A类建设高校。

现有教职工4321人,其中专任教师2650人;有中国科学院和中国工程院院士12人、瑞典皇家工程院院士1人、兼职教师中的两院院士30人,国务院学位委员会学科评议组成员11人,"千人计划"入选者30人,"长江学者"奖励计划特聘教授32人、讲座教授11人、青年学者12人,国家杰出青年基金获得者33人,国家"万人计划"入选者24人(其中科技创新领军人才18人,哲学社会科学领军人才2人,教学名师2人,青年拔尖人才2人),"973计划"项目首席科学家10人,"973计划"青年科学家专题项目首席科学家2人,百千万人才工程国家级人选15人,国家优秀青年科学基金获得者21人,教育部跨世纪优秀人才基金获得者17人,教育部"新世纪优秀人才支持计划"入选者123人,全国高等学校教学名师奖获得者4人;博士生导师726人,专任教师中正高级职称808人,副高级职称1098人。有本科生25380人,硕士生10537人,博士生4836人。

学校设有研究生院,7个学部[6个管理重心在学部,1个管理重心在学院(含3个正处级建制学院)],8个独立建制的学院、教学部,3个专门学院和1所独立学院;盘锦校区设有基础教学部和7个学院;开发区校区有3个学院。有一级学科国家重点学科4个(力学、水利工程、化学工程与技术、管理科学与工程,涵盖15个二级学科),二级学科国家重点学科 6 个（计算数学、等离子体物理、机械制造及自动化、结构工程、船舶与海洋结构物设计制造、环境工程），二级学科国家重点（培育）学科 2 个。有 29 个一级学科博士点，134 个二级学科博士点，43 个一级学科硕士点，229 个二级学科硕士点，25 个博士后科研流动站，还有工商管理硕士（MBA，含 EMBA）、公共管理硕士（MPA）、建筑学硕士、工程（博士、硕士）、金融硕士、应用统计硕士、艺术硕士、翻译硕士、工程管理硕士、新闻与传播硕士、城市规划硕士、汉语国际教育、体育等 13 个类别专业学位授予权以及高校教师在职攻读硕士学位授予权。

有 87 个本科专业，现有在校生的本科专业为 82 个，目前调整为 77 个本科专业进行招生，其中国家级特色专业 23 个。有 4 个国家级教育、教学基地（国家工科化学教学基地、国家大学生文化素质教育基地、国家集成电路人才培养基地、国家理科基础科学研究和教学人才培养基地），8 个国家级实验教学示范中心（基础化学实验教学中心、工程训练中心、电工电子实验教学中心、基础物理实验教学中心、土木水利实验教学中心、文科综合实验教学中心、化工综合实验教学中心、机械工程实验教学中心），3 个国家级虚拟仿真实验教学中心（化学虚拟仿真实验教学中心、电工电子虚拟仿真实验教学中心、车辆工程虚拟仿真实验教学中心），7 个国家级教学团队，是国家实施工程教育改革十所试点学校之一，国家首批大学生创新性实验计划试点学校之一，全国首批深化创新创业教育改革示范高校，首批教育部"卓越工程师教育培养计划"的试点高校之一。

学校的工程学和化学学科入选世界一流学科建设名单，优势学科资源丰富、研究实力雄厚。建有 1 个国家级"2011"协同创新中心（辽宁重大装备制造协同创新中心），3 个国家重点实验室（海岸和近海工程国家重点实验室、精细化工国家重点实验室、工业装备结构分析国家重点实验室），3 个国家级工程研究中心（船舶制造国家工程研究中心、电子政务模拟仿真国家地方联合工程研究中心、先进装备设计与 CAE 软件开发国家地方联合工程研究中心），4 个国家级工程实验室［工业装备节能控制技术国家地方联合工程实验室、桥梁与隧道技术国家地方联合工程实验室、制造管理信息化技术国家地方联合工程实验室、消防与应急救援国家工程实验室（共建）］，1 个国家大学科技园（大连理工大学国家大学科技园），1 个国家级技术转移中心（大连理工大学国家技术转移中心），1 个国家级技术中心（大连理工大学国家振动与强度测试中心），1 个国家知识产权战略实施研究基地，1 个国家知识产权（辽宁）培训基地。

2001 年以来，学校共获国家科技成果奖励 47 项、省部级科技成果奖励 490 项。2012 年以来，以第一完成单位获得中国专利奖 8 项、其中金奖 1 项。目前有 9 个学科领域进入 ESI 国际学科排名前 1%，其中工程学、化学进入全球前 1‰；12 个学科领域进入 QS 世界学科排名前 500 名，上榜学科数位列国内高校第 17 位。

学校已形成一校、两地（大连市、盘锦市）、三区（大连凌水主校区、开发区校区、盘锦校区）的办学格局。

与 29 个国家和地区的 207 所海外知名高校、科研机构建立了长期、稳定的校际校所合作关系；有留学生 1434 人。

目前，学校坚持立德树人的根本任务，以人才培养为核心，深化综合改革，强化内涵特色，全力建设中国特色的世界一流大学。

3. 现任与历任领导

（1）现任领导。
党委书记：王寒松
校长、党委副书记：郭东明
党委常务副书记：姜德学
党委副书记、纪委书记：李成恩
党委副书记、副校长：宋　丹
党委常委、副校长：李俊杰
党委常委、副校长：贾振元
党委常委、副校长：宋永臣
党委常委、副校长：朱　泓
党委常委、副校长：薛　徽
党委常委、副校长：毕明树
党委常委、副校长：姚　山
党委常委：杨炳君　兼任组织部部长
党委常委、董国海　兼任统战部部长
校长助理：罗钟铉
副总会计师：冯宝军
校长助理：郭金明

（2）历任领导。
大连大学工学院时期
李一氓　大连大学第一任校长
吕振羽　大连大学第二任校长兼党委书记
段玉明　原大连大学党委书记
屈伯川　大连大学工学院第一任院长

大连工学院时期
屈伯川　大连工学院第一任院长
吴　健　大连工学院第一任党委书记
白长和　大连工学院第二任党委书记
周　明　大连工学院第四任党委书记
崔　健　大连工学院第三任党委书记
钱令希　大连工学院第二任院长

大连理工大学时期
雷天岳　大连理工大学第五任党委书记

钱冬生　大连理工大学第六任党委书记
金同稷　大连理工大学第三任校长　第七任党委书记
林安西　大连理工大学第四任校长　第八任党委书记
程耿东　大连理工大学第五任校长
欧进萍　大连理工大学第六任校长
张德祥　大连理工大学第九任党委书记
申长雨　大连理工大学第七任校长
郭东明　大连理工大学第八任校长
魏小鹏　大连理工大学第十任党委书记

◎ **参考资料：**

1. 大连理工大学校史编写组，孙懋德主编：《大连理工大学校史 1949—1989》，大连理工大学出版社 1989 年版。

2. 大连理工大学"学校概况"。

3. 孙懋德、张起臣撰，林安西审：《大连理工大学》，载季啸风主编：《中国高等学校变迁》，华东师范大学出版社 1992 年版，第 241~246 页。

（涂上飙　编）

东 北 大 学

东北大学,教育部直属的理工类研究型大学,坐落于东北中心城市沈阳,在河北省秦皇岛市设有东北大学秦皇岛分校,由教育部、辽宁省、沈阳市三方重点共建,是世界一流大学建设高校、"211工程"和"985工程"重点建设高校,入选"2011计划""111计划""卓越工程师教育培养计划""国家大学生创新性实验计划"等,为"21世纪学术联盟"成员高校,是中国在20世纪80年代最早设立研究生院的32所高校之一、34所研究生自主招生的高校之一,是中共中央1960年、1978年确定的全国重点大学,国务院在1981年首批批准的具有博士学位授予权的高校。东北大学建有中国第一个大学软件园,第一台模拟电子计算机,第一家上市的校办企业。

1. 学校早期发展沿革

1922年春,张作霖命奉天省长兼财政厅长王永江筹办东北大学。原国立沈阳高等师范学校改办为东北大学理工科,原文学专门学校(原奉天法政学堂)改办为东北大学文法科,并成立东北大学筹委会。1923年4月19日,奉天省公署颁发"东北大学之印",4月26日正式启用,东北大学宣告成立,时任奉天省省长王永江为首任校长。

1923年10月24日,东北大学正式开学。学校仿德国柏林大学设计,王永江校长亲题"知行合一"为东北大学校训。在学校附近另开设东北大学工厂,占地200亩,供学生实习使用,聘留学德国归来的杨毓桢博士任厂长。

1925年9月,理工大楼、教授住宅、学生宿舍及相应的附属设施竣工。校园内,理工科大白楼、化学馆、纺织馆、图书馆、大礼堂、实验室、汉卿南、北楼、教授住宅东西新村和当时亚洲最大的体育场鳞次栉比,建筑宏伟、壮丽辉煌。

1927年11月,奉天省省长刘尚清兼任东北大学校长,踵事增华,历有建设。1928年8月16日,主持东北军政的著名爱国将领张学良将军继任东北大学第三任校长,并提出了"研究高深学术,培养专门人才,应社会之需要,谋求文化之发展"的办学宗旨,先后捐出其父留下的大部分遗产约180万银元,用于扩建校舍、高薪礼聘著名学者、购置国外先进实验设备、资送优秀学生出国。1928年8月,结束欧洲旅行考察的梁思成、林徽因夫妇应张学良校长邀请来东北大学,着手创建中国第一个建筑系。张学良校长上任伊始,便极力倡导男女同校。1928年9月,各科共50名女生走入东北大学校门。

1929年7月1日,东北大学第一届毕业典礼,张学良校长向120名学生颁发毕业证书,授予学士学位。各系毕业成绩第一的学生还由学校选送英、美、德等国留学深造。同年秋，文法两院学生迁入北陵校区。张学良校长广招良师，章士钊、梁漱溟、罗文干、冯祖荀、刘仙洲、黄侃、刘半农等一批名师执教东北大学。张学良校长对体育教育也异常重视，增聘体育教员，组织学生代表队参加各类体育比赛。

1930年秋，东北大学已发展成为设有6个学院24个系8个专修科，在校学生3000人，舍宇壮丽、设备先进、经费充裕、良师荟萃、学风淳穆的国内一流高等学府。

1931年九一八事变爆发，日军一夜之间占领沈阳，东北大学成为日本帝国主义侵华破坏的第一所大学，校舍被日军占领。全校师生悲愤已极，被迫走上流亡之路。10月，东北大学在北平勉强复课。

1932年7月，张学良校长出资8000银元资助东北大学学生、百米全国纪录的保持者刘长春参加在美国洛杉矶举办的第10届奥林匹克运动会。刘长春成为中国首次参加奥运会的运动员。1933年，著名爱国人士冯庸创办的冯庸大学9个系全部并入东北大学。

1935年12月9日，在中国共产党的领导下，北平市学生救国联合会组织发动了"一二·九"学生抗日爱国运动，东北大学成为"一二·九"抗日救亡运动的先锋队和主力军。

1936年年初，东北大学工学院迁往西安，成立西安分校。正在西安任职的张学良将军，筹资15万元，修建东北大学校舍。西安事变以后，张学良校长失去自由，开始了半个多世纪的幽禁生活。

1937年1月，南京国民党政府委臧启芳为东北大学代校长。在北平的东北大学南迁到河南开封。同年5月，东北大学改为"国立东北大学"。6月，学校全部迁到西安。1938年春，日军轰炸西安，东北大学被迫由陕入川。在四川三台，一批名师齐集国立东北大学，陆侃如、冯沅君、金毓黻、高亨、杨荣国、姚雪垠等先后在校任教。1938年7月，奉国民教育部令，国立西北联合大学工学院、焦作工学院并入国立东北大学。

1942年，南京政府教育部令改东北史地经济研究室为文科研究所，研究生毕业给予硕士学位，国立东北大学的研究生教育由此发端。

1945年8月，抗战胜利，国立东北大学60位师生被授予烈士称号。1946年2月，解放区也成立东北大学，张学良胞弟张学思任校长。校址初设本溪，后转迁丹东、梅河口、吉林，6月定址佳木斯市，中华人民共和国成立前夕迁到长春。1946年5月，国立东北大学师生从三台迁回沈阳，翌年2月在北陵原校址开学。1948年6月，南京政府令国立东北大学再迁北平。

1949年，国立东北大学文、理和法商学院并入长春解放区东北大学，后定名为东北师范大学。国立东北大学医学院并入中国医科大学。国立东北大学农学院参与组建东北农学院，后发展为东北农业大学。

2. 中华人民共和国成立后的发展演变

1949年3月，东北行政委员会决定以东北大学工学院和理学院（部分）为基础建立沈阳工学院，8月，定名为东北工学院，隶属国家冶金工业部，校址设在沈阳南湖。1950年4月，著名冶金专家靳树梁担任东北工学院院长。

1952 年，全国范围进行高校院系调整，先后有清华大学、大连工学院、哈尔滨工业大学、山东大学、西北工学院、青岛工学院、苏南工业专科学校、华南理工大学、同济大学、南开大学、复旦大学、厦门大学等高校的学科和系，包括电机系、采矿系、冶金系、土木系、建筑系、市政类系（科）、外国语言系、金融系等并入东北工学院。同年，东北工学院开始招收研究生。

1952 年 8 月，根据中央教育部及东北人民政府关于东北地区高等学校进行院系调整的方案，东北工学院数学系被调整到东北人民大学（现吉林大学），物理系被调整到东北师范大学，化工系被调整到大连工学院（现大连理工大学），由东北工学院长春分院地质系和物理系的一部分、山东大学地质矿物学系合并组成东北地质学院（后更名为长春科技大学）。全国第三次院系调整时，东北工学院建筑系、土木系西迁西安，组建了西安建筑工程学院（现西安建筑科技大学）。

1953 年末，东北工学院出版了中国第一本大学期刊《科学研究资料》。1955 年年初，东北工学院举行了中国第一次科学报告会。同年，学校召开了学生科学报告会，产生了中国大学历史上第一个学生科学技术协会。1955 年 6 月，中国科学院学部委员会成立，院长靳树梁教授被选为中国科学院学部委员。

1960 年 10 月，根据中共中央《关于增加全国重点高等学校的决定》，东北工学院被列为全国 64 所重点大学之一。

1978 年改革开放以后，学校得到了前所未有的发展，学校重新恢复招收研究生。1981 年，东北工学院被国家确定为首批具有学士、硕士和博士学位授予权的学校。1986 年 4 月，经国务院批准，东北工学院成为国家 33 所试办研究生院的大学之一，这是学校把高层次人才培养作为重要任务的里程碑，也是步入第一层次大学的重要标志。

1987 年，东北工学院秦皇岛分院在秦皇岛设立并迅速得到发展，成为东北工学院的组成部分，毕业证、学生证和学生档案等统一署名"东北工学院"。

1993 年，国家教委正式批准东北工学院复名为东北大学，学校聘请张学良为东北大学名誉校长。秦皇岛分院随东北大学复名，更名为"东北大学秦皇岛分校"。

1996 年，东北大学进入国家首批"211 工程"重点建设行列，秦皇岛分校也随之进入"211 工程"行列，学校开始得到国家的重点支持。1997 年 1 月原沈阳黄金学院并入东北大学。

1998 年，东北大学进入国家首批"985 工程"大学行列，并划入教育部直属，秦皇岛分校也同步划入教育部直属。

2001 年，东北大学和北京大学、清华大学以及武汉大学的校园早期建筑被确定为全国重点文物保护单位（东北大学校园早期建筑——东北大学旧址今位于沈阳市皇姑区北陵大街东侧）。

2001 年 5 月，东北大学科技园被首批认定为"东北大学国家大学科技园"。2002 年 1 月 23 日，教育部、辽宁省人民政府、沈阳市人民政府三方签订重点共建该校协议。2006 年，秦皇岛分校开始承担"985 工程"建设项目，并同步进入"985 工程"全国重点大学。2012 年 4 月，教育部、辽宁省人民政府、沈阳市人民政府续签继续重点共建东北大学协议。

2017年9月，东北大学入选国家首批"双一流"（世界一流大学和一流学科）建设高校。

3. 今日发展现状

在90余年的办学历程中，东北大学始终坚持与国家发展和民族复兴同向同行，形成了"自强不息、知行合一"校训精神。历史上，东北大学师生曾是"一二·九"运动的主力和先锋，在建设时期，学校先后研发出国内第一台模拟电子计算机、第一台国产CT、第一块超级钢以及钒钛磁铁矿冶炼新技术、钢铁工业节能理论和技术、控轧控冷技术、混合智能优化控制技术等一大批高水平科研成果，兴办了第一个大学科学园，培育了东软、东网等高新技术企业，在技术创新、转移和产学研合作方面形成了自己的办学特色。

东北大学坐落在东北中心城市辽宁省沈阳市，在河北省秦皇岛市设有东北大学秦皇岛分校。学校占地总面积255万平方米，建筑面积168万平方米。学校现有教职工4538人，其中专任教师2711人。有中国科学院和中国工程院院士4人，外国院士4人，国家"千人计划"入选者22人，青年千人计划10人。国家"高层次人才特殊支持计划"入选者8人，教育部"长江学者奖励计划"特聘教授、讲座教授27人，国家杰出青年基金获得者23人，海外及港澳学者合作研究基金获得者16人，教育部新世纪优秀人才102人，国家"百千万人才工程"入选者14人。国家自然科学基金创新群体4个，教育部创新团队3个。学校设有100多个研究机构，其中国家重点实验室3个，国家工程（技术）研究中心4个，国家工程实验室3个。设有国家级协同创新中心2个，辽宁省协同创新中心3个。

学校学科涵盖哲学、经济学、法学、教育学、文学、理学、工学、管理学、艺术学等门类，设有68个本科专业，其中国家级特色专业15个；有179个学科有权招收和培养硕士研究生（另设10个专业学位授权点），109个学科有权招收和培养博士研究生；有17个博士后流动站；3个一级学科国家重点学科，4个二级学科国家重点学科，1个国家重点（培育）学科，共涵盖16个二级学科。学校以一流为目标、以改革为动力推进学科布局优化和调整，高峰引领、高原支撑、卓越促进、特色牵动，可持续发展的学科建设格局正在形成。

东北大学具备培养学士、硕士、博士和博士后的完整教育体系。学校全日制在校生45000余人，其中本科生29872人，硕士研究生11364人，博士研究生3850人。学校围绕立德树人的根本任务，在拔尖创新型人才培养、教学理念更新、教学方法研究、培养模式探索等方面取得了丰硕成果。"十二五"以来，东北大学共获得国家级教学成果奖3项，国家级精品视频公开课11门，国家级精品资源共享课课程15门，国家级精品在线开放课程（慕课）6门，国家级"十二五"规划教材18种。获得全国优秀博士学位论文提名5篇。学生获得创新创业竞赛国际大奖497项、国家级奖励1967项、优秀创新创业项目1580项，专利384项，共有56家学生创业企业落地。学生生源质量、毕业生就业率及就业质量保持较高水平。

"十二五"以来，学校承担各类科技项目6387项，获各类科技奖励279项，其中国家级奖励 14 项，省部级一等奖 58 项；获得国家专利 1499 项，其中发明专利 1127 项；被三大检索收录的论文共 14644 篇。主（承）办国际、国内学术会议 161 次，其中国际会议 65 次。

学校在技术创新和成果转化方面形成了独特的比较优势，探索出了一条政产学研用相结合的有效途径，实现了学科、人才、科研、产业良性互动发展。2016 年，学校高新技术产业销售收入 110 亿元，科技产业综合指标名列全国高校第三位。学校坚持面向新一代信息技术、新材料、生命健康等领域，新建云计算科技园、新材料产业园、健康产业园，推进云计算和大数据产业快速发展，推动辽沈地区装备制造业创新升级，为东北大学服务国民经济建设和东北老工业基地全面振兴奠定了新的重要基础。

学校先后与 36 个国家和地区的 219 所大学、研究机构建立了长期稳定的合作关系；加大引进海外人才的力度，进一步提升引进国外智力的层次，建立了 4 个国家学科创新引智基地，每年聘请 300 多位海外知名专家来校讲学或合作科研；提高学生的国际化视野与专业水平，学校积极拓展包括国家公派、联合培养、交换学习、短期交流、海外实习等海外交流项目，每年派出 600 多名各层次学生赴海外高校交流学习；不断扩大留学生规模，提高培养质量，2017 年有来自 97 个国家和地区的各类留学生 1500 多名在校学习。

面向未来，东北大学将继续遵循"教育英才"的办学宗旨，坚定地走"创新型、特色化、开放式"发展道路，为建成"在中国新型工业化进程中起引领作用的'中国特色、世界一流'大学"而奋斗。

4. 现任与历任领导

（1）现任领导。
党委书记：熊晓梅
党委副书记：孙正林　张国臣
党委副书记、纪委书记：杨　明
校长：赵　继
学术委员会主任：柴天佑
总会计师：芦延华
副校长：孙　雷　刘建昌　王建华　徐　峰　唐立新　冯夏庭
（2）历任领导。

姓名	任职时间	职务
王永江	1923.04—1927.11	东北大学校长
刘尚清	1927.11—1928.08	东北大学校长
张学良	1928.08—1937.02	东北大学校长
	1993.04.13—	东北大学名誉校长、东北大学名誉董事长
臧启芳	1937.02—1947.04	东北大学校长

刘树勋	1947年冬至1949.02	东北大学校长
靳树梁	1950.09—1964.07	东北工学院院长，中国科学院学部委员
康敏庄	1977.11—1981.05	中共东北工学院党委书记兼院长
	1981.06—1983.03	中共东北工学院党委书记
毕克桢	1981.05—1984.01	东北工学院院长
陆钟武	1984.01—1991.01	东北工学院院长，中国工程院院士
费寿林	1987.01—1993.03	中共东北工学院党委书记
	1993.03—1995.03	中共东北大学党委书记
蒋仲乐	1991.01—1993.03	东北工学院院长
	1993.03—1995.03	东北大学校长
	1995.03—2002.08	中共东北大学党委书记
赫冀成	1995.03—2011.01	东北大学校长
孙家学	2002.08—2016.09	中共东北大学党委书记
丁烈云	2011.01—2014.03	东北大学校长，中国工程院院士
赵　继	2014.06—	东北大学校长
熊晓梅	2016.09—	中共东北大学党委书记

◎ **参考资料：**

1. 东北大学官网"学校概况"。
2. 东北大学"百度百科"条目。

（刘秋华　撰稿）

吉 林 大 学

吉林大学,简称吉大,位于吉林省长春市,始建于1946年,是中华人民共和国教育部直属的综合性全国重点大学,为国家"双一流""211工程""985工程""2011计划"重点建设的著名学府,入选"珠峰计划""111计划""卓越法律人才教育培养计划""卓越工程师教育培养计划""卓越医生教育培养计划""卓越农林人才教育培养计划",是亚太国际教育协会、21世纪学术联盟、中俄交通大学联盟的重要成员。

吉林大学于2000年6月12日由原吉林大学、吉林工业大学、白求恩医科大学、长春科技大学、长春邮电学院合并组建而成。2004年8月29日,原中国人民解放军军需大学并入吉林大学。合并前的六所学校,都有着光荣的历史。

1. 历史沿革

(1) 原吉林大学。

原吉林大学的前身是东北行政学院。抗日战争胜利后,为培养革命干部和专业人才,1946年10月5日,中国共产党在东北解放区首府哈尔滨市建立东北行政学院。首任院长由东北行政委员会主席林枫兼任。

1948年5月,东北行政学院与哈尔滨大学合并,改名为东北科学院。1948年11月,东北科学院南迁至沈阳,复名为东北行政学院。1950年3月,东北行政学院更名为东北人民大学,成为培养财经政法方面专门人才的正规大学。同年6月,学校迁至长春。

1952年,全国高等学校院系调整,国家从北京大学、清华大学、燕京大学等院校中抽调出一批知名学者,充实学校的师资队伍,加强了学校的实力,东北人民大学成为中华人民共和国成立后中国共产党亲手创办的第一所综合性大学。

1958年8月,东北人民大学划归吉林省领导,更名为吉林大学。1960年,国家正式批准吉林大学为重点综合性大学。

1984年8月,学校成为首批试办研究生院的高校之一。1985年,学校成为国家首批博士后流动站建站单位之一。

1995年9月,学校顺利通过"211工程"部门预审,成为首批进入"211工程"的高校之一。

(2) 原吉林工业大学。

原吉林工业大学的前身是长春汽车拖拉机学院。为适应东北工业发展和长春第一汽车制造厂兴建对专门人才的需要,经国家第一机械工业部和国家高等教育部共同协商,一致同意将华中工学院的汽车及内燃机专业、交通大学和山东工学院的汽车专业调整出来进行合并，在长春成立汽车拖拉机学院。首任院长由第一汽车制造厂厂长饶斌兼任。1955年9月26日，长春汽车拖拉机学院举行开学典礼，正式宣告学院成立。

1958年11月，长春汽车拖拉机学院下放由吉林省领导，更名为吉林工业大学。1960年，学校被国家批准为全国重点高等院校。

1997年11月，国家正式批准学校"211工程"建设可行性报告，吉林工业大学成为首批进入国家重点建设的高校之一。1998年9月，学校成为教育部直属院校。

（3）原白求恩医科大学。

原白求恩医科大学的前身是晋察冀军区卫生学校。为适应抗日战争的需要，晋察冀军区卫生部决定在医务训练队基础上筹建卫生学校。国际主义战士、加拿大共产党员、著名的胸外科医师诺尔曼·白求恩直接参与了学校的创建工作。1939年9月18日，晋察冀军区卫生学校在河北省唐县牛眼沟村正式成立。首任校长为江一真。

1940年1月，为了学习和纪念白求恩，学校更名为白求恩学校。1945年10月，学校奉命迁至张家口。1946年6月，白求恩学校与张家口医学院合并，命名为白求恩医科大学。

1948年，学校移驻石家庄，与北方大学医学院合并，命名为中国人民解放军华北医科大学。1949年，学校迁至天津市，与天津陆军总医院合组为天津军医大学。1951年，学校改称中国人民解放军第一军医大学。

1954年2月，第一、第三军医大学合并为中国人民解放军第一军医大学后迁往长春。1958年6月，第一军医大学移交地方领导，定名为长春医学院。1959年6月，学校更名为吉林医科大学。1978年，恢复白求恩医科大学校名。

（4）原长春科技大学。

原长春科技大学的前身是东北地质专科学校。中华人民共和国成立之初，地质技术干部奇缺。为适应国家大规模经济建设的需要，中国地质工作计划指导委员会决定成立地质专业学校。1951年12月1日，东北地质专科学校正式成立。首任校长由中国科学院副院长李四光兼任。

1952年，全国高等学校院系调整时，以东北地质专科学校为基础，由山东大学地质矿物学系、东北工学院长春分院地质系和物理系的一部分，合并组成东北地质学院。1957年1月，东北地质学院更名为长春地质勘探学院。1958年12月，更名为长春地质学院。

1979年2月，教育部决定将长春地质学院列为全国重点高校。

1996年12月，长春地质学院更名为长春科技大学。1997年3月，长春地质学校正式并入长春科技大学。

（5）原长春邮电学院。

原长春邮电学院的前身是东北邮电学校。为支援解放战争，加速恢复与建设东北解放区邮电通信，1947年3月10日，东北邮电管理总局根据中央指示，在黑龙江省佳木斯市创建了东北邮电学校。首任校长由东北邮电管理总局局长陈先舟兼任。

1947年冬，学校迁到哈尔滨。1948年10月，又奉命迁至长春。1953年4月，更名为长春邮电学校。1955年4月，改名为邮电部长春电信学校。

1960年4月，邮电部决定在长春电信学校的基础上成立长春邮电学院。1963年至1973年期间，学校几易校名。1963年9月，复名为长春邮电学校；1969年7月，改名为吉林省邮电学校；1973年3月，再次更名为长春电信学校；1973年7月，复名为长春邮电学校。

1979年1月，长春邮电学校改建为长春邮电学院，实行地方与邮电部双重领导。

(6) 原中国人民解放军军需大学。

原中国人民解放军军需大学是由中国人民解放军兽医大学几经改建而来，其办学历史可追溯到清朝末期开办的北洋马医学堂。1904年12月1日，北洋马医学堂在河北保定正式成立。1912年，由民国政府接管，改名为陆军兽医学校，后迁至北平。九一八事变后，学校为躲避日机轰炸，几经辗转，于1938年迁至贵州安顺。

1949年11月，安顺解放，学校改组为中国人民解放军西南军区兽医学校。1951年10月，学校改名为中国人民解放军第二兽医学校。1952年1月，学校由贵州安顺迁至长春。

1953年1月，中国人民解放军第二兽医学校与解放军第一、第三、第四兽医学校合并组建中国人民解放军兽医大学。首任校长由总后兽医局副局长任抟九兼任。

1956年7月，学校移交农垦部，改名为长春畜牧兽医大学。1958年5月，改名为长春农学院。1958年至1959年期间，长春农学院、北安农学院和长春农业机械化专科学校相继并入。1959年6月，改名为吉林农业大学。1962年1月，学校交还军队，复名为中国人民解放军兽医大学。

1992年8月，学校改建为中国人民解放军农牧大学。1999年4月，学校改建为中国人民解放军军需大学。2003年11月，学校移交地方。

2. 今日吉林大学

学校学科门类齐全，下设44个学院，涵盖哲学、经济学、法学、教育学、文学、历史学、理学、工学、农学、医学、管理学、军事学、艺术学等全部13大学科门类；有本科专业129个，一级学科硕士学位授权点60个，一级学科博士学位授权点48个，博士后科研流动站42个；有一级学科国家重点学科4个（覆盖17个二级学科），二级学科国家重点学科15个，国家重点（培育）学科4个。11个学科（领域）的ESI排名进入全球前1%，其中2个学科排名进入全球前1‰。

学校师资力量雄厚，有教师6499人，其中教授2121人，博士生导师1384人。中国科学院和中国工程院院士10人，双聘院士36人，哲学社会科学资深教授7人，国务院学位委员会学科评议组成员20人，"千人计划"入选者49人，"万人计划"入选者27人，国家级教学名师9人，中央马克思主义理论研究和建设工程项目首席专家5人，国家"973"计划（含重大科学研究计划）项目首席科学家6人，国家有突出贡献的中青年专家15人，国家"百千万人才工程"入选专家32人，教育部"长江学者奖励计划"入选者52人，国家杰出青年基金获得者31人，国家优秀青年基金获得者25人，吉林省"长白山学者"入选者90人。

学校现有国家重点实验室5个，国家工程实验室1个，国家地方联合工程实验6个，国家工程技术研究中心1个，教育部人文社会科学重点研究基地6个，教育部重点实验室12个，教育部工程研究中心5个，其他行业部委重点实验室23个。学校承担了大量的国家级和省部级科研项目，产出了一批产业化前景好、技术含量高的高新技术成果。

学校已建立起学士—硕士—博士完整的高水平人才培养体系。在校全日制学生71754人，其中博士生7955人，硕士生18094人，本科生41818人，专科生1613人，留学生2274人。

学校聚焦名校合作，逐步完善全球网络布局，目前，已经与39个国家和地区的282所高校和科研机构建立了合作关系。其中，排名世界前100名的有39所，前200名的有57所。学校与12个国家的高校和科研机构合作共建了34个中外合作平台。

学校坚持"统筹谋划、规范管理、科学运营"的指导方针，积极深化校办产业改革。坚持"校企分开，放管结合"，打造以资本为纽带、以市场为导向、以"学校—吉大控股—投资企业"为核心的管理体制机制，依托学校科技、人才优势，借助政府、企业等资金支持，创办科技创新型企业，推进学校科技成果产业化。吉大正元、吉大·小天鹅、吉大机电等一批科技型企业发展势头良好，吉大通信设计院成功上市。学校科技园已被确定为国家大学科技园。

学校现有6个校区7个校园，校园占地面积611万多平方米，校舍建筑面积274万平方米。学校在珠海市建有珠海校区，占地面积5000亩。学校图书馆各类藏书757万册，已被确定为联合国教科文组织、联合国工业发展组织和世界银行的藏书馆。经教育部批准建设在我校的CALIS东北地区中心为全国七大中心之一。

学校以"学术立校、人才强校、创新兴校、开放活校、文化荣校"为发展战略，奋斗目标是：到2020年建成国内一流、国际知名的高水平研究型大学，接近或跻身世界一流大学行列，成为在国家和区域经济社会发展中具有重要地位的高素质创新人才培养、高水平科学研究和成果转化、高质量社会服务、高起点国际交流合作、先进文化引领的重要基地；成为让学生全面发展、让教职工引以为自豪、让社会高度赞誉、让世界广泛认同的大学，到建校100周年时，把吉林大学建成中国特色世界一流大学。

在建设世界一流大学的进程中，吉林大学将努力做到在关心国家命运、服务国家战略上有所作为，让党和国家满意；在勇担社会责任、满足社会对优质高等教育不断提高的要求上有所进步，让广大人民群众满意；在坚持以人为本、实现好维护好发展好学校广大师生员工根本利益上有所建树，让广大师生员工满意。

3. 现任与历任领导

（1）现任领导。
党委书记：杨振斌
党委常务副书记：蔡　莉
党委副书记、纪委书记：李忠军
党委副书记：冯正玉

党委副书记、副校长：王利锋
校长、党委副书记：李元元
常务副校长：邴　正
副校长：张向东　吴振武　郑伟涛　孙友宏
总会计师：杜　莉

（2）历任领导。

姓名	职务	任职时间
刘中树	校长	2000.06—2002.12
吴博达	校长	2002.12—2004.07
周其凤	校长	2004.07—2008.11
展　涛	校长	2008.11—2011.02
吴博达	党委书记	2000.06—2002.12
张文显	党委书记	2002.12—2008.03
陈德文	党委书记	2008.03—2014.10

（刘秋华　撰稿）

东北师范大学

东北师范大学，教育部直属高校，坐落于吉林省长春市，原名东北大学，1950年易名东北师范大学。东北师范大学是首批国家"211工程"重点建设大学，国家"985工程优势学科创新平台"高校之一，首批国家"双一流"世界一流学科建设高校。教育部直属的六所综合性师范大学之一，国家师范生免费教育和卓越教师培养计划试点高校，被誉为"人民教师的摇篮"。学校已发展成为一所具有哲学、经济学、法学、教育学、文学、历史学、理学、工学、农学、管理学、艺术学等学科门类的有特色、综合性、研究型大学。

1. 学校早期发展沿革

东北师范大学的前身是东北大学，是中国共产党在东北创建的第一所综合性大学。

1945年，抗日战争胜利后，为了巩固东北根据地，争取解放战争的全面胜利，为新中国建设培养高级人才，毛主席亲自到延安大学，向校长周扬和副校长张如心传达党中央的决定，要求延安大学选派一批骨干力量去东北创办东北大学。

1946年1月10日，著名作家舒群等人在东北局的指示下创办"东北公学"，同年2月开始招生。不久后东北局决定将"东北公学"改名为"东北大学"，任命张学良将军的胞弟、东北行政委员会副主席张学思兼任校长，白希清、舒群任副校长，张松如（公木）任教育长，校址设于本溪。

1946年3月15日转至安东（现丹东市）后，继续转移，经通化、梅河口、吉林，于4月26日到达长春。校址设在当时长春著名的建筑之一"海上大楼"。5月，学校再度北撤。27日到达哈尔滨市，除留部分师生接收哈尔滨医科大学，其余继续北撤。1946年6月1日，最后一批师生到达北满根据地佳木斯市，定址于"满赤医院"。

1946年8月，张如心率延安大学和华北联合大学的百余名教师、干部到达哈尔滨市，加入了东北大学的行列，壮大了东北大学的力量，充实了学校的教师、干部队伍。

1948年7月，东北局决定将东北大学南迁至吉林市，与党在吉林市创建的吉林大学合并，仍称东北大学，任命张如心为校长，何锡麟为教育长，张松如为副教育长，开始探索正规化办学。

1948—1949年，原沈阳东北大学、长春大学、长白师范学院等校陆续并入东北大学，使东北大学发展成为当时东北地区规模最大的综合性大学。

1949年7月，学校由吉林市迁到长春市。

2. 中华人民共和国成立后的发展演变

1950年4月，根据国家教育事业发展的需要，学校易名为东北师范大学，隶属教育部，成为一所以培养新型的中学师资为目标的高等师范院校。1952年10月6日，中央任命中国无产阶级革命家、著名教育家和社会科学家成仿吾为校长兼党委书记，张如心调中共中央党校工作，何锡麟调北京师范大学工作。成仿吾到校后，不断加强科学的领导和管理，充实教师队伍，弘扬延安精神，使学校有了长足的发展，成为当时中国最有影响和最具发展实力的师范大学之一。

1958年，根据中共中央发出《关于高等学校和中等技术学校下放的意见》，东北师范大学下放归吉林省领导，同年10月学校更名为吉林师范大学。

1978年2月，经国务院批准，学校重新划归教育部领导。1980年8月，经教育部批准，学校恢复了"东北师范大学"的校名。

1996年学校被确定为国家"211工程"首批重点建设的大学。同年，江泽民总书记为东北师范大学题词："办好师范教育，培养优秀教师，提高民族素质"。1999年，学校顺利完成新一轮内部管理体制改革，建立了与教育规律和经济规律相适应的管理体制和运行机制。2000年，学校启动净月校区建设，进一步增强了学校的办学实力和整体竞争力。2004年经教育部批准设立研究生院。2007年5月，国务院转发了《教育部直属师范大学师范生免费教育实施办法（试行）》，东北师范大学担负起首届免费师范生教育的重任。

2017年9月，入选首批国家"双一流"世界一流学科建设高校名单。

3. 今日发展现状

学校现有自由校区和净月校区。全日制在校学生25000余人。专任教师1631人，其中教授475人，副教授600人。设有23个学院（部），78个本科专业，34个硕士学位授权一级学科，17个硕士专业学位授权点，22个博士学位授权一级学科，1个博士专业学位授权点，20个博士后科研流动站，5个国家重点学科。学科点覆盖了除军事学和医学以外的11个学科门类。

学校以教育教学为立校之本。建校70年来，形成了"为基础教育服务"的鲜明的办学特色，被誉为"人民教师的摇篮"。20世纪50年代，我国著名教育家、校长成仿吾提出了为中小学教育服务的办学思想，学校首开中国高师函授教育之先河；80年代，学校主动服务农村基础教育，走出了一条享誉基础教育界的"长白山之路"；90年代，实施"优师工程"，为基础教育培养优秀教师；进入21世纪，启动实施"教育家培养工程"，探索"U—G—S教师教育新模式"。"优师工程"和"U—G—S教师教育新模式"先后荣获高等教育国家级教学成果一等奖。

学校以科学研究为强校之本，形成了以教育学、历史学、思想政治教育、生物学、生态学、化学等为代表的优长学科。近年来，化学、材料科学、工程学、植物与动物学4个学科进入ESI全球排名前1%。现有药物基因和蛋白筛选1个国家工程实验室和6个部级重点实验室，世界文明史研究中心、农村教育研究所2个教育部人文社会科学重点研究基地。2012年、2014年、2015年，白志东教授、王恩波教授、刘益春教授先后荣获国家自然科学二等奖。2015年，林志纯教授、韩东育教授荣获第七届社科优秀成果奖一等奖。2016年，学科综合实力排名进入世界500强。2017年，学校马克思主义理论、世界史、数学、化学、统计学、材料科学与工程6个学科入选国家"双一流"建设学科。

学校先后与美国、加拿大、英国、澳大利亚、韩国、日本、俄罗斯等30多个国家和地区的289所大学和科研机构建立了合作交流关系。2015年，与美国罗格斯新泽西州立大学合作设立了东北师范大学罗格斯纽瓦克学院。学校在韩国、西班牙、美国、加拿大、蒙古建立了孔子学院。国家汉办、国务院侨办、教育部及外交部分别在学校设立了"国际汉语教师培训基地""华文教育基地""教育援外基地""中国—东盟教育培训中心"。中国赴日本国留学生预备学校设在该校。

学校拥有一批国内外著名的专家学者。诗人、《中国人民解放军军歌》词作者公木（张松如），作家萧军、吴伯箫，文学史家杨公骥，语言学家孙常叙，历史学家李洵、丁则民、林志纯，教育学家陈元晖，音乐家马可、吕骥，病理学家白希清，数学家张德馨，核物理学家王琳，地理学家丁锡祉，鸟类学家傅桐生，中科院院士生物学家郝水，我国学校体育创始人之一杨钟秀，大型团体操编导艺术家杨瑞雪等著名学者，都曾经工作生活在这里。建校70年来，学校培养各级各类毕业生30余万人，一大批优秀人才在教育领域脱颖而出，如攻克世界著名数学难题获得国家自然科学一等奖的包头九中教师陆家羲、感动中国的支边教师冯志远、全国模范教师郭力华、全国特级教师窦桂梅、全国十杰教师马宪华等，同时也培养了以著名生态学家郑光美院士、物理学家孙昌璞院士、地理学家刘兴土院士、著名作家张笑天等为代表的各类人才。

2016年，学校迎来70华诞。东北师范大学将以70年校庆为新起点、新契机，践行"尊重的教育、创造的教育"理念，坚持立德树人，致力教育创新，发展办学特色，提升教育质量，努力推进世界一流师范大学的建设进程。

4. 现任与历任领导

（1）现任领导。
党委书记：杨晓慧
党委副书记：刘益春　王　延
党委副书记、副校长：马晓燕
党委副书记、纪委书记：兰恒斌
校长：刘益春
副校长：冯　江　韩东育　郭建华
总会计师：耿秋华
（2）历任领导。

党委书记		校　长	
张松如	1946.02—1946.09	张学思	1946.02—1948.06
张如心	1946.10—1948.07	张如心	1948.07—1952.09
何锡麟	1948.08—1949.10	成仿吾	1952.10—1958.08
李先民	1949.11—1952.09	丁浩川	1958.09—1961.08
成仿吾	1952.10—1959.02	黄彦平	1961.09—1964.07
胡绍祖	1959.02—1964.04	亚　马	1964.08—1968.10
黄彦平	1964.05—1970.12		
车敏瞧	1977.10—1981.01	刘　光	1979.10—1981.01
黄彦平	1981.02—1983.10	黄彦平	1981.02—1983.06
樊万清	1983.11—1989.09	郝　水	1983.07—1986.10
牛林宗	1989.10—1993.12	黄启昌	1986.11—1992.11
周敬思	1994.01—1999.04	王荣顺	1992.12—1998.10
盛连喜	1999.05—2013.06	史宁中	1998.11—2012.04
杨晓慧	2013.06—	刘益春	2012.04—

◎ **参考资料：**

1. 东北师范大学官网"学校概况"。
2. 东北师范大学"百度百科"条目。

（刘秋华　撰稿）

东北林业大学

东北林业大学（原东北林学院）创办于 1952 年，是一所以林为主，理、工、文、管相结合的多科性、综合性林业大学。

1. 学校的早期发展历史

1952 年 7 月，国家以浙江大学农学院森林系、东北农学院森林系为基础成立东北林学院。黑龙江农业专科学校森林科并入，直属高等教育部领导。

浙江大学农学院于 1927 年 8 月设森林系。抗日战争期间该系停办。1947 年恢复森林系。东北农学院于 1948 年 11 月设森林系。黑龙江农业专科学校于 1948 年设森林系。

1952 年 11 月 20 日东北林学院成立，暂与东北农学院合校。有本科生 296 名、专科生 9 名、中专生 478 名，教师 59 名。设林学、森林工业两个系，包括造林、经营、土木和木工 4 个专业及 1 个林业机械专修科。

1956 年 5 月 1 日，高等教育部和林业部联合决定东北林学院独立建校。5 月 4 日农、林两所学院分校。东北林学院由林业部领导。本科改为五年制。1957 年增设木材加工工业系。1959 年成立林业机械系。1960 年成立林产化学系和数理力学系。1964 年吉林森林工程学院并入，木材加工工业系与林产化学系合并，成立木材利用系。1965 年林学系设林业、森林病虫害防治、森林动物繁殖利用 3 个专业；森林采伐运输工业系设森林采伐及木材运输机械化、林业经济与组织、木材水运 3 个专业；木材利用系设木材机械加工、林产化学 2 个专业；林区道路工程系设林区道路工程专业；林业机械系设林业机械、木工机械、筑路机械 3 个专业。

1965 年在校生 2598 名，教职工 1215 名，教师队伍比 1956 年扩大 2.4 倍。1968 年 10 月，东北林学院迁往带岭林区，由黑龙江省领导。1973 年 7 月，东北林学院迁回哈尔滨，林学系留在帽儿山办分院。

1978 年撤销帽儿山分院，恢复林学系，东北林学院重归林业部领导。1980 年后，设野生动物系、林业经济系。1985 年又成立数学系、物理系、外语系。

1985 年 6 月改为东北林业大学。1986 年成立生物系、化学系和体育系。1987 年成立经济管理学院。

到 1989 年，设有 1 个院 13 个系，共 28 个专业，即林学系、野生动物系、森林采运工程系、林产工业系、林业机械系、林区土木建筑工程系、经济管理学院、数学系、物理系、化学系、体育系、外语系、社会科学系。15 个学科有硕士学位授予权。6 个学科有博士学位授予权，导师有周以良、王业蘧、李景文、邵力平、史济彦、葛明裕、陆仁书等。

有全日制在校生3823名，其中博士生17名，硕士生173名，本科生2558名、专科生1075名。另有函授生961名，夜大学员349名。教职工2332名，其中教师811名（教授51名、副教授219名、讲师293名、助教314名）。高级工程师7名。有知名专家：刘慎谔、邓叔群、邵均、杨衔晋、王战、杨含熙。

2. 今日的东北林业大学

1992年8月，第一个以珍贵树种红松为研究对象的"东北林业大学红松研究所"，在学校凉水自然保护区成立。12月，学校的生态学、森林保护学、野生动物学、林业经济及管理、森林采运工程、木材加工与人造板、林业与木工机械7个专业被评为林业部部级重点学科。该校主持研究的"金针菇保鲜技术"，通过了黑龙江省教委组织的专家鉴定，填补了国内空白，处于国际先进水平。由骆介禹教授主持研制、加格达奇航站协助进行的"航空型高长效森林灭阻火剂"通过林业部鉴定，该性能达到了国际同类产品的先进水平。

学校1993年度获林业部科技进步奖，列全国第一。在国务院学位委员会第二十次会议上，学校的野生动物、林业与木工机械两个学科被批准为博士学位授权点，汽车运用工程、林业自动化被批准为硕士学位授权点。

1997年1月，林业部"211工程"建设项目部门审定专家组对学校的"211工程"建设项目进行了审定。同年8月，根据林业部林人批字〔1997〕66号文件，林业部同意在该校社会科学系的基础上成立人文社会科学学院。

2002年9月3日，根据《教育部、国家计委关于批准有关高校建立"国家生命科学与技术人才培养基地"的通知》，学校获得批准首次建立"国家生命科学与技术人才培养基地"。2010年，教育部和国家林业局共建东北林业大学。2011年，该校进入"985工程优势学科创新平台"。2012年，教育部、黑龙江省人民政府共建东北林业大学。

2017年9月，教育部、财政部、国家发展改革委印发《关于公布世界一流大学和一流学科建设高校及建设学科名单的通知》，公布世界一流大学和一流学科（简称"双一流"）建设高校及建设学科名单。东北林业大学入选一流学科建设高校。

截至2014年，学校有国家重点实验室1个，国家地方联合工程实验室2个，教育部重点实验室3个，国家林业局重点实验室4个，黑龙江省重点实验室5个，黑龙江省人文社科重点研究基地1个。国家重点实验室是林木遗传育种国家重点实验室。

2006年至2014年，学校获得各级科研成果奖励560多项，其中国家技术发明二等奖1项、国家科技进步二等奖7项、何梁何利基金科学与技术进步奖1项、中国林学会梁希奖90项、省部级奖励113项（其中一等奖20项），获得国家专利900多件。

截至2014年3月，学校有教职员工2735人，其中专任教师1273人（教授293人、副教授526人）；有中国工程院院士2名，双聘院士6名，"长江学者"特聘教授3名，国家杰出青年基金获得者1名，新世纪优秀人才支持计划入选者36名，享受国务院政府特殊津贴专家31名，国家有突出贡献中青年专家3名，省部级有突出贡献中青年专家16

名,全国"百千万人才工程"入选4名,"新世纪百千万工程"入选6名,龙江学者特聘教授8名、讲座教授1名。

截至2014年,学校设有9个博士后科研流动站、8个一级学科博士点、44个二级学科博士点,19个一级学科硕士点、136个二级学科硕士点、10个种类33个领域的专业学位硕士点;拥有2个一级学科国家重点学科、12个二级学科国家重点学科(含覆盖)、6个国家林业局重点学科、1个黑龙江省重点学科群、7个黑龙江省重点一级学科。

世界一流学科建设学科:林业工程、林学。国家重点学科:一级学科林学,含林木遗传育种、森林培育、森林保护学、森林经理学、野生动植物保护与利用、园林植物与观赏园艺、水土保持与荒漠化防治,林业工程,含森林工程、木材科学与技术、林产化学加工工程;二级学科:植物学、生态学。

一级学科博士学位授权点:生态学、机械工程、风景园林学、林学、林业工程、生物学、农林经济管理、马克思主义理论。

一级学科硕士学位授权点:生态学、机械工程、风景园林学、林学、林业工程、生物学、农林经济管理、马克思主义理论、管理科学与工程、工商管理、农业资源利用、交通运输工程、应用经济学、法学、外国语言文学、数学、化学、控制科学与工程、计算机科学与技术、建筑学、土木工程、环境科学与工程。

博士后流动站:林学、林业工程、生物学、机械工程、农林经济管理、生态学、风景园林学、交通运输工程、马克思主义理论。

教育部第三轮全国高校学科评估结果发布(2009—2011),东北林业大学共有8个学科参评,4个学科排在前10位,其中,林业工程排在第1位。

3. 现任领导

党委书记:张志坤

党委副书记、校长:李　斌

党委副书记:陈文慧

党委副书记、纪委书记:蔺海波

党委常委、副校长:赵雨森　李顺龙　周宏力

党委常委、总会计师:伍海泉

◎ **参考资料:**

1. 东北林业大学百度百科条目。
2. 张少斌撰,朱国玺审:《东北林业大学》,载季啸风主编:《中国高等学校变迁》,华东师范大学出版社1992年版,第360~363页。

(陈洪波　编撰)

复 旦 大 学

　　复旦大学，简称"复旦"，是国家教育部直属高校，1905年成立，是中国人自主创办的第一所高等院校，历经复旦公学、私立复旦大学、国立复旦大学、复旦大学等发展时期，现位列"985工程""211工程""双一流A类"，入选"珠峰计划""111计划""2011计划""卓越医生教育培养计划"，是"九校联盟（C9）"、中国大学校长联谊会、东亚研究型大学协会、环太平洋大学协会的重要成员，是一所世界知名、国内顶尖的综合性研究型大学。

1. 学校早期发展沿革

　　（1）复旦公学。

　　1905年，上海震旦公学（马相伯创建）的学生为反对帝国主义分子夺取学院领导权，集体离校，脱离震旦，学生领袖于右任、邵力子拥戴马相伯在吴淞创办复旦公学，马相伯为首任校长。校名撷取自《尚书大传·虞夏传》"卿云烂兮，纠缦缦兮；日月光华，旦复旦兮"两句中的"复旦"二字，寓意自主办学、复兴中华之意。

　　初建之时，学校是一所公立的高等学堂，在教学上既重视国学，又注重外语与西方学说。1905—1911年，学校培养出四届高等正科，毕业生57人，其中代表人物有陈寅恪、竺可桢、金通尹、俞颂华等。1913年，学校成立董事会，王宠惠为董事长，孙中山、蔡元培、陈英士、于右任、王宠惠等任董事，聘请李登辉为校长。

　　（2）私立复旦大学。

　　1917年，学校改为私立复旦大学，仍由李登辉任校长。他亲赴南洋各地募集办学经费，在上海江湾镇附近购地70亩筹建新校舍，1922年第一批新校舍建成，学校迁入新校区。

　　学校1927年开始实行男女生同校，到1929年，复旦已经拥有文、理、法、商四个学院共17个系，另设一个研究院，招收研究生。至1935年，在校学生有1550人。到抗战前夕，学校发展成为以培养商科、经济、新闻、教育、土木等应用型人才闻名的、有特色的私立大学，形成了从中学到研究院的完整的办学体系，培养出童第周、冯德培、陈世骧、朱鹤年、马彦祥、封凤子等一批优秀学生。

　　（3）国立复旦大学的成立及发展。

　　1937年7月，抗日战争全面爆发，8月，日本入侵上海。学校分成两个部分，一部分师生于1938年辗转内迁重庆北碚（渝校）。设文、理、法、商4个学院16个系，后增设史地、数理、统计3个系。1940年夏增设农学院，下设农艺、园艺两个系和垦殖、茶叶两个专修科。学校共有文、理、法、商、农5个院22个系，师生由最初的500多人发展到2000多人。

一部分留沪师生，在老校长李登辉的带领下，成立补习部。虽因战争原因多次搬迁校址，但仍然坚持办学。学生由最初的410人，到抗战胜利前发展到700多人。

经国民政府行政院批准，学校于1942年元旦正式由私立改为国立，吴南轩、章益先后出任校长。抗战胜利后，学校迁回上海江湾旧址，与沪校补习部合并，增设了合作系，共有文、理、法、商、农5个院19个系；海洋、司法2个专业组；学制均为四年。设史地、社会、茶叶3个研究室，另有监狱管理、统计、银行和茶叶4个专修科。师生共3000多人，其中有教授168人，副教授37人，讲师、助教109人，聘请梅汝璈、储安平、周予同、施霖、全增嘏、胡曲园、朱斯煌、严志弦、薛仲三、金国宝等著名专家到校任教。

2. 中华人民共和国成立后的发展演变

（1）院系调整和创新发展。

1949年5月，上海解放。6月，上海市军管会接管复旦，任命张志让、陈望道担任校务委员会正副主任委员。9月开始，根据华东高教处的安排进行部分院系调整。浙江大学法律、哲学、史地等系，暨南大学文、法、商学院，英士大学法学院，同济大学文、法学院并入学校；本校生物系海洋组、教育系、土木系先后划出并入其他学校。1951年，大夏大学的财经、法学两个学院，光华大学法学院并入。1952年，全国高校院系调整，学校的法、农、商3个院除经济系外，全部调出，分别独立建校；茶叶专修科并入安徽大学；浙江大学、交通大学、同济大学、南京大学、安徽大学等10多个学校的文理科先后并入学校。撤销学院建制，设中文、外文、历史、新闻、经济、数学、物理、化学、生物9个系、15个专业，学校成为文理科综合性大学，苏步青、陈建功、郭绍虞、周同庆、卢鹤绂等著名教授到校任教。1959年，学校成为全国首批20所重点大学之一。

20世纪50年代末60年代初，学校相继恢复和新建了一批专业、学科，文科重建了法律系、哲学系；理科先后新增了计算数学、力学、原子核物理、无线电物理、电子物理、无线电电子学、生物物理、半导体物理、放射化学、生物化学、高分子化学等理科专业。至1963年，已建成加速器、微电子学、高分子、放射生物学等实验室34个。先后建立了语言研究所、世界经济所、数学研究所、原子核研究所、技术物理所等一批研究机构。

在学术思想和科学研究方面，1961年文科重新开设介绍西方资产阶级社会科学的课程，生物系针对摩尔根派遗传学说开设了10门课程；科研取得了系列研究成果，如自行设计制成了中型质子静电加速器、各种激光射器、103型计算机、顺磁共振、核磁共振波谱仪运转正常；有机硅薄膜、稀土研究也处于国内领先地位；蔡祖泉主持的电光源实验室研制出30多种电光源等。

1949—1966年，学校培养的学生中有70余人日后当选为中国科学院或中国工程院院士,在全国高校中名列第三。"文革"期间,学校教学科研受到重创。

(2) "文革"后的恢复与跨越发展。

"文革"结束后,学校进行了一系列拨乱反正工作,同时倡导民主办校,推动思想解放运动。1977年恢复招收本科生,1978年恢复招收研究生。同年,被教育部确定为全国重点大学。1984年,成立研究生院,并被国务院批准为国家重点建设的10所高校之一。1993年,学校提出了"追求优质,争创一流,明确复旦作为高校国家队的坐标位置"的发展大计。

1994年,学校通过由国家教育部组织的"211工程"部门预审。1999年,国家教育部、上海市政府签订共建复旦协议,学校成为"985工程"的首批建设高校之一。2000年4月与上海医科大学强强联合,成立新的复旦大学。2006年,"复旦"被评为上海市著名商标,次年被国家工商行政管理总局商标局认定为中国驰名商标(教育类),成为中国第二所获此殊荣的高校。2009年入选国家"珠峰计划",2017年9月入选国家"双一流"(世界一流大学和一流学科)建设高校(A类)。

学校现有直属院(系)32个,附属医院16家(其中5家筹建)。设有本科专业74个,拥有一级学科博士学位授权点35个,一级学科硕士学位授权点41个,博士专业学位授权点2个,硕士专业学位授权点27个,博士后科研流动站35个。在校普通本、专科生13361人,研究生19903人,留学生3486人。在校教学科研人员2936人,其中两院院士(含双聘)46人,文科杰出教授1人,文科资深教授11人,中组部"千人计划"163人(其中含"青年千人"103人),教育部"长江学者"特聘教授94人,国家杰出青年基金获得者115人。

学校学术影响力进入ESI世界前1%的学科领域数为17个,位列国内高校第3名,其中,化学、材料科学、临床医学进入全球1‰。有4个学科跻身U.S.News世界学科排名前20名,数量在国内并列第二。有20个学科位列QS世界学科排名前100名,总量在国内排名第三。

现有国家重点实验室5个,教育部工程研究中心5个,教育部重点实验室13个,卫生部重点实验室9个,总后卫生部重点实验室1个,上海市重点实验室15个,上海市工程研究中心4个;有教育部人文社会科学重点研究基地9个,中国研究院入选首批国家高端智库建设试点单位,马克思主义学院入选首批全国重点马克思主义学院,"中国大学智库论坛"秘书处落户复旦。在QS世界大学排名中列全球第40位,在U.S.News全球大学排行榜中,位居第121位,均列国内高校第3位。

学校现有四个校区,形成"一体两翼"的校园格局:即以邯郸校区、江湾新校区为一体,以枫林校区、张江校区为两翼。占地面积244.99万平方米,校舍建筑面积198.22万平方米。

在人才培养方面,学校始终将本科教学作为首要任务,着力提升办学质量。2011年,学校面向未来发展趋势、国家战略需要和中国社会实际,进一步明确了人才培养目标,即培养兼具人文情怀、科学精神、国际视野、专业素养的领袖人才。课程结构由通识教育、文理基础和专业教育三大板块组成。2010年起在文、理、医的基础学科实施"基础学科拔尖学生培养试验计划实施方案"(简称"望道计划"),推动各学科探索创新人才培养模式。启动"本科生学术研究资助计划",通过莙政项目、望道项目、曦源项目,每年资助近500名学生独立开展创新性的学术研究活动。与境外200余所大学和研究机构建立了交流合作关系,本科生境外访学人数占年级人数比例超过50%,居全国高校领先地位。2016年全年学生海外交流3574人次。截至2015年11月,学校拥有国家文科基础学科人才培养和科学研究基地3个,国家理科基础科学研究和教学人才培养基地5个,国家级特色专业13个,国家级实验教学示范中心5个,国家级虚拟仿真实验教学示范中心1个,建有各类国家级精品课程及精品资源共享课63门,教育部来华留学英语授课品牌课程12门。

研究生培养方面,把发展研究生教育视为建设世界一流大学的关键,始终以"提高研究生培养质量"为核心,不断调整和完善高层次专门人才的成才机制,努力营造浓厚的学术氛围,激发研究生的科研创新能力。2010年启动了"研究生创新人才培养资助计划",计划包括优秀大学生夏令营资助、推免生暑期科研训练资助、研究生暑期学校资助、重点学科优秀博士生科研资助、交叉学科优秀博士生科研资助和博士生短期国际访学资助六个板块。积极推进研究生教育的国际化,与30多个国家和地区超过200所大学和科研教育机构签署了300多份交流协议,建立了研究生教育交流和合作关系。设立完备的研究生奖学助学体系,设有30多种校级研究生奖学金,奖额1000~10000元不等;拨专款施行研究生"助教、助研、助管"三助工程等。现有哲学、经济学、法学、教育学、文学、历史学、理学、工学、医学、管理学、艺术学等11个学科门类的研究生培养和学位授权体系。

1995年5月22日,江泽民为学校题词:"面向新世纪,把复旦大学建设成为具有世界一流水平的社会主义综合性大学。"2005年学校百年华诞,中共中央总书记、国家主席胡锦涛发来贺信,希望学校发扬优良传统,不断开拓创新,努力建设成为具有世界一流水平的社会主义综合性大学,为建设中国特色社会主义伟大事业培养更多德才兼备的高素质人才,为全面建设小康社会、实现中华民族的伟大复兴作出新的更大的贡献。

学校师生将谨记党和国家领导人的嘱托,严守"博学而笃志,切问而近思"的校训,严守"文明、健康、团结、奋发"的校风,力行"刻苦、严谨、求实、创新"的学风,发扬"爱国奉献、学术独立、海纳百川、追求卓越"的复旦精神,以服务国家为己任,以培养人才为根本,不忘初心,牢记使命,为实现学校的"双一流"跨越发展和国家的伟大复兴而不懈努力。

3. 现任与历任领导

(1) 现任领导。
党委书记:焦 扬
党委副书记:许宁生 许 征 袁正宏 刘承功 尹冬梅
校长:许宁生
常务副校长:桂永浩
副校长:金 力 张志勇 周亚明

校长助理：苟燕楠　陈志敏

（2）历任领导。

历任校长

学校名称 （起止年月）	职务	姓名	任职时间	备注
复旦公学 （1905—1916）	校长	马　良	1905—1906	
		严　复	1906—1907	
	监督	夏敬观	1907—1909	
		高凤谦	1909—1910	
		马　良	1910—1913	
	校长	李登辉	1913—1916	
私立复旦大学 （1917—1941.08）	校长	李登辉	1917—1937.07	
		唐路图	1918—？	代理
		郭任远	1924.07—1925.03	代理
		钱新之	1936.08—1940.05	代理
		吴南轩	1940.05—1941.08	
国立复旦大学 （1941.08—1949.05）	校长	吴南轩	1941.08—1943.02	
		章　益	1943.02—1949.05	
复旦大学 （1950—　）	校务委员会主任	张志让	1949.07—1952.09	
	校长	陈望道	1952.09—1966.12	
	校长	苏步青	1978.07—1983.01	
	校长	谢希德	1983.01—1988.11	
	校长	华中一	1988.11—1993.11	
	校长	杨福家	1993.11—1998.12	
	校长	王生洪	1998.12—2009.01	
	校长	杨玉良	2009.01—2014.10	
	校长	许宁生	2014.10—	

历任党委书记

职务	姓名	任职时间	备注
党总支书记	邹建秋	1951.11—1952.03	
党委书记	李正文	1952.01—1954.10	

党委书记	杨西光	1954.09—1965.12	
党委书记	王　零	1965.10—1966.12	代理
党委第一书记	夏征农	1978.07—1980.11	
党委书记	盛　华	1980.11—1984.03	
党委书记	林　克	1984.03—1990.09	
党委书记	钱冬生	1990.08—1995.01	
党委书记	程天权	1995.01—1999.01	
党委书记	秦绍德	1999.01—2011.09	
党委书记	朱之文	2011.09—2015.12	
党委书记	魏小鹏	2016.03—2016.10	
党委书记	焦　扬	2016.10—	

◎ **参考资料：**

1. 本书编写组编：《复旦大学志第一卷（1905—1949）》，复旦大学出版社1985年版。
2. 复旦大学官网"学校概况"。
3. 复旦大学百度百科。
4. 季啸风主编：《中国高等学校变迁》，华东师范大学出版社1992年版，第373~380页。

（刘春弟　撰稿）

上海交通大学

上海交通大学是我国历史最悠久、享誉海内外的著名高等学府之一，是教育部直属并与上海市共建的全国重点大学。经过122年的不懈努力，上海交通大学已经成为一所"综合性、研究型、国际化"的国内一流、国际知名大学。

1. 学校的早期发展历史

上海交通大学始办于1896年。晚清大理寺少卿盛宣怀奏请清廷批准，在上海徐家汇创办南洋公学，它就是今日交通大学的前身。

公学初始，先设师范科。1989年设高等预科，是大学开办的基础。1900年上院（大学部）校舍落成，设铁路班和译书院。1905年改校名为商务部高等实业学堂。1906年设商务、铁路2个专科。1907年，停办商务专科。1908年增设电机专科。1909年，增办船政科、驾驶班。1911年，校名改称为南洋大学。

1912年学校改隶交通部，改名为交通部上海工业专门学校。1921年，学校与唐山工业专门学校、北京邮电学校和交通传习所合并，总称为交通大学，上海部分名为交通大学上海学校。1922年交通大学分为两校，上海学校改名为交通部南洋大学。1926年成立工业研究所。1927年又改名为交通部第一交通大学。1928年改科为院，名为：电机工程学院、机械工程学院、交通管理学院。同年10月，学校又与唐山、北京学院合并，统称交通大学，隶属铁道部。

1937年，学校隶属教育部，成为具有3院、8系、4科、1个研究所和1个训练班的规模庞大的理工大学。1937年抗日战争全面爆发。上海失守后，学校暂时借居法租界内维持上课。1940年秋，在四川重庆小龙坎筹建分校。1942年，重庆分校改称总校，发展为9个系、3个专修科和1个研究所。

抗战胜利后，渝校师生分批陆续复员上海。1946年6月，恢复工学院、理学院、管理学院三建制。

1949年前，全校共有3个院19个系、3个专修科和1个研究所。工学院下设土木、机械、电机、航空、造船、工业管理、化学、水利、纺织、轮机等10个工程系和电信、航海、轮机3个专修科；理学院下设数学、物理学、化学3个系；管理学院下设运输、财务、电信、航业4个管理系，另有中国文学系、外语系以及电信研究所。共有在校学生2276人，其中研究生5人。教职工有647人。

2. 中华人民共和国成立后的学校发展

中华人民共和国成立初期，为配合国家经济建设的需要，构建新的高等教育体系，学校调整出相当一部分优势专业、师资设备，支持国内兄弟院校的发展。20 世纪 50 年代中期，学校又响应国家建设大西北的号召，经历西迁与分设，分为交通大学上海部分和西安部分。1959 年 3 月两部分同时被列为全国重点大学，7 月经国务院批准分别独立建制，交通大学上海部分启用"上海交通大学"校名。六七十年代，学校先后归属国防科委和第六机械工业部领导，积极投身国防人才培养和国防科研，为"两弹一星"和国防现代化作出了巨大贡献。具体发展演变如下：

20 世纪 50 年代初，学校院系调整，航业管理系调出，与吴淞商船专科学校合并成立上海航务学院；运输管理系调到北京铁道学院；纺织工程系调到华东纺织工学院；财务管理调到上海财经学院。同时，复旦大学土木工程系调入，并入土木工程系。

1952 年院系调整进行了较大的变动。理学院（数学、物理、化学 3 个系）调到复旦大学；工学院的土木系调到同济大学；航空、水利、化工各系调出分别成立华东航空学院、华东水利学院、华东化工学院。同济大学、大同大学、震旦大学、沪江大学、武汉交通学院、上海工业专科学校、中华工商专科学校等校有关机械、电机、造船、动力、电力系统和电讯组调入交通大学。经过调整，学校共设有 7 个系、16 个专业和 14 个专修科。

1956 年，国务院决定，将学校迁往西安。1957 年，交通大学分为两部分，上海部分的任务是办好机、电等各专业。动力机械系全迁西安，新专业设在西安；机械制造系、电机制造系、电力工程系的各专业分设两地；起重运输系留在上海。1959 年 8 月，交通大学两部分分别独立建校，上海部分定名为上海交通大学（简称"交大"）。到 1965 年学校已发展为 9 个系、40 个专业，在校学生达到 5944 人，其中研究生 98 人。

3. 改革开放后的学校发展

改革开放以来，学校以"敢为天下先"的精神，锐意推进改革：率先组成教授代表团访问美国，率先实行校内管理体制改革，率先接受海外友人巨资捐赠等，有力地推动了学校的教学科研改革。1984 年，邓小平同志亲切接见了学校领导和师生代表，对学校的各项改革给予了充分肯定。在国家和上海市的大力支持下，学校以"上水平、创一流"为目标，以学科建设为龙头，先后恢复和兴建了理科、管理学科、生命学科、法学和人文学科等。具体发展演变如下：

1978 年以来，学校进行了一系列改革尝试，强调理工结合，文理渗透，强化了学分制、选修制、导师制和选优制。到 1989 年，共设有电子信息、电力、管理 3 个学院，27 个系，45 个专业。系的设置如下：船舶及海洋工程系、动力机械工程系、自动控制系、计算机科学及工程系、电子与通信工程系、电力工程系、能源工程系、电机工程系、信息与控制工程系、材料科学系、材料工程系、机械工程系、应用数学系、精密仪器系、应用物理系、工程力学系、应用化学系、工业管理工程系、工业外贸系、决策科学系、旅馆管理系、科技外语系、社会科学与工程系、土木建筑与工程系、生物科学与技术系、文学艺术系、体育系。

有58个学科、专业有硕士学位授予权。有博士学位授予权的学科、专业30个,有47位教授担任博士生导师。其学科、专业是:船舶设计制造、船舶结构力学、传播流体力学、热力涡轮机械、内燃机、工程热物理、低温工程、振动·冲击·噪声、自动控制理论及应用、计算机软件、模式识别与智能控制、信号、电路与系统、通信与电子系统、电磁场与微波技术、金属材料及热处理、复合材料、压力加工、机械制造、工程机械、液压传动及气动、机械学、陀螺导航设备、固体物理、光学、理论物理、流体力学、固体力学、一般力学、工业管理工程、系统工程。设有自动控制、机械工程、材料科学与工程、船舶等四个博士后流动站。

1989年,全校有全日制在校学生11575人,其中研究生1456人(博士生148人,硕士生1219人,研究生班89人),本专科学生10119人(本科生9482人,大专生478人,自费生141人,干部专修班18人)。另有夜大学生1120人,进修生453人。全校共有教职工6101人。专任教师2484人,其中教授197人,副教授823人,讲师730人,助教734人。

4. 今日的上海交通大学

1999年,上海农学院并入;2005年,与上海第二医科大学强强合并。至此,学校完成了综合性大学的学科布局。近20年来,通过国家"211工程"和"985工程"的建设,学校高层次人才日渐汇聚,科研实力快速提升,实现了向研究型大学的转变。与此同时,学校通过与美国密歇根大学等世界一流大学的合作办学,实施国际化战略取得重要突破。1985年开始闵行校区建设,历经30多年,已基本建设成设施完善、环境优美的现代化大学校园,并已完成了办学重心向闵行校区的转移。学校现有徐汇、闵行、黄浦、长宁、七宝、浦东等校区,总占地面积300余万平方米。通过一系列的改革和建设,学校的各项办学指标大幅度上升,实现了跨越式发展,整体实力显著增强,为建设世界一流大学奠定了坚实的基础。

上海交通大学始终把人才培养作为办学的根本任务。一百多年来,学校为国家和社会培养了逾30万的各类优秀人才,包括一批杰出的政治家、科学家、社会活动家、实业家、工程技术专家和医学专家,如江泽民、陆定一、丁关根、汪道涵、钱学森、吴文俊、徐光宪、张光斗、黄炎培、邵力子、李叔同、蔡锷、邹韬奋、严隽琪、陈敏章、王振义、陈竺等。在中国科学院、中国工程院院士中,有200余位交大校友;在国家23位"两弹一星"功臣中,有6位交大校友;在18位国家最高科学技术奖获得者中,有3位来自交大。交大创造了中国近现代发展史上的诸多"第一":中国最早的内燃机、最早的电机、最早的中文打字机等;第一艘万吨轮、第一艘核潜艇、第一艘气垫船、第一艘水翼艇、自主设计的第一代战斗机、第一枚运载火箭、第一颗人造卫星、第一例心脏二尖瓣分离术、第一例成功移植同种原位肝手术、第一例成功抢救大面积烧伤病人手术、第一个大学翻译出版机构、数量第一的地方文献等,都凝聚着交大师生和校友的心血智慧。改革开放以来,一批年轻的校友已在世界各地、各行各业崭露头角。

截至2017年12月，学校共有29个学院/直属系，24个研究院，13家附属医院，2个附属医学研究所，12个直属单位，6个直属企业。全日制本科生（国内）16221人、研究生（国内）30895人（其中全日制硕士研究生14532人、全日制博士研究生7236人），学位留学生2722，其中研究生学位留学生1427人；有专任教师3014名，其中教授989名；中国科学院院士21名，中国工程院院士24名，中组部顶尖"千人计划"1名，中组部"千人计划"112名，"长江学者"特聘教授和讲座教授共139名，国家杰出青年基金获得者129名，"青年千人"173名，"青年拔尖人才"20名，"长江青年学者"29名，优秀青年科学基金获得者77名，国家重点基础研究发展计划（973计划）首席科学家35名（青年科学家2名），国家重大科学研究计划首席科学家14名，国家基金委创新研究群体15个，教育部创新团队21个。

学校现有本科专业64个，涵盖经济学、法学、文学、理学、工学、农学、医学、管理学和艺术等九个学科门类；21世纪以来获47项高等教育国家级教学成果奖（其中31项为独立完成）；拥有国家级实验教学示范中心6个，国家级虚拟仿真实验教学示范中心3个，上海市实验教学示范中心10个；有国家级教学团队8个，上海市教学团队15个；有国家级教学名师8人，上海市教学名师36人；有国家级精品课程46门，国家级视频公开课13门，国家级精品资源共享课程23门，国家精品在线开放课程5门，国家级双语示范课程7门；上海市精品课程173门，上海市重点课程154门，上海高校示范性全英语课程16门。学校荣获国家首批"双创示范基地"，成立学生创新中心，入选首批中美青年创客交流中心。"学在交大"正在成为新时期上海交通大学的鲜亮名片。

学校现有一级学科博士学位授权点38个，覆盖经济学、法学、文学、理学、工学、农学、医学、管理学等8个学科门类；一级学科硕士学位授权点56个，覆盖12个学科门类；博士专业学位授权点3个；硕士专业学位授权点23个；35个博士后流动站；1个国家实验室（筹），1个国家重大科技基础设施，8个国家重点（级）实验室，1个国家级科研机构，5个国家工程研究中心，2个国家工程实验室，1个国家级研发中心，3个"2011"协同创新中心，15个教育部重点实验室，1个教育部国际合作联合实验室，2个国际联合研究中心，1个科技部示范型国家国际科技合作基地，5个卫生部重点实验室，1个农业部重点实验室，34个上海市重点实验室，5个教育部工程研究中心，5个上海市工程技术研究中心，2个上海市功能型平台，1个国家社科基金决策咨询点，6个上海市哲学社会科学创新研究基地，3个上海市高校智库，4个上海市人民政府决策咨询研究基地（专家工作室），2个上海市软科学基地，1个教育部高等学校软科学研究基地，3个世界卫生组织合作中心，1个国家技术转移中心和1个国家大学科技园。目前，正在建设面向世界基础科学前沿和国家战略需求的研究机构，如李政道研究所、中国城市治理研究院、中国质量发展研究院、中国海洋装备工程科技发展战略研究院等。

科学研究与科技创新水平不断提高。2017年，国家自然科学基金项目数和集中受理期经费数连续八年全国第一。SCI收录论文数等指标连续多年名列国内高校前茅，2016年度SCI收录两类文献（Article，Review）再创历史新高，达到6215篇，其中国际卓越论文2912篇。国内论文被引34098次，位居全国高校第二；国际合著论文1436篇，上升到全国高校第二；十年SCI收录论文累积被引43847篇、449474次；国际会议论文1454篇，位居全国高校第三。1篇论文入选"2016年中国百篇最具影响国际学术论文"。

取得了"暗物质探索研究""捕获马约拉纳费米子""第二代高温超导带材制造""量子信息存储""富营养化初期湖泊面源污染入湖河道流域治理成套技术""4500米无人遥控潜水器（海马号）研制""火箭发动机关键部件加工""纳米材料全新力学现象""合成光学活性无机材料""DNA磷硫酰化修饰基因组图谱破译""肾上腺肿瘤致病基因""肾上腺和胰腺内分泌肿瘤医学基因组学""胃癌发生机制""生态系统镁研究""生长素调控植物气孔发育""水稻花器官发育""为治疗非酒精性脂肪肝寻找潜在新靶点""治疗帕金森症天然产物"等一批重大研究成果。

上海交通大学深厚的文化底蕴，悠久的办学传统，奋发图强的发展历程，特别是改革开放以来取得的巨大成就，为国内外所瞩目。这所英才辈出的百年学府正乘风扬帆，以传承文明、探求真理为使命，以振兴中华、造福人类为己任，向着中国特色世界一流大学目标奋进！

5. 现任与历任领导

（1）现任领导。

党委书记：姜斯宪

校长、党委副书记：林忠钦

党委副书记：范先群

党委常委、副校长：陈国强

副校长：蔡　威

党委常委、副校长：吴　旦

副校长：黄　震

党委副书记：朱　健

党委常委、副校长：张安胜

党委副书记、纪委书记：胡　近

党委常委、副校长：徐学敏

党委副书记：顾　锋

党委常委、副校长：奚立峰

（2）历任领导。

历任校长（阿拉伯数字为出生年月）

盛宣怀（1844—1916）　　何嗣焜（1843—1901）

张元济（1867—1959）　　劳乃宣（1843—1921）

沈曾植（1850—1922）　　汪凤藻（1851—1918）

刘树屏（1857—1917）　　张美翊（1856—1924）

张鹤龄（1867—1908）　　杨士琦（1862—1918）

王清穆（1860—1941）　　唐文治（1865—1954）

凌鸿勋（1894—1981）　　张　铸（1885—？）
叶恭绰（1881—1968）　　陆梦熊（1881—1940）
关赓麟（1880—1962）　　卢炳田（生卒年不详）
陈杜衡（1864—？）　　　李范一（1891—1976）
符鼎升（1879—？）　　　蔡元培（1868—1940）
王伯群（1885—1944）　　孙　科（1891—1973）
黎照寰（1888—1968）　　徐名材（1889—1951）
张廷金（1886—1959）　　吴保丰（1899—1963）
程孝刚（1892—1977）　　王之卓（1909—2002）
吴有训（1897—1977）　　李培南（1905—1993）
彭　康（1901—1968）　　谢邦治（1916—2008）
刘述周（1911—1985）　　朱物华（1902—1997）
范绪箕（1914—2015）　　翁史烈（1932—　）
谢绳武（1943—　）　　　张　杰（1958—　）
林忠钦（1957—　）

历任党委书记
李培南（1905—1993）　　彭　康（1901—1968）
谢邦治（1916—2008）　　余　仁（1920—2006）
杨　恺（1920—1986）　　邓旭初（1921—2012）
何友声（1931—　）　　　王宗光（1938—　）
马德秀（1947—　）　　　姜斯宪（1954—　）

◎ **参考资料：**

1. 本书编写组编：《交通大学校史（1896—1949）》，上海教育出版社1986年版。
2. 王宗光主编《上海交通大学史（8卷本）》，上海交通大学出版社2016年版。
3. 上海交通大学官网"学校概况"。
4. 王晓萍撰，朱立三审：《上海交通大学》，载季啸风主编：《中国高等学校变迁》，华东师范大学出版社1992年版，第388～394页。

（涂上飙　编）

同 济 大 学

同济大学历史悠久、声誉卓著，是中国最早的国立大学之一，是教育部直属并与上海市共建的全国重点大学。经过 110 年的发展，同济大学已经成为一所特色鲜明、在海内外有较大影响力的综合性、研究型、国际化大学，综合实力位居国内高校前列。

1. 学校的早期发展历史

同济大学前身是德文医学院（Deutsche Medizinschule），由德国医生埃里希·宝隆于 1907 年在上海创办，设德文和医学两科。1908 年，以"同舟共济"之义，改名为同济德文医学堂。1912 年，学校增设工科，只有机电科一个班。德文科改为医、工预备部，学校更名为同济医工学堂。

1917 年，学校由华人校董会接办，教育部正式定名为私立同济医工专门学校，阮尚介为第一任华人校长。1923 年，学校更名为同济医工大学。

1924 年 5 月 20 日，教育部同意同济医工大学为大学建制。遂将每年的 5 月 20 日定为校庆日。1927 年 8 月，国民政府正式将私立同济医工大学命名为国立同济大学，张仲苏为校长。

1930 年，医、工两科扩展为医学院，建立了解剖学研究馆、生理学研究馆、生物学研究馆、药物研究馆、病理学研究馆、细菌研究馆等，是当时规模最大的一所医学院；工学院设电工机械系与土木工程系。1933 年，工学院增设高等测量系（为全国最早开设，1935 年改为测量系），1934 年，筹建造船飞机机械系（也是全国最早筹设）。1937 年，理学院建成，设生物、化学二系。学校拥有医、工、理三个学院。

抗战期间，先后六次迁校。1937 年八一三事变后，学校由吴淞首次迁至市内公共租界上课。9 月，第二次搬迁到浙江金华（医学院后期仍留在上海）。11 月上海沦陷后，第三次迁校江西赣州，医学院后期从上海迁至江西吉安。

1938 年 7 月，第四次搬迁到广西贺县八步镇。广州沦陷，学校又开始第五次迁校，于 1939 年春节前到达昆明。工学院拥有土木、测量、机械、电机四系和造船组。理学院增设数理系。

1940 年秋，第六次迁校至宜宾县李庄镇。1945 年，增设法学院，独设法律系，分行政、司法两组，专门介绍德国法学，属大陆法系。此时，学校已有医、工、理、法和新生院及四所附属学校。在校学生 2000 人，教职工 400 多人，其中教师 224 人（教授 61 人，副教授 19 人）。

抗战胜利后，学校从 1946 年 4 月开始迁沪。8 月，扩充理学院为文理学院，增设哲学、外语、中文 3 系。法律系增设理论法学和国际公法两组。1948 年，文理学院分为文学院和理学院。文学院增设历史系。学校成为设有医、工、理、法、文 5 个学院的综合性大学。

2. 中华人民共和国成立—1978 年的学校发展

1949 年 6 月 25 日，由上海市军管会派军事代表杨西光、副市长韦悫等到校接管学校。8 月 1 日成立校务委员会，夏坚白任主任委员。文法学院并入复旦大学。在 1952 年的院系调整中，生物系并入华东师范大学；医学院全部迁至武汉，与武汉大学医学院合并，组建武汉同济医学院；工学院的测量系也迁至武汉，成为武汉测量制图学院（即后来的武汉测绘科技大学，2000 年并入武汉大学）。交通大学、大同大学、之江大学、圣约翰大学、震旦大学、光华大学、大夏大学、复旦大学、上海工业专科学校、中华工商专科学校、华东交通专科学校等 11 所高等学校的土木建筑系、科、组的师资和设备并入后，同济大学建成为一所土木建筑门类最为齐全的专门高等工业大学。

1954 年，着手办研究生教育。1958 年起，学校逐步发展成为一所具有土木建筑、材料科学、经济管理、机械、电气、仪表、计算机、环境治理、地质测绘、海洋、数学、物理、力学、化学、外语等学科的多科性大学。设有 8 个系，23 个理、工方面的专业，教职工达 2200 人，其中专职教师 880 人，在校学生 4400 余人。

1960 年 6 月，学校被列为建筑工程部四所重点高等学校之一，10 月又被列为高等教育部重点工科院校。"文革"期间，招收"工农兵学员"，共 8 届，共计 5625 人。

3. 改革开放后的学校发展

党的十一届三中全会以后，增设了许多系和专业，建立了一批研究所，成立了研究生院、函授学院、夜大学和留德预备学校。1978 年以后，学校实行"两个转变"——恢复对德交流由封闭办学向对外开放办学转变，由土建为主的工科大学向理工为主的多科性大学转变。1984 年 9 月，学校试行校长负责制。

到 1989 年，学校设有经济管理学院、建筑城市规划学院、结构工程学院、机械学院、环境工程学院 5 个学院，共有 23 个系，47 个本、专科专业，其中 16 个本科专业为五年制，其余为四年制，专科为两年制。23 个系是管理工程系、经济信息系、建筑系、城市规划系、建筑工程系、桥梁工程系、机械工程系、热能工程系、环境工程系、道路与交通工程系、地下建筑与工程系、测量系、电气工程系、计算机科学与工程系、材料科学与工程系、海洋地质系、应用数学系、物理系、化学系、工程力学系、德语系、外语系、社会科学系。

城市规划与设计、岩土工程、结构工程、无机非金属材料 4 个专业为高校重点学科点。研究生院设有 55 个硕士学位专业及城市规划与设计、建筑设计、建筑历史与现代建筑理论、结构工程、地震工程与防护工程、岩土工程、道路工程、环境工程、市政工程、无机非金属材料、热能工程、工业管理工程、海洋地质学、声学18个博士学位专业。建筑、土建与水利两个学科的9个专业设有博士后研究流动站。

有教职工4800人,其中教师2300人,教师、副教授以上职称的近900人,中级职称的1255人。教师中博士生导师35人,硕士生导师200多人。现有学生15000人,其中本科生7900多人,专科生400人,硕士生1000多人,博士生140人,外国留学生100余人,留德预备生200多人,函授和夜大学生4500人,其他各类培训班学生800多人。

从建校至1989年,已为国家培养近5万名高级技术人才,其中有20名中国科学院学部委员。他们是:李国豪、贝时璋、卢佩章、朱洪元、王葆仁、王之卓、王守觉、王守武、钱人元、唐有祺、方俊、吴式枢、杨槱、冯至、张作人、陈永龄、陶亨咸、刘光鼎、吴旻和倪嘉缵。

4. 今日的同济大学

1996年,上海城市建设学院和上海建筑材料工业学院并入,列为国家"211工程"建设高校。2000年,与上海铁道大学合并,组建成新的同济大学。2002年,列为国家"985工程"建设高校。2003年,上海航空工业学校划归同济大学管理。2004年,列为中管高校。2017年,列为国家世界一流大学建设高校。

同济大学始终把培养拔尖创新人才作为崇高使命和责任,以本科教育为立校之本、以研究生教育为强校之路,确立了"知识、能力、人格"三位一体的人才培养模式,努力使每一位学生经过大学阶段的学习、熏陶以后,具有"通识基础、专业素质、创新思维、实践能力、全球视野、社会责任"的综合特质,成为引领未来的社会栋梁与专业精英。创校至今,先后培养了30余万名毕业生,造就了一大批杰出的政治家、科学家、教育家、社会活动家、企业家、医学专家和工程技术专家。校友中当选中国科学院、中国工程院两院院士的有140余人。

同济大学已建成世界规模最大的"多功能振动实验中心"、国内第一个"地面交通工具风洞中心"、国内第一个"城市轨道交通综合试验平台"、国内第一个"海底观测研究实验基地"等一批重大科研平台。先后承担了一系列国家重大专项、重大工程科研攻关项目,取得了大跨度桥梁关键技术、结构抗震防灾技术、城市交通智能诱导、城市污水处理、新能源汽车研发、国产化智能温室、遥感空间信息、大洋钻探、心房颤动分子遗传学等标志性科研成果。

秉承"与祖国同行,以科教济世"的优良传统,学校长期注重发挥优势学科和基础研究的溢出效应,不断拓展社会服务的形式和领域,积极为国家和地方社会建设发展作出贡献,为"一带一路"建设、国内桥梁与隧道、铁路与城市轨道交通、水环境治理、抗震救灾、洋山深水港、上海世博会、崇明生态岛等重大战略需求提供了强有力的科技支撑。学校与地方政府联合推动建设"环同济知识经济圈",产值从初期2005年的不足30亿元发展到2017年的368亿元,开创了"三区融合、联动发展"校地合作的典范模式。

学校积极拓展国际合作，在以对德合作为主的基础上，发展为以对欧洲合作为中心，拓展北美、辐射亚非的布局，先后建立了中德、中法、中意、中芬、中西、联合国等11个国际化合作平台学院，与200多所海外高校签订合作协议，与大众、西门子、拜耳和IBM等众多跨国企业共建了研究中心。学校先后发起成立了"中国绿色大学联盟"和"国际绿色校园联盟"并担任首届主席，当选联合国环境规划署全球环境与可持续发展大学合作联盟主席，是亚太地区第一所被授予"全球可持续校园杰出奖"的高校。

截至2017年12月，同济大学设有38个学院和二级办学机构，7家附属医院，6所附属中小学。有四平路、嘉定、沪西和沪北等4个校区，占地面积2.56平方公里，校舍总建筑面积175余万平方米，图书馆总藏书量407万余册。

学校现有全日制本科生17339人，硕士研究生14883人，博士研究生4940人。另有外国留学生3523人。拥有专任教师2726人，其中专业技术职务正高级989人，中国科学院院士8人，中国工程院院士9人（含中国工程院外籍院士1人），第三世界科学院院士2人，美国工程院外籍院士1人，瑞典皇家工程科学院外籍院士1人。国家级教学名师4人，中组部"千人计划"学者42人，教育部"长江计划"特聘（讲座）教授34人，国家重点基础研究发展计划首席科学家23人，国家重点研发计划首席科学家25人，国家杰出青年科学基金获得者48人，"青年长江""青年千人"等四类优秀青年人才99人。国家级教学团队6个，国家自然科学基金创新群体8个，教育部创新团队9个，科技部重点领域创新团队1个，入选科技部"国家创新人才培养示范基地"。

学科设置涵盖工学、理学、医学、管理学、经济学、哲学、文学、法学、教育学、艺术学等10个门类。现有本科招生专业75个（其中50个专业按17个专业大类招生），硕士学位一级学科授权点45个，专业硕士学位授权点17个，工程硕士授权领域26个，博士学位授权学科点涵盖一级学科30个，专业博士学位授权点3个，博士后流动站25个。拥有3个国家重点实验室、1个国家工程实验室、1个国家协同创新中心、1个国家大型科学仪器中心、2个国际合作联合实验室、5个国家工程（技术）研究中心以及39个省部级重点实验室和工程（技术）研究中心。

"同心同德同舟楫，济人济事济天下。"今天的同济大学正满怀豪情，扎根中国大地，朝着建设中国特色世界一流大学的目标奋力前行！

5. 现任与历任领导

（1）现任领导。
党委书记：方守恩
党委副书记：钟志华　马锦明　姜富明　徐建平　冯身洪
纪委书记：姜富明
校长：钟志华
常务副校长：伍　江
副校长：江　波　吴志强　吕培明　顾祥林　雷星晖　陈义汉

(2) 历任领导。

历任党委书记

蒋梯云	1952.02—1953.01
薛尚实	1953.01—1959.05
王　涛	1959.07—1977.10
黄耕夫	1977.10—1980.01
王　零	1980.01—1984.04
张纪衡	1984.04—1991.05
王建云	1991.05—2000.03
程天权	2000.04—2001.02
周家伦	2001.02—2011.11
周祖翼	2011.11—2014.08
杨贤金	2014.12—2017.05

历任校长

埃里希·宝隆	1907.06—1909.03
福沙伯	1909.03—1917.03
贝伦子	1912—1919（工学）
	1921—1927（工学）
沈恩孚	1917—1923（常务校董）
袁希涛	1923—1927（常务校董）
阮尚介	1917.03—1927.03
张仲苏	1927.08—1929.03
张　群	1929.03—1929.06
胡庶华	1929.06—1932.09
翁之龙	1932.09—1939.04
赵士卿	1939.04—1940.07
周均时	1940.07—1942.02
丁文渊	1942.02—1944.07
徐诵明	1944.07—1946.06
董洗凡	1946.07—1947.09
丁文渊	1947.09—1948.12
夏坚白	1948.12—1953.11
薛尚实	1953.11—1959.04
王　涛	1959.04—1977.10
李国豪	1977.10—1984.04
江景波	1984.04—1989.02

高廷耀	1989.02—1995.02	
吴启迪	1995.02—2003.07	
万　钢	2003.07—2004.07	（主持工作副校长）
	2004.07—2007.08	（校长）
裴　钢	2007.08—2016.09	

◎ **参考资料：**

1. 翁智远、屠听泉主编：《同济大学史》第一卷（1907—1949），同济大学出版社2007年版。

2. 同济大学官网"同济概览"。

3. 吴自任、宗汝泓撰，蒋鲁坚审：《同济大学》，载季啸风主编：《中国高等学校变迁》，华东师范大学出版社1992年版，第381~387页。

（涂上飙　编）

华东理工大学

华东理工大学原名华东化工学院，是中华人民共和国第一所以化工特色闻名的高等学府。

1. 学校早期发展历史

1952年，学校由华东地区的交通大学、大同大学、震旦大学、东吴大学、江南大学等多所高校的化工（化学）系合并而成。设无机工业、有机工业、化工机械3个系，包括硅酸盐工学、无机物工学、有机合成工学、燃料化学工业、化工机器及设备等5个本科专业和5个专修科专业。当时有教职工268人，其中教授27人、副教授8人，讲师18人、教员3人、助教50人；本、专科学生723人；实验室5人，教学设备1190件。校址设在江湾平昌路原同济大学理学院内。

1953年山东工学院的化工系、1954年华南工学院的无机物工学专业相继并入。1955年起学制改为五年。1956年开始招收研究生，为全国首批招收研究生的学校之一，同时新增化学制药、抗菌素制造工学、化学工程学、高分子化合物、生产过程自动化、石油及天燃气工艺、石油及天然气开采稀有元素和扩散性元素工学、物理化学工程、电化学工程等20个专业。1960年起被中共中央确定为教育部直属的全国重点大学。

1965年在四川省设652工程办事处，1972年随学院改名为上海化工学院四川分院。到1966年上半年，全院有1个基础部、1个函授部、3个系、16个专业、34个教研组、3个研究室、31个实验室；有教职工1800人，其中正副教授50人、讲师108人、教员14人、助教629人、教辅人员121人；在校本学生专科4300人、研究生49人、外国留学生51人。

1970年8月，学院下放归上海市领导，改名为上海化工学院。

2. 改革开放后的学校发展

1978年，经国务院批准，上海化工学院仍归教育部主管。1979年9月，四川分院并入本院，10月，由该院、上海市化工局、上海市卢湾区三家合办创立上海化工学院分院。上海化工学院恢复原华东化工学院校名，上海分院也随之改为华东化工学院分院。

到1989年为止，学院已拥有19个系，39个本、专科专业（本科为四年制），30个硕士学位授予权学科、专业，8个博士学位授予权学科、专业，并设有博士后流动站，有20

个研究室以及计算中心、分析测试中心、电化教学中心。全国重点学科为化学工程。19个系如下：化学工程系、能源化工系、石油加工系、精细化工系、生物化学工程系、高分子材料系、无机材料系、化工机械系、机械工程系、自动控制与电子工程系、环境工程系、计算机系、物理系、数学系、化学系、管理工程系、外语系、社会科学系、工业设计系。

有9个博士学位授予学科、专业：化学工程、无机化工、有机化工、精细化工、高分子材料、无机非金属材料、化工机械、工业自动化、生化工程。1989年10月，全院共有教职工4149人，其中专任教师1523人（含教授78人、副教授395人、讲师527人、助教528人），另有专职科研人员（大学毕业以上文化程度）649人。在校各类学生8964人，其中本科生6688人、专科生521人、硕士研究生565人、博士研究生78人、夜大生758人、外国留学生58人。

学校有许多化学化工方面的专家、教授，如张江树、陈敏恒、苏元复、邵家麟、顾毓珍、琚定一、冯成澄、张泽垚、刘馥英、陈维新、吴志高、陈松茂、马誉澂、程寰西、汪葆浚、陶延桥、张震旦、陈之霖、陆静孙等。

有材料科学、生化工程、能源科学、表面科学和有机化学5个重点学科。科学研究比较突出的有，刘馥英教授等研究小蒸汽脱附的分子筛脱蜡获国家发明三等奖，诸培南教授等研究锂云母型可切削微晶玻璃获国家发明三等奖，汪仁教授等研究CM型钢—稀土氧化物蜂窝状燃烧催化剂获国家发明三等奖，史念慈副教授等研究的超谱感染料组合及应用获国家发明三等奖，宋维端教授、朱炳辰教授等研究甲醇合成塔设计新方法获国家科技进步二等奖，苏元复教授等研究转盘塔提取麻黄碱获国家科技进步三等奖。

3. 今日的华东理工大学

1993年经国家教委批准，更名为华东理工大学，1996年进入国家"211工程"重点建设行列，1997年上海市参与共建共管，2000年经教育部批准建立研究生院，2008年获准建设"985工程优势学科创新平台"，是国家首批实施自主招生改革的22所高校之一；是"卓越工程师教育培养计划""111计划"入选高校之一；是首批六所设有国家技术转移中心的创新性、综合类研究型大学之一；是国家"双一流"建设高校之一。

学校现有徐汇校区、奉贤校区和金山科技园区三部分，占地面积2652亩，各类建筑总面积92余万平方米，建有一批标准体育设施；图书馆总藏书量323.4万册，收订中外文期刊4.3万余种，具有CA、EI等84种大型中外文文献数据库和网络镜像数据库；建有教育部科技项目及成果查新中心工作站、上海市科委科技查新站、上海高校外国教材中心、上海市研究生电子文献检索中心等机构，分析测试中心、珠宝检测中心为国家计量认证单位。

学校设有化工学院、生物工程学院、化学与分子工程学院、药学院、材料科学与工程学院、信息科学与工程学院、机械与动力工程学院、资源与环境工程学院、理学院、商学院、社会与公共管理学院、艺术设计与传媒学院、外国语学院、法学院、体育科学与工程学院、马克思主义学院（人文科学研究院）、国际教育学院、中德工学院（国际工程师学院)、网络教育学院、继续教育学院。

学校学位授权点覆盖理、工、农、医、经、管、文、法、艺术、哲学、教育11个学科门类，36个一级学科。有68个本科专业；26个硕士一级学科学位授权点，148个硕士二级学科学位授权点；13个博士一级学科学位授权点，80个博士二级学科学位授权点；拥有工商管理（MBA、EMBA）、公共管理（MPA）、法律（JM）、社会工作（MSW）、会计（MPAcc）、艺术（MFA）、金融（MF）、翻译（MTI）、药学（M Pharm）、工程管理（MEM）和工程（含18个领域）的硕士专业学位授予权。设有12个博士后科研流动站，拥有7个国家重点学科、1个国家重点（培育）学科、3个"双一流"建设学科。

学校现有在校全日制学生近2.5万人，其中在校全日制研究生9379人（博士生1755人），全日制本科生15808人，来自89个国家的1358名各类外国留学生。现有教职员工3041人，其中两院院士6名，双聘院士4名，国家"千人计划"5名，"青年千人"6名，国家外专千人长期项目1名、短期项目1名，国家教学名师2名，"长江学者"特聘教授21名、讲座教授2名，国家杰出青年基金获得者21名，国家"973"计划首席科学家8名，国家"863"计划领域专家组成员3名，百千万人才工程国家级人选14名，基金委创新研究群体2个，教育部"长江学者和创新团队发展计划"创新团队3个，科技部重点领域创新团队2个，国家级教学团队4个。

学校以"培育英才，服务社会；注重过程，勤奋求实；协调发展，特色鲜明"为办学指导思想。现有国家级精品课程20门，国家级精品资源共享课14门，国家级精品视频公开课4门，国家级双语示范课程3门；有国家级实验教学示范中心2个，国家级虚拟仿真实验教学中心2个；有国家特色专业12个，国家工程实践教育中心5个；建有全国示范性工程专业学位研究生联合培养基地、建有大学生创业人才培养示范实验区，上海高校创新创业教育实验基地。2000年以来，主持国家级教学改革项目16项，获国家级教学成果奖19项，建设"十一五""十二五"国家级规划教材68部，10部教材获国家级奖励。

学校以培养"厚基础、强实践、高素质、具有创新精神和国际视野的社会英才"为目标，重视对学生全方位的培养。国际国内数模竞赛多次名列上海市乃至全国参赛学校之首，1997年、2005年两获国际大学生数模竞赛特等奖，成为国际上少数两获殊荣的高校之一，2016年、2017年又获得美国大学生数模竞赛3项一等奖；1993年、1999年和2007年在"挑战杯"全国大学生课外学术科技作品竞赛中三捧"优胜杯"；在历年全国和上海市级各类英语比赛中屡获大奖，在2016年"21世纪杯"全国英语演讲大赛中获得一等奖；女子乒乓球队多次在世界大学生乒乓球锦标赛上夺冠。同时，在物理、数学、化学、计算机编程、电子设计、机器人制作、智能车、先进成图技术与信息建模、过程控制仿真、科技发明、英语辩论等方面的竞赛中也成绩斐然，均名列国内和上海市高校前列。

学校拥有国家重点实验室2个、国家工程实验室1个、国家工程（技术）研究中心3个，建有国家大学科技园，是全国6所首批建立国家技术转移中心的高校之一。每年承担各类研究课题1900多项，科研经费逐年增加，2016年超过7.2亿元。历年来获国家自然科学奖、国家发明奖及国家科技进步奖65项，省部委科学技术奖700多项，摘得上海市科学技术奖史上首个技术发明奖特等奖，拥有各类国内外有效专利1800多项。取得一大批重大创新成果，一批行业共性、关键技术的大规模产业化推广应用产生了重大的经济和社会效益。

学校构建了多渠道、多层次、全方位的国际合作与交流体系,与美、德、英、法等200多所高校和科研机构建立了广泛的长期的学术交流关系及国际教育资源共享平台,特别是与一批海外高水平研究型大学建立了姊妹学校关系或签署了合作协议并实施教师互访、学生交换以及联合培养的合作机制。学校承担国家教育体制改革试点项目,积极探索工程科技领军人才中外合作培养模式,依托"高等学校学科创新引智计划",广纳海外杰出人才。

学校一贯注重文化建设,在抓好物质文明建设的同时,学校始终坚持花大力气,加强党建和精神文明建设,推进学生全面素质的培养。学校率先进行"两课"改革,改革成果分别获得上海市和全国优秀教学成果一等奖;心理健康教育工作获得"全国大学生心理健康教育工作开拓奖""全国大学生心理健康教育工作先进单位"等奖。在营造育人环境、创新育人机制,发挥整体育人优势的实践中,取得明显成效,涌现出了一大批优秀学生和先进集体。学校先后获得"全国大学生艺术节上海市活动优秀组织奖""全国大学生暑期社会实践工作先进集体";被评为"上海市群体工作示范单位""上海市艺术教育先进集体""上海市拥军优属模范单位""上海市社会治安综合治理先进集体""全国群众体育先进集体""全国学校民主管理先进单位""全国高校后勤十年社会化改革先进院校""教育部全国毕业生就业典型经验高校";连续多年荣获上海市"文明单位"光荣称号。

65年来,学校共为国家培养了近30万名毕业生,校友中21人当选中国科学院、中国工程院院士,许多人成为国家和各级政府部门的领导;一大批优秀人才成为高校、科研机构、骨干企业的领军人才和高级技术专家。同时还涌现出许多诸如获得"影响世界华人大奖"张霞昌、国内首位荣获"世界最具潜力女科学家"称号的应轶伦、"全国十大最美村官"方月萍、上海教育年度新闻人物高羽烨等海内外杰出校友。1988年,在学校庆祝石油加工系成立三十周年时,江泽民同志欣然题词:人才辈出。

今天,华东理工大学正昂首阔步,立足新时代,扎根中国大地,努力建设社会主义一流大学!

4. 现任与历任领导

(1) 现任领导。

党委书记:杜慧芳

校长、党委副书记:曲景平

党委副书记:宋　来

党委副书记:陈　麒

党委副书记、纪委书记:沈志超

副校长:钱　锋

副校长:吴柏钧

副校长:刘昌胜

副校长:辛　忠

副校长：胡宝国
副校长：轩福贞
党委常委、组织部部长、党校校长：李　涛
党委常委、宣传部部长：夏江雯
党委常委、统战部部长：王慧锋

（2）历任领导。

历任书记

余　仁　1952.10—1960.02，1981.02—1985.09
田　辛　1960.03—1966.12
潘文铮　1972.12—1981.03
蒋凌棫　1986.04—1994.02
徐凤云　1994.02—2004.06
沈伟国　2004.07—2011.11
杨贤金　2011.11—2015.03
杜慧芳　2015.03—

历任校长

张江树　1952.12—1966.10，1978.08—1981.02
朱正华　1981.02—1982.10，1982.11—1985.09
陈敏恒　1985.09—1994.02
王行愚　1994.02—2004.06
钱旭红　2004.07—2015.03
曲景平　2015.03—

◎ **参考资料：**

1. 华东理工大学官网"学校概况"。
2. 华东理工大学百度百科。
3. 吴自任、宗汝泓撰，林铸远审：《华东化工学院》，载季啸风主编：《中国高等学校变迁》，华东师范大学出版社1992年版，第400~404页。

（武汉大学后勤保障部徐莉　撰稿）

东 华 大 学

东华大学是教育部直属、国家"211工程"、国家一流学科建设高校。经过66年的建设和发展，学校已经从建校之初的一所纺织单科院校发展成为以工为主，工、理、管、文等学科协调发展的有特色的全国重点大学。

学校创建于1951年，时名华东纺织工学院，是中华人民共和国第一所纺织高等学府。1960年，被国家教育部确定为全国重点大学，是中国首批具有博士、硕士、学士三级学位授予权的大学之一。1985年，学校更名为中国纺织大学。1995年，进入国家"211工程"重点建设行列，1999年，更名为东华大学。

1. 学校的多源发展

源头之一：纺织染传习所。1912年4月，清末状元、近代社会改革家张謇与其兄张詧借资生铁厂和大生纱厂的房舍倡办了纺织染传习所，课程以美国费城纺织专门学校设置开设，同时在厂外兴建学校建筑；同年更名为南通纺织专门学校，成为中国最早的纺织大学。1927年改为南通纺织大学，后又改称"南通大学纺织科""南通学院纺织科"等，1952年并入华东纺织工学院。

源头之二：中国纺织染工业补习学校。1930年秋，中国纺织染工业补习学校改组为中国纺织染工业专科学校，校址在戈登路1252号。1946年秋，改名中国纺织染工程学院，是年冬迁至西康路293号。1948年易名中国纺织工学院。1950年6月并入私立上海纺织工学院。

源头之三：文绮染织专科学校。1936年，实业家诸文绮集资在闵行镇东置地30余亩，筹建文绮染织专科学校，营建中的校舍包括染织实习工场、图书馆等。至1937年第一期校舍竣工后，因抗日战争全面爆发，沪闵沦陷，校舍被敌军侵占，学校未能招生开学。抗日战争胜利后，诸文绮复集中财力，进行学校的第二期工程建设，并于1946年秋落成开学。该校为三年制专科，每期招收50人，毕业两届学生，共100余人。教师30余人，其中部分由其他高校教师、工厂工程师、专家兼任。1950年并入私立上海纺织工学院。

源头之四：诚孚纺织专科学校。1940年，由李升伯、张方佐等人筹划创办诚孚纺织专科学校，以培养纺织专门人才，振兴中国纺织工业为办学宗旨。当时上海租界已沦为孤岛，为避免敌伪干扰，学校定名为诚孚高级养成所。抗日战争胜利后，学校才正式定名为诚孚纺织专科学校。校舍设在上海戈登路（今江宁路）。办学初，分正班和特班两种学制,正班招收中等工业专科学校纺织科和机械科的毕业生,学制两年。特班招收普通高中毕业生,学制三年。1930年春季和秋季,两班分别开始招生;翌年迁址巨泼来斯路(今安福路)247号。1944年,学校处境险恶,停止招生。抗日战争胜利后复校,正式定为三年制大专,1946年招生开学。1948年,国内政治动荡,再次停止招生。1949年中华人民共和国成立后恢复招生,先后共招生六届,毕业生281人。1950年并入私立上海纺织工学院。

源头之五:上海工业专科学校。1942年,苏州工业专科学校的部分老校友倡议在上海建立一所专科学校,为纺织工业培养人才,得到纱厂联合会(即苏、浙、皖、沪、鲁、豫六区纺织同业公会)的赞助,上海纺织界集资创办上海工业专科学校,成立以纺织企业家为主的校董会,江上达为主席校董,聘请原苏州工业专科学校校长邓邦逖为校长,借澳门路申新九厂宿舍为临时校舍,设纺织、机械、染整3个专业。1942年夏天,开始招收初中毕业生,学制为五年;同年秋季,在上海的原苏州工业专科学校实习班的全体师生转入上海工业专科学校。学校免收学杂费,并供应膳宿,学生毕业后亦有工作保障,所以报考人数较多,挑选新生的余地较大。教师中有知名学者、教授,如蒋维乔、周承佑、毛启爽、朱子清、陆禹言、许学昌等。抗日战争胜利后,学校迁至福履理路(今建国西路)496号和赵主教路(今五原路)165弄5号两处。1946年,周承佑继任校长,颜惠庆继任主席校董。学校改招高中毕业生,学制三年,撤销应用化学科,增设管理科。1947年,国民政府教育部令上海工业专科学校改名为上海纺织工业专科学校,恢复五年制,招收初中毕业生。1950年并入私立上海纺织工学院。

1950年6月,在华东军政委员会教育部和上海市人民政府的领导下,由华东纺织管理局主持,会同上海棉纺织业同业公会,将4所分散的私立纺织院校(中国纺织工学院、上海纺织工业专科学校、诚孚纺织专科学校、文绮染织专科学校)合并为私立上海纺织工学院,由华纺局副局长张锡昌兼任院长,周承佑、浦增锷任副院长。1951年并入华东纺织工学院。

2. 华东纺织工学院时期

1951年6月,国家为加速发展国民经济支柱产业——纺织工业,整合交通大学纺织工程系、私立上海纺织工学院、上海市立工业专科学校纺织科合并建立"华东纺织工学院",隶属于国家纺织工业部。校名由华东军政委员会文化教育委员会主任舒同题写。选定上海延安西路与中山西路交叉处的原光华大学校址(光华大学旧址在抗战期间遭日军摧毁,1947年上海纺织工业专科学校购得此址重建新校舍后迁入办学)及附近农田作为新校园基地。建院计划提出了向工农开门、设置青工预科、开办高级职业班、设置2年制专科、扩大招生名额等意见。建院筹备会由华纺局副局长张方佐为筹备会主任。1951年11月,中央人民政府政务院任命纺织技术专家、教育家张方佐担任首任院长,黄玠然、钱宝钧为副院长。

从1952年到1956年,先后有6所校系调整并入华东纺织工学院。按并入时间先后,依次是：南通学院纺织科、武汉中南纺织专科学校、四川乐山技艺专科学校印染班、苏州苏南工业专科学校纺织科、上海华东交通工业专科学校机械科、青岛工业学院纺织系，学校由此成为中国规模最大、理工结合的一所纺织高等学府。

1954年，学校开始招收外国留学生，是中华人民共和国首批招收外国留学生的高校。1956年，创办夜大学。1959年，开始招收研究生。1959年9月5日，学校成立中国第一个化纤科研机构——化纤研究室（现化学纤维研究所）。1960年，被国家教育部确定为全国重点大学。

1964年，国务院决定将华东纺织工学院的制丝专业组、无锡轻工业学院的纺织系并入苏州丝绸工学院，建立苏州纺织工学院。1969年，学校划归上海市领导。1971年，开始招收工农兵学员。1972年4月更名为上海纺织工学院。1976年，建立环境工程专业，是国内最早的环境类学科之一。

1978年10月，学校和上海市纺织工业局、普陀区人民政府、上海石化总厂共同创办华东纺织工学院分院；分院总部、分院（金山）后来分别发展为上海工程技术大学、华东理工大学金山校区。1979年，学校重归纺织工业部领导。1979年，学校成为国内第一批培养管理工程专业研究生单位。

1980年，恢复华东纺织工学院校名。1981年，学校被国务院学位委员会、教育部批准为首批具有博士、硕士、学士三级学位授予权的单位，并于1991年设立首个博士后科研流动站。

3. 中国纺织大学时期

1985年，经纺织工业部批准，学校更名为"中国纺织大学"，并由时任中共中央总书记的胡耀邦为校名题字。

1986年，学校成立奖学金基金会，建立选拔、培养优秀学生制度，人民贷学金和人民奖学金并存。1989年至1992年，由企业和知名人士、教授、专家存款设立"五爱奖学金""陈维稷奖学金""梁溪唐氏奖学金""诚孚同学联谊会奖学金""纺织工程学会奖学金""宝钢奖学金"和"美国杜邦公司奖学金"等。

1994年11月，中国纺织总会管理干部学院并入中国纺织大学。从1995年开始，学校每年承办上海国际服装文化节国际服装论坛。1995年9月，学校通过"211工程"部门预审。1997年5月，通过"211工程"可行性论证和立项审核。1997年10月31日，中国纺织总会和上海市人民政府签约共建中国纺织大学。1998年9月1日，学校正式划转为教育部直属高校。

1999年8月30日，按照国家教育部教发（99）81号文件要求，上海纺织高等专科学校（在原上海圣玛利亚女校校址）并入中国纺织大学。9月1日，上海纺织高等专科学校并入中国纺织大学暨中国纺织大学更名为东华大学揭牌仪式隆重举行。上海纺织高等专科学校原址成为东华大学长宁路校区，直至2006年7月，后被改建为长宁来福士广场。

4. 东华大学时期

1999年9月1日，经教育部批准，中国纺织大学更名为东华大学。同月，国家轻工业局上海玻璃搪瓷研究所并入东华大学。

2002年，东华大学国际文化交流学院成立，全面负责留学生的招生、培养与管理。自此学校国际学生教育开始呈现跳跃式发展（留学生规模现为上海第一）。2002年10月，位于松江大学城的松江校区动工建设。

2003年5月，东华大学无锡校区并入江南大学。9月，首批2003届学生进驻松江校区。10月16日，东华大学科技园被科技部、教育部认定为第二批国家大学科技园（东华大学国家大学科技园）。2005年，松江校区基本建成。2007年，学校入选国家"111计划"。

2010—2011年，学校先后在全国高校中率先成立创新创业教育指导委员会和创新创业教育中心。2010年4月1日，学校与上海市经济和信息化委员会、上海市长宁区人民政府签约共建环东华时尚创意产业集聚区。2014年4月24日，东华大学上海国际时尚创意学院成立，并与英国爱丁堡大学、美国纽约时装学院、日本文化学园、伦敦艺术大学等国际上著名艺术设计院校达成合作共识。10月，学校入选国家"2011计划"。

2015年3月30日，学校首所孔子学院在肯尼亚莫伊大学成立，是全球首所纺织服装特色孔子学院。5月，上海高校首个众创空间和上海市大学生文化创意创业基地先后在东华大学成立。2016年12月，学校成为中国教育国际交流协会认证的首批来华留学质量认证院校。

2017年8月，被认定为上海市首批深化创新创业教育改革示范高校。9月，入选国家首批"双一流"世界一流学科建设高校。10月11日，学校当选为中国标准化协会城市家具分会会长单位，10月21日，中共中央编译局马克思主义理论与当代实践研究基地在东华大学揭牌成立。12月8日，获"全国深化创新创业教育改革特色典型经验高校"荣誉称号。

学校现设有纺织学院、服装与艺术设计学院、旭日工商管理学院、机械工程学院、信息科学与技术学院、计算机科学与技术学院、化学化工与生物工程学院、材料科学与工程学院、环境科学与工程学院、人文学院、理学院、外语学院、马克思主义学院、上海国际时尚创意学院、国际文化交流学院、继续教育学院和体育部。截至2018年3月，学校拥有6个博士后流动站、10个一级学科博士点、1个工程博士专业学位点、29个一级学科硕士点、11个专业学位硕士授权类别、16个工程硕士授权领域、55个本科专业，学科涉及工学、理学等十个学科门类。共有1个一级学科国家重点学科，5个二级学科国家重点学科，1个国家重点（培育）学科，7个上海市一流学科，1个上海高校Ⅰ类高峰学科，同时设有13个国家和省部级科研基地，2个国家"111"引智基地以及国家大学科技园。全校各类学生近3万人，其中本科生14267人，硕士生7330人，其中博士生1022人，成人教育学历生2023人，各类留学生4788人，其中，学历留学生1111人。全校教职工共2144人，专任教师1296人，其中专职院士4人，千人计划、长江学者（含讲座教授）、国家杰出青年基金获得者等高级职称教师近900名。

学校贯彻全国高校思想政治工作会议精神，遵循"以学生的全面发展与成才为中心"的办学理念，秉承"崇德博学、砺志尚实"的校训和"严谨、勤奋、求实、创新"的优良校风，弘扬"积极向上、爱校荣校、崇尚学术、追求卓越、敬业奉献"的东华精神，坚持立德树人，把思想政治工作贯穿于教学全过程，培养基础宽厚、实践能力强、具有创新精神和社会责任感的高素质人才。

2017年，学校入选一流学科建设高校，建设学科为纺织科学与工程。学校对接国家战略特需和国际时尚创意两个制高点，积极推进"纺织产业关键技术协同创新中心""高性能纤维复合材料协同创新中心""海派时尚设计及价值创造协同创新中心"三个上海市协同创新中心以及"东华大学先进低维材料中心""东华大学国际时尚科创中心"和"东华大学纺织科技创新中心"建设。

学校积极推进新时期教育对外开放工作，与全球100多所知名高校、研究机构及企业建立了良好的合作关系。

新时代，新作为。学校以习近平新时代中国特色社会主义思想为指导，坚定贯彻党和国家的教育方针，以立德树人为根本，依法自主开展人才培养、科学研究、社会服务和文化传承创新，为国家、上海和行业的经济建设和社会发展提供人才和科技支撑。

5. 现任领导与历任领导

（1）现任领导。
党委书记：朱　民
党委副书记：刘淑慧　崔运花　金海燕
纪委书记：金海燕（兼）
校长、党委副书记：蒋昌俊
副校长：刘春红　邱　高　卿凤翎　陈　革　陈南梁　舒慧生
（2）历任领导。
历任校长
张方佐　　　　　1951—1952
盛　华　　　　　1952—1957
温仰春　　　　　1957—1977
钱宝钧　　　　　1978—1984
蒋永椿（代校长）1984—1986
蒋永椿　　　　　1986—1990
周永元　　　　　1990—1994
邵世煌　　　　　1994—2001
徐明稚　　　　　2001—2015
蒋昌俊　　　　　2015—

◎ **参考资料：**
1. 东华大学官网。
2. 东华大学"百度百科"。

（高志全　撰稿）

华东师范大学

华东师范大学是由国家创办，教育部主管，教育部与上海市人民政府重点共建的综合性研究型大学。

学校成立于1951年10月16日，是以大夏大学（1924）、光华大学（1925）为基础，同时调进复旦大学、同济大学、浙江大学和圣约翰大学等高校的部分系科，在大夏大学原址上创办的。1959年学校被中共中央确定为全国16所重点院校之一。1972年与上海师范学院、上海体育学院等院校合并，改名为上海师范大学。1978年学校再次被确认为全国重点大学。

1980年恢复华东师范大学校名。1986年学校被国务院批准成为设立研究生院的33所高等院校之一。1996年被列入"211工程"国家重点建设大学行列。1997年上海幼儿师范高等专科学校并入华东师范大学，成立华东师范大学学前教育与特殊教育学院。1998年，上海教育学院，上海第二教育学院并入华东师范大学，先后组建了继续教育学院和职业技术学院。2002年根据上海市高校布局结构调整的战略部署，启动闵行校区规划建设。2006年学校主体搬迁到闵行校区，形成了"一校两区、联动发展"的办学格局；同年，教育部和上海市决定重点共建华东师范大学，学校进入国家"985工程"高校行列。

2017年学校进入世界一流大学A类建设高校行列，全面开启建设中国特色世界一流大学的新征程。

1. 学校两个源头

（1）大夏大学。

大夏大学创立于1924年7月，它是从厦门大学脱离出来的部分教师和学生在上海发起建立的。首任校长马君武，王伯群任校董会董事长。建校初期，设文、理、教、商、预五科，后曾增设高等师范专修科和法科。1929年秋，学校把科改为院。1937年八一三事变后，日寇侵占上海，大夏大学奉命与复旦大学一起内迁成立"联合大学"，一部分设在庐山，后迁往重庆，校长由原复旦大学校长钱新之担任，学生有千余人；另一部分设在贵阳，校长为王伯群，学生300余人。后因分设两地不便，1938年4月决定取消"联合大学"校名，仍恢复大夏大学和复旦大学校名。大夏大学设在贵阳。抗战胜利后，大夏大学于1946年迁回上海原校址。大夏大学建校27年，培养学生近20000名，毕业生6000余人，包括一批为国为民的有识之士。

（2）光华大学。

光华大学是1925年从美国教会学校圣约翰大学脱离出来而创建的。1925年6月3日，上海圣约翰大学华籍师生（包括附中师生），为五卅惨案死难者致哀，要求悬挂半旗，遭到美籍校长卜舫济的反对，并要学生立即离校。广大师生非常气愤，当即宣誓离校者有553人，其中包括著名教授孟宪承、钱基博等，并提出收复教育权、立志创办中国人自己的新学校，并定新校名为"光华大学"（即"光我中华"之意）。设有文、理、工、商四科，文科设心理哲学、教育、国文、西洋文学、历史、社会、政治7个系；理科设数理、化学、生物3个系；商科设经济、会计、银行、工商管理4个系，工科不设系，不久后取消。1929年秋，学校将科改为院。1932年一·二八事变后，学校曾一度迁入租界愚园路公园别墅上课。1941年，太平洋战争爆发，光华大学迫不得已将校名隐蔽。抗战胜利后，恢复光华大学校名。光华大学建校26载，先后入校学生达14000余人，完成大学学业获得学位者2400余人，为国家培养了许多人才，如姚依林、荣毅仁、叶圣陶、周而复、尉健行等。

2. 中华人民共和国成立后—1978年的发展演变

1951年7月17日，以大夏大学、光华大学的文、理科为基础，加上复旦大学、同济大学、沪江大学、东亚体专等校的教育、动物、植物、音乐及体育系合并成立华东师范大学。以大夏大学的原址为校址。8月、9月间，大夏大学的中文、英文、历史、社会、数学、化学、教育、教育心理、社会教育系，光华大学的国文、英文、教育、数理、化学、生物系，同济大学的动物、植物系，复旦大学的教育系，东亚体专的体育系、体育专修科和沪江大学的音乐系相继并入。10月16日举行开学典礼，华东师范大学正式宣告成立。刚建校时学校设有教育、中文、外文、历史、数学、物理、化学、生物、地理、音乐、体育等11个系。

1952年9月，在院系调整中，圣约翰大学的教育、中文、数学、物理、化学和生物系，浙江大学的地理系，沪江大学的教育、社会系，大同大学的教育、物理系和震旦大学的教育系并入，同时又从交通大学、同济大学、浙江大学等校调入数学、物理、化学、生物等学科的教师多人；将学校体育系和体育专修科调至新建的华东体育学院。调整后的学科设置是：教育、中文、外文（设俄文、英文二组，俄文兼办专修科）、历史、地理、数学、物理、化学、生物、音乐系（以上各系均兼办专修科）。新设政治教育专修科。1953年8月，江苏师范学院的艺术科音乐组，浙江师范学院的外国语文系英语组，安徽师范学院的物理、历史、数学、英语系，福建大学物理系，华中师范学院英语系部分学生并入。1956年6月28日，中央教育部决定音乐系在暑假后停办，全系学生转入新建的北京艺术师范学院学习，教师则分别支援北京、南京、兰州等地师范院校音乐系、科和上海音乐学院。之后，上海第二师范学院地理系于1958年并入华东师范大学。

建校之初，全校共有教职工338人，其中教师131人，学生1032人，其中各校并入学生698人，暑假招收新生334人，分36个班上课。至1957年，在校生人数已达5000余人，研究生班及函授生各为127人和801人，在教书育人方面逐渐形成社会主义师范教育的特色。

1959年3月，华东师范大学被确定为全国16所重点高等学校之一。

1957年9月，教育部批复，同意成立人口地理研究室和河口研究室，这是国家教育部批准的第一次全国18个研究室中的2个，人口地理研究室是中华人民共和国成立以后建立的第一个人口研究机构。自1958年起，华东师范大学又陆续建立了教育科学研究室和电子学、原子物理、固体物理、光学等一大批理科研究室及一些专业实验室，广泛深入地开展学术研究活动。

1959年起，研究生的培养由举办两年制研究生班改为主要招收三年制研究生。

到1966年，全校教职工由建校初的338人增加到1975人，其中教师数由131人增到912人，在校学生4192名。全校已有教育、中文、俄文、历史、政治教育、数学、物理、化学、生物、地理、地质11个系和留学生办公室、函授、电大等教学单位及地质地理、教育科学两个研究所。建设了有较高水平的专业和基础实验室共72个。科学研究也取得了较大成果：文科有孟宪承教授主编的《中国古代教育史》《中国古代教育文选》，刘佛年教授主编的《教育学》，吴泽教授主编的《中国近代史学史》《中国古代教育文选》。理科在河口海岸学、地貌学、微波传输及测量、红外技术、波谱学、高分子化学、电生理、李代数、植物分类、动物生态等方面都有新的发展。

1972年5月，学校被迫与上海师范学院、上海半工半读师范学院、上海教育学院、上海体育学院等校合并，改名为上海师范大学。

3. 改革开放后的发展

1978年，上海师范学院、上海教育学院和上海体育学院从学校分离出去，相继恢复原来的建制。1980年7月，经教育部批准恢复华东师范大学原名。

根据国家"四个现代化"建设和教育事业发展的需要，学校相继建立了教育科学学院、研究生院、教育管理学院和成人教育学院。系和专业从1979年的11个系17个专业扩展到1991年的21个系38个专业；科研机构也从1966年的一所三室发展到1991年的23个研究所、28个综合性研究中心和为教学、科研服务的实验中心。

先后建立了计算机科学、电子科学技术、数理统计、环境科学、对外汉语言文学、美术、学前教育、特殊教育、教育管理、高等教育管理、教育技术、思想政治教育、国际金融、图书馆情报学、哲学、经济学、固态电子学、国土整治与开发、应用数学等本科专业，以及人口、经济管理、应用化学、应用生物学等一批专科专业，并从有利于管理、有利于学科发展出发，新建了一些系。

形成了教育科学、社会科学、人文科学、自然科学、技术科学和管理科学的多科性师范大学的新格局。从1976年到1991年，共培养本、专科生约23000名。

从1978年开始先后有34个院、系、所，105个专业招收研究生。王建磐是由我国自己培养的第一批18位博士之一，也是学校培养的第一名博士。1986年6月，经国务院批准，学校成立了研究生院，成为设立研究生院的33所高等院校之一。1991年有博士学位授予点28个，博士生导师55人（3人为兼职），硕士学位授予点87个。此外还设有地理学（人文地理学、自然地理学、区域地理学），生物学（动物学、生理学、植物生理学），数学（基础数学、概率论、数理统计专业）3个博士后科研流动站。1978年至1991年间，学校共培养研究生3600余名。

学校形成了一支实力雄厚的师资队伍，他们中有：教育学家孟宪承、廖世承、曹孚、刘佛年、左任侠、胡寄南，历史学家吕思勉、李平心、吴泽、束世澂、林举岱、王养冲、陈旭麓、夏东元，外国语言文学专家平海澜、周煦良、孙大雨、徐燕谋、罗玉君、顾谷宜、缪廷辅、李毓珍，哲学家周抗、冯契、徐怀启，伦理学家周原冰，社会学家言心哲，文学家许杰、张毕来、王西彦、徐震堮、施蛰存、徐中玉、钱谷融，经济学家陈彪如，音乐家刘雪盦、马革顺、钱仁康、应尚能，体育学家吴邦业、黄震，生物学家张作人、薛德焴、王志稼、郑勉、张孟闻、郎所、堵南山、颜季琼，化学家邵家麟、唐宁康、夏炎，数学家李锐夫、孙泽瀛、程其襄、钱端壮、曹锡华，地理学家胡焕庸、李春芬、严钦尚、陈吉余，物理学家张开圻、郑一善、许国保、姚启钧、陈涵奎等。

截至1991年年底，华东师范大学的教师队伍已增加至2079人，其中教授174人，副教授577人，讲师961人，形成了一支力量雄厚的师资队伍。

4. 今日的华东师范大学

20世纪90年代，华东师范大学参与了上海市师范结构调整。上海幼儿师范高等专科学校、上海教育学院、上海第二教育学院先后并入华东师范大学。

1993年年初，实行校、院、系三级管理并以院为实体的管理体制，成立了商学院、理工学院、文学与艺术学院、外语学院、资源与环境科学学院、人文学院、化学与生命科学学院和教育科学与技术学院八大实体学院。

从1993年开始，改革学年学分制为学分制，打破专业限制，拓宽学生知识面，经1987年试行主辅修制后，进行了全面推广。

近年来，学校秉承大夏大学、光华大学等前身学校"自强不息""格致诚正"的精神和学思结合、中外汇通的传统，追求"智慧的创获，品性的陶熔，民族和社会的发展"的大学理想，恪守"求实创造，为人师表"的校训规范，力争在2020年左右进入世界知名高水平研究型大学行列，在21世纪中叶建成世界一流大学。

学校目前设有3个学部：地球科学学部、教育学部、经济与管理学部；30个全日制学院：人文社会科学学院、马克思主义学院、法学院、社会发展学院、外语学院、对外汉语学院、心理与认知科学学院、体育与健康学院、经济学院、工商管理学院、公共管理学院、统计学院、传播学院、艺术学院、美术学院、设计学院、理工学院、物理与材料科学学院、化学与分子工程学院、地理科学学院、城市与区域科学学院、生态与环境科学学院、海洋科学学院、生命科学学院、信息科学技术学院、计算机科学与软件工程学院、国际汉语教师学院、教师教育学院、亚欧商学院、数据科学与工程学院；4个书院：孟宪承书院、经管书院、大夏书院、光华书院；6个实体研究院：思勉人文高等研究院、国际关系与地区发展研究院、河口海岸科学研究院、城市发展研究院、国家教育宏观政策研究院、转化科学与技术联合研究院；2个国家重点实验室：河口海岸学国家重点实验室、精密光谱科学与技术国家重点实验室；1个管理型学院：开放教育学院/上海教师发展学院。

另有设在学校的教育部中学校长培训中心。

截至2017年9月，在校全日制本科生15089人，专科生4人；在校研究生18571人，其中博士研究生3309人，硕士研究生15262人（含免费师范生教育硕士4167人），在校留学生2342人，教职工4105人，其中专任教师2269人。教授及其他高级职称教师1815人，其中含中国科学院和中国工程院院士（含双聘院士）12人，中组部"千人计划"入选者20人，"青年千人"入选者18人，教育部"长江学者奖励计划"特聘教授及讲座教授39人，国家"杰出青年科学基金"获得者35人，国家"万人计划"领军人才及国家教学名师入选者6人，人社部"新世纪百千万人才工程"国家级人选11人，国家"优秀青年基金获得者"19人，中组部"青年拔尖人才"6人，教育部"青年长江学者"7人。

学校有博士学位授权一级学科27个，硕士学位授权一级学科36个，可授予19种硕士专业学位，以及教育博士专业学位，有25个博士后科研流动站，83个本科专业。拥有教育学、地理学2个国家一级重点学科，5个国家二级重点学科，5个国家重点培育学科。学校理工科拥有2个国家重点实验室，1个国家工程技术研究中心，1个国家野外科学观测研究站，1个国家级国际联合研究中心，6个教育部重点实验室和工程中心；学校文科拥有6个教育部人文社会科学重点研究基地，10个上海市哲学社会科学创新研究基地和上海市人民政府决策咨询研究基地工作室，2个上海市高校智库。现有国家文理科基础学科人才培养和科学研究基地6个、国家级实验教学示范中心2个，国家级虚拟仿真实验教学中心1个，上海市实验教学示范中心7个。学校主办和承办23种学术期刊，图书馆馆藏印刷型文献总量近454万册，各类电子文献数据库140个（415个子库）。学校成立基础教育集团，现有24所附属中小学、2所幼儿园和2所民办幼小初高一体化学校（正式招生办学）。

学校先后与法国高师集团、美国纽约大学、弗吉尼亚大学、康奈尔大学、澳大利亚昆士兰大学、巴西圣保罗大学、日本东京大学等世界著名大学建立了战略合作伙伴关系，与世界200余所高校、科研机构签订了学术合作与交流协议。与法国高师集团成立联合研究生院；与法国里昂高师和法国国家科学研究中心成立中法科学与社会联合研究院；与美国纽约大学联合创办的上海纽约大学，是第一所具有独立法人资格的中美合作创办的大学；与法国里昂商学院合作共建亚欧商学院；与以色列海法大学合作共建转化科学与技术联合研究院。学校设有国家汉办所属的国际汉语教师研修基地，作为中方合作院校建设8所孔子学院。

5. 现任与历任领导

（1）现任领导。
党委书记：童世骏
校长、党委副书记：钱旭红
党委常委副书记、副校长：任友群
党委副书记：杨昌利　方　平
副校长：任友群　孙真荣　梅　兵　李志斌　王荣明　周傲英　戴立益

（2）历任领导。

历任党委书记

周　抗	1952.02—1953.05	
胡友庭	1953.05—1955.12	
常溪萍	1954.06—1965.08	
姚　力	1965.10—1966.07	
魏　进	1970.12—1975	
陈准堤	1977.06—1978.02	
施　平	1978.08—1984.06	
王　璞	1984.07—1986.07	
严凤霞	1986.07—1989.09	
徐豫龙	1989.09—1993.10	
陆炳炎	1993.10—2000.10	
张济顺	2000.10—2011.07	
童世骏	2011.07—	

历任校长

孟宪承	1952.01—1966	
刘佛年	1978.08—1984.06（1984.07起任名誉校长）	
袁运开	1984.07—1992.12	
张瑞琨	1992.12—1997.01	
王建磐	1997.01—2005.12	
俞立中	2006.01—2012.07	
陈　群	2012.07—2018.01	
钱旭红	2018.01—	

◎ **参考资料：**

1. 华东师范大学校长办公室编：《华东师范大学》，浙江大学出版社2000年版。
2. 华东师范大学官网"学校概况"。
3. 季啸风主编：《中国高等学校变迁》，华东师范大学出版社1992年版。

（秦然　撰稿）

上海外国语大学

上海外国语大学，简称"上外"，是中华人民共和国成立后兴办的第一所高等外语学府、中国外语教育的发祥地之一，是中华人民共和国教育部直属并与上海市人民政府共建、首批进入国家"211 工程"和"双一流"世界一流学科建设的全国重点大学。

1. 学校早期发展历史

（1）华东人民革命大学附设上海俄文学校（1949—1950）。

中华人民共和国成立后，由上海市市长陈毅倡导，以华东人民革命大学第四部为基础，在上海创办一所培养俄语人才的学校，"华东人民革命大学附设上海俄文学校"于 1949 年 12 月成立。这是中华人民共和国成立后兴办的第一所高等外语学校。

（2）华东人民革命大学附设外文专修学校（1950—1952）。

为配合国家外交外贸工作需要，学校于 1950 年增设英语班，更名为"华东人民革命大学附设外文专修学校"。1951 年 4 月，学校又建立东方语言文学系，增设缅甸语、越南语和印尼语专业。1952 年 3 月院系调整时，原上海沪江大学部分教职工和南京军事外国语专修学校学生相继调入。至 1952 年 8 月，学校已粗具规模，设俄语、英语、缅甸语、越南语和印度尼西亚语 5 个语种。

（3）上海俄文专修（科）学校（1952—1956）。

1952 年下半年起，全国高等院校实行统一招生并进行院系调整。根据教育部指示，学校东方语言文学系师生全部并入北京大学，只设俄语专业。同年 9 月，学校改名为"上海俄文专修学校"，又于 11 月更名为"上海俄文专科学校"，学制固定为 3 年。同年学校首次聘请苏联专家毕里金斯卡娅来校工作，指导编撰《俄语读本》和会话教材。

这一时期，学校的教学工作从培训式教学走向正规化教学，建立和完善了教学组织，取消了综合性的俄语教研室，成立了实践课、翻译、文学史、语言学等 10 个教研组，制定了统一的教学大纲，建立了学籍管理制度并取得较好的效果。至 1956 年 6 月，在校教师人数达 241 名（苏侨教师 90 人，中国教师 151 人），先后招收七期学生共 3998 人，其中毕业 2087 人，为国家各条战线输送了一批急需的俄语人才。

（4）上海外国语学院（1956—1994）。

1956 年，经国务院批准，学校更名为"上海外国语学院"，增设英语、法语、德语专业，学制改为 4 年。学校俄语专业仍招收新生，英语、法语、德语专业积极准备办学工作，定于 1957 年招生。1957 年，山东大学外语系俄语专业的学生转入学校学习。1958

年,上海第一师范学院外语系英语专业并入,并新设对外贸易外语系(1960年迁出,在此基础上成立了上海对外贸易学院)。同年,学校开办夜校部,设英语、德语、法语、俄语4个语种,第一批学员共2200人入学;又接受上海市委财贸部和上海市外贸局的委托,开设外贸外语系,设英语、德语、法语、日语、阿拉伯语、西班牙语等6个语种。

1963年9月12日,经中央批准,上海外国语学院被列为全国重点高等学校,直属教育部领导。1964年10月31日,原黑龙江大学副校长、俄语翻译家王季愚同志被调任为上海外国语学院院长,这是学校自1949年建校以来第一位由国务院任命的校长。截至1966年,全院共有教师383人,其中教授8人、副教授8人、讲师81人、教员30人、助教256人,学生1660人。

1970年,学校开办试点班,共招收英语、德语两个语种的学员32名。随后,根据教育部的指示,学校于1972年5月正式恢复招生,设英语、俄语、德语、日语、法语、阿拉伯语、西班牙语等专业,至1976年,共招收5届工农兵学员2542名。同年原上海对外贸易学院并入。1973年增设了阿尔巴尼亚语专业,1975年又创建上海外语电化教育馆。

2. 改革开放—1994年的学校发展

1979年,学校的学制恢复为4年,并开始招收学位研究生,学校各项工作逐步走上正轨。1980年秋受教育部委托设立高校外语师资培训中心。同年5月,外国语言文学研究所成立。1981年,国务院学位委员会批准学校有权授予英语、俄语、法语、日语、德语及语言学6个专业硕士学位。

自1982年起,学校着手准备由单科的外国语学院向多科性应用学科外国语大学方向发展。1983年9月,国务院学位委员会批准了英语、俄语专业博士学位授予权。1984年,英语语言文学专业首次招收二年制研究生班。1985年成立研究生部和苏联研究所。同年,经教育部同意,学校英文译名由 Shanghai Foreign Language Institute(SFLI)改为 Shanghai International Studies University(SISU)。1986年2月,经国家教委批准,设教育传播与技术专业(专科),学制三年,1986年秋季招生。同年8月,国务院学位委员会批准法语和语言学与应用语言学专业有博士学位授予权;阿拉伯语与西班牙语专业有硕士学位授予权。1988年,国家教委批准俄语专业为全国重点学科点。

1983年以来,为适应我国经济发展和对外开放的需要,除原设英语、日语、德语、法语、俄语、西班牙语、意大利语、希腊语、葡萄牙语、阿拉伯语等10个专业外,增设了国际新闻、国际贸易、外事管理、对外汉语、师范英语(中学英语教师本科班)、教育传播与技术、国际会计(与上海财经大学合办)等专业。至此,本科扩展到11个系,16个专业。英语系设英语语言文学、国际新闻2个专业;对外经济贸易系设国际贸易(英语)、国际会计2个专业;德语系设德语语言文学专业;法语系设法语语言文学专业;日语系设日语语言文化、国际贸易(日语)2个专业;俄语系设俄语语言文学专业;西语系设西班牙语语言文学、意大利语语言文化、希腊语语言文化、葡萄牙语语言文化4个专业;阿拉伯语系设阿拉伯语语言文学专业;对外汉语系设对外汉语、外事管理2个专业;英语二系设师范英语(中学英语教师本科班)专业;传播系设教育传播与技术(英语)

专业（原为专科，1989年改为本科）。

至1992年，全院教师700多名，其中正、副教授和其他系列高级职务人员近200人，讲师300余名。其中，德高望重的教师方重、胡孟浩、杨小石、戴炜栋、侯维瑞、王德春、李观仪等。聘有50余名来自15个国家的专家、教师。学校经常聘请国内外著名学者、专家到校讲学。全院本、专科学生、研究生、进修生、出国留学培训生和外国来华留学生近3000名，夜大生18000名。

为了提高教学质量，1978—1986年，先后选派162名教师出国深造，攻读语言文学、法律、经济、新闻等人文学科，其中有不少教师已获得有关国家的硕士学位和博士学位。学院还与日本、德国、法国、美国、埃及、加拿大、意大利、比利时、澳大利亚等国的40多所高等院校有密切的合作交流关系，合作项目包括为对方培训师资，安排学者、教授讲学或互访，并各自为对方提供奖学金名额。

学院重视教学与科研相结合。设有外国语言文学研究所、苏联研究所、中东文化研究所和6个研究中心。1984年有7个作品获得上海市文科科研成果奖；1986年有三种著作分获上海市哲学社会科学优秀著作奖和著作奖。有16项课题列入"七五"期间国家社会科学基金项目、国家教委哲学社会科学重点项目和博士点科研基金项目，其中"高等学校基础英语分级教学的理论与实施"课题获国家教委1989年国家级优秀成果奖。专著有《新编英语语法》《现代英国小说史》《英语语体学》《语用学概要》《意大利文学史》等。由学校主编或与有关单位合编的各类词典，已出版的有17部。其中，《汉俄词典》填补了国内外词书的空白，其他有《法汉词典》《简明西汉词典》《德汉词典》《英语常用词搭配词典》《同义词词林》等。

3. 今日上海外国语大学（1994年至今）

1994年，经国家教委批准，学校正式更名为"上海外国语大学"（简称"上外"），同时被列为国家教委和上海市共同建设的首批学校之一。1996年，学校通过教育部审核，成为进入"211工程"的全国重点大学。

进入21世纪，学校于2000年新建了位于上海松江大学城的新校区，本科生及研究生随之陆续迁入。汇聚着各国风情的松江校区，已成为上外培养高素质国际化人才的基地和摇篮。2007年1月，凝聚着上外精神的新校训"格高志远，学贯中外"正式确立。2009年12月，学校举行建校60周年庆祝活动。2013年11月，教育部核准《上海外国语大学章程》。

为进一步深化教育综合改革，学校于2014年5月提出"新时期应有的外语人才观"和"诠释世界、成就未来"的办学理念，确立了"服务国家战略、服务人的全面发展、服务社会进步、服务中外人文交流"的办学使命。

2015年11月，学校在全国高校中率先提出"多语种+"战略，致力于培养既精通外语、通晓国别区域与领域的专才，又能够参与全球事务的通才。同时，构建外语院系特色思政工作体系，加强思政课程与外语专业教学的有机结合。2016年7月，上海外国语大学第十四次党代会召开，学校提出"建设国别区域全球知识领域特色鲜明的世界一流外国语大学"的办学愿景，培养"会语言""通国家""精领域"的"多语种+"卓越国际化人才。

2017年9月，上海外国语大学入选国家"双一流"建设名单。10月，上外承办的上海全球治理与区域国别研究院、中国—阿拉伯改革与发展研究中心等四个项目入选《上海服务国家"一带一路"建设发挥桥头堡作用行动方案》。

截至2017年年底，学校共有虹口与松江两座校区，总占地面积约70万平方米；设有19个教学院系（部）：卓越学院、英语学院、东方语学院、西方语系、日本文化经济学院、俄罗斯东欧中亚学院、法语系、德语系、新闻传播学院、国际教育学院、国际金融贸易学院、国际工商管理学院、法学院、国际关系与公共事务学院、高级翻译学院、国际文化交流学院、马克思主义学院、继续教育学院、教育部出国留学人员培训部、海外合作学院、网络教育学院、体育教学部；拥有45个本科专业，7个一级学科硕士学位授权点，39个二级学科硕士学位授权点，5个专业硕士学位授权点，3个一级学科博士学位授权点，19个二级学科博士学位授权点，2个博士后科研流动站；使用29种语种授课；有专任教师790人，其中：正高级职称147人，副高级职称287人，长江学者2人，拥有国外学习经历的教师比例为80%；在校学生13960人，其中中国学生9389人，国际学生4571人；2017年本科生就业率为96.6%，2017年中国高校毕业生薪酬排名为第五名。

在教学科研方面，上外在各自学科领域上下求索，以研究带动和促进教学，为国家和地方提供智力支持，推动中国哲学社会科学繁荣发展。其中，52份报告被中共中央、国务院和相关国家部委采纳；109份报告被上海市政府和相关委办局采纳。截至2017年年底，上海外国语大学拥有2个国家重点学科，1个国家重点（培育）学科，1个上海市I类高峰学科，6个上海高校一流学科；1个国家级非通用语种本科人才培养基地，10个国家级特色专业建设点；科研机构70多个，其中，国家级智库（CTTI）3个，国家级重点科研机构10个，上海市重点科研机构6个。另外，学校拥有3门国家精品开放课程，3门国家级精品课程，24门上海市精品课程，47门上海市重点课程，6门上海市高校在线课程。其中，上外《跨文化交际》课程在英国FutureLearn在线教育平台已开设三轮，吸引来自170多个国家25000多名学生修读。

在学术交流方面，拥有380多个全球合作伙伴机构（所），覆盖国家和地区超过57个，9所海外孔子学院；3个中外合作办学项目，140多个交换生项目，30多个联合培养项目。学校先后主办或承办了中国外语教学法国际研讨会、英美文学国际研讨会、文体学国际研讨会、音系学国际研讨会、中国英语教学研究会年会、第三届对比语义学和语用学国际研讨会、第十届世界管理论坛暨东方管理国际学术研讨会、中国俄语教育三百年国际学术研讨会、全国高校俄语大赛、第十二届世界俄语大会、公关关系论坛、首届中国外语战略与外语教学改革高层论坛、"全球化背景下的跨文化管理"国际学术研讨会、中国日耳曼学六十年学术研讨会、"中国外交的新领域、新议程、新机遇"学术研讨会、中华人民共和国成立以来的外国文学教学与研究学术研讨会、青少年与媒介消费国际研讨会等国内外大型学术会议。

学校不仅是中国政府奖学金来华留学生接收院校和国际高校翻译学院联合会

（CIUTI）亚太工作组所在地，还开设全部联合国6种官方语文语对组合，获国际会议口译员协会（AIIC）全球最高评级，是包括港澳台地区在内的中国唯一位列世界15强的专业会议口译办学机构，英汉语对全球排名第一。

上外同样也致力于回馈社会和服务社会。2012年，上海外语教育出版社（外教社）编辑出版各类著作教材1268种，其中重印书890种，重印率高达70.1%。《中国高被引指数分析》公布的2010年语言文字领域高被引频次最多十本图书中，就有五种出自上外的出版社。此外，学校师生的身影还经常出现在各类高端国际会议、体育赛事、艺术展演等重大涉外活动中，弘扬志愿精神，发挥学科特长，提供专业的多语言服务。

建校近七十年来，从成立初期单语种单科性学校到后来的多语种多学科学院再到现在的向国际化高水平大学迈进，学校现已发展为以语言文学类学科见长，文、教、经、管、法等学科协调发展的多科性外国语大学，为国家培养了一大批专业人才，他们的足迹遍布世界各地，为国家外交事业、经济建设、文化繁荣和社会发展，为增进我国同各国人民的友谊作出了贡献。

4. 现任和历任领导

（1）现任领导。
党委书记：姜　锋
校长：李岩松
党委副书记：李岩松
党委副书记：王　静
党委副书记：钱　玲
副校长：冯庆华
副校长：张　峰
副校长：杨　力
副校长：周　承
总会计师：林学雷
（2）历任领导。
历任校长
姜椿芳　　　　1949.12—1952.03
涂　峰（代）　1952.03—1957.03
张培成（代）　1958.04—1964.10
王季愚　　　　1964.10—1967.01，1978.08—1981.05
胡孟浩　　　　1982.09—1990.03
戴炜栋　　　　1990.03—2006.01
曹德明　　　　2006.01—2017.06
李岩松　　　　2017.06—

历任党委书记
姜椿芳　　　　1949.12—1951.05
涂　峰　　　　 1953.01—1958.03
张培成　　　　 1958.03—1960.01
陈准堤　　　　 1960.01—1967.01
韩宗琦　　　　 1972.09—1984.02
张显崇　　　　 1984.03—1986.12
朱丽云　　　　 1986.12—1995.05
戴炜栋　　　　 1995.05—2004.07
吴友富　　　　 2004.07—2014.01
姜　锋　　　　 2014.01—

◎ 参考资料：

1. 上海外国语大学党委宣传部：《上海外国语大学：上外概览2016》，2016年。
2. 上海外国语大学校长办公室编：《上海外国语大学2016年鉴》，2016年。
3. 《上海外国语大学》，《教育发展研究》2009年第21期。
4. 缪迅：《面向新世纪的上海外国语大学》，《上海教育》2001年第17期。
5. 上海外国语大学百科"历任领导"条目。
6. 上海外国语大学官网"历史沿革"。
7. 上海外国语大学"百度百科"条目。
8. 季啸风主编：《中国高等学校变迁》，华东师范大学出版社1992年版。

(秦然　撰稿)

上海财经大学

上海财经大学是中华人民共和国教育部直属的一所以经济管理学科为主，经、管、法、文、理、哲等多学科协调发展的研究型重点大学；是国家"211工程""985工程优势学科创新平台"重点建设高校，国家"双一流"世界一流学科建设高校。

学校源于1917年南京高等师范学校创办的商科，1921年发展为国立东南大学分设的上海商科大学，1932年独立建校，定名为国立上海商学院，1950年，更名为上海财政经济学院。1985年，学校更名为上海财经大学，并延续至今。

1. 学校早期发展沿革

学校1917年7月在南京高等师范学校创设商科，是一所历史悠久的财经类高等学校。

1917年7月，南京高等师范学校增设了商业、农业和英文3个专修科，其中商业专修科即为上海财经大学的历史源头。1920年12月7日，南京高等师范学校正式改称国立东南大学，设文、理、教育、农、工、商6个科，商科即是在南京高等师范学校商业专科的基础上扩充的，下设会计、银行、工商管理3个系。

1921年9月28日，国立东南大学和暨南学校在上海合设的上海商科大学正式开学。原南京高等师范学校校长郭秉文兼任上海商科大学校长，马寅初任教务主任。这是中国历史上第一所商科大学，原南京高等师范学校商科学生转入上海商科大学就读。

1922年7月，暨南学校退出上海商科大学，将两校合设上海商科大学的名义取消，改由东南大学独办。正式定名为国立东南大学分设上海商科大学。从开创起，马寅初、朱进之、沈籁清、李道南、潘序伦相继担任教务主任。学校采用欧美体制，与国际接轨，学生除学习外，其他活动均由学生组成学生自治会自理。

1927年3月，在东南大学基础上扩大建立第四中山大学，10月7日补行开学典礼，上海商科大学改组为商学院，由程振基任院长。1928年3月5日，第四中山大学更名为国立江苏大学，商学院也随之改名。同年4月24日，国立江苏大学改称国立中央大学，7月商学院随之更名为国立中央大学商学院，仍设在上海。在此期间，任课老师均有较深的学术造诣，其中有教务主任杨荫溥、潘序伦、刘驷业、戴蔼庐等。

1932年8月，商学院从国立中央大学中划出独立建校，定名为国立上海商学院。1937年8月13日，院舍被日寇炮火全部毁去，迁至愚园路40号。上海商学院的师生们度过了八年艰难的岁月，一直到抗战胜利后的1946年5月复校。7月，学院又由愚园路迁往中州路102号，同时增设统计、保险两个系。此时，连同原有4个系共7个系，即：银行系、会计系、工商管理系、国际贸易系、统计系、保险系和合作系。

2. 中华人民共和国成立后—1978年的发展演变

1950年7月18日,国立上海商学院正式改名为上海财政经济学院。8月,原私立上海法学院的经济、银行、会计、统计4个系和会计统计、银行两个专修科及上海法学院附属中学,并入上海财政经济学院。1950年8月,将工商管理、银行、国际贸易3个系分别更名为企业管理系、财政金融系和贸易系。1951年4月,华东财经学校并入,改为该校研究部(1952年7月停办);6月,交通大学财务管理系并入,8月,私立光华大学商学院与大夏大学会计专修科并入,到1951年年底,上海财经学院共设有会计、财务金融、企业管理、贸易、统计、保险、合作、经济、财务管理等9个系和会计、统计、贸易3个专修科。

1952年,在全国高等学校院系调整中,先后并入的有:复旦大学商学院、浙江财经学院、沪江大学商学院、大同大学商学院、东吴大学经济系、东吴大学法学院会计系、圣约翰大学经济系、江南大学工业管理系、上海学院会计专修科及企业管理专修科、立信会计专科学校本部、中华工商专科学校会计专修科等。

同时并入夜校部的有:沪江大学商学院、震旦大学夜校、东吴大学、上海学院、立信会计专科学校、中华工商专科学校、上海商业专科学校等院校的夜校有关系科。至1953年8月,山东财经学院和厦门大学企业管理系相继并入。

经过这一系列的院系调整,上海财经学院成为华东地区唯一的一所规模较大的系科较齐全的高等财经学校。设有工业管理、财务会计、经济计划、财政金融、统计、贸易、合作7个系,下设国民经济计划、工业经济、货币与信贷、财政、国家保险、工业会计、工业财务管理、机械制造工业的组织与经济、供销合作、国外贸易、国内贸易、工业统计等13个专业和统计、会计、银行、工业管理4个专修科,并成立夜校部,下设会计、工业管理、经济3个系和会计、统计、银行、工业管理4个专科。

1953年12月,姚耐任上海财经学院院长。姚耐先生是一位教育家,也是一位经济学家。他坚持高等财经教育与我国经济建设的实际密切结合,为上海财经学院的发展作出了巨大的贡献。

1958年夏,上海财经学院与华东政法学院等单位合并为上海社会科学院。1960年9月,又在上海商业学校大专部的基础上,从并入上海社会科学院原上海财经学院的教职工抽调150多人,重建上海财经学院,校址设在上海共和新路2486号。设6个系1个专修科和2个函授部专业,到1965年,学校达到1200多人。1972年学校停办。

3. 改革开放后—1996年的学校发展

1978年秋,上海财经学院在原地再度筹备恢复,姚耐再度出任院长。1980年12月,经国务院正式批准,学院由财政部和上海市双重领导,以财政部为主。1985年9月,改名为上海财经大学。

继 1978 年年底恢复招收本科生后，1979 年开始招收研究生，恢复夜大学。1981 年 3 月建立了上海国际经济管理学院，1989 年 1 月成立了成人教育学院。至此，上海财经大学已成为一所以培养本科生、研究生为主的多科性、多层次的经济管理类大学。

至 1989 年，学校共设有 19 个专业，4 个专门化，分属于 9 个系。经济学系设经济学、经济法 2 个专业；世界经济系设国际金融、国际贸易 2 个专业；工业经济系设工业经济、工业企业管理 2 个专业以及标准化管理和涉外企业管理 2 个专修科；贸易经济系设贸易经济专业和市场营销、工商行政管理 2 个专门化；财政系设财政学、财务学、税收、投资经济管理 4 个专业；金融系设金融学、保险 2 个专业；会计学系设会计学、国际会计学、审计学 3 个专业；统计学系设统计学专业和应用数理统计专门化；经济信息管理系设管理信息系统专业。

研究生设有授予硕士学位的学科、专业共 15 个，即政治经济学、中国经济思想史、外国经济思想史、工业经济、商业经济、国家贸易、财政学、货币银行学、国际金融、会计学、统计学。还设有 5 个博士点，即中国经济思想史、财政学、会计学、统计学、工业经济管理。成人教育学院设有夜大学本科和专科、函授部和自学考试。各专业在课程设置方面，注意打好经济理论、汉语写作、数学、外语和计算机应用的基础，完善专业课，增开选修课，加强实践性教学环节。

1989 年下半年，全校共有教职工 1488 人，其中专任教师 653 人，专任教师中教授 31 人，副教授 117 人，讲师 211 人，助教 283 人。胡寄窗、席克正、娄尔行、徐政旦、郑德如、王松年、杨公朴等 7 名教授分别担任博士生导师。全校共有在校学生 6588 人，其中本专科学生 3929 人，研究生 310 人（博士生 21 人，硕士生 232 人）。另有夜大及函大学生 2291 人。

上海财经大学的国际交流也有很大的发展，同世界银行经济发展学院以及美国、加拿大、荷兰、日本等国的 10 多所大学建立了良好的校际关系。

全校校园面积 20 余公顷，地分三处；校部设在国定路 777 号，是本科教育基地；中山北一路 369 号是研究生和对外经济管理专业教育基地；昆山路 146 号，是成人业余教育基地。

从 1949 年到 1992 年，上海财经大学已为国家输送了约两万名经济管理干部，分布在祖国各地的各条战线上，不少人成为经济管理部门、财经院校和科研单位的骨干。

4. 今日上海财经大学

1996 年，上海财经大学进入"211 工程"重点建设高校行列；同年，被批准与境外大学联合举办 MBA 班，是首批在中国境内授予外国学位的试点单位之一。1999 年，被批准新增理论经济学和工商管理两个博士后科研流动站，继原来的应用经济学博士后科研流动站，成为全国财经院校中唯一具有三个博士后流动站的院校。2000 年 2 月，学校划归教育部领导；9 月，被教育部批准为国家级人文社会科学重点研究基地（会计与财务研究院）。2002 年，被批准为首批培养高级管理人员工商管理硕士（EMBA）的院校之一；同年，被批准于香港设立研究生教学点，成为最早在境外开展研究生学历学位教育的内地高校之一。2004年，被批准为首批培养会计硕士试点院校之一。2006年，学校进入"985工程优势学科创新平台"行列。2007年，进入国家建设高水平大学项目行列。2010年，进入国家教育体制改革试点高校行列；同年，被批准为首批培养金融硕士、保险硕士、税务硕士、资产评估硕士、国际商务硕士、应用统计硕士的院校之一。2011年，入选中共中央组织部"国家海外高层人才创新创业基地"。2012年5月14日，教育部、财政部和上海市人民政府签署三方协议，共建上海财经大学。2016年11月，入选教育部"全国高校实践育人创新创业基地"。2017年8月，入选教育部、国家外国专家局联合实施的"高等学校学科创新引智计划"（"111计划"），被认定为上海市首批深化创新创业教育改革示范高校；9月，入选首批国家"双一流"世界一流学科建设高校行列；12月，获"全国深化创新创业教育改革特色典型经验高校"荣誉称号。

截至2017年年底，上海财经大学共有国家级教学团队四个：会计本科教学团队、财政学本科教学团队、金融学教学团队和政治经济学教学团队。设有商学院、会计学院、金融学院、国际工商管理学院、经济学院、法学院、公共经济与管理学院、人文学院、信息管理与工程学院、外国语学院、统计与管理学院、数学学院等12个专业学院，以及体育教学部、继续教育学院、国际文化交流学院、国际从业资格教育学院、国际教育学院、马克思主义学院、城市与区域科学学院（财经研究所）、高等研究院、交叉科学研究院、上海发展研究院、自由贸易区研究院、创业学院、青岛财富管理研究院、上海国际银行金融学院等培养单位，设有会计学等36个本科专业。有专任教师1019名，其中教授、副教授541人；有国家"千人计划"入选者10人，教育部"长江学者"特聘教授9人；具有博士学位的教师占全体教师的比例为81%。

经过几代人的艰苦创业和努力奋斗，上海财经大学已成为一所以经济管理学科为主，经、管、法、文、理协调发展的多科性重点大学。学校占地826亩，设有三个校区，主校区位于国定路777号。截至2017年9月，学校有专职教师1043人，现有各类在校生20419人，其中全日制15159人。从学生分类看，本科生8041人，硕士研究生6053人，博士研究生1166人，学历学位留学生826人。

百年来薪火相传，上财人铭记"厚德博学、经济匡时"之校训，励精图治，奋发进取，为国家经济和社会发展输送了数以万计的财经管理和相关专业人才。学校正在为成为国际知名、具有鲜明财经特色的高水平研究型大学而努力！

5. 现任和历任领导

（1）现任领导。

党委书记：丛树海

校长：蒋传海

纪检委书记：陈　宏

党委副书记：蒋传海

党委副书记：陈　宏

党委副书记：朱鸣雄

副校长：刘兰娟
副校长：方　华
副校长：陈信元
副校长：姚玲珍

（2）历任领导。

时期	姓名	任职时间	职务
上海商科大学	郭秉文	1921—1925	校长
	胡杏佛		商科主任
	马寅初		教务主任
国立第四中山大学商学院	朱振基	1927年起任	院长
国立上海商学院	徐佩琨	1931年起任	院长
	裴复恒	1933年起任	院长
	朱国璋	1946年起任	院长
	褚葆一	1949.08—1950.12	院务委员会主任
上海财政经济学院	孙冶方	1951.01—1953.12	院长
	姚耐	1952.08—1958.06	党委书记
	姚耐	1953.02—1958.08	院长
	申玉洁	1958.06—1958.08	党委书记
	陆慕云	1960.09—1962.04	党委书记
	王伟才	1962.04—1962.10	党委书记
	陆慕云	1960.09—1964.11	院长
	胡也	1963.01—1966	党委副书记
	胡远声	1964.11—1966	副院长
上海财经大学	姚耐	1979.01—1984.08	党委书记
	王星九	1983.02—1984.08	党委副书记
	叶麟根	1984.08—1985.10	党委副书记
	金炳华	1985.10—1988.07	党委书记
	叶麟根	1988.07—1991.02	党委书记
	金炳华	1991.02—1991.10	党委书记
	潘洪萱	1991.10—1998.04	党委书记
	谈敏	1998.04—2004.07	党委书记
	马钦荣	2004.07—2012.06	党委书记
	丛树海	2012.06—	党委书记
	郭森麒	1983.02—1984.08	副院长
	张君一	1984.08—1986.09	校长
	叶孝理	1986.07—1988.07	副校长
	金炳华	1988.07—1991.10	校长
	汤云为	1991.10—1993.11	副校长

汤云为	1993.11—1998.12	校长
谈　敏	1998.12—2012.06	校长
樊丽明	2012.06—2017.11	校长
蒋传海	2017.11—	校长

◎ **参考资料：**

1. 上海财经大学校史研究室编：《姚耐院长纪念集》，上海财经大学出版社2008年版。
2. 上海财经大学官网学校概况——"上财简介""历任领导""历史沿革"。
3. 上海财经大学校史研究室编：《国立上海商学院史料选辑》，上海财经大学出版社2012年版。
4. 上海财经大学校史编写组：《上海财经大学校史资料选辑第五辑》，1986年。
5. 上海财经大学百度百科词条。
6. 季啸风主编：《中国高等学校变迁》，华东师范大学出版社1992年版。

（秦然　撰稿）

南 京 大 学

南京大学是一所历史悠久、声誉卓著的百年名校，是教育部直属的全国重点大学之一，其前身是创建于1902年的三江师范学堂，此后历经两江师范学堂、南京高等师范学校、国立东南大学、第四中山大学、国立中央大学、国立南京大学、南京大学等历史时期，以原中央大学、1952年并入的金陵大学为组成主体。位列国家"211工程""985工程"大学行列；是教育部和江苏省重点共建单位；入选首批"珠峰计划""111计划""2011计划"。2016年入选首批国家级双创示范基地；2017年入选A类世界一流大学建设高校名单。

1. 学校早期发展沿革

（1）三江师范学堂。

1901年，清政府颁布《人才为政事之本》的兴学诏书，喻令各省督抚学政兴办各级学堂。两江总督刘坤一力主兴学"应从师范学堂入手"，于1902年5月上奏《筹办学堂情形折》，呈请创办师范学堂。1903年2月，接任两江总督的张之洞上奏《创建三江师范学堂折》，并勘定"江宁省城北极阁前"校址，创建三江师范学堂。聘请杨觐圭为学堂监督，延揽日本和中国教习，派遣缪荃孙等8人赴日考察学习。

学校1904年11月正式招生，录取300人。分一年最速成科、两年速成科和三年制本科三级学制。其中本科共开设修身（经学）、历史、教育、文学、舆地、算学、物理、化学、生理、博物、图画、农学、法制经济、手工、体操、英文、东（日）文等17门课程。

（2）两江师范学堂。

1906年5月，学校更名为"两江优级师范学堂"，徐乃昌、李瑞清先后任学堂监督，拟订新式学堂章程，派遣教师留学，并延聘日本绩学之士来校执教。

学校致力于提高课程的专业化程度，专门培养中学堂师资力量。开办优级本科之"公共科"通识课程、"分类科"之"选科"专业课程，招考"预科"及"补习科"。"选科"专业课程注重动手、强调实践，建有木工场、金工场、农场和养蚕室等实践实验场所，如农学博物科每周授课26小时（专业课程占一半），另有实验9次；图画手工选科，每周授课21~24小时，另有试验或习作5次。

学堂前后开办八年，至1910年时共有毕业生919名，其中"三江"时期毕业117人，"两江"时期毕业802人，包括程度较高的"分类科"和"选科"毕业生248人。毕业生代表人物有胡小石、吕凤子、姜丹书、陈中凡等。

(3) 南京高等师范学校。

1911年，辛亥革命爆发，学校停办。1914年，在学校原址设立南京高等师范学校，江谦为校长。1915年9月开学，设国文、理化两部预科各一级，国文专修科一级。后又陆续增设体育、工艺、农业、商业、英文等专修科。1918年增设国文讲习所，1921年又增设政治经济系及西洋文学系。国文、理化两部几经调整，于1920年合并成文理科，设国文、英文、哲学、历史、地学、数学、物理和化学系等课程，共有8系8科。学校实施"通才与专才平衡、人文与科学平衡、师资与设备平衡、国内与国外平衡"的办学方针，倡导"严谨求实"的学风，改革"教授法"，倡导"教学法"。1920年首开女禁，招收8名女生。

(4) 国立东南大学。

1920年9月，郭秉文、蔡元培、黄炎培、张謇等10人联名向教育部陈情筹建国立东南大学。教育部12月通过建立东南大学案，同意将南京高等师范学校的教育、农、工、商4个专修科改为大学，各本科仍由南京高等师范学校继续办理，郭秉文兼任两校校长。1921年9月东南大学正式开学。1923年6月，南京高等师范学校并入。学校共有文理科、工科、商科、教育科和农科5个科27个系，在校学生1600多人，教师员工200多人，成为中国东南地区的最高学府。1924年，学校工科划入河海工程学校。1926年，学校实行文理分科。

(5) 第四中山大学。

1927年，南京国民政府成立后，在江苏、浙江两省试行大学区制，明令学校与河海工科大学、上海商科大学、江苏政法大学等9所公立学校合并组成国立第四中山大学，张乃燕为校长。学校6月成立，9月1日开学，本部在国立东南大学旧址，设文学院、哲学院、自然科学院、社会科学院、农学院、工学院、教育学院、商学院和医学院等9个学院，开课共367门。全校共有教师290人，职员150人，学生1421人。

(6) 国立中央大学。

1928年2月，第四中山大学更名为"江苏大学"，5月又改名国立中央大学。设文、理、农、工、教育、商、法、医8个学院、40个学系，学制4年（医学院7年），实行学分制。1932年8月，罗家伦出任校长，提出重建"安全、充实、发展"的步骤，稳定教学秩序，广聘教师，调整院系，改革课程，建设教材。先后划出上海的商学院和医学院，设理科研究所算学部和农科所农艺部。1935年重建医学院（学制6年），创办附属国立牙医专科学校。

抗战期间，学校迁往重庆沙坪坝和成都华西坝等地继续办学，倡导"诚、朴、雄、伟"的新学风，改教育学院为师范学院，扩充医学院，恢复社会学系，增设水利工程系、航空工程系、农业经济系、气象系和边政系等系科，先后成立理科、法科、农科、工科、文科、医科和师范研究所。至1945年，学校拥有文、理、法、农、工、医、师范学院等7个院43个系、23个研究所。办学规模、学科建设、师资力量和办学条件均居全国之首。

1946年，学校迁回南京原址，并扩建丁家桥校舍。在校教职工1200多人，学生4700多人。校长吴有训倡导"教学不脱离科学前沿"的思想，教学与科研并重，新建了原子核研究室，与中央研究院合作在九华山建立中国最早的原子能研究基地。

民国时期，学校始终把广揽具有真才实学的教师作为办学的根本，聘请了刘国钧、竺可桢、梁启超、黄侃、吴梅、吴宓、茅以升、邹秉文、杨杏佛、孙本文、徐悲鸿、马寅初、童第周等一批著名教授到校执教，培养学生逾万人，其中代表人物有著名的地理学家张其昀、科学家吴有训、严济慈、吴健雄、许靖华，作家聂华苓等。

2. 中华人民共和国成立后的发展演变

（1）南京大学的成立与发展。

1949年4月，南京解放，南京市军官会接管学校。8月，学校更名为国立南京大学，1950年10月改为南京大学，基本保持了7个院系和41个学系的规模，学制由学分制改为学年制。不久，国立幼稚师范专科学校、上海市立体育专科学校和师范专科学校并入。

在1952年院系调整中，学校的农、工、医三个院和师范学院分别独立建校或与其他学校合并；哲学系、法律系、航空系、水利系、森林系等院系调整至其他学校；与金陵大学合并，并接收原中山大学、山东大学、浙江大学、复旦大学等学校的部分学科，以本校和金陵大学的文理科为基础，建成文理科综合大学。设有中国语言文学、西语、俄语、历史、数学、物理、化学、生物、心理、地质、地理、气象、天文等13个系17个专业（含4个专修科）。全校教职工490人（专任教师253人），在校学生1000多人，校址迁往原金陵大学原址。

1956年，学校开始招收副博士研究生57人，本科学制改为5年。在1958年的"大跃进"中，学校增设一批新的专业，如声学、核物理、高分子、计算数学、生物化学、大气物理、放射地质等；1960年，建立政治系和气象学院，全校专业增加到44个，被国家列为重点高校之一。1961年之后，本着"保证重点，发展特色"的原则，学校将专业12个系33个专业（1962年降为28个），发展规模压缩到6000多人。

科研工作长足发展。到1963年3月，全校有31个重点学科，专职科研人员130人，实验室157个。后来被誉为"五朵金花"的"华南花岗岩及其成矿规律的研究""分子筛""内蒙古草原考察""金属缺陷"及"大米草的引种与利用"科研成果，均起步于这一时期。1964年筹建欧美文化、英美对外关系、非洲经济地理、声学、络合物等研究室。

（2）改革开放以来学校的跨越发展。

"文革"期间，学校办学一度停顿，1972年才恢复招生。1978年，学校提出建设"高度政治空气、高度学术空气、高度文明空气、高度文娱体育空气"的办学目标，大力整顿校风，改善办学条件，拨乱反正。同年被确定为第一批全国重点院校之一。

从1983年起，开始有计划地开展以教学科研为中心的改革，提出"扬优、支重、改老、扶新"的学科建设方针，尤其注重高新技术和应用文科的发展，增设院系、重建医学院，建设重点学科，形成"学科群"，设立"学科特区"。

教学上完善学分制，实行双学位制度和主辅修专业制度和中期学历考核制。始终坚持育人为本，提出"办中国最好的本科教育"的奋斗目标，坚持"学科建设与本科教学融通，通识教育与个性化培养融通，拓宽基础与强化实践融通，学会学习与学会做人融通"的人才培养理念，不断深化创新人才培养机制改革，积极培养具有创新精神、实践能力和国际视野的未来领军人才和拔尖创新人才。

在科研上，继承"以科学名世"、追求真理的科学精神和传统，贯彻"加强应用，注重基础，发展边缘，促进联合"的工作方针，以"基础研究面向国际学术前沿，应用研究面向国家战略需求和国民经济建设主战场、致力于解决关系国计民生的重大理论和现实问题"为指导思想，调整科研布局、加强科研组织，整体提高原创科研能力与水平，将学校建成我国重要的科学研究中心。

积极开展国际交流与合作，与世界上众多一流大学和高水平科研机构建立紧密的协作关系。其中，始建于20世纪80年代的南京大学—霍普金斯大学中美文化研究中心迄今已成功举办三十年，它是中国改革开放以后最早实施的高等教育国际合作长期项目。

学校现有仙林、鼓楼、浦口三个校区，29个直属院系，本科专业86个。各类学生总计34580人，其中本科生13196人、硕士生12195人、博士生6036人、留学生3153人。有博士学位授权一级学科41个，硕士10个；博士学位授权二级学科点（不含一级学科覆盖点）2个，硕士6个；专业博士学位授权点1个，硕士24个；博士后流动站38个，国家级人才培养基地12个。有一级学科国家重点学科8个，二级学科国家重点学科13个，江苏高校优势学科建设工程二期项目立项学科与重点序列学科20个。

有国家级"2011"协同创新中心2个，国家重点实验室7个，教育部重点实验室8个，江苏高校协同创新中心5个，江苏省重点（工程）实验室10个，国家工程技术研究中心1个，国家地方联合工程研究中心1个，教育部工程中心2个，环境保护部工程技术研究中心1个，国防科工局国防重点学科实验室1个，国家测绘地理信息局重点实验室1个，江苏省工程中心10个，教育部人文社会科学重点研究基地4个，国家高端智库建设培育单位1个。

学校拥有一支高素质的师资队伍，其中包括各种院士39人，"千人计划"创新创业人才45人，"外专千人计划"4人，"万人计划"科技创新领军人才10人，青年拔尖人才8人，哲学社会科学领军人才3人，百千万工程领军人才2人，教育部"长江学者奖励计划"特聘和讲座教授122人，国家杰出青年基金获得者117人，国家级教学名师10人，国务院学位委员会学科评议组成员22人，国家级有突出贡献的中青年科学、技术、管理专家27人，国家重点研发计划、国家科技重大专项、重大科学研究计划、"973计划""863计划"等重大项目首席科学家76人次，"青年千人计划"入选者113人，教育部"新世纪优秀人才支持计划"入选者238人。

学校的改革和发展，得到了党和政府的重视，社会各界的关注和支持。江泽民、李鹏、李岚清、万里等十多位党和国家领导人先后亲临学校视察。学校将继续保持奋发昂扬的精气神和朴茂平实的工作作风，深入贯彻习近平总书记关于"第一个南大"的指示精神，着力内涵发展，彰显"南大"特色，争取早日建成世界一流大学，为中华民族的伟大复兴作出更大的贡献！

3. 历任和现任领导

（1）现任领导。

党委书记：张异宾

党委常务副书记：杨　忠

党委副书记：朱庆葆　刘鸿健

纪委书记：刘鸿健

党委常委：张异宾　杨　忠　朱庆葆　刘鸿健　薛海林　谈哲敏　王志林　邹亚军
　　　　　王明生　郭随平　王云骏

校长：吕　建

副校长：薛海林　谈哲敏　王志林　邹亚军

校长助理：濮励杰　孙冶东　范从来　陈建群

（2）历任领导。

学校名称	姓名	职务	任职时间
三江师范学堂 1903.09—1905	缪荃孙	总稽查	1902
	陈三立	总稽查	1902
	杨觐圭	监督	1903—1905
两江师范学堂 1905—1911	徐乃昌	监督	1905
	李瑞清	监督	1905—1911
南京高等师范学校 1915—1923	江　谦	校长	1914—1919
	郭秉文	校长	1919—1923
国立东南大学 1920—1927	郭秉文	校长	1921—1925
国立第四中山大学 1927—1928	张乃燕	校长	1927—1930
江苏大学（1928） 国立中央大学 1928—1949	朱家骅	校长	1930—1931
	李四光	代校长	1932
	罗家伦	校长	1932—1941
	顾孟余	校长	1941—1943
	蒋介石	永久名誉校长兼校长	1943—1944
	顾毓琇	校长	1944—1945
	吴有训	校长	1945—1947
	周鸿经	校长	1948—1949

汇文书院	福开森	院长	1888—1896
（金陵大学前身）	师图尔	院长	1896—1907
	包 文	院长	1907—1927
金陵大学	包 文	校长	1927
	陈裕光	校长	1927—1951
	李方训	校长、校委会主任委员	1951—1952
国立南京大学	梁 希	校务委员会主席	1949
1949—1950	潘 菽	校务委员会主席	1949—1951
南京大学	潘 菽	校长	1951—1957
1950—	孙叔平	党委书记	1953—1955
	陈毅人	党委书记	1955—1957
	郭影秋	校长兼党委书记	1957—1963
	匡亚明	校长兼党委书记	1963—1966
	彭 冲	党委书记	1966—1968
	方 敏	革委会主任	1968—1970
	王 勇	党委书记	1970—1975
	周 林	党委书记兼革委会主任	1975—1978
	匡亚明	校长兼党委书记	1978—1982
	郭令智	代校长	1982—1984
	章 德	党委书记	1982—1984
	曲钦岳	校长	1984—1997
	陆渝蓉	党委书记	1986—1989
	陈 懿	代校长	1996—1997
	蒋树声	校长	1997—2006
	洪银兴	党委书记	2003—2014
	陈 骏	校长	2006—2018
	张异宾	党委书记	2014—
	吕 建	校长	2018—

◎ **参考资料：**

1. 王德滋主编：《南京大学百年史》，南京大学出版社2002年版。
2. 南京大学官网"学校概况"。
3. 季啸风主编：《中国高等学校变迁》，华东师范大学出版社1992年版。

（刘春弟　撰稿）

东南大学

东南大学是中央直管、教育部直属的全国重点大学,是"985 工程"和"211 工程"重点建设的大学之一,2017 年进入一流大学建设高校 A 类名单。

1. 学校早期发展历史

东南大学是我国最早建立的高等学府之一,素有"学府圣地"和"东南学府第一流"之美誉。学校的历史可分为:三江师范学堂至南京高等师范学校(1902—1921)、国立东南大学创建至中央大学(1921—1949)、国立南京大学至南京工学院(1949—1978)、南京工学院至重新更名为东南大学(1979—   )阶段。

1902 年,两江总督张之洞开始筹办三江师范学堂。1905 年,三江师范学堂改名为两江师范学院。

1911 年,两江师范学堂停办。三江师范学堂、两江师范学堂,都以日本为模本,除文史类课程请本国教习执教外,理化、博物、农学、教育、西语等课程均延聘日籍、西籍教习任教。前后毕业学生 2000 余人,秉志、胡小石、吕凤子皆为其中之佼佼者。

1914 年江苏巡按使韩国钧委任江谦就两江师范学堂旧址勘察筹办,1915 年定名为南京高等师范学校。南京高等师范学校,以欧美为范本,1920 年已设立两部六科:国文史地部,数学理化部,及工、农、商、教育、体育、英文专修科。南京高等师范学校校长江谦,开办文理农、工、商、教育等学科,以"诚"为训,赢得"北大南高"并称的美誉。

1920 年 4 月,校长郭秉文在南京高等师范学校基础上创建国立大学,定名为国立东南大学。国立东南大学校长郭秉文是该校的奠基人;创办学科门类之广,当时堪称全国之冠;主张通才和专才教育并重,人文和自然科学并重,中学和西学兼顾,师资和设备兼顾。国立东南大学,全面学习欧美,设农、工、商、教育、文理 5 科 32 个系,后增至 30 个系。名硕荟萃,俊彦云集,如熊庆来、竺可桢、胡刚复、任鸿隽、吴有训、茅以升、郭秉文、陶行知、汤用彤、柳诒徵、马寅初、胡明复、梅光迪、邹秉文、秉志等,皆学界之精英。至 1945 年拥有理、工、医、农、文、法、教育等 7 个学院 42 个系,23 个研究所,学生 4000 余人。知名学者云集,有李四光、张其昀、胡焕庸、罗宗洛、吕叔湘、胡小石、梁希、潘菽、顾毓琇、王世杰、周鲠生、王铁崖、钱端升等,遂有"北大以文史哲著称、东大以科学名世"之称誉。

1927 年 7 月,试行"大学区制",以东南大学与河海工科大学、南京工业专门学校、南京农业专门学校、上海商科大学、江苏政法大学、江苏医科大学、上海商业专门学校、苏州工业专门学校等校联合,组建为国立第四中山大学。1928年3月,国立第四中山大学又改名为江苏大学。5月正式命名为国立中央大学,设理、工、医、农、文、法、教育七个学院,学科之全和规模之大为全国高校之冠。

1937年,中央大学西迁入川,在重庆沙坪坝建校办学,医学院迁成都华西坝,又在重庆柏溪办分校。中央大学校长罗家伦,主持校政十年,到重庆后,广揽著名教授,增招学生,添办分校,使中央大学成为国难时期高教界的灿烂奇葩。1946年复员返回南京。

1949年,中央大学改称国立南京大学,旋又更名南京大学。

2. 中华人民共和国成立后学校的发展

1952年院系调整,以南京大学工学院为基础,并入江南大学及金陵大学电机系,成立南京工学院。1953年,厦门大学、浙江大学、交通大学、山东大学的无线电部分及下达的热工部分并入南京工学院。南京工学院就成为高等教育部直属的重点工科大学。不久原工学院的航空工程系分出,成立华东航空学院,后迁西安与西北工学院合并成立西北工业大学;将水利工程系分出,与交通大学、浙江大学、同济大学的水利系科合并,组成华东水利学院(现河海大学)。1958年食品工业系调出,成立无锡轻工业学院。1959年化工系调出,成立南京化工学院。1960年机械系农机专业调出,成立镇江农机学院。

1978年后,南京工学院加强理科、发展文科、调整提高工科,逐步发展成为工、理、文、管相结合的综合性大学,1988年5月更名为东南大学。校庆日为每年6月6日(原国立东南大学校庆日)。

到1988年,已建立研究生院、成人教育学院、管理学院及无锡分校,设19个系47个专业。19个系为:建筑系、机械工程系、动力工程系、无线电工程系、土木工程系、电子工程系、数学力学系、自动控制系、计算机科学与工程系、物理化学系、生物医学工程系、材料科学与工程系、社会科学系、管理科学与工程系、哲学与科学系、电气工程系、外国语言系、体育系、图书馆系。

有重点学科4个:建筑设计及理论,自动控制理论及应用,电磁场与微波技术,通信与电子系统、信号与信息处理。有硕士学位授予权的学科53个。有博士学位授予权的学科19个,即建筑设计,建筑历史与现代建筑理论,结构工程,铸造,电厂热能动力及其自动化,热能工程,电力系统及其自动化,电机,通信与电子系统,信号、电路及系统,电磁场与微波技术,电子物理与器件,半导体物理与器件,自动控制理论及应用,精密仪器及机械,计算机应用,机械学,城市规划与设计,公路、城市道路及机场工程。

有研究机构23个。有教职工4128人,教师2015人,教授132人,副教授607人,讲师830人,助教446人,研究员3人,副研究员23人,高级工程师67人,其他高级职称24人。在校学生总人数10963人,其中,本科生6439人,专科生364人,校外办学点555,夜大生1445人,函授生354人,研究生1257人(博士生159人,硕士生1098人,第二学位19人),还有来自23个国家的外国留学生63人。

3. 今日东南大学

学校坐落于历史文化名城南京，占地面积5888亩，建有四牌楼、九龙湖、丁家桥等校区。

2000年4月，原东南大学、南京铁道医学院、南京交通高等专科学校合并，南京地质学校并入，组建了新的东南大学。

东南大学不断探索办学、育人之道，积淀了优良深厚的历史传统。从两江优级师范学堂"嚼得菜根，做得大事"的理念，到"民族、民主、科学"的南高精神；从国立东南大学"止于至善"的校训，到国立中央大学"诚、朴、雄、伟"之学风，再到南京工学院"严谨、求实、团结、奋进"的校风，百余年来，东南大学为发展科学、振兴中华而自强不息、追求卓越的奋斗精神，激励着每一个东大人去创造辉煌的业绩。

经过115年的创业发展，如今的东南大学已成为一所以工科为主要特色，哲学、经济学、法学、教育学、文学、理学、工学、医学、管理学、艺术学等多学科协调发展的综合性、研究型大学。全日制在校生31470人，其中研究生15614人。专任教师2832人，具有博士学位的教师2314余人，占教师总数的比例为80%，正、副高级职称1935人，博士生导师925人，硕士生导师2151人，两院院士12人，欧洲科学院院士1人，国务院学位委员第七届学科评议组成员13人，入选国家"万人计划"专家16人，入选国家"千人计划"专家23人，"青年千人计划"入选者26人，"长江学者奖励计划"特聘教授、讲座教授45人，长江学者青年学者项目入选者10人，国家级教学名师奖获得者5人，"万人计划"教学名师3人，国家杰出青年科学基金获得者43人，国家"十二五"863计划主题专家3人，国家科技计划专项专家1人、国家重大专项专家2人，人事部"百千万人才工程"国家级人选24人，全国十大青年法学家2人。

目前，学校设有30个院（系），拥有76个本科专业，30个博士学位一级学科授权点，49个硕士学位一级学科授权点，5个国家一级重点学科（涵盖15个二级学科），5个国家二级重点学科，1个国家重点（培育）学科，30个博士后科研流动站。有3个国家重点实验室，3个国家工程研究中心，2个国家工程技术研究中心，11个教育部重点实验室，5个教育部工程研究中心。

2017年9月，学校进入一流大学建设高校A类名单，11个学科入选一流学科名单，包括：材料科学与工程、电子科学与技术、信息与通信工程、控制科学与工程、计算机科学与技术、建筑学、土木工程、交通运输工程、生物医学工程、风景园林学、艺术学理论，入选学科数位列全国第8。在教育部学位与研究生教育发展中心组织的第四轮学科评估中，获得A+的学科有5个，分别为建筑学、土木工程、交通运输工程、生物医学工程、艺术学理论，获得A+的学科数并列全国高校第8位。工程学、计算机科学、材料科学、数学、物理学、化学、临床医学、生物与生物化学、药理学与毒理学、神经科学与行为科学、社会科学总论等11个学科进入ESI世界前1%，其中工程学位列32位、计算机科学位列35位，这两个学科都已进入ESI世界前1‰。

学校坚持"以科学名世、以人才报国"的办学理念，着力培养学生的创新精神、创业意识和创新创业能力。学校在坚持"重基础、重实践、重素质"本科教育教学传统的同时，又进一步提出"卓越化、国际化、研究型"本科教育教学的新境界。东南大学是教育部"卓越工程师教育培养计划"和"国家大学生创新性实验计划"首批实施高校；是首批国家级创新创业教育改革示范高校，入选教育部"全国高校实践育人创新创业基地"；是教育部、卫生部第一批"卓越医生教育培养计划"项目试点高校之一，是拔尖创新医学人才培养模式改革试点和五年制临床医学人才培养模式改革试点学校之一。学校共有5个专业入选国家级综合改革试点项目，23个专业入选国家特色专业建设点，36门课程获首批"国家级精品资源共享课"荣誉称号；8个实验中心入选国家级实验教学示范中心及建设点，3个中心入选国家级虚拟仿真实验教学中心。52位教授当选新一届全国教学指导委员会委员，其中5位教授当选高等学校相应专业教学指导委员会主任委员。11个团队入选国家级教学创新团队。连续三届获得国家级教学成果一等奖。学校建有12个国家级人才培养模式创新实验区和12个国家级工程实践教育中心。

东南大学在2017年第三届互联网+全国大学生创新创业大赛中取得1金1银2铜的佳绩，金奖项目斩获全国季军殊荣；第十五届"挑战杯"全国大学生课外学术科技作品竞赛中获得2个特等奖、2个一等奖和2个二等奖，以总分420分位列全国第三，江苏第一，并捧得"优胜杯"；2017全国大学生电子设计竞赛获得全国一等奖9个、二等奖10个，一等奖数在全国高校中并列第一，这是东南大学连续两届一等奖获奖数在全国高校并列第一；2017年美国土木工程大学生钢桥竞赛获得国际级一等奖；2017年美国大学生数学建模竞赛中获得国际级一等奖，2017年全国大学生数学建模竞赛中获得全国一等奖5项，一等奖获奖数并列全国高校第一；2017年中国教育机器人大赛中获得国家级特等奖；第十二届全国大学生交通科技大赛中获得国家级一等奖等。2017年被教育部认定为"全国首批深化创新创业教育改革示范高校"99所高校之一。

在研究生教育方面，学校打造了一批荣获"小平科技创新团队"等表彰的学生创新创业俱乐部，培养的优秀学子获得各种奖项。其中许德旺同学获得"中国大学生自强之星"标兵、孙俊同学获得中国青少年科技创新奖等重要荣誉。学校共获得全国百篇优秀博士学位论文20篇，全国百篇优秀博士学位论文提名奖31篇。2007年起，学校连续开展了"国家建设高水平大学公派出国留学项目"的选拔和推荐工作，共派出研究生1599名，其中攻读博士学位411人，联合培养博士研究生1082人。同时积极开展广泛的国内外学术交流，大力推进联合办学，与澳大利亚蒙纳士大学合作的东南大学—蒙纳士大学苏州联合研究生院是教育部批准的第一个中外联合研究生院，已正式招生1006人，已毕业458人；与法国雷恩一大的合作，开辟了研究生培养和科研合作的新渠道。

东南大学以"科教兴国"为己任。2011—2017年共牵头获得国家级科技奖项22项，其中2011年获得国家技术发明一等奖1项、2014年获得国家科技进步一等奖1项。2017年，科研经费到款23.1亿元。发明专利申请2556件，发明专利授权1545件，申请PCT专利34件。SCI论文收录2689篇，位列全国高校第19位；EI收录论文2644篇，排名第12位。近五年共牵头获得教育部高校人文社会科学优秀成果奖16项，其中一等奖1项；牵头获得江苏省人民政府哲学社会科学优秀成果奖50项，其中一等奖8项；牵头获得国家社会科学基金135项，其中重大项目6项，重点项目12项。

学校服务地方经济建设成效显著。江苏省内高校科技工作为江苏服务情况统计结果显示，东南大学在科技项目及团队、科技经费、科技基地、四技经费、科技成果转化及科技项目验收鉴定、专利情况、科技成果获奖等七项指标中每年均名列前茅，而且多数指标居全省高校第一。东南大学国家大学科技园成为科技成果转移转化、创新创业人才培养、高新技术企业培育和发展战略性新兴产业的平台。

改革开放以来，已与美国麻省理工学院、美国加州大学欧文分校、英国剑桥大学、英国伯明翰大学、瑞士联邦苏黎世高工、德国慕尼黑工业大学、澳大利亚墨尔本大学、瑞典皇家理工学院、东京工业大学等153多所大学和研究机构签订了合作交流协议。发起组建了中英大学工程教育与研究联盟。"中英大学工程教育与研究联盟"是中国与英国合作建立的第一个以工程教育与研究为特色的大学联盟。

今日的东南大学将秉承"止于至善"的校训和"严谨、求实、团结、奋进"的校风，全面深化综合改革，持续完善现代大学制度，不断加强内涵建设，大力加强创新创业教育，着力提高人才培养质量，大力提升科技创新水平，显著增强社会服务和文化传承创新能力。按照"强势工科、优势理科、精品文科、特色医科"的学科布局和"多学科融合、理工文医综合、产学研结合、国际化联合"的一流学科建设思路，加快学科建设步伐，明确重点，分类支持，集中力量建设一批世界一流学科和一大批国内前列学科，争取早日建成具有鲜明中国特色、东大气质、人民满意的世界一流大学，到2020年，学校整体实力达到世界一流大学水平；到2030年，学校稳居世界一流大学行列；到21世纪中叶，学校进入世界一流大学前列。

4. 现任与历任领导

（1）现任领导。

党委书记：左　惟

校长、副书记：张广军

常务副校长：王保平

常务副书记、总会计师：丁　辉

副书记：郑家茂

副书记、纪委书记：任利剑

副校长：黄大卫　吴　刚　金保昇　周佑勇

（2）历任领导。

杨觐圭	三江师范学堂监督	1903—1905
刘世珩	三江师范学堂监督	1905
徐乃昌	三江师范学堂监督	1905
李瑞清	两江师范学堂监督	1905—1911
江　谦	南京高等师范学校校长	1914—1919
郭秉文	南京高等师范学校、国立东南大学校长	1919—1925
张乃燕	国立第四中山大学、江苏大学、国立中央大学校长	1927—1930

朱家骅	国立中央大学校长	1930—1931
罗家伦	国立中央大学校长	1932—1941
顾孟馀	国立中央大学校长	1941—1943
蒋介石	国立中央大学校长	1943—1944
顾毓琇	国立中央大学校长	1944—1945
吴有训	国立中央大学校长	1945—1947
周鸿经	国立中央大学校长	1948—1949
梁 希	国立南京大学校务委员会主席	1949.08—1949.11
潘 菽	国立南京大学校务委员会主席	1949.11—1951.07
	南京大学校长	1951.07—1952
汪海粟	南京工学院院长	1952.11—1958.09
	南京工学院党委书记	1953.01—1957.11
杨德和	南京工学院党委书记	1957.11—1959.12
刘雪初	南京工学院党委书记	1960.01—1966
	南京工学院院长	1960.01—1968.03
何冰皓	南京工学院"革委会"主任	1973.02—1974.10
林 克	南京工学院"革委会"主任	1974.11—1977.05
陈 光	南京工学院"革委会"主任	1977.05—1978.03
盛 华	南京工学院院长	1978.05—1979.08
吴 觉	南京工学院院长	1979.09—1980.10
	南京工学院党委书记	1979.09—1983.11
钱钟韩	南京工学院院长	1980.11—1983.11
	南京工学院院长、东南大学名誉校长	1983.11—2002.02
刘忠德	南京工学院党委书记	1983.12—1985.08
管致中	南京工学院院长	1983.12—1986.12
韦 钰	南京工学院院长	1986.12—1988.04
	东南大学校长	1988.04—1993.11
陈万年	南京工学院党委书记	1986.12—1988.04
	东南大学党委书记	1988.04—1993.05
朱万福	东南大学党委书记	1993.05—1999.06
陈笃信	东南大学校长	1993.11—1997.10
顾冠群	东南大学校长	1997.10—2006.05
胡凌云	东南大学党委书记	1999.06—2011.01
易 红	东南大学校长	2006.05—2015.11
	东南大学党委书记	2015.11—2017.12
郭广银	东南大学党委书记	2011.01—2015.11

◎ **参考资料：**

1. 朱斐主编：《东南大学史·第一卷：1902—1949》，东南大学出版社1991年版。
2. 东南大学官网"学校概况"。
3. 朱一雄撰，朱万福审：《东南大学》，载季啸风主编：《中国高等学校变迁》，华东师范大学出版社1992年版，第472~477页。

（涂上飙　编）

中国矿业大学

中国矿业大学是教育部直属的全国重点高校、国家"211工程""985优势学科创新平台项目"和国家"双一流"建设高校,同时也是教育部与江苏省人民政府、国家安全生产监督管理总局共建高校。学校位于江苏省徐州市。

1. 学校早期发展历史

学校前身是1909年创办的焦作路矿学堂。1909年,英商福公司在焦作开办路矿学堂,为采矿、冶金和铁路造就人才。

1912年年末,焦作路矿学堂停办。1915年,中原公司与福公司共同筹集经费,使学校恢复,更名为福中矿务学校,先办预科,学制三年,培养采矿、冶金专门人才。学校迁到开封。1919年春开办专门本科,易名福中矿务专门学校。1920年4月,学校迁回焦作路矿学堂原址。1921年夏改名福中矿务大学,设采矿冶金学科,学制四年。1923年夏,参照美国大学矿冶科的课程,增加课程内容,实行学分制。1926年,学校经费由中原公司负担。

1931年4月,改校名为私立焦作工学院,除原采矿冶金科外,增设土木工程科。1933年7月,学校成立校董会,刘峙、翁文灏、孙越崎等先后担任过校董。1936年,共设4个系,在校学生158人,教师19人。

1937年抗日战争爆发,学校迁往陕西省西安市复课。1938年3月学校迁至甘肃省天水上课。同年夏,焦作工学院与国立北平大学工学院、北洋工学院及国立东北大学工学院合并改组为国立西北工学院,迁回陕西省城固复课。焦作工学院暂告停顿。

抗战胜利后,组合成西北工学院的4所工学院,先后复校,焦作工学院迁至河南洛阳关林。1946年10月招生上课,设采矿、冶金、机械3个系和1个先修班。1947年10月,焦作工学院迁至郑州市。1948年8月,学校又迁至江苏省苏州市。1949年7月,焦作工学院迁回焦作原址办学,改为国立,在校两系学生205人,教师16人。

焦作工学院从创办到中华人民共和国诞生,整整40年中,毕业学生15届,共320多人。

2. 中华人民共和国成立—1977年的学校发展

1950年1月,焦作工学院划归燃料工业部领导,冶金系师生并入沈阳工学院。华北煤矿专科学校并入焦工学院，调整合并后，设采矿、土木、机械、电机4个系，在校学生224人，教师34人。同年9月，焦作工学院改名为中国矿业学院，校址由河南焦作迁到天津，在校学生有386人，教师57人。定5月1日为校庆日。增设地质专科和厂矿老干部特别班。1952年，在北京西郊建校，当年新生在北京入学。

在院系调整中，清华大学、天津大学采矿系和唐山铁道学院采矿系调整到中国矿业学院。1953年9月，中国矿业学院从天津全部迁到北京，改名北京矿业学院，设有采矿、建筑、机械、机电、地质等5个系，地下开采、矿山测量、矿井建设、矿山机电、有用矿物精选、矿山机械制造、煤田地质勘探等7个专业和厂矿老干部特别班、俄文专修班、地质专科班。在校学生1974人（含研究生58人），教师308人。1955年学院直属煤炭部领导。本科修业改为五年。1960年被确定为全国重点高校。

1961年学校进行调整。将北京煤炭工业学院并入北京矿业学院。学院分为东、西郊部分。合并后，在校学生为6319人，其中本科生5746人，研究生59人，专科及其他学生514人，教师984人。1964年，学校继续进行调整、合并，设有采矿、机械、机电、地质、经济5个系和地下开采、露天开采、矿井建设、矿山机械设计、矿山机械制造、选矿、矿山机电、矿山企业电气化、煤田地质及勘探、煤田地球物理勘探、矿山测量、工业经济组织与计划、矿山材料供应等13个专业。东郊部分交还煤炭干部学校。

1970年5月，北京矿业学院被迫搬迁四川省合川县三汇坝，改为四川矿业学院。从1972年到1976年，共招收4届工农兵学员2434人。

3. 改革开放后学校的发展

1977年恢复高考制度，学校恢复5个系和16个专业。1978年3月，国家决定学校搬迁到江苏省徐州市重建，并恢复"中国矿业学院"校名，利用原北京矿业学院剩余校舍成立研究生部，招收研究生。

1982年在四川的全部人员迁到徐州。1988年4月，经国家教委批准，校名改为中国矿业大学。邓小平同志亲笔为学校题写校名。

到1989年，全校共设有2个学院，11个系，39个专业（本科专业30个，专科专业9个）和北京、徐州研究生部、体育部。11个系是采矿工程系、矿山建筑系、矿山机械系、自动化工程系、煤综合利用系、煤田地质系、测量物探系、应用数学力学系、科技外语系、社会科学系、经济贸易系。

有硕士学位授予权的专业或学科13个，采矿工程、安全技术及工程、矿山建设、矿山工程力学、矿山机械工程、矿山电气化与自动化、选矿工程、煤田地质与勘探、矿山测量、矿山企业管理10个专业或学科有博士学位授予权。煤田地质勘探、采矿工程、矿山建设为重点学科。

1989年下半年，全校有本专科学生4967人（其中本科4306人，专科661人），研究生682人（其中博士生88人，硕士生594人）；夜大学设有3个本科专业，有学生141人；函授大学设有7个专业，共有学生2068人；受委托办的各种班，学生512人，自费学生400人，还有坦桑尼亚留学生18人。全校教职工共有3769人，其中专任教师1138

人,专任教师中教授 53 人,副教授 316 人,讲师 396 人,助教 371 人,未评定职称的教员 4 人,此外,还有评定为教师职称的 348 人,其中教授副教授 132 人。

一批老专家、老教授,如袁文伯、高文泰、姚承三、韩德馨、杨善元、邵荷生、王祖讷、余力、陈至达、孟惠荣等,成为学校建设发展的支柱。

4. 今日的中国矿业大学

学校坐落于素有"五省通衢"之称的国家历史文化名城——江苏省徐州市,校园占地面积 4413 亩(文昌校区 1555 亩,南湖校区 2858 亩),校舍建筑面积 130 余万平方米。

1997 年,经国家教委批准设立中国矿业大学北京校区。1998 年,煤炭工业部撤销,学校划归国家煤炭工业局管理,同年,北京煤炭管理干部学院并入学校,成为学校"北京校区东校园",形成了"一校两地三校园"的办学格局。2000 年,学校整体划转教育部直属管理。其后,北京校区东校园又划转北京广播学院。学校徐州校区本部和北京校区逐步演变为两个相互独立的办学实体。

学校 100 多年来,历经 14 次搬迁、12 次易名,历经艰辛,颠沛流离,却依然薪火相传,弦歌不辍。在旧中国,学校把"教育英才,备物质建设之先锋;从事研究,求吾国学术之独立"作为历史责任。在新时代,学校把"开发矿业、开采光明、建设祖国、造福人类"作为神圣使命。经过一代又一代矿大人的努力奋斗,铸就了中国煤炭高等教育的一流品牌和独特的精神文化品格,形成了"好学力行、求是创新、艰苦奋斗、自强不息"的校园精神,"学而优则用、学而优则创"的办学理念,"勤奋、求实、进取、奉献"的优良校风。

学校建设与发展,得到了党和国家领导人的亲切关怀。毛泽东同志"开发矿业"的题词曾激励着一代代矿大人为事业不懈奋斗;邓小平同志亲笔批示指引学校在改革开放中走上中兴之路;江泽民同志来校视察学校科研工作并为学校建校 90 周年题词;胡锦涛同志为学校建校 100 周年发来贺信;习近平同志出席了学校与德国杜伊斯堡—埃森大学签署两校教育与科技合作协议的会议。

学校设有能源、材料与物理学部、矿业工程学院、安全工程学院、力学与土木工程学院、机电工程学院、信息与控制工程学院、资源与地球科学学院、化工学院、环境与测绘学院、电气与动力工程学院、数学学院、计算机科学与技术学院、管理学院、公共管理学院、马克思主义学院、外国语言文化学院、建筑与设计学院、体育学院、孙越崎学院、国际学院、职业与继续教育部等 21 个学院(部)。学校另有徐海学院和银川学院两个独立学院。

现有 57 个本科专业,35 个一级学科硕士点,10 个专业学位授权点,16 个一级学科博士点,14 个博士后科研流动站;有 1 个一级学科国家重点学科,8 个国家重点学科,1 个国家重点(培育)学科;8 个"长江学者奖励计划"特聘教授设岗学科。在教育部 2017 年第四轮学科评估中,矿业工程、安全科学与工程、测绘科学与技术、地质资源与地质工程分别排名第一、一、三、三位。工程学、地球科学、材料科学、化学 ESI 排名进入全球大学和科研机构的前 1%。

现有各类教职工3100多人。在1910余名专任教师中,有教授424人,副教授746人;博士生导师370名,硕士生导师975名,拥有博士学位的教师比例达70%以上。教师队伍中,有国家级教学团队4个、国家自然科学基金委创新研究群体3个。拥有16名两院院士(含外聘),1名俄罗斯工程院外籍院士,17人入选"长江学者"奖励计划,16人获国家杰出青年科学基金,8人入选国家"万人计划",5人入选中组部"千人计划",3人获国家优秀青年科学基金,16人入选国家"百千万人才工程"培养对象,4人被评为国家级教学名师,63人被列入教育部跨世纪、新世纪优秀人才支持计划,1人获首届中国青年科学家奖,12人被评为国家有突出贡献的中青年专家。

学校始终坚持以育人为本,致力于培养德智体全面发展、富有社会责任感、创新精神和实践能力的高素质人才。建校以来,先后为国家和社会输送了20万余名毕业生。2002年以来,学校先后获6项国家级教学成果奖,3项国家级优秀教材奖,建成7门国家级精品课程,拥有14个国家特色专业建设点。拥有3个国家级实验教学示范中心、1个国家仿真模拟实验教学中心和1个国家级人才培养模式创新试验区。学校入选"国家大学生创新性实验计划"项目高校和"卓越工程师教育培养计划"试点高校。先后有16篇博士论文入选全国百篇优秀博士论文。目前全校有全日制普通本科生23900余人,各类硕士、博士研究生11000余人,留学生460余人。

"十一五"以来,共承担包括国家"863计划""973计划"、国家科技重大专项、国家自然科学基金项目等国家级科研项目1224项,省部级科研项目869项;获得国家级科技奖励47项,何梁何利基金科技进步奖1项,获国家级科技奖励数位居全国高校前列。目前年均科研经费超过5亿元。拥有2个国家重点实验室,2个国家工程(技术)研究中心,1个国家地方联合工程实验室,建成了1个国家大学科技园。

中国矿业大学国家大学科技园被评为江苏省唯一的"A类(优秀)国家大学科技园"称号;中德能源与矿区生态环境研究中心被誉为"中德科技合作的典范"。学校承担了国家安监总局"十二五"期间万名煤矿总工程师培训任务,在煤炭行业影响力显著提升。

目前,学校同25所世界排名前200强的高校签署了合作协议,创新高等教育国际协同模式,成立了国际学院,建设了中澳矿业研究中心等国际合作平台,联合10多所国外知名高水平大学发起成立了"国际矿业、能源与环境高等教育联盟"。

目前,通过深化综合改革,学校争取在"建设世界一流学科、汇聚世界一流学者、培养世界一流人才"等方面取得重要进展,到2020年,建成世界一流矿业大学。

5. 现任与历任领导

(1)现任领导。
党委书记:刘　波
校长、副书记:葛世荣
副书记:曹德欣　蔡世华
副书记、纪委书记:付恒升
副校长:赵跃民　赵建岭　李　强　周国庆　卞正富

(2) 历任领导。

历任校董

蔡元培　翁文灏　孙越崎

历任校（院）长

田　程	焦作路矿学堂校长	1909.03—1915.06
王法歧	福中矿务学校校长	1915.06—1918.10
杜鸿宾	福中矿务学校校长	1918.10—1919.02
许　源	福中矿务专门学校校长	1919.02—1920.04
程世济	福中矿务专门学校校长	1920.04—1920.09
周振先	福中矿务专门学校校长	1920.09—1920.11
李　鹤	福中矿务大学校长	1920.11—1923.07
凌　涛	福中矿务大学校长	1923.07—1923.11
张仲鲁	福中矿务大学校长	1923.11—1926.07
李善堂	福中矿务大学校长	1926.07—1928.11
朱　端	福中矿务大学校长	1928.11—1931.03
张仲鲁	焦作工学院院长	1931.04—1933.07
张清涟	焦作工学院院长	1933.07—1938.07
	焦作工学院院长	1946.08—1950.04
陈　郁	中国矿业学院院长（兼）	1951.08—1954
吴子牧	北京矿业学院院长	1955—1961
	中国矿业学院、北京矿业学院副院长	1950—1955
陈一凡	北京矿业学院副院长	1955—1961
	北京矿业学院院长	1961—1970
	四川矿业学院院长	1970—1978
刘子光	中国矿业学院院长	1978—1982
彭世济	中国矿业学院副院长	1980—1982
	中国矿业学院院长	1982—1988
	中国矿业大学校长	1988—1993
郭育光	中国矿业大学校长	1993—1998
谢和平	中国矿业大学校长	1998—2003
王悦汉	中国矿业大学校长	2003—2007
葛世荣	中国矿业大学校长	2007—
乔建永	中国矿业大学（北京校区）校长	2003—2009

历任校（院）党委书记

吴子牧	中国矿业学院党总支书记	1951—1954
袁　青	中国（北京）矿业学院党总支书记	1952—1953

魏　明	北京矿业学院党委书记	1954—1956
	北京矿业学院党委副书记	1956—1961
吴子牧	北京矿业学院党委书记	1956—1961
杨长春	北京矿业学院党委书记	1961—1963
张学文	北京（四川、中国）矿业学院党委书记	1963—1982
魏　同	中国矿业学院党委书记	1982—1984
邢　凯	中国矿业学院（大学）党委书记	1984—1990
郭育光	中国矿业大学党委书记	1990—1995
罗承选	中国矿业大学党委书记	1995—2010
邹放鸣	中国矿业大学党委书记	2010—2017
刘　波	中国矿业大学党委书记	2017—
张保军	中国矿业大学（北京校区）党委书记	2002—2008
杨仁树	中国矿业大学（北京校区）党委书记	2008—2014

◎ **参考资料：**

1. 邹放鸣主编：《中国矿业大学史（1909—2009）》，中国矿业大学出版社2009年版。

2. 中国矿业大学官网"学校概况"。

3. 王从实撰，彭世济审：《中国矿业大学》，载季啸风主编：《中国高等学校变迁》，华东师范大学出版社1992年版，第482~487页。

（涂上飙　编）

河海大学

河海大学是一所拥有百年办学历史,以水资源开发利用为特色,工科为主,理、工、文、管理等多学科协调发展的教育部直属全国重点大学,是国家"211工程"重点建设、"985工程"优势学科创新平台建设、国家"世界一流学科"建设高校。学校前身为创建于1915年的河海工程专门学校,1924年改名为河海工科大学,1927年并入第四中山大学,后更名为中央大学、南京大学。1952年,南京大学水利系与交通大学、同济大学、浙江大学等高校的水利系科以及华东水利专科学校组建华东水利学院。1985年恢复传统校名"河海大学"。

1. 学校早期沿革(1915—1949)

河海大学,源于1915年由近代著名教育家、实业家张謇创办的河海工程专门学校。张謇出任北洋政府农商总长兼全国水利局总裁后,筹划治水,将导淮列为首位,认为"技术人才之养成,尤为殷切",1915年1月,开始筹办一所培养水利人才的高等学府。在当时国家内忧外患、财政空虚的极端困难的条件下,他亲自奔波、筹措经费、商借校舍、审订办学方案,并聘请教育家黄炎培、沈恩孚为筹备正副主任,委任留美工程师许肇南为校主任(1919年改称校长),水利专家李仪祉任学校教务部、进德部、出版部、研究部主任,同时遴选延聘教授,启动招生工作,3月15日正式开始上课。

学校隶属全国水利局,经费由直、鲁、苏、浙四省分摊,学校主要为四省免费培养人才,每年招生1至2个班。1922—1926年应湖北省要求,增招鄂专班一期共46人,学制除第一届为二年制特科外,其余均为四年至六年制本科,在校生150~200人,教职员工20多人。1924年夏,东南大学工科并入学校,校名改为河海工科大学,由原东南大学工科主任、著名桥梁专家茅以升担任校长。

学校有一批造诣高深的学者名流任教,教师中有85人是从欧美著名大学学成归国的,例如李仪祉、杨效述、茅以升等。学校培养模式明确,在强调传授理论基础和专业技术的同时,注重实验、实习和实地考察。学校还从国外购进大批仪器设备、专业图书,创建了中国第一个水工实验室,教学水平和教学质量堪称一流,造就了一批我国早期的水利专业人才,到1927年,毕业生共9届、232人,转入中山大学90人,他们大多成为我国水利界、工程界、高校的重要骨干,例如中科院学部委员汪胡桢、黄文熙等,当时的河海大学被国内外学界称为世界上仅有的水工大学。

学校还具有光荣革命传统,是南京地区"五四""五卅"反帝爱国运动的主要组织者,曾被称为"红帽子大学",首任校长许肇南被公推为南京学界联合会参事长;中共上海发起组成员之一沈泽民和重要领导人张闻天是"五四"时期的学生。

1927年6月,河海工科大学并入国立第四中山大学(1928年改称国立江苏大学、江苏大学、国立中央大学,1949年改名为南京大学),河海工科大学全部学生以及图书器材并入工学院土木科(1928年改为土木系),部分教师继续应聘任教,其中卢恩绪为工学院院长,张谟实为土木系主任。中央大学工学院土木系下设水利组,1937年6月成立水利系,但此后土木系水利组仍继续存在。

河海大学因经费困难,从成立到合并一直租借校舍办学,先后五次更换校址,从建校初期的南京市丁字桥原江苏省咨议局内,到合并后,迁入四牌楼中央大学河海院。

1939年中央大学成立工学研究所,其中土木工程部下设水利工程组。1941年水利组划归水利系。1949年5月成为南京大学工学院水利系。

2. 中华人民共和国成立后学校的发展演变(1949—1976)

1952年8月,全国高校院系调整中,为适应中华人民共和国水利、水电、水运事业大规模发展的需要,经时任华东军政委员会水利部第一副部长、淮河水利工程总局局长、华东水利专科学校校长刘宠光倡议,筹建成立华东水利学院,由刘宠光、严恺(时任交通大学海港学讲座教授)、裴海萍担任筹委会正副主任。南京大学工学院水利系、交通大学水利系、同济大学土木系水利组、浙江大学土木系水利组以及华东水利专科学校水利工程专修科合并成立华东水利学院。建院初设水文、水利土壤改良、水力发电和水工结构4系。1953年,厦门大学土木系水利技术建筑专业、山东农学院农田水利系、淮河水利学校水利工程专修科并入。1955年,华东水利学院的水利土壤改良专业与武汉水利学院的水道及港口水工专业对调。

学校组建初期,成立了4个系,并相应分设4个专业、4个专修科,下设10个教研室。

1953年起全面学习苏联经验,进行教学改革,先后邀请5名苏联专家到校讲学,苏联专家郭洛柯夫担任院长顾问。1955年起停办专科,本科学制由4年改为5年。先后增设了物理、化学、水力学等12个试(实)验室和实习工厂,教学科研设备逐步完善。1954年开始培养越南留学生。1955年开始培养研究生。1956年开始接受科研任务。从1952—1956年,教职工由170人增至636人,在校学生由1017人增至2032人。

1958年,学校陆续建立物理、化学等11个新专业,恢复重建农田水利系,学校发展到5个系、15个专业、27个教研室,还创办了预科班、中干班、农水进修班、水文预报训练班等。在校学生增至3700多人,还开创函授教学。成立勘测设计院。1960年被中共中央确定为全国重点高校。河川枢纽及水电站水工建筑、陆地水文、水道及港口水工建筑、自动与远动4个专业为重点专业。

1962年,停办了1958年"大跃进"中新增的专业,仅保留应用力学专业,增设水利研究室。经过调整,共设5个系,9个专业。

从1952年到"文革"前,学校在学习苏联经验的基础上,经过发展、调整,建成水利专业设置比较齐全，教学科研水平比较拔尖的全国重点理工高校。

"文革"期间，学校各项工作受到严重冲击，1966年夏—1972年夏停课，1972年开始招收三年制学员，到1976年，共招收5届、2057人。

3. 改革开放以后学校的发展（1978—2017）

1985年，建校70周年之际，华东水利学院更名为河海大学，恢复了"河海"传统校名，邓小平亲笔题写校名。1995年，河海大学80周年校庆时，江泽民为学校题词："面向未来，开拓进取，进一步发展水利教育事业"，李鹏、李岚清、钱正英等党和国家领导人也为学校题词，对学校的事业发展予以肯定、寄予厚望。

2000年，河海大学划归教育部管理。2005年10月23日，学校90周年大庆，温家宝总理视察河海大学发表重要讲话并提出"献身，求实，负责"六字要求，对学校寄予了殷切期望。2009年11月24日，教育部、江苏省人民政府共建河海大学协议签字仪式在河海大学隆重举行，河海大学成为江苏省第四所教育部、江苏省共建高校。

截至2017年9月底，学校设24个学院，各类学历教育在校学生51419名，其中研究生16493名，普通本科生19870名，成人教育学生13874名，留学生1182名。

现有教职工3441名，具有高级职称的教师1354名；现有中国工程院院士2名，双聘院士15名。"中组部海外高层次人才引进计划（千人计划）"入选者14名，教育部"长江学者奖励计划"特聘教授7名，国家杰出青年科学基金获得者7名，国家优秀青年科学基金获得者4名，"国家级教学名师奖"获得者3名，国家级有突出贡献的中青年专家9名，"百千万人才工程"国家级人选11名，教育部"新世纪优秀人才支持计划"入选者23名，教育部科技委学部委员2名，江苏省有突出贡献中青年专家11名，入选江苏省"333高层次人才培养工程"、江苏省高校"青蓝工程"等省级人才计划培养对象逾300人次。国家自然科学基金委创新群体1个，"长江学者和创新团队发展计划"创新团队5个、国家级教学团队2个，"江苏高等学校优秀科技创新团队"6个、江苏省哲学社会科学优秀创新团队2个，"青蓝工程"科技创新团队9个。

学校是国家首批有学士、硕士和博士学位授予权的高校之一。"工程学""环境/生态学""计算机科学""材料科学"学科进入ESI世界排名前1%，拥有1个一级学科国家重点学科（水利工程），7个二级学科国家重点学科，2个二级学科国家重点学科培育点，15个一级学科省级重点学科；15个博士后流动站；16个一级学科博士点，77个二级学科博士点；38个一级学科硕士点，205个二级学科硕士点；12种硕士专业学位类别，其中工程硕士专业学位涉及19个工程领域；56个本科专业。

学校坚持务实重行的教育传统，培养了20余万名毕业生。学校始终坚持本科教学的基础地位，大力推进本科教学工程，获国家级教学成果奖10项、省级教学成果奖73项，建有国家级实验教学示范中心3个，国家虚拟仿真实验教学中心1个，拥有国家级专业综合改革试点项目3个，国家级卓越工程师教育培养计划学科专业5个，国家级工程实践教育中心4个，国家特色专业建设点13个，国家精品视频公开课9门，国家精品资源共享课12门。多年来，毕业生就业率始终保持在96%以上。研究生教育规模快速发展，人才培养模式改革不断深化，培养质量持续提高，专业学位研究生综合改革走在全国前列。

河海大学发挥多学科综合优势，强化科研特色和提高集成创新能力，推进协同创新，服务于国家经济建设和社会发展。学校拥有水文水资源与水利工程科学国家重点实验室和水资源高效利用与工程安全国家工程研究中心，9个国家级以及省部级重点实验室，17个国家级以及省部级工程研究中心，5个高等学校学科创新引智基地。紧密结合三峡、黄河小浪底、南水北调、西部水电开发等重大工程建设，承担了一大批国家层面重点、重大研究计划和重点、重大工程科研项目。2000年以来，获国家级科技成果奖40余项，部省级科技成果奖740余项。学校面向国家水安全和区域经济社会发展的战略需求，积极培育水安全与水科学国家级协同创新中心，立项建设江苏省高校协同创新中心4个。

河海大学实施国际化发展战略，国际交流与合作广泛开展。学校是国家首批授权可授予外国留学生博士、硕士、学士学位的高校，已为100多个国家和地区培养了千余名博士、硕士与学士，与近30个国家（地区）的80余所大学和科研机构建立了校（所）际协作关系。学校主动融入国家"一带一路"战略，拓展海外办学点，推动人才本土化培养；服务企业国际化战略，加强人才定制化培养，为"一带一路"沿线国家及我国海外工程企业提供科技支持和人才支撑。

河海大学围绕国家"双一流"建设战略，秉承"艰苦朴素，实事求是，严格要求，勇于探索"校训，全面深化改革，强化内涵特色，力争早日建成"水利特色，世界一流"大学。

4. 现任与历任领导

（1）现任领导。

党委书记：朱　拓

校长：徐　辉

党委副书记：郭继超　王济干

党委副书记、纪委书记：孟　新

副校长：鞠　平　朱跃龙　唐洪武　王　超　陈星莺

（2）历任领导。

历任校（院）长

校名	职务	姓名	任职时间
河海工程专门学校	校长（主任）	许肇南	1915.01—1921.09
河海工程专门学校	代校长	严善坊	1921.12—1922.03
河海工程专门学校	副校长、校长	沈祖伟	1922.02—1924.07
河海工科大学	校长	茅以升	1924.07—1925.08
河海工科大学	校长	杨孝述	1925.08—1927.06
华东水利学院	筹委会主任	刘宠光（兼）	1952.08—1952.12

校名	职务	姓名	任职时间
华东水利学院	院长	钱正英（兼）	1952.12—1955.03
华东水利学院	院长	冯仲云（兼）	1955.03—1958.03
华东水利学院	院长	严　恺	1958.03—1966
华东水利学院	"革委会"主任	梅　冰	1969.10—1972（军宣队）
华东水利学院	"革委会"主任	胡　畏	1972.05—1973.11
华东水利学院	"革委会"主任	严　恺	1973.11—1979.07
华东水利学院	院长	严　恺	1979.07—1983.12
华东水利学院	名誉院长	严　恺	1983.12—1985.09
华东水利学院	院长	左东启	1983.12—1985.09
河海大学	名誉校长	严　恺	1985.09—
河海大学	校长	左东启	1985.09—1986.12
河海大学	校长	梁瑞驹	1986.12—1993.08
河海大学	校长	姜弘道	1993.08.—2003.03
河海大学	校长	张长宽	2003.03—2009.02
河海大学	校长	王　乘	2009.02—2013.09
河海大学	校长	徐　辉	2013.09

历任党委书记

校名	职务	姓名	任职时间
华东水利学院	书记	张长高	1952.10—1954.04
华东水利学院	书记	邓　洁	1953.04—1956.06
华东水利学院	书记	汪大年	1956.06—1958.03
华东水利学院	书记	胡叔度	1958.03—1965.05
华东水利学院	书记	赵湘荃	1965.05—1965.10
华东水利学院	书记	梅　冰	1970.09—1972.04
华东水利学院	书记	胡　畏	1972.05—1983.12
华东水利学院	书记（代）	李法顺	1983.12—1985.04
河海大学	书记	李法顺	1985.04—1992.09
河海大学	书记	杨景星（代）	1992.09—1993.08
河海大学	书记	姜弘道	1993.08—2001.07
河海大学	书记	林萍华	2001.07—2009.02
河海大学	书记	朱　拓	2009.02—

◎ **参考资料：**

1. 《河海大学校史》编写组：《河海大学校史》，河海大学出版社1990年版。
2. 河海大学官网"学校概况"。
3. 河海大学"百度百科"条目。
4. 季啸风：《中国高等学校变迁》，华东师范大学出版社1992年版。

（李虹　撰稿）

江 南 大 学

江南大学是教育部直属、国家"211工程"重点建设高校和一流学科建设高校。

1. 学校发展简史

学校的历史可以追溯到1902年创建的三江师范学堂、两江师范学堂,经历了国立南京高等师范学校、国立中央大学、南京大学等发展时期。在20世纪50年代的院系调整中,南京大学的工学院与其他高校的工学院合并组建南京工学院。1958年南京工学院食品工业系整建制东迁无锡,建立无锡轻工业学院,1995年更名为无锡轻工大学。2001年无锡轻工大学、江南学院、无锡教育学院合并组建江南大学,2003年东华大学无锡校区并入江南大学。

2. 学校今日现状

学校坚持社会主义办学方向,全面贯彻党和国家的教育方针,依照《江南大学章程》,开展自主办学和现代大学制度建设。学校以"笃学尚行,止于至善"为校训,以"彰显轻工特色,服务国计民生;创新培养模式,造就行业中坚"为办学理念,以"建设特色鲜明的研究型大学"为战略目标,深入推进教育教学改革,持续提升办学水平,在人才培养、科学研究、社会服务、文化传承创新、国际交流合作等方面取得长足进步,已逐步建成一所规模结构合理、学科协调发展、教学质量优秀、办学效益显著、社会美誉度高,国内有影响力、国际有知名度的特色鲜明的高水平大学。

学校坚持"选择性卓越"的学科建设理念,建立良好的学科生态环境。设有18个学院(部),包括:食品学院、生物工程学院、纺织服装学院、化学与材料工程学院、物联网工程学院、环境与土木工程学院、商学院、理学院、机械工程学院、设计学院、药学院、医学院、马克思主义学院、人文学院、外国语学院、法学院、数字媒体学院和体育部。涵盖理、工、农、医、文、法、经济、管理、教育、艺术等学科门类10个。建有博士后流动站6个,食品科学与工程、轻工技术与工程、纺织科学与工程、控制科学与工程、化学工程与技术、设计学(环境科学与工程)等6个博士学位授权一级学科,26个硕士学位授权一级学科以及5个硕士专业学位授权类别。轻工技术与工程、食品科学与工程2个学科入选"双一流"建设学科名单;建有食品科学与工程国家一级重点学科1个和二级重点学科5个;建有食品科学与工程、轻工技术与工程、控制科学与工程等江苏高校优势学科建设工程立项学科 3 个和生态纺织技术与工程江苏省重点序列学科 1 个，化学工程与技术、设计学、计算机科学与技术等"十三五"江苏省重点学科 3 个。

学校坚持人才强校战略，打造一支师德高尚、业务精湛、结构合理、充满活力的高素质专业化教师队伍。现有教职员工 3199 人，其中专任教师 1895 人（含研究生导师 1075 人），专任教师中高级职称人员比例 65%，博士学位人员比例 62.2%，具有一年以上海外研修经历人员比例 37.7%。学校拥有中国工程院院士 2 人，中组部"千人计划"入选者 16 人、"万人计划"入选者 8 人，教育部"长江学者奖励计划"教授 14 人，"国家杰出青年基金"与"国家优秀青年基金"获得者 14 人，"973 项目"首席科学家 1 人，"新世纪百千万人才工程"国家级人选 7 人；部省级创新团队 36 个。

学校坚持立德树人的根本任务，大力培养高素质创新型专门人才。2006 年学校以"优秀"的成绩通过教育部本科教学工作水平评估，2015 年接受了教育部本科教学工作审核评估。2017 年在 41 个本科专业（类）招生，现有在校本科生 20122 人、博硕士研究生 8169 人、留学生 1276 人。拥有国家级综合改革试点专业 4 个，特色专业建设点 15 个；教育部卓越工程师、卓越农林人才教育培养计划专业 10 个；国家级人才培养模式创新实验区（含国家生命科学与技术人才培养基地）5 个，工程实践教育中心及实验教学示范中心 8 个；国家级精品课程（含双语教学、精品开放课程）30 门，精品、规划教材 56 部；国家级教学成果奖 11 项，其中一等奖 1 项。学校积极探索大众化背景下的精英教育，成立至善学院，培养拔尖创新人才。食品科学与工程本科专业在亚洲率先通过美国食品科学技术学会（IFT）国际认证。

学校坚持以学生为中心，完善学生指导和服务体系，构建国际化人才培养机制，营造良好的校园文化氛围。毕业生就业率稳定在 97% 以上，本科生继续深造率近 30%，位列全国高校就业工作 50 强；依托江南大学国家大学科技园，累计孵化创业企业 300 余家，"创业汇客厅"入选国家级众创空间；获评"全国创新创业典型经验高校""全国高校实践育人创新创业基地""国家大学生创新创业计划工作实施先进单位"；完善"奖、助、勤、贷、补、免"帮扶机制，并探索基于人才培养的勤工助学新模式。学校与 28 个国家、地区的 126 所高校及科研机构开展合作，22.8% 的学生拥有海外交流、交换经历；与美国加州大学戴维斯分校合作建有全球首家以中华食品文化为主题的孔子学院。建有国家大学生文化素质教育基地，校史馆、设计馆、民间服饰传习馆、钱绍武艺术馆、酒科技馆等文化展馆首批入选全国高校博物馆育人联盟；每年举办"创新江南"大学生科技创新与创意创业文化节、"江南之春"大学生文化艺术节等特色文化活动；在校生参演广州亚运会闭幕式等大型活动，艺术作品获文化部"文华奖"；学校推进体育精神育人，建有女足高水平运动队，荣获 2017 年全国大学生女子室内五人制锦标赛超级组季军。学校是全国大学生社会实践先进单位、国家级大学生创新创业训练计划实施工作先进单位。

学校坚持以建设创新型国家为己任，积极参与国家和区域创新体系建设。建有食品科学与技术国家重点实验室、粮食发酵工艺与技术国家工程实验室、国家功能食品工程技术研究中心等国家级科研平台 8 个，针织技术教育部工程研究中心等部省级平台 41 个；建有教育部、外专局创新引智基地（"111 计划"）6 个及国际联合实验室 21 个；"十二五"以来承担国家级项目 1085 项，主持国家重点研发项目 6 项；2012 年以来以第一完成单位获国家科技进步奖和技术发明奖 9 项，2017 年作为第一完成单位获国家科学技术奖数并列全国高校 12 名；获何梁何利基金科学与科技创新奖 2 项、高等学校科学研究优秀成果奖（人文社会科学）6 项；获中国专利奖金奖 2 项、优秀奖 6 项，2016 年在中国大学专利奖排行榜上并列全国高校第 17 名；学校现与全国 40 多个城市及中粮集团、光明乳业等多家知名企业开展全面合作；建有江南大学宿迁产业技术研究院、江南大学（扬州）食品生物技术研究所、江南大学无锡创新设计研究院等校地联合研究院/所 7 个；江南大学教育发展基金会获评 5A 级大学基金会。

学校坚持师生为重、服务为先，倾力打造曲水流觞的现代化生态校园，为学生提供设施先进、功能齐全、优质舒适的成长环境。校园占地面积 3250 亩、建筑面积 116 万平方米；图书馆藏书 239.63 万册；生均教学科研仪器 2.81 万元；"智慧校园"建设日臻完善；建有体育场、体育馆、文浩科学馆、大学生活动中心等文体场馆和 16 个学生公寓组团；学校获教育部校园规划一等奖，被评为全国高校校园环境满意度 50 强、全国节约型公共机构示范单位、全国高校节能工作先进单位。

学校的综合实力和办学影响不断提升。在教育部组织的第四轮全国一级学科评估中，学校"轻工技术与工程""食品科学与工程"位列 A+档，"设计学"位列 A-档；在 ESI 全球影响评价排行榜上，学校农业科学、工程学、化学、生物学与生物化学、材料科学等 5 个学科进入全球前 1%，其中农业科学跻身前 1‰，学校位居 ESI 综合排行中国大陆第 54 名；在 US NEWS 发布的全球大学排行榜上，学校位居全球第 777 名、中国大陆第 53 名；在世界大学排名中心（CWUR）发布的全球大学排行榜上，位居全球第 775 名、中国大陆第 53 名；在中国管理科学研究院编制的《中国大学评价》中，位居全国第 47 名；在人民网发布的中国高校社会影响力排行榜上，位居全国第 20 名。学校是全国教育系统先进集体、江苏省文明单位、江苏省平安校园。

在未来的办学实践中，学校将继续秉承"质量立校、人才强校、服务兴校、机制活校、文化铸校"的发展方略，努力推进特色鲜明的研究型大学建设和世界一流学科建设，为实现高等教育强国梦和中华民族伟大复兴作出新的更大的贡献！

3. 现任领导

党委书记：朱　拓

校长、党委副书记：陈　坚

党委副书记：周小浦　戴月波

副校长：纪志成　徐　岩　田　备　顾正彪　陈　卫　吴正国

◎ **参考资料**：
1. 朱斐主编：《东南大学史·第一卷：1902—1949》，东南大学出版社 1991 年版。
2. 江南大学网站首页学校概况。

（涂上飙　编）

南京农业大学

南京农业大学坐落于钟灵毓秀、虎踞龙盘的古都南京,是一所以农业和生命科学为优势和特色,农、理、经、管、工、文、法学多学科协调发展的教育部直属全国重点大学,是国家"211 工程"重点建设大学、"985 工程优势学科创新平台"和"双一流"一流学科建设高校。南京农业大学前身可溯源至 1902 年三江师范学堂农学博物科和 1914 年私立金陵大学农科。1952 年,全国高校院系调整,以金陵大学农学院和南京大学农学院为主体,以及浙江大学农学院部分系科,合并成立南京农学院。1963 年被确定为全国两所重点农业高校之一。1972 年学校搬迁至扬州,与苏北农学院合并成立江苏农学院。1979 年迁回南京,恢复南京农学院。1984 年更名为南京农业大学。2000 年由农业部独立建制划转教育部。

1. 学校早期发展沿革

(1) 金陵大学农学院。

金陵大学农学院是一所教会办的学校,由金陵大学农科发展而来。1912 年金陵大学数学教授裴义理(Joseph. Baillie 美籍)与张謇等人举办垦殖事业,组织"义农会",得到孙中山、唐绍仪、蔡元培等支持,政府赠地千余亩供开荒垦殖。因感农村科技人才缺乏,裴义理于 1914 年创办金陵大学农科,学制 4 年,当时主要为农村培养农事指导员,校址设在乾河沿。羿春添办林科。金陵大学农科是当时国内 4 年制大学农科之最高者,科长为裴义理。1916 年,农、林两科合并为农林科,由农学家芮思娄(J. Reisner,美籍)任科长,是时校址已于前一年迁入金陵大学汉口路新址。1918 年设立蚕桑学系,分养桑学与制丝学两个组,先后担任系主任的有吴伟士(美籍)、钱天鹤等。1922 年成立农业专修科,始为 3 年制,后改为 2 年制。同年又成立农业经济学系,分农业经济、农场管理与农村社会 3 个学组。1923 年成立森林学系,分造林、森林经理、森林利用 3 个学组,在南京有苗圃、林场 2000 余亩。1924 年秋成立乡村教育学系,郭仁凤(G. Griffen,美籍)、章元玮、章之汶等先后主持或兼理系务。1925 年过探先教授接任农林科科长。1927 年,农艺学系和园艺学系先后成立,祁家治(R. Ritckey,美籍)和胡昌炽分任两系主任。农艺系初设作物育种与作物改良 2 个学组,后陆续增加土壤、农具等学组,王绥、汤湘雨、靳自重、黄瑞采、马育华等教授先后主持过系务。园艺学系设果树、蔬菜园艺、园艺利用、观赏园艺 4 个学组。1930 年,植物学系从生物学系分离出来,隶属农林科,初设植物学、植物病理学 2 个学组,至 1930 年,昆虫学组亦划入该系。到 1942 年,金大农林科拥有7系1科，逐步形成比较完整的专业设置体系。1930年金陵大学按当时教育部颁发的大学组织法，改农林科为农学院，由谢家声任院长。1935年奉教务部指示，金陵大学农学院设立农科研究所农业经济学部，部主任孙文郁，同时招收硕士研究生。1940年后又相继成立农艺学部、园艺学部，王绶、郝钦铭、靳自重和章文才、胡昌炽、丁锡文分别主理过两部部务。

1937年，七七事变发生，农学院随金陵大学西迁至四川成都华西坝华西大学办学。1939年，原植物学系的班底改立为农林生物学系，系内仍设植物学、植物病理学和昆虫学三组；乡村教育系改称农业教育系。1941年，农林生物学系分为植物学系与植物病虫害系。植物病虫害系分设植物学和昆虫学二组，集中了戴芳澜、俞大绂、魏景超、裘维蕃、樊庆笙等当时国内植物学界最负声望的一批学者从事教学与科研。这一时期的研究与推广工作并未因战争而停滞，1940年至1941年，继原有的农业经济学部后，农科研究所有增加农艺学部和园艺学部（前已述），扩大科研和培养研究生的规模。1938年起，推广部（有一段时间称推广委员会）先后成立温江、仁寿、新都三个推广实验区，与各县农业推广所密切配合，指导农业生产。此外还受政府有关部门委托，举办各种农业技术培训班。

抗战胜利后，1946年随金陵大学迁回南京汉口路原址，院长仍为章之汶。1947年孙文郁代理院长职务，后正式任院长。1949年年初，在原农具组基础上建立农业工程系，系主任吴湘淦。金陵大学农学院从创办到1948年，历届毕业的研究生52人、本科生1000人左右、专科生787人，各种短训班及函授班学员618人。南京解放时，农学院有教师58人，在校本科生340人，专科生100余人。

1951年1月华东军政委员会教育部决定，私立金陵大学与私立金陵女子文理学院合并为公立金陵大学，由人民政府接管，至此，金陵大学农学院结束了长达37年的教会学校历史，正式成为中国人民教育事业的一个组成部分。

（2）中央大学农学院。

中央大学农学院由1917年创办的南京高等师范学院农业专修科发展而来。南京高等师范学院农业专修科初创时，校址在四牌楼，原金陵大学农林科教授邹秉文应聘任科主任，科下不设系、组，学制3年，全科3个班约90名学生，教师只有5人。1920年农科首届学生毕业。同年12月，北洋政府国务会议决定正式成立东南大学，农业专修科遂扩充为农科，设农艺、园艺、畜牧、植物病虫害、农业化学、生物6个系，教学实行选课制和学分制，科主任仍为邹秉文。1923年东南大学农科增设蚕桑系，同年7月，南京高等师范学院校名正式撤销。1926年东南大学调整系科设置，农科下辖7个系，其中除畜牧系改为畜牧兽医系、生物系改为植物系外，余皆沿用原名称，修业年限均增至4年。

1927年，东南大学改称第四中山大学（简称"中大"），其内部构成发生急剧变化，各科名称亦升格为院，农学院由蔡无忌任院长，各系则改称为科。

中大农学院招收硕士研究生始于1934年。当时成立农科研究所农艺学部，1942年增设森林学部。1944年改部为所，设农艺研究所、森林研究所、农业经济研究所、畜牧兽医研究所，皆辖于中大研究所。

抗战胜利后，农学院随中大迁回南京，校址在丁家桥。

1949年4月南京解放，5月南京军官会接管中大。8月国立中央大学更名为国立南京大学，任命林学家梁希为校务委员会主席，小麦育种学家金善宝为农学院院长。

从创立到1949年，中大农学院共培养毕业生近千名，研究生21人。接管时，在校学生300多人，图书馆藏书8千余册。

2. 中华人民共和国成立后的发展演变

（1）南京农学院。

1952年7月，教育部召开全国农学院院长会议，提出农林院调整方案，决定将金陵大学农学院与南京大学农学院合并，并将浙江大学农学院的畜牧兽医系和农业化学系调入，成立南京农学院，由华东军政委员会教育部领导。两院的园艺系划出，分别并入浙江农学院、山东农学院和安徽农学院；两院的森林系合并建成南京林学院。农、林两院院址仍在一起（丁家桥），实行两块牌子，一个领导班子。当时，金善宝任南农首任院长兼南京市副市长，副院长为靳自重、郑万钧，教务长罗清生，朱启銮任总支书记。全院调整后的系科设置为畜牧兽医、农学、植物保护、土壤农业化学、农业机械学、农业经济5个系，系主任分别为王栋、马育华、黄其林、黄瑞采、吴湘淦、刘庆云。农、林两院共有教师149人，其中教授39人，副教授16人，讲师23人，在校学生约735人；从金陵大学、南京大学农学院接收农、林、牧、园场土地3000多亩，中外文图书13700册。

1955年林学院迁往太平门外武庄新址，农、林两院完全脱钩，南京农学院改由江苏省人民政府领导。1957年9月至1958年年初，南京农学院分两批从丁家桥迁至东郊卫岗原华东航空学院院址建院，校园面积近千亩。与此同时，学校的隶属关系又改为江苏省人民委员会与农业部双重领导。1963年10月，国务院批准将南京农学院列为全国重点高校。1966年"文革"前共有教师500余名，在校本科生2500余名，专科生500余名，建有教学楼4幢，图书馆1座，学生宿舍4幢，教职工住宅16幢，校舍总面积7万多平方米。在卫岗校园内办起占地400多亩的实验农牧场和果园，并在江浦兴办了12000亩土地的机械化教学、科研生产实验基地，在黑墨营的农场也发展为综合性的实验农牧场。

"文革"期间，南京农学院受到严重破坏，教学科研工作陷于停顿。1979年10月，国务院决定恢复南京农学院为农业部领导下的全国重点高校，并全部搬回卫岗原址复校。1981年国务院学位委员会批准南京农学院为全国首批授予博士学位的单位，1983年正式招博士研究生，畜牧兽医系分设畜牧系与兽医系。

（2）南京农业大学。

1984年经教育部与农业部批准，改名为南京农业大学，与北京农业大学、华南农业大学并列为国内三所教学与科研并重的重点农业高校。1985年经农业部和机械工业部批准，南京农业大学收回被并入江苏工学院（即原镇江农机学院）的农业机械化系，以该系为基础，合并南京农机学校，成立南京农业大学农业工程学院，设大学部农业机械化系、农畜产品加工工程系和中专部。同年成立食品科学系、大豆研究所与农业经济研究所。1987年成立农业图书情报学系和研究院。1988年成立社会科学部和农业经济与贸易学院。9年来，学校新建了图书馆、实验大楼、培训楼、化学楼、体育馆、同位素楼、研究生楼、外国专家楼等，总面积超过10万平方米。在校园附近新征实验用地260余亩。学校有农业工程学院、农业经济与贸易学院、研究院、农业管理干部学院和农业机械化管理干部学院等5院，共设11个系29个专业。

经过20余年的发展，学校现有农学院、工学院、植物保护学院、资源与环境科学学院、园艺学院、动物科技学院（含无锡渔业学院）、动物医学院、食品科技学院、经济管理学院、公共管理学院、人文与社会发展学院、生命科学学院、理学院、信息科技学院、外国语学院、金融学院、草业学院、政治学院、体育部等19个学院（部）。设有62个本科专业、31个硕士授权一级学科、15种专业学位授予权、16个博士授权一级学科和15个博士后流动站。全日制本科生17000余人，研究生8500余人。教职员工2700余人，其中：中国工程院院士2名，"千人计划""长江学者"、国家杰出青年科学基金获得者27人次，国家和省级教学名师8人，全国优秀教师、模范教师、教育系统先进工作者5人，入选国家其他各类人才工程和人才计划100余人次；拥有国家和省级教学团队6个，教育部创新团队3个。建有"国家大学生文化素质教育基地""国家理科基础科学研究与教学人才培养基地""国家生命科学与技术人才培养基地"和植物生产、动物科学类、农业生物学虚拟仿真国家级实验教学中心，是首批通过全国高校本科教学工作优秀评价的大学之一，2000年获教育部批准成立研究生院，2014年首批入选了国家卓越农林人才培养计划。

学校拥有作物学、农业资源与环境、植物保护和兽医学等4个一级学科国家重点学科，蔬菜学、农业经济管理和土地资源管理等3个二级学科国家重点学科，及食品科学国家重点培育学科。第四轮全国一级学科评估结果中，作物学、农业资源与环境、植物保护、农林经济管理4个学科获评A+，公共管理、食品科学与工程、园艺学3个学科获评A类。有8个学科进入江苏高校优势学科建设工程。农业科学、植物与动物学、环境生态学、生物与生物化学、工程学、微生物学、分子生物与遗传学等7个学科进入ESI学科排名全球前1%，其中农业科学和植物与动物科学已经进入前1‰，跻身世界顶尖学科行列。

学校建有作物遗传与种质创新国家重点实验室、国家肉品质量安全控制工程技术研究中心、国家信息农业工程技术中心、国家大豆改良中心、国家有机类肥料工程技术研究中心、农村土地资源利用与整治国家地方联合工程研究中心、绿色农药创制与应用技术国家地方联合工程研究中心等66个国家及部省级科研平台。学校先后与30多个国家和地区的150多所境外高水平大学、研究机构保持着学生联合培养、学术交流和科研合作关系。与美国加州大学戴维斯分校、英国雷丁大学、澳大利亚西澳大学、新西兰梅西大学等世界知名高校开展了"交流访学""本科双学位""本硕双学位"等数十个学生联合培养项目。学校建有"中美食品安全与质量联合研究中心""南京农业大学—康奈尔大学国际技术转移中心""猪链球菌病诊断国际参考实验室"等多个国际合作平台。2007年成为教育部"接受中国政府奖学金来华留学生院校"。2008年成为全国首批"教育援外基地"。2012年获批建设全球首个农业特色孔子学院。学校倡议发起设立了"世界农业奖"，并连续4届分别向来自康奈尔大学、波恩大学、加州大学戴维斯分校、阿尔伯塔大学的获奖者颁发奖项。2014年，与美国加州大学戴维斯分校（UC Davis）签署协议共建"全球健康联合研究中心"（One Health Center），获科技部批准援建"中—肯作物分子生物学联合实验室"，获外交部、教育部联合批准成立"中国—东盟教育培训中心"。

学校校区总面积 9 平方公里，建筑面积 74 万平方米，资产总值 35 亿元。图书资料收藏量 235 万册（部），拥有外文期刊 1 万余种和中文电子图书 500 余万种。

在百余年办学历程中，学校秉承以"诚朴勤仁"为核心的南农精神，始终坚持"育人为本、德育为先、弘扬学术、服务社会"的办学理念，先后培养造就了包括 54 位院士在内的 20 余万名优秀人才。

3. 现任与历任领导

（1）现任领导。
党委书记：陈利根
校长：周光宏
党委副书记：周光宏　盛邦跃　王春春　刘营军
副校长：胡　锋　戴建君　丁艳锋　董维春　闫祥林　陈发棣
纪委书记：盛邦跃
（2）历任院长。

学校名称（起止年月）	职务	姓名	任职时间
南京农学院 （1952.09—1984.10） （1971 年撤校， 1979 年复校）	院　长	金善宝	1952.07—1959.03
		张维城	1959.02—1963.09
		李　力	1964.10—1968.09
		陈西光	1979.07—1980.03
		李　力	1980.03—1981.04
		樊庆笙	1981.04—1983.12
南京农业大学 （1984.10—　）	校　长	刘大钧	1983.12—1991.11
		盖钧镒	1991.11—1995.07
		翟虎渠	1995.07—2001.10
		郑小波	2001.10—2011.07

（3）历任党委书记。

学校名称（起止年月）	职务	姓名	任职时间	
南京农学院 （1952.09—1984.10）	党委书记	邓　洁	1956.09—1957.02	
		陈野平	1957.02—1957.11	
		张维城	1958.09—1963.05	
	党委副书记	刘程九	1963.06—1965.12	主持工作
	党委书记	李　力	1980.03—1983.12	
		费　旭	1983.12—1984.10	

南京农业大学 （1984.10—　）	党委书记	费　旭	1983.10—1995.07
		管恒禄	1995.07—2013.04
		左　惟	2013.04—2017.04

◎ **参考资料：**

1. 季啸风主编：《中国高等学校变迁》，华东师范大学出版社1992年版。
2. 南京农业大学官网"学校概况"。
3. 南京农业大学"百度百科"条目。

（袁丽玲　撰稿）

中国药科大学

中国药科大学是一所以药学为特色，理、工、经、管、文等多科性的教育部直属全国重点大学，国家"211工程""985工程优势学科创新平台"重点建设高校，国家"世界一流学科"建设高校。学校前身为始建于1936年的国立药学专科学校，历经华东药学专科学校、华东药学院、南京药学院，1986年10月与筹建中的南京中药学院合并成立中国药科大学。

1. 学校早期发展沿革

1936年7月，遵国民政府教育部部长王世杰嘱托，药学专家孟目的先生与薛培元、朱章赓、陈思义等组成国立药学专科学校筹备委员会，开始筹建国立药学专科学校。8月，租赁南京白下路盐业银行旧址，作为临时校址。8月21日至23日，学校在北平、南京两地举行招生考试。9月1日录取了学校首届新生正取40名，备取15名。9月10日，教育部正式聘请孟目的为首任校长，9月17日举行了开学典礼，中国历史上第一所由国家创办的高等药学学府正式诞生。

建校初期，规模很小，设备简陋，师资力量薄弱，只有专任教师6人，兼任教师5人，职工12人，学生42人。不分专业，学制四年。

1937年7月，抗日战争全面爆发前夕，教育部以南京丁家桥国立中央大学农学院园艺场（即现中国药科大学校址）拨作校址，开始兴建校舍。

抗战全面爆发后，学校初迁汉口，在武汉续招新生；复迁重庆，在重庆歌乐山自建校舍，精研学术，哺育英华。1939年秋，学校附设调剂生训练班，学制二年，培养初级药剂人员；1940年5月，开始附设高级药剂职业科，修业三年，培养中级药剂人才。1940年2月，国立药专向国民政府教育部递送"请求设立国立药学院"的提案未果，学校学制虽定为四年，但仍称作专科学校。

1945年抗战胜利后，学校派秘书金理文回南京接收丁家桥原址，1946年学校开始分批回迁南京。

国立药学专科学校从建校到中华人民共和国成立的13年间，先后聘任了一批学历和学术造诣较高的专家教授为专任教师，如：雷兴瀚、王殿翔、王殿之等；学校的副教授、讲师、助教等多数是中央大学、北京大学、清华大学、复旦大学等著名大学毕业，有的曾赴国外进修深造，学成回国后成为中华人民共和国著名的教授，如顾学裘、林启寿、周太炎、朱廷儒等。共培养四年制专科毕业生9届362人及高职科及调剂班毕业生158人，许多现在已成为药学研究和医药管理领域的专家、教授,为中华人民共和国的药学教育和药学事业的发展作出了贡献。

2. 中华人民共和国成立后的发展演变

(1) 华东药学专科学校。

南京解放后,1950年6月,改名为华东药学专科学校。学校对课程设置进行了改革,学生于三、四年级分药剂学、药物化学、生物学和分析鉴定学四个组选读课程。

(2) 华东药学院。

1952年,齐鲁大学药学系和东吴大学药学专修科并入学校,成立华东药学院。学校规模扩大,招生人数增加,全校分设药剂学、药物化学、分析鉴定、生药学4个系和药学专修科,并将高级药剂职业科改为附设南京药剂学校。

1953年,武汉中南卫生专科学校药剂系二年制药剂专科班并入。学校开始接收外国留学生、实习生和进修生。1954年,将原设4个系合并为药学专业,学制仍为4年。1955年开始招收研究生。

(3) 南京药学院。

1956年更名为南京药学院,学校附属药厂开始恢复生产,并在栖霞山、吉祥庵等地建立药用植物园。1959年,设置化学制药工学专业、抗菌素工学专业、医疗器械制造工学专业和中药专业;1960年,增设物理学、化学、无线电学3个专业,但除化学专业有两届毕业生外,其余转入药学专业。学制改为五年。1959年,设立函授部,举办夜大学。

"文革"期间,学校6年未招生,1972年开始恢复招生,并增设化学制药专业。共培养工农兵学员1177人。

1979年,开始在药学专业先后试行按药物分析、中草药和生化制药等方向组织教学。1981年,恢复中药专业,并增设药理专业、生化制药专业和医药管理干部专修科。

(4) 中国药科大学。

1983年,国家医药管理局下达《关于南京药学院中药系按中药学院规模扩建的通知》,由南京药学院负责筹建南京中药学院。1986年,南京药学院与筹建中的南京中药学院合并,成立中国药科大学。1996年进入国家"211工程"重点建设的百所高校行列。2000年,学校由国家药品监督管理局整体划转教育部管理。2001年,江苏省药科学校并入学校。2017年9月,跻身国家"双一流"建设高校(一流学科)。

学校现有玄武门、江宁2个校区,占地近2200亩。设有药学、中药学2个一级学科博士点,24个二级学科博士点;6个一级学科硕士点,37个二级学科硕士点,5个专业学位硕士点。设有药学、中药学2个博士后流动站,可在23个专业接收博士后人员。药学一级学科为国家一级重点学科,2017年,药理与毒理学、化学、临床医学3个学科领域的ESI排名进入全球前1%,在2017U.S.News药理学与毒理学专业学科排名中,位列全球第40位。根据2016中国科学评价研究中心(RCCSE)发布的指标,学校药学、临床药学、药理学、药物分析学、生药学、药物化学、药剂学等7个学科,均位列全国第一。学校下设13个院部系，现有25个本科专业，5个专科（高职）专业。药学、药物制剂、药物化学、中药学和生物制药专业被评为国家特色专业建设点。截至2017年年底，学校全日制在校生16144人，其中本专科生11833人（本科生11109人，专科生724人），研究生3976人（硕士3199人，博士777人），留学生383人。

学校师资力量雄厚，荟萃了众多知名的药学专家、学者，如：中国科学院首批学部委员、中医中药学家叶桔泉；中国工程院院士、药物化学家彭司勋；中国科学院院士、生药学家徐国钧；中国工程院院士、药物代谢动力学家王广基；德国科学院院士、病理学专家来茂德，还有药物学家廖清江、药剂学家刘国杰、药物分析学家安登魁、植物化学家赵守训等。截至2017年12月底，全校在职教职工1653名，其中专任教师978人，专任教师中具有正高级专业技术职务170人，副高级专业技术职务318人。现有中国工程院院士2人、德国科学院院士1人、"长江学者"6人、"国家杰出青年科学基金"获得者5人、"千人计划"入选者2人、"青年千人计划"入选者7人、"百千万人才工程"国家级培养人选5人、教育部新世纪优秀人才计划入选者34人、江苏省有突出贡献中青年专家6人、享受国务院政府特殊津贴50人、"国家级教学名师"2人、"全国优秀教师"2人、江苏省教学名师7人；国家自然科学基金创新研究群体1个、教育部创新团队2个、国家级教学团队3个、省级教学团队3个。

学校科学研究立足国际前沿，现有"天然药物活性组分与药效"国家重点实验室，已建成临床前创新药物研发各节点相关的国家和省部级重点实验室、技术平台及工程技术中心18个，并建有"药物科学研究院"。"十一五""十二五"期间，获国家"重大新药创制"科技重大专项批项目数、经费数均居全国高校之首。"十二五"以来，学校获国家科技进步二等奖4项，获国家新药证书2本、新药临床批文13个、授权发明专利570件；发表SCI论文4000余篇。

学校建有"国家药物政策与医药产业经济研究中心"，打造医药领域高端智库，第十一届全国人大常委会副委员长桑国卫院士担任中心主任。两个国家级共建机构（国家执业药师发展研究中心、禁毒关键技术联合实验室）、2个省级协同创新中心（生物医药协同创新中心、现代中药协同创新中心），并建立"协同创新联合研发基地"，江苏恒瑞药业和南京圣和药业先后进驻基地；南京市第一人民医院为学校附属医院，南京市鼓楼医院为学校临床学院。

近年来，学校建立各类科技成果转化管理服务平台20余个，构建了技术转移中心、知识产权运营中心、工程技术中心等有机结合的成果转化协同体系。先后为全国500余家企业的1650余项新药和新制剂提供了关键技术服务，项目总金额超过8.5亿元，2项技术转让单项合同经费突破1亿元。研发出包括盐酸关附甲素、爱普列特等在内的一类创新药物、新制剂81个，成果转化产生直接经济效益1300多亿元。

学校实施融合知识、能力和素质为一体的药学人才培养模式，现为教育部药学类专业教学指导委员会主任委员单位、中国药学会药学教育专委会主任委员单位、全国药学专业学位研究生教育指导委员会秘书处单位、全国药学继续教育联盟组长单位、国家药学类实验教学示范中心联席会议组长单位。学校大力实施本科教学质量与教学改革工程，取得一批具有重大影响的教学成果，2000年以来，共获国家级教学成果一等奖3项、二等奖9

项。学校有国家精品开放课程10门、上线中国大学MOOC课程3门、国家级双语教学示范课程建设项目3门、江苏省精品课程/在线开放课程38门次；编著全国普通高等教育精品教材2种，入选全国普通高等教育"十五""十一五""十二五"国家级规划教材41种。

学校是唯一入选教育部"卓越工程师教育培养计划"的医药院校。现有国家理科基础科学研究和教学人才培养基地（基础药学点）、国家生命科学与技术人才培养基地（生物医药点），还获批国家级人才培养模式创新实验区2个、国家级工程实践教育中心5个、国家级实验教学示范中心2个、国家级虚拟仿真实验教学示范中心1个以及校外实习基地92个。所有校级实验教学中心均为省级以上实验教学示范中心。

80年来学校培养了10万多名高素质的药学专门人才，先后走出了10位两院院士，一大批学术栋梁、行业领袖和政界精英在医药卫生保健事业方面发挥了重要作用。

学校积极扩大与世界各国的学术交流，先后与世界27所学校和科研院所签订了校际交流协议，同40多个国家和地区的院校及科研机构建立了学术上的联系。

学校现有3个教育部"111"引智基地（药物生物合成和生物转化学科创新引智基地、天然药物活性组分与药效创新引智基地、抗肿瘤与抗感染药物发现学科创新引智基地）。2011年，学校聘请诺贝尔医学和生物学奖获得者、美国著名药理学家路易·伊格纳罗为荣誉教授，并合作建立伊格纳罗工作站。

学校与英国斯克莱德大学合作举办药学专业本科教育项目；与美国天普大学开展本硕连读项目；与美国密歇根大学、英国爱丁堡大学、澳大利亚南澳大学开展本科双学位项目；与美国南加州大学、罗格斯大学、圣约瑟夫大学、英国德蒙福特大学、日本长崎大学开展本科生交流项目；作为"中美人才培养计划"121项目联盟高校，与美国多所州立大学联合培养本科生。学校还牵头沈阳药科大学、北京大学药学院、复旦大学药学院以及四川大学华西药学院与美国密歇根大学、明尼苏达大学、俄亥俄州立大学建立中美药学院校药学教育联盟，共同实施由国家留学基金委支持的"中国临床药学师资（Pharm. D.）培养项目"。

学校已建立起面向留学生的"本—硕—博"贯通的全英文授课体系，在校留学生人数大幅增长，为世界67个国家和地区培养博士、硕士、本科生和进修生。

近年来，学校进一步明确了未来发展的总体目标：到2036年建校一百周年之际，将学校建成国际知名的、以药学为特色的高水平研究型大学。

中国药科大学正秉承"精业济群"的校训精神，以"培育药界精英、研发普惠良药、贡献幸福生活"为使命，兴药为民，荣校报国，朝着建设国际知名的高水平研究型大学的目标努力迈进。

3. 现任与历任领导

（1）现任领导。

职务	姓名
党委书记	徐　慧

校长 来茂德
党委副书记 张福珍
党委副书记、纪委书记 张志坤
副校长 姚文兵 陆 涛 孔令义 王正华

（2）历任领导。

孟目的
1936.09—1939.08
国立药学专科学校校长

陈思义
1939.08—1945.06
国立药学专科学校校长

薛愚
1945.07—1946.10
国立药学专科学校校长

孟心如
1946.10—1947.10
国立药学专科学校校长

吴荣熙
1947.07—1948.10
国立药学专科学校校长

管光地
1949.03—1952.01
国立药学专科学校校长
华东药学专科学校校长

盛立
1949.03—1952.11
国立药学专科学校代理校务
建院委员会主任

江守默
1952.11—1953.04
华东药学院院长

张辅忠
1953.04—1957.02
华东药学院院长

孙卜菁
1957.03—1958.05
南京药学院院长、党委书记

蒋宗鲁
1958.05—1959.07
南京药学院院长、党委书记

汪青辰
1959.09—1964.09
南京药学院院长、党委书记

李昌文
1964.09—1973.05
南京药学院党委书记

王心田
1978.12—1979.03
南京药学院党委书记
1973.02—1978.12
革命委员会主任

王钧彦
1978.12—1983.11
南京药学院院长

张克威
1979.03—1983.11
南京药学院党委书记

尹宗靖
1983.11—1986.10
南京药学院院长
1986.10—1988.10
中国药科大学校长
1988.10—1991.12
中国药科大学党委书记

徐群
1983.11—1986.10
南京药学院党委书记
1986.10—1988.10
1991.12—1995.03
中国药科大学党委书记
1988.10—1997.6
中国药科大学校长

李干生
1995.03—1997.06
中国药科大学党委书记

吴晓明
1997.06—2013.01
中国药科大学校长
1997.07—2001.10
中国药科大学党委副书记（主持党委工作）

胡金波
2001.11—2008.03
中国药科大学党委书记

刘贵友
2008.03—2011.11
中国药科大学党委书记

◎ **参考资料**：

1. 中国药科大学校史编写组：《中国药科大学校史（1901—1966）》，中国药科大学出版社1986年版。
2. 中国药科大学官网"学校概况"。
3. 中国药科大学"百度百科"条目。
4. 季啸风：《中国高等学校变迁》，华东师范大学出版社1992年版。

（李虹　撰稿）

合肥工业大学

合肥工业大学是一所以工科为主，理、工、文相结合的多科性的教育部直属全国重点大学。学校创建于1945年，历经安徽省立蚌埠高级工业职业学校、安徽省立工业专科学校、淮南工业专门学校、淮南煤矿专科学校、中国煤矿工业专科学校、淮南煤矿工业专科学校、合肥矿业学院，1958年改建为合肥工业大学，1960年被中共中央批准为全国重点大学，1979年，邓小平同志为学校题写了校名。2005年入选国家"211工程"重点建设高校，2009年被列入国家"985工程"优势学科创新平台建设高校计划，2017年进入国家"双一流"建设高校行列。

1. 学校早期发展沿革

（1）安徽省立蚌埠高级工业职业学校。

1945年，安徽省立蚌埠高级工业职业学校创建，当时设有土木、机械、机电3科，招收学生200余名。

（2）安徽省立工业专科学校。

1947年，安徽省政府决定，在安徽省立蚌埠高级工业职业学校的基础上，组建安徽省立工业专科学校。同年6月，学校由蚌埠迁至淮南洞山新址，占地220亩，校舍少而简陋。专业仍以机械、土木、机电3科为限，学制5年，招收初中毕业生。在校学生共计11个班、425人，教职员60余人。

2. 中华人民共和国成立后的发展演变

（1）淮南工业专门学校。

淮南解放后，1950年1月，学校改名为淮南工业专门学校。专业设置在原有的机械、土木、机电3科基础上，增设了采煤科，学制3年，招收高中毕业生；同时，附设预科，招收初中毕业生，学满2年后，合格者升入专科。当时，在校学生441人，教职员工601人，其中教员93人。

（2）淮南煤矿专科学校、中国煤矿工业专科学校、淮南煤矿工业专科学校。

1950年11月，学校改名为淮南煤矿专科学校，1951年3月改为中国煤矿工业专科学校，5月又改为淮南煤矿工业专科学校。

学校设地质、井巷工程、矿山机械、机电、采煤、测量、洗选煤7个专业。1952年，学制改为大专 2 年，2 年制预科停招。1953 年，在校学生数达 1400 余人，教职工总数为 500 余人，其中教员 185 人，包括教授 30 人、副教授 17 人。校舍面积约 4 万平方米。

随着中国经济建设的发展对专业技术人才的需要，1954 年，学校招收了采煤、机电两个专业四年制本科新生各 50 名，作为本科试点。

（3）合肥矿业学院。

1955 年 3 月，经国务院批准淮南煤矿工业专科学校改名为合肥矿业学院。各专业全部开始招收 4 年制本科新生，停招专科学生。

1956 年 7 月，学校整体搬迁至合肥市。新校占地面积 78 万平方米，其中，校舍面积约 7.4 万平方米。学校设置 5 个系，5 个专业，即：地质系，煤田地质专业和勘探专业；矿建系，矿山企业建筑专业；采矿系，矿山开采专业；机电系，矿山机电专业；机制系，矿山机械专业。在校学生总数为 2550 余人，教职工总数 700 余人，其中教师 331 人，包括教授 17 人、副教授 17 人，成立了 25 个教学研究室、28 个实验室，并有规模较大的采煤模型室和机械制造厂，教学设备总值近 400 万元。

1958 年，学校增设了机械制造工艺及设备专业、无机化工专业、发电厂电力网及电力系统 3 个专业，连同原采矿类的 5 专业，共 8 个专业，学制改为 5 年。

（4）合肥工业大学。

1958 年 9 月 16 日，经中央批准，合肥矿业学院改建为多科性的合肥工业大学。1960 年，中共中央确定合肥工业大学为全国重点高等学校，同年，开始招收研究生。在校学校稳定在 4500 人左右，教师总数为 740 余人，其中，教授 15 人，副教授 14 人；共设置 7 个系，15 个专业，36 个教研室，62 个实验室，12 个科学研究室，6 个科学研究中心组及 2 个研究小组，校舍建筑面积达 13 万平方米。

"文革"期间，学校停止招生 5 年。1970 年 2 月，原安徽水电学院、安徽工学院并入合肥工业大学。1970 年至 1976 年，共招收三年制学生 6100 人。1972 年，学校采矿系、地质系、煤田地质等部分专业调出，组建淮南煤矿学院。

粉碎"四人帮"后，1977 年开始通过全国统考招收本科生，1978 年恢复招收研究生。同年原安徽工学院的人员和部分专业从学校分出。1978 年 2 月，经国务院批准，恢复为全国重点高等学校。在学科建设上，先后增设了应用物理系、管理工程系、外语系、数学力学系和社会科学系。1988 年，成立成人教育学院。至 1990 年 9 月，全校有 15 个系，29 个专业，其中本科专业 28 个，4 年制；专科专业 1 个，3 年制；专业方向 19 个。29 个学科、专业有硕士学位授予权，3 个学科、专业有博士学位授予权，6 个部级重点学科、专业。在校本科生 5600 人，研究生近 500 人。教职工总数 3446 人，其中，专任教师 144 余人，包括教授、副教授 450 余人，研究员 1 人，副研究员 18 人。

建有 4 个科研实验中心，63 个实验室，22 个科研所，1 个建筑设计研究院，形成了以 400 余名专任科研人员为主体的科研队伍。"六五""七五"期间共承担科研项目 507 项。1985 年以来，取得近 400 项科研成果，其中，获国家级奖 38 项、省部级奖 85 项，发表、宣读论文 1178 篇，主编教材近 100 本。

1949 年至 1990 年，学校共培养各类毕业生 31633 人。

20 世纪 90 年代以来，学校秉承"厚德、笃学、崇实、尚新"的校训，在建设国际高水平大学的道路上又向前迈进了一步。学校在安徽省省会合肥市设有屯溪路校区、翡翠湖校区、六安路校区和合肥工业大学智能制造技术研究院,在安徽省宣城市设有合肥工业大学宣城校区,形成了"一校五区"的办学格局。

学校先后入选"国家级大学生创新创业训练计划学校"、教育部"卓越工程师培养计划"首批试点高校、教育部首批大学生网络文化工作室、全国首批高校共青团"第二课堂成绩单"试点单位、全国首批"深化创新创业教育改革示范高校"。

现有3个国家重点学科、1个国家重点(培育)学科、12个博士学位授权一级学科、1个博士学位授权二级学科;33个硕士学位授权一级学科、11种专业学位授予权。

有4个国家级实验教学示范中心、1个国家级虚拟仿真实验教学中心、3个国家级工程实践教育中心。国家重点实验室(培育)1个、国家国际科技合作基地1个、国家工程实验室1个、教育部重点实验室2个、国家地方联合工程研究中心3个、国家地方联合工程实验室1个、教育部工程研究中心5个、省部级重点科研基地49个。

学校现有教职工3783人,专任教师2266人,其中有中国工程院院士1人;国家"千人计划"入选者7人、教育部"长江学者"特聘与讲座教授12人、国家杰出青年科学基金获得者7人,中组部"万人计划"教学名师1人,国家级教学名师2人;长江青年学者2人、国家优秀青年科学基金获得者10人、"万人计划"青年拔尖人才项目入选者1人;国家"百千万人才工程"入选者10人、教育部"新世纪优秀人才支持计划"入选者27人。

目前在校全日制本科生3.2万余人、硕士和博士研究生1.3万余人。学生就业率始终保持在96%以上。拥有全国大学生"小平科技创新团队"2个,学生荣获包括"挑战杯"与"创青春"全国大学生创新创业大赛金奖在内的多个国内外重要奖项。

学校始终坚持面向国家战略需求和国际学术前沿,在国家自然科学基金创新研究群体项目、国家重点研发计划项目、重大仪器专项等项目上不断取得突破,研究成果应用于大型飞机、卫星和大型水面舰船等国家重点工程和国防项目,近年来,学校获得多项国家科学技术奖和省部级科学技术奖,并荣获首届全国创新争先奖。

学校目前建有高等学校学科创新引智计划4项,先后与美国俄亥俄州立大学、加拿大滑铁卢大学、英国诺丁汉大学等五十多所世界知名大学建立了友好合作关系。与多所国(境)外大学举办中外合作办学和交换学习项目,现有来自五十多个国家的两百多名留学生在校就读,同时学校每学期选派优秀学生赴国(境)外访问学习。

面向未来,合肥工业大学将为建设国际知名的研究型高水平大学和一批世界一流学科而努力奋斗!

3. 现任与历任领导

(1)现任领导。

党委书记:袁自煌

校长:梁 梁

党委副书记:陈 刚 陆 林(兼纪委书记)

副校长：刘晓平　刘志峰　季益洪　陈鸿海
总会计师：闫　平

（2）历任领导。

历任党委领导

姓名	职务	任期	名称
王际岩	党委书记	1953.02—1953.05	淮南煤矿工业专科学校
孙宗溶	党委书记	1953.08—1962.07	淮南煤专至合肥工业大学
赵一鸣	党委代理书记	1962.06—1966.06	合肥工业大学
刘新增	党委书记	1970.10—1973.02	合肥工业大学
王青春	党委书记	1971.04—1973.02	合肥工业大学
李　彬	党委书记	1973.02—1977.08	合肥工业大学
赵秀山	党委书记	1977.09—1978.07	合肥工业大学
张福田	党委书记	1975.03—1977	合肥工业大学
万立誉	党委书记	1978.02—1981.11	合肥工业大学
赵一鸣	党委书记	1979.03—1980.02	合肥工业大学
许世尧	党委书记	1981.11—1984.03	合肥工业大学
邓志煜	党委书记	1984.03—1987.06	合肥工业大学
朱兆瑾	党委书记	1987.06—1988.07	合肥工业大学
胡逯生	党委书记	1989.03—1991.06	合肥工业大学
唐国贵	党委书记	1991.06—1996.07	合肥工业大学
罗初田	校纪委书记	1991.06—1993.09	合肥工业大学
朱剑中	党委书记	1996.07—1998.11	合肥工业大学
朱新民	党委书记	1999.12—2007.08	合肥工业大学
李　廉	党委书记	2007.8—2014.05	合肥工业大学

历任行政领导

姓名	职务	任期	备注
毕仲翰	校长	1947.09—1948底	
蔡荫乔	主任委员	1949.03—1950.07	安徽省立工业专科学校校务委员会
吴伯文	主任委员	1950.07—？	淮南工业专门学校校务委员会

王际岩	校长	1951.11—1953.02	淮南煤矿工业专科学校
孙宗溶	校长	1953.08—1956.12	淮南煤矿工业专科学校
孙宗溶	院长、校长	1956.12—1962.07	合肥矿业学院、合肥工业大学
刘正文	代理校长	1963.09—1969.11	合肥工业大学
刘新增	"革委会"主任	1968.03—1973.02	合肥工业大学
王青春	"革委会"主任	1973.02—1975.03	合肥工业大学
赵秀山	"革委会"主任	1975.03—1977.09	合肥工业大学
赵一鸣	校长	1979.03—1983.10	合肥工业大学
顾绳谷	校长	1981.03—1987.06	合肥工业大学
邓志煜	校长	1987.06—1991.06	合肥工业大学
王成福	校长	1991.06—1996.07	合肥工业大学
陈心昭	校长	1996.04—2004.01	合肥工业大学
徐枞巍	校长	2003.12—2015.07	合肥工业大学

◎ **参考资料：**

1. 合肥工业大学校史编委会：《合肥工业大学校史（1945—2005）》，合肥工业大学出版社2005年版。

2. 合肥工业大学校史编委会：《合肥工业大学校史（2005—2015）》，合肥工业大学出版社2015年版。

3. 合肥工业大学官网"学校概况"。

4. 合肥工业大学"百度百科"条目。

5. 季啸风：《中国高等学校变迁》，华东师范大学出版社1992年版。

（李虹　撰稿）

浙 江 大 学

浙江大学是一所历史悠久、声誉卓著的高等学府,是中国著名的高等学府之一,坐落于中国历史文化名城、风景旅游胜地杭州。

1. 学校早期发展历史

1896年,杭州知府林启知和一些地方士绅提出兴建新式学堂的建议。1897年定名为"求是书院",课程设有国文、经史、算学、格致、化学、英文等必修课。1898年设内、外两院,并开始陆续派遣学生赴日本留学。1901年,按照"壬寅学制"改组,易名为浙江求是大学堂。1902年,改名为浙江大学堂。1903年,又改称为浙江高等学堂。1904年,设高等预备科。1905年,设师范科和师范传习所。1908年秋季增办高等正科,学制为三年,分一、二两类:第一类为文科,第二类为理科,所设课程有国文、经学、英文、法文、德文、日文、数学、物理、化学、经济学、外国史地等。1911年因武昌起义,学堂散学。1912年,学堂改为学校,校名为浙江高等学校。1914年,学生全部毕业,学校停办。

1927年春重新筹办,初定名"浙江大学研究院",由蔡元培、蒋梦麟、胡适、张人杰、李石曾、邵元冲、谏世璋、邵长光等9人组成筹备委员会,先筹办大学。当时正值开始试行"大学区制",定在浙江成立第三中山大学,遂改为"第三中山大学筹备委员会"。8月1日以原浙江公立工业专门学校和浙江公立农业专门学校为基础改组为工学院和劳农学院,大学即告成立。1928年4月1日,根据新制定的"大学组织条例"的规定,将校名正式定为"浙江大学"。7月1日冠以"国立"。1937年,全校共有3院16个学系。工学院设机械工程、电机工程、化学工程、土木工程4个学系。农学院设农艺、园艺、植物病虫害、蚕桑、农业经济5个学系。文理学院设外国语文、教育、史地、数学、物理、化学、生物7个学系。

1937年7月,学校一年级新生西迁天目山上课。11月,学校开始西迁,初迁建德。12月迁江西吉安,后迁泰和。1938年7月,分水陆两路迁至广西宜山。8月增设师范学院,设教育、国文、英语、史地、数学、理化6个学系。1939年8月,文理学院分为文学院和理学院,设文学研究所史地学部、理学研究所数学部和史地教育研究室。11月再西迁贵州。这年7月,在浙江龙泉县坊下村成立龙泉分校,设中文、外文、数理化、机电、化工、土木、农艺、农经8个系。1940年2月,全校到达贵州,校本部设遵义,各院系科分在遵义、湄潭、永兴三地。1941年8月，增设工科研究所化学工程学部。1942年8月，增设理科研究所生物学部和农科研究所农业经济学部。英国剑桥大学生物化学教授李约瑟参观浙江大学后，称赞浙江大学是"东方的剑桥"。

1945年8月抗战胜利，11月，学校在浙东的龙泉分校先期迁回杭州。1946年8月，成立医学院，9月，全校迁返杭州，浙东分校与本校合并。到1949年5月，全校共有7个学院，30个系，10个研究所，1个研究室，2个专修科。即：文学院设中国文学、外国语文、史地、哲学、人类学5系，理学院设数学、物理、化学、生物、药学5系，工学院设机械、电机、化学、土木、航空5工程系，农学院设农艺、园艺、农业化学、植物病虫害、蚕桑、森林、农业经济、畜牧兽医8系，师范学院设教育、国文、史地、英语、数学、理化6系及国文、数学两个专修科，法学院设法律系。医学院不分系。另设有中国文学、人类学、史地、数学、物理、化学、生物、化学工程、农业经济、教育10个研究所和史地教育研究室。

2. 中华人民共和国成立后—1976年的学校发展

1949年6月6日学校由军事管制委员会接管，开始局部院系调整，7月国立英士大学并入，8月马寅初任校长，法学院调到北京大学，师范学院撤销，哲学系停办。史地系改属理学院，改为地理系；史地研究所改为地理研究所；外文系增设俄文组。

1952年，在全国院系调整中，数学、物理、化学、生物等系和人类学系并入复旦大学，数学、物理、地理系的一部分并入华东师范大学，药学系并入上海第一医学院，外语系并入上海外语学院，航空工程系并入华东航空学院，土木系水利组并入华东水利学院，畜牧兽医系并入南京农学院，森林系并入哈尔滨农学院，农业化学系并入南京工学院食品工业系。文学院和理学院的一部分与浙江师范专科学校、之江大学的文理学院合并为浙江师范学院。农学院分出建立了浙江农学院。医学院与浙江省医学专科学校合并成立浙江医学院。

浙江大学的机械、电机、化工、土木4个系和理学院的一部分，之江大学工学院的机械、土木2个系，厦门大学的机械、电机、土木3个系，组成一所多科性工业大学。学校设有4个学系，10个专业，10个专修科。即：机械系设机械制造、金属切削机床及工具、铸造工艺及设备、光学仪器制造4个专业和金融、铸工、金工工具、热处理4个专修科；电机系设发电厂配电网及其系统、电机与电器、无线电通讯及广播3个专业和发电厂配电网、有线电（市内电话）2个专修科；化工系设燃料专业和工业分析专修科；土木系设工业与民用建筑、铁路建筑2个专业和建筑、测量、铁路3个专修科。各系本科均为四年，专修科均为三年。1953年又有少量调整。至此，浙江大学已成为一所具有4个工科系、9个本科专业、6个专修科的新型工业大学。

1955年开始，各专业均改为五年制。到1965年全校已设有机械、电机、化工、土木、无线电、光学仪器、地质、数学、物理、化学等10个系，35个专业。

3. 改革开放后—1998年的学校发展

粉碎"四人帮"后，经过整顿，教学和科研秩序迅速得到恢复。1981年经国务院批准成为首批博士和硕士学位授予单位。1984年8月，经国务院批准建立研究生院。1988年10月全国博士后管委会批准建立动力机械及工程热物理学科、电工学科和自动控制学科3个博士后科研流动站。到1989年9月底，全校共设有22个系，50个专业。

系科专业设置如下：应用数学系、物理学系、化学系、力学系、地球科学系、生物科学与技术系、电机工程学系、化学工程学系、建筑系、土木工程学系、机械工程学系、信息与电子工程学系、光学仪器工程学系、材料科学与工程学系、能源工程系、科学实验仪器工程系、计算机科学与工程系、管理工程学系、哲学·社会学系、经济学系、外语系、中国语言文学系。

有硕士学位授予权的学科、专业69个，其中27个学科、专业有博士学位授予权。有博士学位授予权的学科、专业：基础数学、应用数学、运筹学与控制论、理论物理、物理化学、高分子化学、固体力学、机械学、机械制造、流体传动及控制、测试计量技术及仪器、生物医学工程及仪器、金属材料及热处理、无机非金属材料、半导体材料、工程热物理、内燃机、化工过程机械、电机、电力系统及其自动化、电力电子技术、通信与电子系统、电子物理学与光电子学、工业自动化、管理工程、岩土工程、化学工程。

应用数学、液压传动及气动、光学仪器、工程热物理、电力系统及其自动化、工业电子技术及电磁测量、半导体材料、化学工程、工业自动化等9个学科被批准为重点学科。高纯硅及硅烷实验室、化学工程联合实验室——聚合反应工程实验分室、计算机辅助设计与图形学实验室被定为国家重点实验室。液压传动及控制实验室由国家教委定为对外开放实验室。

学校的科研机构设有高等数学、近代物理研究中心、化学工程、工业控制技术、高分子科学与工程、生物传感器、电力电子技术、流体传动及控制、现代光学仪器、制冷分离、半导体材料、计算机辅助设计与图形学、马克思主义理论与思想政治教育、高等教育等56个研究所和16个研究室。承担中国科学院、国务院10多个部委和浙江等省、市的科研任务。学校在科学研究上非常重视继承、发扬艰苦奋斗的优良传统和严谨踏实的求是学风，积极鼓励教师和学生勇于创新。历年来获得国家各部委和浙江省重大科研成果奖380多项，其中有26项获国家发明奖。获全国科学大会奖41项，获发明专利13项。1969年以来，先后在国内外学术会议上宣读或在学术刊物上发表的学术论文已有1000多篇。

学校为积极贯彻党中央的科学技术必须为国民经济服务的方针，从1981年开始，先后与安徽、天津、杭州、宁波等省、市和中国石油化工总公司签订了科技协作协议书，建立了教学、科研、生产联合体。经双方共同努力，在科学研究成果的转让和承接、聘请顾问或技术咨询、委托研制、联合攻关、技术培训、情报交流等多方面进行协作，已取得了明显的经济效益。此外，学校很重视重点学科、重点实验室的建设，积极发展交叉学科、边缘学科的建设，重视开展高技术与新技术的研究。

学校拥有许多知名学者和专家，1949年后被选为中国科学院学部委员的教授有苏步青、陈建功、王淦昌、卢嘉锡、贝时璋、罗宗洛、张兆骞、竺可桢、涂长望、黄秉维、蔡邦华、钱令希、王葆仁、邹元燨、钱人元、钱钟韩、吴征铠等40人。1949年后在浙江大学毕业生中选入中国科学院学部委员的有王元、沈允钢、潘家铮、刘盛钢、千福熹。

4. 今日的浙江大学

1998年，同根同源的原浙江大学、杭州大学、浙江农业大学和浙江医科大学四校实现合并，组建了新浙江大学，迈上了创建世界一流大学的新征程。习近平主政浙江期间，亲自联系浙江大学，18次莅临指导，对学校改革发展作出了一系列重要指示，描绘了高水平建成中国特色世界一流大学的宏伟蓝图。

在120年的办学历程中，浙江大学始终秉承"求是创新"的优良传统，以天下为己任、以真理为依归，逐步形成了"勤学、修德、明辨、笃实"的浙大人共同价值观和"海纳江河、启真厚德、开物前民、树我邦国"的浙大精神。

浙江大学是一所特色鲜明、在海内外有较大影响的综合型、研究型、创新型大学，其学科涵盖哲学、经济学、法学、教育学、文学、历史学、艺术学、理学、工学、农学、医学、管理学等12个门类。设有7个学部、36个专业学院（系）、1个工程师学院、2个中外合作办学学院、7家附属医院。学校现有紫金港、玉泉、西溪、华家池、之江、舟山、海宁等7个校区，占地面积5739978平方米，校舍总建筑面积2575983平方米，图书馆总藏书量708.4万册。截至2017年年底，浙江大学有全日制在校学生53673人（其中：本科生24878人，硕士研究生18048人，博士研究生10747人），在校留学生（含非学历留学生）6843人（其中：攻读学位的留学生4116人）。有教职工8657人（其中：专任教师3611人），教师中有中国科学院院士21人、中国工程院院士20人、文科资深教授9人、国家"千人计划"入选者（含青年项目）237人、教育部"长江学者奖励计划"入选者（含青年学者）101人、国家杰出青年科学基金获得者129人。在国家公布的"双一流"建设名单中，学校入选一流大学建设高校（A类），18个学科入选一流建设学科，居全国高校第三。据ESI公布的数据，截至2018年3月，学校18个学科进入世界学术机构前1%，7个学科进入ESI前100位，均居全国高校第二；8个学科进入前1‰，5个学科进入ESI前50位，均居全国高校第一。

浙江大学紧紧围绕"德才兼备、全面发展"的核心要求，全面落实立德树人的根本任务，着力培养德智体美全面发展、具有全球竞争力的高素质创新人才和领导者。在长期的办学历程中，涌现出大批著名科学家、文化大师以及各行各业的精英翘楚，校友中当选为两院院士的有200余人。学校与时俱进的教育思想，引领教育教学模式改革始终走在全国高校前列；丰富的校园文化、先进的教学设施和广泛的国际交流为学生成长创造了优越条件。2017届毕业生初次就业率达到97.22%，本科毕业生海内外深造率达到61.97%。

浙江大学注重精研学术和科技创新，建设了一批开放性、国际化的高端学术平台，汇聚了各学科的学者大师和高水平研究团队。近年来，学校发明专利授权数、权威学术期刊论文发表数、科研总经费等主要科研指标保持全国高校领先地位，在科学技术和人文社科领域取得了丰硕成果。学校主动对接国家和区域重大战略需求，着力打造高水平的创新源、人才泵和思想库。"十二五"以来，学校作为牵头单位获得国家科技进步特等奖1项、一等奖6项、二等奖37项；《中国历代绘画大系》《中华礼藏》、敦煌学等文化传承创新成果在海内外产生了广泛影响。

"国有成均，在浙之滨。"今天的浙江大学，正在为加快进入中国特色世界一流大学行列、迈向世界一流大学前列而奋斗。学校将秉承求是创新精神，致力于传播与创造知识，弘扬与引领文化，服务与奉献社会，为实现中华民族伟大复兴、促进人类文明进步作出卓越贡献。

5. 现任与历任领导

（1）现任领导。

党委书记：邹晓东

校长：吴朝晖

常务副校长：任少波

党委副书记：吴朝晖 郑 强 朱世强 叶 民

副校长：罗卫东 严建华 罗建红 张宏建

党委常委：邹晓东 吴朝晖 任少波 郑 强 严建华 张宏建
　　　　　朱世强 叶 民 赵文波 应 飚 包迪鸿 王立忠

秘书长：任少波（兼）

总会计师：石毅铭

校长助理：陈 鹰 陈昆松 李凤旺 傅 强 胡 炜 胡征宇

（2）历任领导。

姓名	职务	任期
林　启	总办（兼）	1897.05—1900.05
陆懋勋	总理	1900—1901.09
劳乃宣	总理	1901.10—1903.06
陶葆廉	监督	1903.07—1904
陆懋勋	监督	1904—1905
项藻馨	监督	1905—1906.07
吴震春	监督	1906.08—1910
孙智敏	监督	1910—1912
邵裴子	校长	1912—1912.06
陈大齐	校长	1912.07—1913
胡壮猷	校长	1913—1914
蒋梦麟	校长	1927.07—1930.07
邵裴子	校长	1930.07—1931.11
程天放	校长	1932.04—1933.03
郭任远	校长	1933.04—1936.02

竺可桢	校长	1936.04—1949.05
马寅初	校长	1949.08—1951.05
沙文汉	校长（兼）	1952.10—1953.01
霍士廉	校长（兼）	1953.04—1958.04
周荣鑫	校长	1958.04—1962.03
陈伟达	校长（兼）	1962.06—1968.04
钱三强	校长（兼）	1979.02—1982.06
刘 丹	名誉校长	1982.06—1989.09
杨士林	校长	1982.06—1984.02
韩祯祥	校长	1984.02—1988.02
路甬祥	校长	1988.02—1995.04
潘云鹤	校长	1995.04—2006.08
杨 卫	校长	2006.08—2013.02
林建华	校长	2013.06—2015.02
吴朝晖	校长	2015.03—

◎ **参考资料：**

1. 本书编写组编：《浙江大学简史（第一、第二卷）》，浙江大学出版社1996年版。
2. 浙江大学官网"学校概况"。
3. 浙江大学百度百科。
4. 楼杳撰，林之平审：《浙江大学》，载季啸风主编：《中国高等学校变迁》，华东师范大学出版社1992年版，第559~565页。

（涂上飙 编）

厦 门 大 学

厦门大学,简称厦大,是中国近代教育史上第一所华侨创办的大学,也是国家"211工程"和"985工程"重点建设的高水平大学。校园坐落在"海上花园"厦门市的南端,厦大校园依山傍海、风光秀丽、四季常青、风景如画,已成为公认的环境最优美的中国大学校园之一。2017年,厦门大学入选国家公布的A类世界一流大学建设高校名单。

1. 学校早期发展沿革

1921年4月,被毛泽东誉为"华侨旗帜,民族光辉"的爱国华侨领袖陈嘉庚,抱着"教育救国"的宏愿,创办了厦门大学。创办初期,陈嘉庚先生先后聘邓萃英、林文庆为校长,确立了"自强不息、止于至善"的校训,制定"研究高深学问,养成专门人才,阐扬世界文化"的办学宗旨,广揽名师,潜心学术和培养人才,迅速把厦门大学办成了一所包括文、理、法、商、教育5个学院21个系的多学科大学。陈嘉庚认为,"独是师资一项,最为无上第一要切","要诚挚待教师,又以优俸酬其劳,按月必交,无缺分毫"。因此,厦大重金礼聘知名教授学者,一时群贤毕至、名师云集,先后有一批著名学者、专家来校任教,如文学家林语堂、鲁迅、陈衍、台静农等,哲学家张颐、陈定谟、邓以蛰等,历史学家顾颉刚、张星烺、陈万里等,以及教育学家孙贵定、法学家黄开宗、数学家姜立夫、物理学家胡刚复、化学家刘树杞、生物学家秉志、天文学家余青松等。

厦大私立时期,林文庆校长主张人才培养在于"养成各种高等专门人才,使本校学生虽足不去国外,而所受之教育,能与世界各大学相颉颃"。厦大名师垂教,图书馆藏丰富,教学设施完善,培养出的学生广受欢迎,各地"争相延揽",本时期优秀毕业生代表有:刘四职、林惠祥、吴亮平、郭大力、伍献文、卢嘉锡、柯召、黄克力、陈为敏、沈祖馨等。

1937年7月1日,厦门大学改为国立大学。7月6日,国民政府教育部任命著名机电工程专家、留美理学博士、清华大学物理学教授萨本栋为校长。9月,日军袭击厦门,学校被迫内迁闽西山城长汀坚持办学,成为当时粤汉铁路线以东唯一的国立大学,也是当时最逼近战区的大学。著名地质学家李四光、英国著名学者李约瑟博士等,当时都应邀到校讲学。在1940年和1941年国民政府教育部举行的学业竞赛中,厦门大学参赛学生连续两届蝉联第一,赢得"南方之强"的美誉。1946年,学校迁回厦门,在恢复原有院系基础上,还增设了海洋系、国际贸易系和法律系司法组。

2. 中华人民共和国成立后的发展

1950年5月，中央人民政府政务院任命著名经济学家、《资本论》译者之一的王亚南教授为校长。1952年全国高等院校调整时，厦大许多优势学科（如航空、土木、电机、海洋、教育等）被调整到其他院校或组建新的高校。1955年年底，20多座由陈嘉庚先生和南洋爱国华侨李光前先生捐资兴建的新校舍全部建成。1958年到1960年间，厦大承担起筹办福州大学任务。院系调整后，厦大成为当时全国14所文理综合性大学之一。1963年9月被列为全国重点高等学校，成为26所部属重点高校之一。"文革"期间，学校遭受重大损失。学校停止招生，教学、科研工作被迫中断。

1978年，学校经过拨乱反正，建立了正常的教学秩序，重新走上稳步发展的道路。通过全面贯彻党的教育方针，坚持教育面向现代化、面向世界、面向未来，在改革开放中加速发展，教育质量和办学水平不断提高。学校实行多层次、多规格、多种形式办学，采取接受委托培养、联合办学、协作代培、短训班、进修班、夜大学等多种办学形式，为社会培养了一批不同规格的急需人才，从而打破了原有办学形式单一的格局，使学校为社会服务的能力有所增强。

改革开放以来，党和国家领导人李先念、邓小平、江泽民、胡锦涛等先后莅临厦门大学视察。习近平同志在福建工作期间，多次亲临厦门大学视察指导。学校秉承"自强不息，止于至善"的校训，积累了丰富的办学经验，形成了鲜明的办学特色，成为一所学科门类齐全、师资力量雄厚、居国内一流、在国际上有广泛影响的综合性大学。

1978年，学校恢复研究生招生制度。1981年，招收首届攻读博士学位的研究生。1986年，国家教委批准学校试办研究生院。1996年，学校研究生院正式挂牌成立。建校90多年来，已先后为国家培养了30多万名本科生和研究生，在厦大学习、工作过的两院院士达60多人。历年入选两院院士及文科资深教授包括，中国科学院院士：蔡启瑞、唐仲璋、田昭武、张乾二、唐崇惕、黄本立、万惠霖、赵玉芬、郑兰荪、田中群、焦念志、韩家淮、孙世刚，中国科学院外籍院士：萨支唐，中国工程院院士：林鹏，文科资深教授：葛家澍、韩国磐、余绪缨、邓子基、钱伯海、潘懋元。

3. 今日厦门大学

1995年，学校顺利通过国家教委"211工程"部门预审，标志着学校进入国家"211工程"重点建设高校行列。2001年，学校进入"985工程"高校行列，学校"985工程"一期、二期及三期（2010—2013）建设共投入建设资金24亿元，重点建设了一批科技创新平台和哲学社会科学创新基地。2015年，国务院颁布实施《统筹推进世界一流大学和一流学科建设总体方案》，学校也不断完善制度建设，完善内部治理结构，制定实施《厦门大学章程》，推进依法治校，编制《厦门大学综合改革方案》，系统谋划，协调推进学校综合改革。

学校目前设有研究生院、6个学部以及28个学院（含76个系）和14个研究院，形成了包括人文科学、社会科学、自然科学、工程与技术科学、管理科学、艺术科学、医学科学等学科门类在内的完备学科体系。学校现有12个学科进入ESI全球前1%，拥有5个一级学科国家重点学科、9个二级学科国家重点学科、17个一级学科福建省特色重点学科、46个福建省一级学科重点学科，9个国家基础科学人才培养基地。拥有31个博士后流动站；33个博士学位授权一级学科，3个博士学位授权二级学科；52个硕士学位授权一级学科，3个硕士学位授权二级学科；9个交叉学科；1个博士专业学位学科授权，24个硕士专业学位学科授权。2017年，化学、海洋科学、生物学、生态学、统计学5个学科入选国家公布的世界一流学科建设名单。

学校现有专任教师2657人，其中，教授、副教授1875人，占专任教师总数的70.6%，拥有博士学位的2154人，占81.1%。学校共有两院院士22人（含双聘院士9人），文科资深教授2人，国家重点基础研究发展计划（简称973计划，含重大科学研究计划）首席科学家10人次，海外高层次人才引进计划（简称国家"千人计划"）入选者76人（含"千人计划"青年人才41人），"长江学者奖励计划"特聘教授24人、讲座教授16人、青年学者4人，国家杰出青年科学基金获得者41人，国家级教学名师6人，国家高层次人才特殊支持计划（简称"万人计划"）科技创新领军人才9人，哲学社会科学领军人才3人，教学名师1人，百千万工程领军人才2人，青年拔尖人才6人，国家"百千万人才工程"入选者20人，教育部"新（跨）世纪优秀人才培养计划"入选者139人，国家优秀青年科学基金获得者29人；国家创新研究群体8个，教育部创新团队9个，高等学校学科创新引智基地（"111计划"）7个。

学校现有在校学生近40000人（含外国学历留学生1235人），其中本科生19843人、硕士研究生16172人、博士研究生3647人，本研比约为1∶1。学校获第五届、第六届、第七届国家级高等教育教学成果一等奖3项、二等奖17项，名列全国高校前茅；30门课程入选全国"精品课程"。学校拥有6个国家级实验教学示范中心，3个国家级虚拟仿真实验教学中心，6个国家级大学生校外实践教育基地。12篇论文入选"全国百篇优秀博士学位论文"，其中"十二五"期间有7篇博士学位论文入选全国优秀博士论文，增量并列"985工程"学校第七位。

学校荣获"2012—2014年度国家级大学生创新创业训练计划实施工作先进单位""2014年度全国高校创业教育研究与实践先进单位"。教育部本科教学工作审核专家组认为厦大"科创竞赛'八化'模式成效突出"。2014年，学校成为东亚地区唯一入选联合国教科文组织"高等教育内部质量保障优秀原则和实践项目"（简称"IQA"项目）的高校。2015年4月，国务院总理李克强视察厦门大学学生创新创业工作。他指出：学校人才培养工作抓得很扎实，创新创业工作用人单位很满意。

厦大毕业生是最受社会欢迎的群体之一，年均就业率保持在95%以上。他们之中有不少成为蜚声中外的专家、学者，如原中国科学院青岛海洋研究所所长曾呈奎，原中国科学院武汉水生生物研究所所长伍献文，原山东海洋学院院长、遗传学家方宗熙，南京化工学院院长陈鹏生，中国科学院学部委员、数学研究所研究员陈景润，国家文字改革委员会副主任委员陈章太，以及中国科学院学部委员、物理化学家蔡启瑞、田昭武，动物学家唐仲璋，明清史学家傅家麟，教育学家潘懋元，隋唐五代史家韩国磐，会计学家葛家澍，财政学家邓子基等。在国外，美籍鱼类学家顾瑞岩博士，美籍医学家、奥克拉荷马大学解剖学系系主任李景昀博士，英国伯明翰大学电子计算中心主任吴伯雄博士，新加坡大学名誉教授陈育崧，新加坡前驻日本大使黄望青等，他们都为科学发展和社会进步作出贡献，为厦门大学赢得了荣誉。

学校设有200多个研究机构，其中国家级协同创新中心2个（牵头单位），国家重点实验室4个，国家工程技术研究中心1个，国家工程实验室1个，国家地方联合工程研究中心1个，国家地方联合工程实验室3个，教育部重点实验室5个，教育部工程研究中心3个，教育部人文社科重点研究基地5个。厦门大学国家大学科技园是福建省内仅有的两个经科技部、教育部认定的国家级大学科技园之一。"十二五"期间，学校自然科学科研实力大幅提升，在《科学》《自然》《细胞》及其子刊等国际高水平学术期刊上发表论文50余篇；获国家自然科学二等奖4项、国际科学技术合作奖1项；1项成果入选"中国科学十大进展"，2项成果入选"中国高校十大科技进展"，1项成果获中国专利金奖。学校人文社会学科研究实力雄厚，"十二五"期间共承担国家社科基金重大项目17项，教育部哲社研究重大课题攻关项目10项；32项成果获教育部第六届、第七届高等学校科学研究优秀成果奖（人文社会科学），其中一等奖3项；厦门大学在中国台湾研究、南洋研究、高教研究、经济研究、会计研究、南海研究等领域已经形成自身特色，实力居国内高校前列。2017年，学校科研经费14亿元。

学校对外交流与合作深入开展，已与境外300多所高校签署了校际合作协议，与近50所世界排名前200名的高校开展实质性交流合作。积极参与汉语国际推广工作，已与北美洲、欧洲、亚洲、非洲等地区的大学合作建立了16所孔子学院，并获批建设"孔子学院院长学院"。在对台交流方面，学校具有得天独厚的地理条件和难以替代的人文优势，已成为中国台湾研究的重镇和两岸学术、文化交流的前沿。2014年7月，厦门大学马来西亚分校奠基，成为中国首个在海外建设独立校园的大学；2016年2月，分校举行首批新生开学典礼；分校现已开设13个专业，有在校生2800余人、教职员工216人，获准设立"福建省政府奖学金"。厦门大学马来西亚分校被中央媒体誉为镶嵌在"一带一路"上的一颗明珠，并写入中马联合新闻声明。2017年金砖国家领导人厦门会晤期间，厦门大学成功举办"美好青春我做主"艾滋病防治宣传校园行——走进厦门大学活动与第二届联合国教科文组织女童和妇女教育奖颁奖仪式，展示中国形象、福建成就、厦门魅力、厦大风采，受到各方高度肯定。

学校拥有完善的教学、科研设备和公共服务体系。目前学校占地9000多亩，其中思明校区2600多亩、漳州校区2500多亩、翔安校区3600多亩、马来西亚分校约900亩，校舍建筑总面积210多万平方米。学校拥有纸质图书馆藏490多万册、电子图书560多万册，固定资产总值91亿元，仪器设备总值25亿元。校园高速信息网络建设的规模、水平居全国高校前列并成为CERNET2的核心节点之一。拥有8家附属医院，6所附属中学、附属小学和幼儿园，分别为附属中山医院、附属厦门眼科中心、附属东南医院、附属东方医院、附属第一医院、附属成功医院、附属福州第二医院、附属翔安医院，附属科技中学、附属实验中学（漳州）、附属音乐学校、附属厦门第二中学、附属实验小学（漳州）、附属演武小学。

4. 历任及现任领导

历任及现任校长

姓名	时间
邓萃英（芝园）	1920.12—1921.05
林文庆（梦琴）	1921.06—1937.07
萨本栋（亚栋）	1937.07—1945.08
汪德耀（伯明）	1945.09—1949.10
王亚南（渔邨）	1950.05—1969.11
曾 鸣	1978.04—1982.02
田昭武	1982.02—1989.09
林祖赓	1990.07—1999.04
陈传鸿	1999.04—2003.05
朱崇实	2003.05—2017.07
张 荣	2017.07—

历任及现任校党委书记

姓名	时间
张玉麟	1952.07—1954.12
陆维特	1955.01—1969.01
于英川	1972.07—1973.01
曾 鸣	1973.02—1984.08
未力工	1984.09—1986.07
吴宣恭	1986.07—1989.09
王洛林	1989.09—1994.04
叶品樵	1994.04—1996.06
陈传鸿	1996.06—1999.04
王豪杰	1999.04—2006.12
朱之文	2006.12—2011.09
杨振斌	2012.04—2014.11
张 彦	2014.11—

◎ **参考资料**：

1. 季啸风主编：《中国高等学校变迁》，华东师范大学出版社1992年版。
2. http：//wszg. xmu. edu. cn/ExhibitionXS。
3. https：//www. xmu. edu. cn/about/xuexiaojianjie。
4. 厦门大学办公室编：《厦门大学》，浙江大学出版社2000年版。

（罗伟昌　撰稿）

山 东 大 学

山东大学是一所历史悠久、学科齐全、学术实力雄厚、办学特色鲜明,在国内外具有重要影响的教育部直属重点综合性大学,是国家"211工程"和"985工程"重点建设的高水平大学之一,首批"双一流"世界一流大学A类建设高校。

1. 学校早期发展历史

1901年9月,山东巡抚袁世凯上奏《山东试办大学堂暂行章程折稿》,是年10月获准,在济南泺源书院正式创办了官立山东大学堂。第一批招收学生300人,分专斋、正斋、备斋、分斋督课。聘请中西教习50余人,后增至110多人,美国人赫士为总教习。1904年学校改名为山东高等学堂,学生分为正科一、二、三类,学制三年。1911年,再改称为山东高等学校。1914年学校因经费无着而停办。山东大学堂始创时,有校长等管理人员80人,各种教师110多人,其中英、美、德、日籍教师8人。培养了770多名具有科学知识的人才,并选送59名留学生。

山东大学堂裁撤以后,其教职工分别转入了相继成立的工业、农业、矿业、商业、政法、医学6个专门学校。1926年奉系军阀张宗昌督鲁,将6个专门学校合并,成立省立山东大学,设文、法、工、农、医5个学院,计有中国哲学、国文学、法律、政治经济、商学、机械、机织、应用化学、采矿、农学、林学、蚕学、医学13个系,并有附属中学。校设评议会,院设教务会,系设教授会,定期研究教学、人事、经费等问题。大学部有教师320人,其中教授200人,除专业课外,并开设选修课,学生毕业授予学士学位。

1924年,在青岛开明绅士的积极要求下,胶澳商埠督办的高恩洪在青岛创办了私立青岛大学,自任校长。设工科和商科,学制四年,学生修业期满考试及格者授予学士学位。学生除本国外还有南洋华侨和朝鲜学生。革命活动家罗荣桓、彭明晶等系该校学生。校董事会聘请学界名流梁启超、蔡元培、张伯苓、黄炎培等人为名誉董事。1925年直奉战争再起,直系军阀失败,高恩洪下野。1928年,国民革命军进抵山东,奉系军阀败逃。日本帝国主义借口保护侨民出兵济南,制造了五三惨案。局势动荡,学校经费无着,随即停办。

1928年8月,南京国民政府教育部根据山东省教育厅的报告,下令在省立山东大学的基础上筹建国立山东大学,并由何思源、魏宗晋、陈雪南、赵畸、王近信、彭百川、杨亮功、杨振声、杜光埙、傅斯年、孙学悟等11人组成国立山东大学筹备委员会,着手筹备工作。在筹备过程中,蔡元培先生力主将国立山东大学设在青岛,取得教育部长蒋梦麟的同意。

1929年，省立山东大学改为国立山东大学，学校迁到青岛，将国立山东大学筹备委员会改称国立青岛大学筹备委员会，筹备委员会成员由何思源、王近信、赵太侔、彭百川、杜光坝、傅斯年、杨振声、袁家普、蔡元培等9人组成。1930年9月21日开学，首任校长杨振声。杨振声，留学美国，获文学博士学位，颇有声望。他亲自赴沪请闻一多担任文学院院长兼中文系主任，梁秋实担任外文系主任兼图书馆长，聘黄敬恩任教育学院院长兼教育行政系主任，黄际遇任理学院院长兼数学系主任，汤腾汉任化学系主任。

1932年9月，学校改名为国立山东大学，由赵太侔接任校长。1937年11月，国立山东大学由青岛迁往安徽安庆，不久再迁四川万县。1938年春学校在万县复课，不久教育部下令"暂行停办"。师生分别转入国立中央大学，图书、仪器、机械分别暂交国立中央图书馆、国立中央大学、国立中央工业职业学校保管使用。1946年春，经国民政府教育部批准。国立山东大学在青岛复校，赵太侔再任校长。复校后设文、理、工、农、医5个学院，计有中国文学、历史学、外国文学、数学、物理学、化学、动物学、植物学、地质矿物学、土木工程学、机械工程学、电机工程学、农艺学、园艺学、水产水15个系，医学院不设系，并附设一个大学先修班和高级护士学校。

1944年中共华中局决定，创办华中建设大学。校址设于苏皖边区的盱眙县新埔，彭康任校长。1945年8月，山东抗日人民政府在解放区临沂，创办了山东大学（为了区别国立山东大学，称临沂山东大学）。1946年年初，华中建设大学校长彭康，率领该校师生400余人北上，并入临沂山东大学。1948年夏，中共华东局决定，以原临沂山东大学渤海地区的部分人员为基础，会同华中建设大学的部分干部教师，在潍县组建成立华东大学，韦悫任校长。济南解放后，于11月迁入济南。

2. 中华人民共和国成立—1978年的学校发展

1949年6月，青岛解放。1951年3月15日，山东大学与华东大学合校，新的山东大学诞生了，3月15日被确定为校庆日。首任校长华岗，是马克思主义理论家、知识渊博的学者。设文、理、工、农、医5个学院，分中国文学、历史学、外国文学、数学、物理学、化学、动物学、植物学、地质矿物学、水产学、土木工程学、机械工程学、电机工程学、农艺学、园艺学、病虫害学、政治学、艺术学18个系。

1952年进行院系调整工作。山东大学迁出工、农两院和地矿、政治、艺术3个系，农学院迁往济南并入山东农学院。工学院的电机、机械两系迁至济南并入山东工学院，土木系与山东工学院的土木、纺织两系合并成立青岛工学院，采矿系并入东北采矿学院，地矿系迁长春，成立东北地质学院，政治系迁济南，成立山东政治学校。医学院后来独立组建为青岛医学院，以海洋、水产两系为基础组建成山东海洋学院。经过院系调整，学校有一级教授3人，二级教授5人，三级教授21人，四、五级教授31人。历史系教授占全系教师的52%。中文系有陆侃如、冯沅君、高亨、萧涤非教授等从事中国文学史、古典文学、语言学、敦煌学和新诗创作等方面的研究。历史学方面，杨向奎、丁山、童书业、王仲荦等教授在学术上都作出了重要贡献。

1955年华岗校长受诬陷去职,由山东省副省长晁哲甫接任校长,1958年由教育家成仿吾接任。1958年学校迁至济南。

1958年7月,山东大学归由山东省领导,同年10月奉命迁校济南。文科的中文、历史两系和理科数学、物理、化学、生物四系搬迁济南,海洋、水产和正筹建的地矿三系留在青岛(后独立为山东海洋学院,即现在的中国海洋大学)。

这期间于1959年秋恢复了外文系,1960年重设政治系,建成原子能系和电子系,学校由迁济时的6个系10个专业,增至政治、中文、历史、外文、数学、物理、化学、生物学、原子能(后学生并入复旦大学,该系撤销)、电子10个系。建立了中国古典文学、中国现代文学、美国文学、中国古代史、微分方程(控制论)、磁学、晶体、微生物9个校属研究室。

1961年学校复归教育部领导,学校在文史见长的优势中,向社会科学领域开拓;在理科的扬长避短中,突出数学、磁学、晶体、微生物的20世纪60年代新特色,为学校以后的发展打下了良好的基础。

1970年夏,山东大学一分为三:政治、中文、外文、历史四系南迁曲阜,与曲阜师范学院合并,时称为山东大学;生物学系迁奉泰安,并入山东农学院;校部机关和数学、物理、电子、化学、光学(新建)五系留在济南,成立山东科学技术大学。在周恩来总理的关心下,1974年年初山东大学恢复原建制,山东科学技术大学即行撤销。

3. 改革开放—2000年的学校发展

党的十一届三中全会以后,学校的办学条件、教学和科研等各项事业都有了突飞猛进的发展。1984年在风景秀丽的海滨城市威海,设立山东大学威海分校。

到1989年,学校设有经济学院、化学学院两个学院,21个系,43个专业、5个专科、1个师资班。21个系是:中国语言文学系、历史学系、哲学系、经济学系、经济管理系、经济贸易系、科学社会主义系、社会学系、图书馆学系、法律学系、外国语言文学系、管理科学系、数学系、计算机科学系、物理学系、光学系、电子工程系、化学系、应用化学系、生物学系、微生物学系。

设有硕士学位授予权的学科、专业48个,其中13个学科、专业有博士学位授予权。这些学科是:文艺学、中国古代文学、中国古代史、基础数学、计算数学、运筹学与控制论、高能物理、固体物理、磁学、物理化学、发育生物学、微生物学、军用光学。中国古代文学、中国古代文艺批评史、文艺学、汉语史、中国古代史、中国近现代史、科学社会主义、基础数学、应用数学、计算数学、运筹学控制论、计算机软件、磁学、固体物理、高能物理、军用光学、物理化学、无机化学、发育生物学、管理科学、环境科学等21个学科为重点学科。

1989年有在校学生7346人,其中本科学生5535人,专科生1165人,硕士研究生612人,博士研究生34人。夜大学生1200人,函授生1320人,还有10个国家的外国留学生60人。1984年,在威海市建立了山东大学威海分校,是一所包括文科、理科、技术和管理科学在内的综合性大学。

全校 3980 名教职工中，专任教师有 1540 人。其中教授 70 人，副教授 465 人，讲师 646 人，助教 604 人。

学校迁校济南，在晶体材料、控制理论、基本粒子、量子化学、红外遥感和微生物等方面进行了重点研究。晶体材料研究所研制的高校激光倍频晶体——磷酸肽氧钾（KTP）晶体产品获 1956 年国家科技进步一等奖。潘承洞教授的哥德巴赫猜想研究，和陈景润、王元研究员一起获 1982 年度国家自然科学一等奖。

4. 今日的山东大学

2000 年 7 月，由原山东大学、原山东医科大学、原山东工业大学合并组建新的山东大学。百余年间，山东大学秉承"为天下储人才""为国家图富强"的办学宗旨，践行"学无止境，气有浩然"的校训，踔厉奋发，薪火相传，形成了"崇实求新"的校风，为国家和社会培养了 40 余万各类人才，为国家和区域经济社会发展作出了重要贡献。

作为国家首批重点建设的"211 工程"和"985 工程"大学，近年来山东大学实现了跨越式发展，各项事业均达到了前所未有的高度。学校的综合水平和办学质量明显提升，国际影响力显著增强，目前有 15 个学科的学术影响力和贡献能力进入 ESI 世界排名前 1%（名列国内高校第八位），与 30 多个国家和地区的近 170 所学校签署了校际合作协议。

学校规模宏大，实力雄厚。总占地面积 8000 余亩（含青岛校区约 3000 亩），形成了一校三地（济南、青岛、威海）八个校园（济南中心校区、洪家楼校区、趵突泉校区、千佛山校区、软件园校区、兴隆山校区、青岛校区及威海校区）的办学格局。现有 4 所附属医院，3 所非隶属附属医院，11 所教学、实习医院。拥有在职教职工 7759 人（不含附属医院）。各类全日制学生达 6 万人，其中，全日制本科生 40822 人，研究生 17984 人，留学生 3407 人。学校汇聚了一批杰出人才，共有教授 1082 人，博士生导师 897 人。其中，诺贝尔物理学奖获得者 Peter Grünberg 受聘为特聘教授，研究生导师莫言教授荣获 2012 年诺贝尔文学奖。学校现有中国科学院和工程院院士 8 人，双聘院士 48 人，终身教授 10 人，人文社科一级教授 16 人；"千人计划"国家特聘教授 22 人，"青年千人计划" 18 人；国务院学位委员会学科评议组成员 7 人；国家百千万人才工程入选者 28 人；教育部"长江学者奖励计划"特聘教授、讲座教授 46 人，青年项目入选者 1 人；国家杰出青年基金获得者 38 人，山东省泰山学者特聘专家 59 人、泰山学者海外特聘专家 31 人、泰山学者攀登计划人选 6 人。

学校拥有精良的教学科研平台，有一级学科国家重点学科 2 个（涵盖 8 个二级学科）、二级学科国家重点学科 14 个、二级学科国家重点培育学科 3 个，省级重点学科 70 个，覆盖文、理、工、医四大学科领域，实现了各学科的协调发展；有国家重点实验室、国家工程技术研究中心、国家工程实验室、国家工程技术推广中心等国家级科研平台 7 个，国家"111 创新引智计划项目"6 项，国家级人才培养基地 6 个，教育部人文社会科学重点研究基地 4 个，教育部、卫生部重点实验室及工程技术研究中心 21 个，另有大批省级重点实验室和工程技术研究中心。

山东大学是中国目前学科门类最齐全的大学之一，在综合性大学中具有代表性。本科生和研究生层次教育涉及哲学、经济学、法学、教育学、文学、历史学、理学、工学、农学、医学、管理学、艺术学等12大学科门类。拥有一级学科博士学位授权点41个，一级学科硕士学位授权点56个，专业学位博士点3个，专业学位硕士点27个，本科专业117个，博士后科研流动站41个，形成了结构完整、实力雄厚、独具特色的人才培养体系。在历史发展中，山东大学形成了自己的学科优势和特色。特别是经过20世纪30年代和50年代在青岛办学时期的辉煌与发展，奠定了"文史见长"的学术特色，出现了一批在国内外享誉甚高的人文学者，以及像《文史哲》这样备受关注的学术阵地。2015年8月，学校成功举办了有"史学奥林匹克"之称的第22届国际历史科学大会，这是大会成立115年来首次走进亚非拉国家，创造了大会举办以来在注册参会国家数量、发展中国家历史学家参会人数和青年学者参会人数等多方面最高纪录。20世纪末三校合并以来，新发展的金融数学、晶体材料、凝聚态物理、胶体界面化学、微生物、机械、材料学、心脑血管功能修复、新药制造、中国古典哲学等学科均达到国内一流水平，有些方向和领域已处在世界水平。

2010年7月，全国教育工作会议召开和《教育规划纲要》颁布实施以后，中国高等教育迎来前所未有的发展机遇。面对新形势新任务新要求，学校上下正以饱满的工作热情和昂扬的精神状态，团结一心，开拓进取，加快推进综合改革，加快完善现代大学制度，全面推动科学发展、内涵发展、特色发展、创新发展，为早日建成具有山东大学特色的"综合性、创新性、国际性、引领性"世界一流大学而不懈努力！

5. 现任与历任领导

（1）现任领导。
郭新立，2017年7月任党委书记
樊丽明，女，2017年7月任校长、党委副书记
李建军，2008年4月任党委副书记，2012年7月任党委常务副书记
王琪珑，2007年12月任党委常委、常务副校长
仝兴华，2008年4月任党委副书记兼威海分校党委书记；2016年4月任党委副书记
陈向阳，2015年2月任党委副书记、纪委书记
张永兵，2003年9月任党委常委、副校长
韩圣浩，2016年4月任党委常委、副校长
陈子江，女，2013年5月任副校长
曹升元，2012年4月任党委常委、总会计师
刘建亚，2017年1月任党委常委、副校长兼威海校区校长
李术才，2015年7月任党委常委、副校长
程　林，2017年11月任副校长
（2）历任领导。
周学熙　　校长　　1901—1902
王寿彭　　校长　　1926—1927

杨振声　校长　1930—1931
赵太侔（赵畸）校长　1932—1936
　　　　　　　　　1946—1949
林济青　校长　1936—1938
华　岗　校长　1951.02—1955.08
晁哲甫　校长　1956—1958
成仿吾　校长　1958.08—1974.01
吴富恒　校长　1979.12—1984
邓从豪　校长　1984.06—1986.11
潘承洞　校长　1986.11—1997
曾繁仁　校长　1998—2000.07
展　涛　校长　2000.07—2008.11
徐显明　校长　2008.11—2013.10
张　荣　校长　2013.10—2017.07

◎ **参考资料：**

1. 山东大学校史编写组：《山东大学校史（1901—1966）》，山东大学出版社1986年版。
2. 山东大学官网"学校概况"。
3. 徐经泽、张建民撰，吴关生审：《山东大学》，载季啸风主编：《中国高等学校变迁》，华东师范大学出版社1992年版，第667~673页。

（涂上飙　编）

中国海洋大学

中国海洋大学是一所以海洋和水产学科为特色的教育部直属重点综合性大学，先后入选为国家"985工程"和"211工程"重点建设的高校，2017年9月进入国家"世界一流大学建设高校"（A类）。学校创建于1924年，历经私立青岛大学、国立青岛大学、国立山东大学、山东大学等办学时期，于1959年发展成为山东海洋学院，1960年被国家确定为全国13所重点综合性大学之一，1988年更名为青岛海洋大学，2002年更名为中国海洋大学。

1. 学校早期发展沿革

（1）私立青岛大学。

1924年8月，北洋军阀直系吴佩孚执政，官员高恩洪任青岛胶澳商埠督办。在刘子山、孙广钦等人的建议下，高恩洪成立了11人的校董会，以德国侵占青岛时期所建立俾斯麦兵营（现鱼山校区北半部分）为校址，创办了私立青岛大学，高恩洪任校长。决定设立工科和商科，分别录取40人。9月20日正式上课。1925年5月，第二次直奉战争再起，直系战败。原计划开设文科、法科、理科、农科、医科的计划被迫中止，高恩洪被逼离开。1928年5月学校停办，招收的学生以结业处理。

私立青岛大学存在4年时间，为后来国立青岛、山东大学的创办提供了理想的校址。

（2）国立青岛大学。

1928年8月，南京国民政府教育部令何思源、杨亮功、杨振声、赵太侔、杜光埙、傅斯年等11人组成国立山东大学筹备委员会，推何思源为临时主席，在济南筹建国立山东大学，因五三惨案后日本拒不从济南撤兵，学校筹备工作不得不推迟。次年6月，国民政府教育部接受前大学院院长（相当于教育部长）蔡元培先生的建议，将国立山东大学筹委会改为国立青岛大学筹委会。聘何思源、杨振声、杜光埙、傅斯年、蔡元培等9人组成国立青岛大学筹备委员会，推何思源为筹委会主任，在青岛筹建国立青岛大学，校址选在原私立青岛大学。1930年5月，国民政府教育部任命著名作家杨振声为校长。9月21日举行开学典礼，正式成立国立青岛大学。国立青岛大学先期设文、理两个学院，分设中国文学系、外国文学系、教育学系、物理学系、数学系、化学系、生物学系。1931年将教育学系扩充为教育学院，不久停办，增加工、农两学院。留美获得文学博士的杨振声曾面请闻一多担任文学院院长、梁实秋担任外国文学系主任、黄敬思担任教育学院院长、黄际遇担任理学院院长、汤腾汉担任化学系主任、曾省担任生物系主任。因时局动乱，经费奇缺，引发学潮，杨振声提出辞职，但为学校的后续发展奠定了一定基础。

(3) 国立山东大学。

1932年9月，南京国民政府行政院议决，将国立青岛大学改为国立山东大学，并任命赵畸（字太侔）为校长。赵太侔接任后增聘老舍、洪深、张煦、丁山、王淦昌、童第周、曾呈奎等一批专家、学者任教，师资阵容更为齐整。赵太侔将原学院进行了进一步调整，设立文理学院（辖中国文学系、外国文学系、数学系、物理学系、化学系、生物系），黄际遇、汤腾汉先后担任院长；工学院（辖土木工程学系、机械工程学系），汪公旭担任院长；农学院（辖研究部、推广部）。1937年七七事变，全面抗日战争爆发，国立山东大学奉命迁往安徽安庆，不久又迁往四川万县，在青岛只留下校产保管委员会。1938年2月23日，根据行政院的命令学校停办。1946年1月，经国民政府教育部批准，国立山东大学在青岛复校，赵太侔再任校长。他上任后聘请了陆侃如、冯沅君、杨向奎、丁西林、童第周、王普等名人来校任教，创办了文、理、工、农、医5个学院14个学系。赵太侔兼任文学院院长，杨肇燫、丁西林先后任理学院院长，陈瑞泰任农学院副院长，李士伟任医学院院长。1949年青岛解放时，有学生1132人，教师220人，职工489人。

2. 中华人民共和国成立后的发展演变

(1) 山东大学。

1951年3月，在济南的华东大学奉命迁至青岛，与国立山东大学合并，定名为山东大学。合并后，学校设文、理、工、农、医5个学院和政治、艺术两个直属系，校长华岗。在院系调整中，政治系迁出组建山东省政治学校，艺术学戏剧改组变成上海戏剧学院，艺术学音乐、美术组改组变成南京艺术学院，土木工程学系参与组建青岛工学院（后为武汉测绘科技大学），农学院的农艺、园艺、植物病虫害组建成为山东农业大学，工学院的机械、电机两系组建成为山东工业大学，地矿系组建成为长春地质学院，厦门大学的海洋系并入。调整后，学校设中文、外文、历史、数学、物理、化学、生物、海洋、水产9系。1956年8月4日，国务院任命晁哲甫为校长。

(2) 山东海洋学院。

1958年10月，山东大学主体迁往济南后，留在青岛的海洋系、水产系、地质系、生物系的海洋生物专业、物理系和化学系的部分教研组，以及数学、外语等直属教研组部分人员等为基础，经中共中央批准，于1959年3月成立了山东海洋学院，并列为教育部直属的重点综合性大学。1960年10月，学校被中共中央确定为全国13所重点综合大学之一。1962年，教育部撤销山东地质学院建制，其人员和设备并入山东海洋学院，与海洋地质地貌系合并成立海洋地质系。"文革"期间，学校被迫停止招生5年。1965年山东海洋学院划归国家海洋局管理。1971年山东省对高校布局和专业进行调整，水产系并入烟台水产学校。1978年年初又归建到山东海洋学院。1979年重归教育部直属。

(3) 青岛海洋大学。

1988年1月，学校更名为青岛海洋大学（邓小平题写校名）。1994年实现了国家教委与山东省共建体制，获得重点支持，学校首批进入"211工程"序列。浮山校区经过近

10年的建设，1989年，以外国语学院的整体迁入为标志，学校形成了两处办学的格局。2001年2月，国家教育部、山东省人民政府、国家海洋局、青岛市人民政府签署协议，共同重点建设中国海洋大学。

（4）中国海洋大学。

2002年10月学校获准更名为中国海洋大学，开始了全面建设高水平特色大学的历史新征程。这一时期学校首批进入"985工程"序列、"十五""211工程"建设通过验收、中国海洋发展研究中心成立、青岛海洋科学与技术国家实验室通过国家论证等。2007年，教育部、山东省人民政府、国家海洋局、青岛市人民政府重点共建中国海洋大学；崂山校区的建成启用进一步拓展了办学空间。2016年11月1日，青岛市人民政府与中国海洋大学在青岛西海岸新区共建中国海洋大学海洋科教创新园区（黄岛校区）。2017年9月，中国海洋大学入选国家"双一流"（世界一流大学和一流学科）建设高校。

学校现有崂山、鱼山和浮山3个校区，占地2400余亩。设有18个学院和1个基础教学中心。有全日制在校生25000余人，其中本科生15000余人、硕士研究生8300余人、博士研究生1800余人。教职工3405人，其中专任教师1683人、博士生导师455人、正高级专业技术人员530人、副高级专业技术人员646人、中国科学院院士5人、中国工程院院士7人。著名作家王蒙担任学校顾问、文学与新闻传播学院名誉院长，国家海洋局原局长王曙光受聘学校顾问、海洋发展高等研究院名誉院长，国际著名物理学家钱致榕受聘学校顾问、特聘讲席教授、行远书院院长，诺贝尔文学奖获得者莫言等12位知名作家受聘为学校"驻校作家"。

学校以培养德智体美全面发展、具有民族精神和社会责任感、具有国际视野和合作竞争意识、具有科学精神和人文素养、具有创新意识和实践能力的高素质创新型人才为目标，以造就国家海洋事业的领军人才和骨干力量为特殊使命。遵循"通识为体，专业为用"的本科教育理念，实行有限条件的自主选课制度和学业识别与毕业专业识别确认制度，努力培养复合型、高素质人才。毕业生中已有15人当选中国科学院或中国工程院院士，3人先后担任国家海洋局局长，参加中国第一次南极考察的75位科学家中一半以上是学校毕业生。

学校拥有教学和科学考察船舶3艘，包括3500吨级的"东方红2号"海洋综合科学考察实习船、300吨级的"天使1号"科考交通补给船、2600吨级的"海大"号海洋地质地球物理调查船（与企业合作共建共管），另有一艘在建的5000吨级新型深远海综合科考实习船"东方红3号"，形成了自近岸、近海至深远海并辐射到极地的海上综合流动实验室系统，具备了一流的海上现场观测能力。学校是青岛海洋科学与技术国家实验室的主要依托单位，主持其中"海洋动力过程与气候""海洋药物与生物制品"2个功能实验室的工作，作为骨干力量参与其他6个功能实验室的建设。

学校地球科学、植物学与动物学、工程技术、化学、材料科学、农学、生物学与生物化学、环境学与生态学、药理学与毒理学9个学科（领域）名列美国ESI全球科研机构排名前1%。获国家技术发明一等奖1项、二等奖2项，自然科学二等奖1项，科技进步二等奖9项；"十二五"以来，主持国家级各类项目1100余项，获省部级科技奖励34项、人文社科奖励51项，被SCI、EI、ISTP等三大收录系统收录论文17000余篇，申请发明专利1704项,授权发明专利918项,其中国际发明专利26项。

学校的发展目标是:到2020年,基本建成国际知名、特色显著的高水平研究型大学;到2030年,建成世界一流的综合性海洋大学;到21世纪中叶,建成特色显著的世界一流大学。

3. 现任与历任领导

(1) 现任领导。
党委书记:鞠传进
党委常务副书记:张　静
党委副书记、纪委书记:卢光志
党委副书记、副校长:陈　锐
校长:于志刚
副校长:李巍然　闫　菊　李华军　吴立新
总会计师:王剑敏
(2) 历任领导。

时期	姓名	职务	任职时间
私立青岛大学	高恩洪	校长	1924.08—1924.11
	宋传典	校长	1925.01—1928.05
国立青岛大学	杨振声	校长	1930.04—1932.09
国立山东大学	赵太侔	校长	1932.09—1936.06
			1946.02—1949.08
	林济青	代理校长	1936.08—1938.06
山东大学	丁西林	校务委员会主任	1949.08—1950.04
	华　岗	校务委员会主任	1950.04—1951.02
		校长、党委书记	1951.02—1955.08
	晁哲甫	校长、党委书记	1956.07—1958.09
	成仿吾	校长、党委书记	1958.08—1959.03
山东海洋学院	曲相升	院长、党委书记	1959.07—1966.07
	张国中	革委会主任	1974.11—1979.09
		院长、党委书记	1979.09—1980.10
	华　山	党委书记	1981.08—1984.04
	文圣常	院长	1984.04—1987.04
	施正铿	党委书记	1984.09—1987.04

		院长	1987.04—1988.01
	冉祥熙	党委书记	1987.04—1988.01
青岛海洋大学	冉祥熙	党委书记	1988.02—1992.07
	曾繁仁	党委书记	1992.07—1994.06
	施正铿	校长	1988.01—1993.07
	管华诗	校长	1993.07—2002.10
		党委书记（兼）	1994.06—1999.09
	冯瑞龙	党委书记	1999.09—2002.10
中国海洋大学	冯瑞龙	党委书记	2002.10—2009.02
	管华诗	校长	2002.10—2005.07
	孙也刚	党委书记	2014.07—2015.07

◎ **参考资料**：

1. 山东大学校史编写组：《山东大学校史（1901—1966）》，山东大学出版社1986年版。
2. 中国海洋大学官网"学校概况"。
3. 中国海洋大学"百度百科"条目。

（陈洪波　编撰）

中国石油大学（华东）

中国石油大学是教育部直属全国重点大学，是国家"211工程"重点建设和"985工程优势学科创新平台"建设高校之一。2017年学校进入国家"双一流"建设高校行列。中国石油大学（华东）是教育部和五大能源企业集团公司、教育部和山东省人民政府共建的高校，是石油石化高层次人才培养的重要基地，被誉为"石油科技人才的摇篮"，现已成为一所以工为主、石油石化特色鲜明、多学科协调发展的大学。

1. 学校发展沿革

1953年中华人民共和国成立之初，国民经济建设急需石油资源，石油工业发展急需专业人才。在这种形势下，以清华大学石油工程系为基础，汇聚北京大学、天津大学、大连工学院等著名高校的相关师资力量和办学条件，组建成立了中华人民共和国第一所石油高等学府——北京石油学院，隶属燃料工业部，是当时北京著名的八大学院之一。

1960年10月，学校被确定为全国重点高校。1969年，学校迁至胜利油田所在地——山东东营，更名为华东石油学院。

1981年6月，在北京石油学院原校址内成立研究生部。1988年，学校更名为石油大学，逐步形成山东、北京两地办学的格局。

1997年，石油大学正式进入国家"211工程"首批重点建设的高等学校行列。

2000年，石油大学由中国石油天然气集团公司划归教育部管理。2000年6月，经教育部批准，学校成立研究生院。2003年10月，教育部与四大石油公司签署了共建石油大学的协议。2004年8月，教育部批准石油大学（华东）立项建设青岛校区。

2005年1月，学校更名为中国石油大学。2005年8月，教育部与山东省人民政府签署共建中国石油大学（华东）的协议。2006年10月，学校以"优秀"成绩通过教育部本科教学工作水平评估。

2010年，学校成为国家首批实施"卓越工程师教育培养计划"的61所试点高校之一。2014年，教育部与中国石油天然气集团公司、中国石油化工集团公司、中国海洋石油总公司、神华集团有限责任公司、陕西延长石油（集团）有限责任公司等五大能源企业集团公司共建中国石油大学［包括中国石油大学（北京）、中国石油大学（华东）］协议正式签署。

2017年9月，入选国家首批"双一流"世界一流学科建设高校。2018年5月2日，中国石油集团与中国石油大学（华东）在北京签署《中国石油天然气集团有限公司与中国石油大学（华东）战略合作协议》。

2. 今日中国石油大学（华东）

学校现有青岛、东营两个校区，校园总面积4774亩，建筑面积122万平方米，图书馆藏书284万册。青岛校区地处迷人的帆船之都、海滨之城——享有极高美誉的青岛。东营校区地处黄河三角洲的中心城市、生态之城、石油之城——山东东营。两校区均位于"蓝黄"两大国家战略重点区域，青岛校区所在地同时也属于2014年新设立的国家级新区——青岛西海岸新区。

学校建有研究生院，有地球科学与技术学院、石油工程学院、化学工程学院、机电工程学院、信息与控制工程学院、储运与建筑工程学院、计算机与通信工程学院、经济管理学院、理学院、文学院、马克思主义学院、体育教学部等12个教学学院（部），以及荟萃学院、国际教育学院、后备军官学院、远程教育学院和继续教育学院。

学校现有矿产普查与勘探、油气井工程、油气田开发工程、化学工艺、油气储运工程等5个国家重点学科，有地球探测与信息技术、工业催化等2个国家重点（培育）学科。工程学、化学、材料科学、地球科学等4个学科领域进入ESI全球学科排名前1%，石油与天然气工程、地质资源与地质工程、安全科学与工程、地质学、化学工程与技术等5个一级学科进入教育部第三轮学科评估全国前十名。有11个博士后流动站，11个博士学位授权一级学科，45个博士点，33个硕士学位授权一级学科，150个硕士点，另有工商管理硕士、翻译硕士、会计硕士、金融硕士、汉语国际教育硕士和20个工程硕士授权领域，62个本科专业。学科专业覆盖石油石化工业的各个领域，石油主干学科总体水平处于国内领先地位。

学校教育体系完备，以本科生教育为主，各类教育层次结构合理，现有全日制在校本科生近20000人、研究生5700余人，留学生1100余人，函授网络在籍生5.4万余人。建校以来，学校始终坚持以人才培养为根本任务，着力打造人才培养质量品牌，赢得了广泛的社会声誉。从广大校友中涌现出大批杰出人才，走出了20多位两院院士以及一大批石油石化行业领军人物和工程技术骨干。自国家实行毕业生双向选择就业政策以来，毕业生就业率连续22年保持在90%以上，2004年被国务院授予"全国就业先进工作单位"荣誉称号，2011年入选50所全国毕业生就业典型经验高校。

学校拥有一支师德高尚、业务精湛、结构合理、充满活力的高素质教师队伍。现有教师1769人，其中教授、副教授1020人，博士生导师180余人。专任教师中有两院院士10人，国家"千人计划"入选者5人，"万人计划"科技创新领军人才、"长江学者"特聘教授和讲座教授、国家杰出青年基金获得者、"973计划"项目首席科学家9人，国家"百千万人才工程"入选者11人；国家优秀青年基金获得者、"新世纪优秀人才支持计划"入选者22人，中国青年科技奖获得者4人，教育部高校青年教师奖、霍英东教育基金会青年教师资助及青年教师奖获得者11人；"泰山学者"攀登计划2人，"泰山学者"特聘教授及海外特聘专家11人，"泰山学者"青年专家3人；"山东省有突出贡献的中青年专家"15人。"万人计划"教学名师、国家级教学名师、省级教学名师17人，"全国模范教师"、"全国优秀教师" 6 人。3 个创新团队入选教育部"长江学者和创新团队发展计划",2 个创新团队入选"山东省优秀创新团队",1 学科入选"山东省泰山学者优势特色学科人才团队支持计划"。

学校是石油石化行业科学研究的重要基地,在基础理论研究、应用研究等方面具有较强实力,在 10 多个研究领域居国内领先水平和国际先进水平。现有重质油国家重点实验室、海洋物探及勘探设备国家工程实验室、油气加工新技术教育部工程研究中心、石油石化新型装备与技术教育部工程研究中心等 69 个国家及省部重点实验室和研究机构。学校重视科技成果的产业化,建有国家大学科技园,学校企业——山东石大科技集团有限公司、山东石大胜华化工股份有限公司既是国家级高新技术企业,也是石油石化行业重要的科研中试及工业试验基地。

学校坚持开放办学,不断拓展社会服务领域和发展空间,与国内 60 多家地方政府、大型企事业单位签署了全面合作协议。学校重视国际交流与合作,已与美国、法国、加拿大、澳大利亚、英国、俄罗斯等 30 个国家和地区的 140 余所高等院校和学术机构建立了实质合作交流关系。聘请了近百名著名专家、知名人士为我校兼职教授、名誉教授和客座教授。近年来,国际合作交流项目逐步增加,呈现出良好的发展前景。

建校 60 多年来,学校形成了鲜明的办学特色,办学实力和办学水平不断提高。在新的历史时期,学校坚持特色发展,开放发展,和谐发展,正在向着"石油学科世界一流、多学科协调发展的高水平研究型大学"的办学目标奋力迈进。

3. 现任与历任领导

(1) 现任领导。
党委书记:刘　珂
校长、党委副书记:郝　芳
党委副书记:王　勇
党委副书记、纪委书记:杨茂椿
副校长:李兆敏
副校长、党委副书记:刘华东
副校长:张玲玲　操应长　姚　军
党委常委:刘　珂　郝　芳　王　勇　杨茂椿　李兆敏　刘华东　张玲玲　操应长
　　　　　万云波　冯其红　田　丰
校长助理:刘衍聪
(2) 历任领导。

北京石油学院

职务	任职时间	姓名	职务	任职时间	姓名
总支书记	1953—1955	贾皞	院长	1954—1963	闫子元
党委书记	1955—1956	贾皞	代院长	1964—1970	贾皞
	1956—1963	闫子元			

| | | 1963—1970 | 刘长亮 | | | |

华东石油学院

| 党委书记 | 1980—1984 | 赵炎 | 院长 | 1978—1980 | 焦万海 |
| | 1984—1988 | 华泽澎 | | 1980—1988 | 杨光华 |

石油大学校（本部）

| | | | 校长 | 1988—1992 | 杨光华 |
| | | | | 1992—2005 | 张一伟 |

石油大学（华东）

党委书记	1988—1992	华泽澎			
	1992—1998	李秀生			
	1998—2005	郑其绪	校长	1988—1989	杨光华
				1989—1992	华泽澎
				1992—1998	李秀生
				1998—2005	仝兆岐

中国石油大学（北京）

党委书记	1988—1992	张一伟			
	1992—1994	华泽澎			
	1994—1998	李云鹏			
	1998—2005	李秀生	校长	1989—1994	张一伟
				1994—1998	张嗣伟
				1998—1999	李云鹏
				1999—2002	罗维东
				2002—2005	李秀生

中国石油大学（华东）

| 党委书记 | 2005—2008 | 郑其绪 | 校长 | 2005—2017 | 山红红 |
| | 2008— | 刘珂 | | 2017— | 郝芳 |

◎ **参考资料：**

中国石油大学（华东）官网"学校概况"。

（郑公超　编）

武 汉 大 学

每年的 11 月 29 日，是武汉大学的生日，如今已超过两个花甲。125 年跨越了晚清、民国，与中华人民共和国共同成长，见证了中国高等教育从无到有、从弱到强、不断发展壮大的艰辛历程。

1. 百廿历程

（1）学堂时期（1893—1911）。

1893 年 11 月 29 日，湖广总督张之洞奏请光绪皇帝，在湖北设立自强学堂。他认为"盖闻经国以自强为本""自强之道，以教育人才为先"，故取"自强"二字。这座位于湖北武昌三佛阁大朝街口的新式高等专门学堂，设方言、算学、格致、商务 4 门。由此揭开了近代湖北高等教育的序幕。

1896 年湖北自强学堂将方言一门逐步扩大为英语、法语、德语、俄语、东文（日语）5 门。1902 年，自强学堂迁往武昌东厂口，改名方言学堂。1911 年辛亥革命前夕，方言学堂因经费紧张而停办。

（2）师范时期（1913—1924）。

1913 年，北洋政府教育部，规划在全国设立六所高等师范学校，在华中决定以湖北武昌原方言学堂为基础，改建国立武昌高等师范学校，仿日本教育模式设立英文、历史地理、数学物理、博物 4 部。贺孝齐、张渲、谈锡恩、张继煦先后任校长。

1922 年，学习欧美模式改四部为 8 系，即教育哲学系、国文系、英语系、数学系、理化系、历史社会学系、生物系、地质系。

1923 年 9 月，根据新的学制，改国立武昌高等师范学校为国立武昌师范大学，逐步推行美国教育模式。

（3）国立时期（1924—1949）。

• 国立大学的酝酿时期（1924—1927）。

1924 年，国立武昌师范大学改名为国立武昌大学，石瑛任校长，开始向综合性大学迈进。

1926 年，国立武昌大学与国立武昌商科大学、湖北省立医科大学、湖北省立法科大学、湖北省立文科大学等合并为国立武昌中山大学（又称国立第二中山大学），设有大学部和文、理、法、经、医、预 6 科，计 17 个系、2 个部。它是武汉大学历史上的第一次大调整，也奠定了国立武汉大学的发展基础。

- 国立武汉大学初创十年（1928—1938）。

1928年，南京国民政府以原国立武昌中山大学为基础，组建国立武汉大学，初设文、法、理、工4个学院。1929年5月，法学家王世杰正式成为国立武汉大学首位校长。他提出要把学校办成拥有文、法、理、工、农、医6大学院的万人大学。1930年3月，经地质学家李四光等人的勘察，国立武汉大学在东湖之滨的珞珈山兴建新校舍。1932年3月，学校由东厂口迁入珞珈山。

1934年学校设立法科、工科研究所，开展专门的学术研究及研究生教育。1935年，开始招生研究生，逐步拓展大学的第二功能。1936年，学校正式成立农学院，从而发展成为有文、法、理、工、农5个学院15个系2个研究所的综合大学。

1937年，国立武汉大学与国立中央大学、国立清华大学、国立北京大学和国立浙江大学准备进行统一招生考试，从而跻身"民国五大名校"。

抗日战争全面爆发，国共两党大批军政要人蒋介石、陈诚、周恩来、董必武、郭沫若等云集珞珈山，共同开展对日抗战。

- 国立武汉大学西迁乐山八年（1938—1946）。

1938年中日武汉会战打响后，学校被迫西迁四川乐山，农学院并入迁往重庆沙坪坝的国立中央大学。

此时，化学家王星拱校长在敌人的狂轰滥炸中艰辛办学8年。学校在全国学业竞赛、院士等拔尖人才的培养、部聘教授的评审以及在 nature、science 上论文的发表都创造了辉煌的业绩，与中央大学、西南联合大学、浙江大学并称为"民国四大名校"。

武汉沦陷后，珞珈山被栽种上了樱花树，成为日军的中原司令部。

- 国立武汉大学东归珞珈（1946—1949）。

1945年8月15日，日本宣布无条件投降。同年9月1日，学校成立以杨端六教授为主任委员的复校委员会，开始东还。

此时法学家周鲠生接任校长，他于1946年恢复了农学院、设立医学院，形成了文、法、理、工、农、医6大学院、21个系、8个研究所的办学格局，最终实现了王世杰校长的办学理想。

(4) 中华人民共和国时期（1949年至今）。

- 计划经济的30年（1949—1979）。

1949年中华人民共和国成立，学校更名为武汉大学（简称"武大"）。同时，开始了武大历史上的第二次大调整。湖南大学、河南大学、南昌大学、广西大学等大学的文理部分学科并入，学校的工、农、医、水利（1952年成立）等学院的专业调整出去分别组成了华中工学院、中南土建学院、中南矿冶学院、华中农学院、中南同济医学院和武汉水利学院，部分专业并入北京大学、中山大学、华南工学院。调整后的武大，成为以文理为主的综合性大学，设有9系1个专修科。

1953年2月，著名的马克思主义理论学家、教育家李达就任校长，致力于办又红又专的社会主义大学。1958年9月12日，毛泽东主席来校视察。1960年10月，学校被中共中央确定为64所重点大学之一。

1966年"文化大革命"爆发后，学校受到不同程度的冲击，校长李达被迫害致死。

此时学校在鄂西北襄阳隆中建立过襄阳分校、在湖北荆州地区建立过沙洋分校。

- 改革开放的 20 年（1979—1999）。

在改革开放初期，化学家查全性院士倡议恢复高考制度，被中央采纳，哲学家陶德麟参与真理标准问题的讨论在全国影响巨大。

1981 年 7 月，刘道玉担任校长，在校内推行了一系列教学和管理体制的改革，大力开展与世界著名大学的合作交流，学校迎来了"文革"后的一个快速发展期。1984 年，学校成为全国首批成立的 22 所研究生院的院校之一。

继刘道玉之后，任心廉担任党委书记，齐民友、陶德麟、侯杰昌先后担任校长，他们继续致力于学校的改革发展。

1993 年，学校迎来百年华诞，决心以"自强、弘毅、求是、拓新"的校训精神，为在 21 世纪把武汉大学办成世界第一流大学而奋斗。1995 年 11 月，学校顺利通过国家"211 工程"预审，成为面向 21 世纪中国重点建设的大学之一。

- 迈向 21 世纪的 17 年（2000—2017）。

2000 年 8 月 2 日，武汉大学与武汉水利电力大学、武汉测绘科技大学、湖北医科大学合并组建新的武汉大学，开始了武大历史上的第三次大调整。

强强联合后的武大，学科门类更加齐全、办学资源更加充分、师资队伍更加雄厚、研究实力更加强盛、社会影响更加深远。

2001 年 2 月 13 日，学校正式成为中国"985 工程"重点建设院校。2017 年 9 月进入国家"世界一流大学建设高校"（A 类）。

迈向 21 世纪的武汉大学在党委书记任心廉、顾海良、李健、韩进，校长侯杰昌、刘经南、顾海良、李晓红、窦贤康的先后带领下正满怀信心地向世界一流大学奋进！

2. 百廿辉煌

走过了 125 年，经历四个发展阶段，武大成为中国办学历史最悠久的大学之一，文化底蕴深厚。经过 125 年的建设发展，学校以其坚实的办学基础和卓著的学术声望，成为中国最杰出的大学之一。

125 年来，学校四移其校，终因濒临东湖水，环拥珞珈山，加上气势恢宏的中西合璧的宫殿式建筑，而成为世界上最美丽的大学之一。125 年来，学校先后与世界上 44 个国家和地区的 370 余所大学、科研机构建立了合作关系，成为中国最具开放意识的大学之一。

1999 年，世界权威期刊 *Science* 杂志将武汉大学列为 13 所"中国最杰出的大学之一"。2011 年，学校进入英国《泰晤士报》世界大学排名 400 强。中国校友会网 2013 中国大学排行榜中武汉大学位列第 9 名，2014 年位列第 5 名。武书连在近几年的中国大学综合实力排行榜中武汉大学位列第 7 名。英国的 QS 大学排名，武汉大学进入 282 名。

百廿的武大历程，是武大人才培养、科学研究、社会服务以及文化传承不断取得进步、逐步走向辉煌的过程。

（1）百廿的武大历程，是学校为国家培养优质人才的百廿。

学校学堂时期培养的是能与国外打交道的实用外语人才，师范时期培养的是德才兼备、国家急需的中学教育师资，国立以后培养的是国家需要的自然基础型、人文社科型、实用技能型的各方面人才。

武大人才培养的质量一直得到社会的认可，早在1948年，英国牛津大学致函确认：武大文、理学毕业生平均成绩在80分以上的，享有"牛津之高级生地位"，也就是说，世界顶尖大学认可武大的本科教育质量。

百廿来，众多英才曾在这里度过人生中最宝贵的青春年华。章伯钧、陈潭秋、罗荣桓、伍修权等曾在这里挑灯夜读；刘西尧、李锐、张培刚、欧阳予、朱九思、萧萐父、刘诗白、谭崇台等曾在这里悬梁刺股。

百廿的办学实践，武汉大学已培养出60多万名高级人才，造就了一大批著名的政治家、军事家、科学家、教育家、文学家、艺术家、企业家。

近几年评选出的杰出校友就是其中的代表之一（第1~8届）：

第1届：端木正、黄彰任、陆长生、王佛松、钟期荣、欧阳予、庹震。

第2届：柯俊、张培刚、方成、黄孝宗、张效祥、陈荣悌、刘诗白、董辅礽、王梓坤、邹节明。

第3届：颜泽贤、张明高、江元生、刘先林、范云六、李锐、雷军、李京文、付向东、李方华、于刚、刘家恩、刘西尧、田源、陈东升、李连和、赵耀东、张学知。

第4届：陈俊勇、陈善广、陈文蔚、方辉煜、林宗坚、游效曾、王明庥。

第5届：胡代光、何炼成、潘垣、张家铝、易中天、熊召政、张晓刚、池莉、卡里姆·马西莫夫。

第6届：王小凡、王光谦、史文中、艾路明、李新昭、陈鑫连、杨惠根、胡知宇、喻杉。

第7届：毛振华、文龙、朱九思、陶凯元、康绍忠、董欣年、童朝晖。

第8届：桂建芳、胡春宏、李小林、倪晋仁、解振华、刘亚洲、阎志、周旭洲。

（2）百廿的武大历程，是学校为国家奉献科学智慧的百廿。

125年的发展，学校不仅培育出了法学、哲学、新闻学、图书馆学、情报与档案管理、理论经济学、公共管理、生命科学、水利水电、测绘、遥感、口腔医学等一批具有全国领先地位且具有国际影响力的学科，而且产生了建立在这些学科之上的科学研究成果。

1896年，湖北自强学堂总办蔡锡勇就撰写出我国第一部速记汉语拼音文字专著《传音快字》。民国王世杰、周鲠生等开展的法学研究，影响巨大，使武大赢得了"法学之王"的称号。杨端六、刘秉麟、皮宗石、陶因等开展的经济学研究享誉全国。1936—1949年，汤佩松、高尚荫、邬保良、梁百先等在《自然》和《科学》杂志上发表论文8篇。

中华人民共和国成立后，在自然和实用科学方面：李国平、齐民友、张远达等对数学的研究，桂质廷、梁百先等对物理学的研究，查全性、卓仁禧、张俐娜等对化学的研究，高尚荫、杨弘远、朱英国、舒红兵等对生物学的研究，夏坚白、王之卓、陈永龄、宁津生、李德仁、刘经南、张祖勋、龚健雅、李建成等对测绘科学的研究，谢鉴衡、张蔚榛、茆智、李晓红、夏军等对水电、机械科学的研究，邓子新对生物学的研究。

在人文和社会科学研究方面：李达、陶德麟、刘刚纪等对马克思主义哲学、美学的研究，韩德培、马克昌、李龙、曾令良等对国际私法、刑法、宪法等的研究，吴于廑、唐长孺、石泉、冯天瑜、胡德坤等对世界历史、中国古代史、荆楚地理、历史文化的研究，李崇淮、谭崇台等对管理学、经济学的研究，彭斐章、马费城等对图书馆学、情报学的研究，宗福邦、於可训对语言文字、文学的研究。

他们都在自己的学科领域为人类的科学进步，为祖国的经济繁荣、社会的发展作出了突出贡献。

（3）百廿的武大历程，是学校为社会服务的百廿。

到了20世纪，大学的第三个职能——社会服务职能在大学中产生并得到发展，大学通过开展成人和继续教育、建立科技园、建立校企联合中心或通过咨询、技术指导、成果转化等形式，直接或间接地为社会服务。

早在民国时期，学校就开展过不少社会服务活动。如1939年为国民政府航空委员会所需材料进行拉力、压力、冲力等方面的实验研究；1940年为嘉裕电气公司提供技术指导；1941年生物系教授高尚荫以"人工接种"的方式开展在土壤中增加氮素的试验，以改良四川省的土壤结构等，这些工作都在一定程度上满足了社会的需求。

中华人民共和国成立后，学校的社会服务工作，前期以培训社会所需要的人才为主。改革开放以后，学校的社会服务工作不断地向广度和深度进军，逐步建立起官、产、学、研的服务体系。

学校先后参与了葛洲坝水利枢纽工程、长江三峡工程、黄河治理工程、南水北调工程等我国绝大部分水利水电工程的研究、论证、建设等工作，为我国水电事业的发展和农业的现代化作出了贡献。

开发了全数字化测图系统、GPS数据处理、地理信息系统基础等系列软件，在GPS全球卫星定位与导航、南北极科学考察等方面，为祖国的航天、信息安全、交通等事业作出了贡献。

学校还在马协型、红莲型杂交稻、高频地波监测雷达、高性能混合动力电池以及重大传染性疾病防治等方面产生了巨大的社会经济效益。

人文社会科学充分发挥"智囊团"和"思想库"的作用，为国家经济建设和社会发展提供了强大的理论保证和智力支持。

（4）百廿的武大历程，是学校为国家民族传承文化的百廿。

武大百廿的文化传承是在大学校长们的理念实践中、在大学精神的凝练中以及大学人的奉献拼搏中逐步完善实现的。

晚清末年，拯救民族、文化复兴成为时代的主旋律，张之洞提出了"中体西用""经世务实""自强图存""三育兼赅"的理念，在华中创办了湖北自强学堂，为近代中国的高等教育及文化的转型奠定了坚实基础。

民国初年，建立新的文化体系、培养新人成为时代的要求，国立武昌高等师范学校作为六大高师中的一支，在贺孝齐、张渲、张继煦等校长的领导下，以"朴诚勇"的校训精神，砥砺前行，为新的文化孕育和成长打下坚实的基础。

民国中后期，为适应国家政治、经济及文化建设的需要，王世杰、王星拱、周鲠生等校长提出了"文化中枢"与"一流水准"、"人格训练"与"知识灌输"、学术"出品"

与培养"造人"等大学理念,在"明诚弘毅"的校训精神的激励下,闻一多、陈源、刘博平、朱光潜、苏雪林、杨端六、刘秉麟、吴宓、李国平、高尚荫、桂质廷等名家,秉持学术独立、教育报国、自由民主、兼容并包之理念,为复兴中华文化、融合西方文化作出了重要贡献。

中华人民共和国成立后,李达执掌武大13年。他提出了"马列指导""红专并重""教学为主""教研结合""培养师资""民主管理"等系列办学理念,为在马克思主义指导下的社会主义新文化建设作出了不可磨灭的贡献。

改革开放以后,刘道玉、齐民友、陶德麟等校长扛起了改革的大旗,提出了"创造教育""教研并重""以生为本""一流目标""综合改革"等大学理念,尤其在改革开放的初期,开改革风气之先,进行了一系列的教育教学改革,武大也因此被誉为"教育改革中的深圳",为社会主义文化的大繁荣留下了浓墨重彩的一笔。

2000年四校合并,合并后的武大在侯杰昌、刘经南、顾海良、李晓红和窦贤康等校长的带领下,在"和而不同""学科、学者、学术、学风、学生""顶天立地"和"人才强校"的办学理念指导下,为把学校建设成为"中国特色、世界一流、国际知名"的高水平大学而努力奋斗!在建设"双一流"大学的征程中不断地砥砺前行!

3. 百廿展望

珞珈山水春常在,百廿黉宇奏新声。

武汉大学,"自强"于19世纪,"弘毅"于20世纪,"拓新"于21世纪。面对新的发展机遇和挑战,武汉大学确立了新的总体目标:中国特色,世界一流;制定了新的发展战略:人才强校;并在此基础上描绘出新的发展蓝图:

2015年,稳固提升学校在中国高等教育第一方阵的位置,部分学科达到国际领先水平;

2020年,跻身世界一流大学行列,综合实力进入世界前200位;

2043年,建校150周年,总体建成世界一流大学,综合实力进入世界前100位。

风已正,帆已悬,自强不息、卓尔不群的武大人,必将借百廿华诞之东风,扬帆远航,再创辉煌!

4. 现任与历任领导

(1) 现任领导。
党委书记:韩　进
党委常务副书记、纪委书记:黄泰岩
党委副书记:赵雪梅　沈壮海
校长、党委副书记:窦贤康
党委常委、常务副校长:冯友梅　谈广鸣
副校长:李　斐　舒红兵

党委常委、副校长：李建成　周叶中

(2) 历任领导。

历任校长

当时校名	职务名称	姓名	任期
自强学堂	创办人	张之洞	1890
	总办	蔡锡勇	1893—1897
	总办	张斯枸	1897—1899.05
	提调	钱恂	1893—1898.09
	提调	汪凤瀛	1898—1899.04
	提调	程颂万	1899.04—1902.10
方言学堂	提调	程颂万	1902.10—1905春
	监督	馨龄	1905春—1911
	监督	曾广熔	1905春—1911
国立武昌高等师范学校	校长	贺孝齐	1913.07—1914.11
	校长	张渲	1914.11—1919.09
	校长	谈锡恩	1919.09—1922.01
	校长	张继煦	1922.06—1923.08
国立武昌师范大学	校长	张继煦	1923.09—1924.09
国立武昌大学	校长	石瑛	1924.12—1925.12
	校长（代）	张廷	1926.02—1926.05
	校务维持会主任	李汉俊	1926.05—1926.10
	校务维持会主任	黄侃	1926.05—1926.10
国立武昌中山大学	校务委员会主任	徐谦	1927.02—1927.12
国立武汉大学	校长（代）	刘树杞	1928.07—1929春
	建筑筹备委员长	李四光	1928.07—1938.04
	校长	王世杰	1929.02—1933.04
	校长	王星拱	1933.05—1945.06
	校长	周鲠生	1945.07—1949.08
武汉大学	校务委员会主任委员	邬保良	1949.08—1952.11
	校长	李达	1952.11—1966.08
	校长	庄果	1980.06—1981.06
	校长	刘道玉	1981.07—1988.04

	校长	齐民友	1988.04—1992.10
	校长	陶德麟	1992.10—1996.10
	校长	侯杰昌	1996.10—2003.07
	校长	刘经南	2003.07—2008.11
	校长	顾海良	2008.11—2010.12
	校长	李晓红	2010.12—2016.11
	校长	窦贤康	2016.12—

历任党委书记（含党组书记）

姓名	职务	任期
徐懋庸	党组书记	1949—1953.10
张勃川	党组书记	1953.12—1955.04
刘仰峤	党委书记	1958.01—1960.12
朱劭天	党委书记	1961.01—1965.04
庄 果	党委书记	1965.04—1970.02
纪 辉	党委书记	1974.12—1980.06
庄 果	党委书记	1981.12—1984.07
任心廉	党委书记	1988.02—2001.12
顾海良	党委书记	2001.12—2008.11
李 健	党委书记	2008.11—2013.02
韩 进	党委书记	2013.02—

原武汉水利电力大学历任校领导

当时校名	职务名称	姓名	任职时间
武汉水利学院	院长	张如屏	1954.12—1958.12
武汉水利电力学院	院长	张如屏	1958.12—1978.09
武汉水利电力学院	院长	张瑞瑾	1978.09—1983.11
武汉水利电力学院	院长	许志方	1983.11—1987.08
武汉水利电力学院	院长	刘肇祎	1987.08—1992.10
武汉水利电力学院	院长	龚洵洁	1992.10—1993.01
武汉水利电力大学	校长	龚洵洁	1993.01—1998.06

当时校名	职务名称	姓名	任职时间
武汉水利电力大学	校长	刘吉臻	1998.06—2000.08
武汉水利学院	书记	张如屏	1956.06—1957.10
武汉水利学院	书记	任士舜	1957.10—1958.04
武汉水利电力学院	书记	张如屏	1958.12—1972.09
武汉水利电力学院	临时党委书记	吴昭文	1972.09—1975.03
武汉水利电力学院	临时党委书记	宫雨屏	1975.03—1979.03
武汉水利电力学院	第一书记	张如屏	1979.09—1981.12
武汉水利电力学院	书记	张莆承	1981.12—1983.11
武汉水利电力学院	书记	常树荫	1983.11—1990.03
武汉水利电力学院	书记	高进珊	1990.03—1993.01
武汉水利电力大学	书记	高进珊	1993.01—1996.07
武汉水利电力大学	书记	陈燕璈	1996.07—2000.08

原武汉测绘科技大学历任校领导

当时校名	职务名称	姓名	任职时间
武汉测量制图学院	院长	夏坚白	1956.11—1958.10
武汉测绘学院	院长	夏坚白	1958.10—1970.10
武汉测绘学院	革命委员会主任	方俊珐	1975.12—1980.10
武汉测绘学院	院长	纪增觉	1980.10—1984.08
武汉测绘学院	院长	周忠谟	1984.08—1985.10
武汉测绘科技大学	校长	周忠谟	1985.10—1988.01
武汉测绘科技大学	校长	宁津生	1988.01—1997.02
武汉测绘科技大学	校长	李德仁	1997.02—2000.08
武汉测量制图学院	书记	刘宿贤	1956.09—1957.10
武汉测量制图学院	书记	毛远耀 刘宿贤	1957.10—1958.12
武汉测绘学院	第一书记	毛远耀	1958.12—1970.10
武汉测绘学院	临时委员会书记	方俊珐	1974.09—1984.08

| 武汉测绘科技大学 | 书记 | 张世汶 | 1986.07—2000.08 |

原湖北医科大学历任校领导

当时校名	职务名称	姓名	任职时间
湖北省立医学院	院长	朱裕璧	1943.05—1949.11
湖北省医学院	院长	朱裕璧	1950.08—1953.09
湖北医学院	院长	朱裕璧	1953.09—1958.09
湖北医学院	院长	于 江	1959.06—1961.11
湖北医学院	院长（代）	韩明炬	1961.12—1962.11
湖北医学院	院长	尤洪涛	1962.11—1966.08
湖北医学院	革命委员会主任	柳德熙	1966.08—1972.10
湖北医学院	革命委员会主任	尤洪涛	1972.10—1974.09
湖北医学院	革命委员会主任	刘天明	1974.09—1978.09
湖北医学院	院长	朱平亚	1978.09—1983.10
湖北医学院	院长	杨家齐	1983.11—1992.06
湖北医学院	院长	张志善	1992.06—1993.01
湖北医科大学	校长	张志善	1993.01—1995.11
湖北医科大学	校长	袁先厚	1995.11—2000.08
湖北医学院	党组书记	达 时	1954.10—1956.06
湖北医学院	党组书记	于 江	1956.08—1957.04
湖北医学院	书记	于 江	1957.04—1957.11
湖北医学院	书记	彭 来	1957.11—1960
湖北医学院	书记	尤洪涛	1962.11—1974.05
湖北医学院	书记	刘天明	1974.09—1980.01
湖北医学院	书记	朱平亚	1981.12—1983.10
湖北医学院	书记	王亚威	1983.11—1988.10
湖北医学院	书记	张志善	1988.10—1993.01
湖北医科大学	书记	张志善	1993.01—1993.09

| 湖北医科大学 | 书记 | 李清泉 | 1993.09—1997.03 |
| 湖北医科大学 | 书记 | 钟立厚 | 1997.03—2000.08 |

◎ **参考资料：**

1. 周叶中、涂上飙编著：《武汉大学校长的办学理念》，武汉大学出版社2017年版。
2. 周叶中、涂上飙编著：《武汉大学研究生教育发展史》，武汉大学出版社2006年版。
3. 涂上飙编著：《国立武汉大学初创十年（1928—1938）》，湖大书局、长江出版社2015年版。
4. 涂上飙：《武汉大学史话》，社会科学文献出版社2016年版。
5. 涂上飙编著：《武汉大学故事》，长江出版社2017年版。
6. 涂上飙、刘昕：《抗战烽火中的武汉大学》，河南大学出版社2015年版。
7. 涂上飙主编：《中南高校历史发展沿革概览》，中南大学出版社2017年版，第238~245页。

（涂上飙　撰稿）

华中科技大学

华中科技大学是国家教育部直属的全国重点大学,是首批列入国家"211工程"重点建设和国家"985工程"建设高校之一。2017年9月进入国家"世界一流大学建设高校"(A类)。

学校组建于1953年,原名华中工学院,是中南地区多科性的工业大学,1988年3月更名为华中理工大学。2000年5月26日,由原华中理工大学、同济医科大学、武汉城市建设学院三校合并,组建华中科技大学。

1. 合校前学校发展沿革

(1) 华中理工大学。

华中理工大学,原名华中工学院,1952年,在全国高等学校院系调整中,中南军政委员会决定撤销原湖南大学、广西大学、南昌大学的建制,在武汉组建华中工学院、中南动力学院等。1953年,教育部通知,撤销拟建的中南动力学院的建制,其拟设的专业全部并入华中工学院。华中工学院集中了武汉大学、湖南大学、南昌大学和广西大学的机械系、电机系和中山大学电机系电力部分的教师和设备,开设有机械制造、内燃机与汽车、电力、动力4个系,包括机械制造工艺及设备、铸造工艺及设备、电机与电器、发电厂电力网及电力系统、热能动力装置、水力动力装置、汽车设计与制造、内燃机设计与制造等8个本科专业,和金工、铸工、汽车维修、电力系统4个专修科,是一所以机电类专业为主的新型工科院校。建校初期,在校学生达到3000人。

1955年,学院的汽车设计与制造、内燃机设计与制造两个专业的师生和设备调到长春,组建长春汽车拖拉机学院;同时,增设金属材料及热处理、金属压力加工及设备(锻压工艺及设备)、工业企业电气化等3个专业。从1956年到1959年,又陆续增设了工业热工学、无线电技术、自动学与远动学、冶金厂机械设备、水轮机及水力机械、无机物工学、化学生产机械及设备、船舶设计、船舶内燃机、船舶电工、工程力学等专业和工程物理方面的几个专业。1960年,华中工学院被批准成为全国重点高等学校。

1960年至1962年,根据国家调整、巩固、充实、提高的方针,学校进行了专业调整。将冶金厂机械设备、化学生产机械及设备、无机物工学等专业分别调到武汉钢铁学院和当时的湖北化工学院,停办工程物理方面的专业,增设无线电技术、自动控制方面的一些专业。到1966年,全院设有6个系、18个专业,即:机械制造工艺及设备、铸造、金属热处理工艺及设备、锻压工艺及设备、电机与机器、发电厂电力网及电力系统、工业企业电气化及自动化、水电站动力装置、电厂热能动力装置、工业热工、水力机械、无线电技术、无线电材料与元件、电真空器件、自动控制、船舶设计与制造、船舶内燃机、船舶电工共18个专业。教师增加到1100多人，学生增加到6500多人。从1961年起，开始招收研究生，并接收外国留学生。"文革"期间，学校停止招生5年之久，1971年起恢复招生，第一机械工业部所属的武汉机械学院并入，增设制冷机与深度冷冻装置、透平式与活塞式压缩机两个专业。

1988年1月，经国家教委批准，华中工学院改名为"华中理工大学"。截至1989年9月，全校设有研究生院、经济管理学院、成人教育学院，25个系，53个本科专业，其中理科专业4个，工科专业38个，文科专业8个，管理方面的专业3个。全校在校学生13211人，其中博士生188人，硕士生1305人，本科生8690人，专科生2987人，外国留学生41人。另有函授生、夜大学生2321人，是我国在校学生最多的五所大学之一。

华中理工大学是国务院批准第一批设立研究生院的大学之一，现设有68个硕士学科，可以授予理学、工学、哲学、经济学、社会学、文学、高等教育学和医学硕士学位；设有21个博士学科，1个博士后科研流动站。有权授予博士学位的学科、专业21个，它们是：机械学、机械制造、金属材料及热处理、铸造、压力加工、工程热物理、内燃机、电厂热能动力及其自动化、电机、发电厂工程、电力系统及其自动化、通信与电子系统、电子物理与器件、电子材料与元件、计算机器件与设备、水力发电工程、工业自动化、系统工程、船舶结构力学、船舶流体力学、生物医学工程。其中压力加工、电机、机械制造、电厂热能动力及其自动化为国家重点学科。1980年以来，已先后同美、英、法、日、德、加拿大、澳大利亚等国的27所大学签订了学术交流合作协议，聘请13位世界著名学者为名誉教授。

（2）同济医科大学。

同济医科大学，其前身为德国医生宝隆博士于1907年创建的上海德文医学堂，后发展成为国立同济大学医学院。1951年因全国高校院系调整，同济大学医学院从上海迁至武汉，与武汉大学医学院合并，组建中南同济医学院。1985年改名为同济医科大学。2000年5月26日，与华中理工大学合并，成为华中科技大学同济医学院。

1907年5月，德国医生埃里希·宝隆博士创办上海德文医学堂，1908年定名为同济德文医学堂，校址设在上海白克路（今凤阳路）。1912年，增设工科，1917年年底，改属华人私立学校，更名为同济医工专门学校。1922年由市区迁往吴淞镇。1927年，由南京政府教育部接管，命名为国立同济大学，原医、工两科分别扩建为医学院、工学院，1937年又先后增设了文、理、法等学院，成为一所多科性的综合大学。1937年，抗日战争爆发后，同济大学内迁，经浙江、江西、广西、云南，至四川省宜宾县和南溪县。1946年7月，学院迁回上海，德国医学院（抗战期间由一些德籍教师在上海兴办）同时并入。1949年5月上海解放时，同济医学院（含附属医院及附设护士学校）共有医本科学生271人，护校学生110人，教职工653人，其中教授30人，副教授10人，讲师13人，助教108人。

1950年，上海同济大学医学院内迁武汉，与原武汉大学医学院合并，定名为中南同济医学院。

武汉大学医学院创建于 1946 年，李宗恩为筹备委员会主任。1947 年开始招生，设有胚胎学、生理学、生物化学、病理学、内科、外科、妇产科、小儿科、眼科、牙科等 19 个学科。王骏业、魏厚仁、黄选昭、徐楚材、罗贤懋、黄致知、邢曼琴等专家在此任教。为方便实习，医学院在武昌东厂口老校区设有附属医院。

1955 年，山东大学医学院卫生系学生及部分教师调整调入，校名改为武汉医学院，设有医学、公共卫生 2 个系，两所附属医院（原汉口协和医院划归武汉医学院为第一附属医院；原同济大学医学院附属医院由沪迁汉后，更名为武汉医学院第二附属医院）。1956 年，开始招收研究生。1958 年增设儿科系（1962 年停办），1962 年学制改为 6 年，并在医学系增设了德语医学班（第一年主要学习德语，学制 7 年），同时在部分年级开设德语普通班。到 1965 年，在校本科学生最多时达到 3300 人。"文革"期间，学校连续五年没招学生，从 1971 年开始招收工农兵学员。1972 年增设药学系。1977 年后，学校恢复招生。1978 年由卫生部主管，在卫生系新设了环境医学专业，同时恢复重建儿科系，各学科再度恢复招收研究生。1980 年，医学系恢复德语班，学制为 6 年。1982 年建立卫生管理干部培训中心，并设置 3 年制卫生管理专修科（1987 年起，招收卫生管理专业 5 年制本科生）。1985 年 7 月，学校改名为"同济医科大学"。1986 年成立法医学系，1987 年在马列主义教研室基础上成立了社会科学部，1988 年将医学图书情报专业改为医学图书情报系。1996 年 8 月，卫生部与湖北省携手共建同济医科大学，梨园医院归属学校作为附属医院。1997 年 1 月，学校通过部、省建设"211 工程"重点学科评审。

合校前，学校有 6 个学院、12 个系（部），开设了 9 个专业，6 个专业方向；形成了以本科教育为基础，以研究生教育为重点，积极发展成人教育的多学科、多专业、多层次教育格局。并引进竞争机制，严格实行三、五、七学制优胜劣汰，在全国医学院校中率先实行了学分制和本科生导师制。学校建成了 2 个国家级、3 个省级和 15 个校级重点学科。国家级重点学科外科学（普外·器官移植）是我国最早建立的普外、器官移植学科之一，是我国最大的普外、器官移植实验临床研究中心之一；国家级重点学科环境卫生学，1987 年获得全国环境影响评价甲级证书，成为我国高等医学院校中唯一获得这一资格的学科。学校有 2 个卫生部重点实验室，1 所卫生部临床药理基地，12 个研究所，9 个研究中心，19 个独立研究室，80 多个教研室，3 所附属医院，1 所附设卫生学校。中国医学科学院武汉分院、中国预防医学科学院武汉分院、卫生部德语培训中心设在学校。

学校有 1 位中国科学院院士，正副教授 1400 余人，讲师 1800 余人，教职工 7500 余人；博士学位授权学科、专业 31 个，博士生导师 116 人，硕士学位授权学科、专业 51 个，硕士生导师 540 余人；设有基础医学、公共卫生与预防医学、临床医学博士后科研流动站。在校博士生、硕士生近 900 人，本科生 3500 余人，专科生 300 余人，外国留学生 62 人，成教学生 2000 余人。建校以来培养了 4 万多名医药卫生人才，1981 年以来毕业医学博士 337 人，医学硕士 2581 人。

（3）武汉城市建设学院。

武汉城市建设学院前身是 1952 年创建的中南建筑工程学校，由中南地区的郑州高等工程学校、武昌高等工程学校、武汉土木技校、长沙楚怡高等工程学校、长沙市政工程学校、湘乡高等工程学校等六所学校土木工程专业的师生合并成立，属中南建筑工程部领导。根据中南建筑工程部的要求，学校设置了勘测、设计、结构、施工四个专科和一个初级部，在校学生800多人，教职工160多人，校址暂设在江西庐山。1952年12月3日，在江西庐山大礼堂举行了建校开学典礼。1953年学校迁入武昌，校址设在武昌马鞍山，校名改为武昌建筑工程学校，直属中央建筑工程部领导。同年，广州珠江水利学校土木本科师生又并入该校。

1958年5月学校升格为大专，定名为武汉建筑工程专科学校，同年12月31日改校名为武汉建筑工业学院，1960年又易名为武汉城市建设学院，在当时是全国唯一的一所城市建设专业的高等学府。1961年中南给排水设计院专科学校给排水专业师生并入本院。1971年10月，根据原国家建委的决定，将原北京建筑工业学院搬迁到武昌马鞍山与该校合并，学校定名为湖北建筑工业学院，之后又改名为武汉建筑材料工业学院。

1981年8月，国务院批准恢复和重建武汉城市建设学院，即在武汉建材学院的原武汉城市建设学院有关专业基础上进行重建，1983年8月31日，新校址正式破土动工兴建，新校址选定在武汉著名东湖风景区的马鞍山麓，东有"桃园胜地"之称的九峰山森林公园，西与华中理工大学毗邻，南接关东科技工业园，北与秀丽的东湖风景区相依。占地面积为397353平方米，校舍建筑面积16万平方米。1984年9月招收重建新校后的第一批大学生155人，开办了城市规划、工民建、给排水、城市道路、风景园林五个专业。留在建材学院学习的城市规划、给排水专业的三个年级的大学生也于次年转入该校。学院于1997年获建设部与武汉市人民政府联合共建。

合校前，学院设有6个系即城市规划与建筑系、城市建设与管理系、环境工程系、城市道路与交通工程系、电气与计算机工程系和社会科学系。本科教育专业有：建筑学、城市规划、艺术设计、土木工程、工程管理、给水排水工程、建筑环境与设备工程、环境工程、交通工程、房地产经营管理、经济法、供热通风与空调工程、城市燃气工程、电气工程与自动化、计算机科学与技术等。7个学科有硕士研究生学位授予权，包括建筑设计及其理论、城市规划与设计、管理科学与工程、市政工程、道路与铁道工程、交通规划与管理和经济法。1999年在校本专科学生近5000人，硕士研究生70人，成人教育学生3200余人。毕业生分布北京、上海、广州、湖北、湖南等全国23个省市。有教职员工1140余人。全校藏书35万册，设有"给排水建设部重点实验室"等20个专业实验室，向全国发行刊物《武汉城市建设学院学报》（含自然科学版和社会科学版）。

2. 合校后学校发展概况

2000年5月26日，经教育部批准，由原华中理工大学、同济医科大学、武汉城市建设学院三校合并，组建华中科技大学。

学校校园占地7000余亩，园内树木葱茏，碧草如茵，环境优雅，景色秀丽，绿化覆盖率72%，被誉为"森林式大学"。学校教学科研支撑体系完备，各项公共服务设施齐全。

学校学科齐全、结构合理，基本构建起综合性、研究型大学的学科体系。拥有哲学、经济学、法学、教育学、文学、理学、工学、医学、管理学、艺术学等10大学科门类；设有98个本科专业，214个硕士学位授权点，183个博士学位授权点，39个博士后科研流动站；现有一级学科国家重点学科7个，二级学科国家重点学科15个，国家重点（培育）学科7个。在教育部第四轮学科评估中，14个学科进入A类（其中机械工程、光学工程、生物医学工程、公共卫生与预防医学4个学科进入A+），28个学科进入B类（其中19个进入B+）。

学校现有专任教师3000余人，其中教授1000余人，副教授1300余人；教师中有院士16人，"千人计划"入选者38人，"外专千人计划"入选者7人，"青年千人计划"入选者123人，长江学者特聘教授59人，讲座教授42人，长江学者青年项目入选者15人，国家杰出青年科学基金获得者65人，"973计划"项目首席科学家15人，重大科学研究计划项目首席科学家2人，国家重点研发计划项目首席科学家24人，"973计划"（含重大科学研究计划）青年科学家3人，优秀青年科学基金获得者43人，国家级教学名师9人，"万人计划"领军人才29人，青年拔尖人才21人，教育部新世纪优秀人才支持计划入选者224人，国家百千万人才工程入选者39人，湖北省"百人计划"入选者52人，"楚天学者"207人。建设有武汉光电国家研究中心以及国家脉冲强磁场科学中心（筹）、精密重力测量研究设施等国家重大科技基础设施，还拥有4个国家重点实验室、1个国防科技重点实验室、6个国家工程（技术）研究中心、1个国家工程实验室、2个国家专业实验室及一省部级研究基地。目前已与世界上35个国家和地区的100多所大学建立了良好的校际交流关系。附属协和医院、同济医院是集医疗、教学、科研、培训为一体的大型现代化综合性医院，是湖北省乃至中南地区的医疗诊治中心。附属梨园医院突出老年病学的特色，是湖北省老年病防治研究中心。

华中科技大学正以创建世界一流大学为目标，秉持"明德厚学，求是创新"的校训，全面提升办学水平。

3. 现任与历任领导

（1）现任领导。

党委书记：邵新宇

党委常务副书记：丁汉初

党委副书记：丁烈云　马小洁　周建波　马建辉

纪委书记：周建波

校长：丁烈云

副校长：骆清铭　马小洁　许晓东　陈建国　梁　茜

总会计师：湛毅青

（2）历任领导。

名称（起止年月）	职务及姓名		任职时间
华中工学院 （1953.09—1988.03）	筹委会主任	查　谦	1953.01—1954.09
	院长	查　谦	1954.09—1974.11
		朱九思	1975.12—1984.12
		黄树槐	1984.12—1988.03
	党委书记	彭天琦	1955.04—1960.11
		朱九思	1960.12—1984.12
华中理工大学 （1988.03—2000.05）	校长	黄树槐	1988.03—1993.01
		杨叔子	1993.01—1997
		周　济	1997.06—2000.05
	党委书记	李德焕	1984.12—1996
		朱玉泉	1996—2000.05
国立同济大学医学院 （1930—1950.02）	院长	柏　德	1930—1937.11
		翁之龙	1932—1939.04（兼）
		宁　誉	1937.11—1949
		唐　哲	1949.07—1950.02
武汉大学医学院 （1946.10—1950.02）	院长	杨济时	1947—1948
		周金黄	1948—1949.07
		范乐成	1949.08—1950.02
中南同济医学院 （1950.02—1955.08）	院长	唐　哲	1951.08—1955.08
	党总支书记	殷传昭	1951.06—1955.08
武汉医学院 （1955.08—1985.07）	党委书记	殷传昭	1955.08—1958.03
		李光宇	1958.03—1965.11
		苏　星	1965.11—1972.06
			1974.12—1981.02
		唐　哲	1955.08—1968.08
	革委会主任	殷传昭	1968.08—1972.10
		熊远发	1972.10—1974
		张泽生	1974—1981.02
	院长	裘法祖	1981.02—1984.04
		吴在德	1984.04—1985.07

同济医科大学 (1985.07—2000.05)	党委书记	叶世铎	1984.04—1987.11
		刘树茂	1987.11—1997
		黄光英	1997.09—2000.05
	校长	吴在德	1985.07—1992.06
		薛德麟	1992.06—1997.09
		洪光祥	1997.09—2000.05
武汉城市建设学院 (1952—2000)	党委书记 兼院长	丁烈云	1999.03—2000.05
华中科技大学 (2000.05—现在)	党委书记	朱玉泉	2000.05—2008.11
		路 钢	2008.11—2017.12
	校长	周 济	2000.05—2001.12
		樊明武	2001.12—2005.03
		李培根	2005.03—2014.03

◎ **参考资料：**

1. 季啸风主编：《中国高等学校变迁》，华东师范大学出版社1992年版。
2. 华中科技大学官网"学校概况"。
3. 华中科技大学"百度百科"条目。

（袁丽玲 撰稿）

中国地质大学（武汉）

中国地质大学是教育部直属全国重点大学，是国家"211工程"、教育部"985工程优势学科创新平台"项目建设的大学。2017年入选世界一流大学和一流学科（简称"双一流"）建设高校及建设学科名单。

从1952年建校至今，中国地质大学经历了北京地质学院、湖北地质学院、武汉地质学院、中国地质大学4个发展时期，在65年的办学历程中，学校已经由原来的单科性质地质学院发展成为以地球科学为主要特色、多学科协调发展的全国重点大学，涵盖理学、工学、文学、管理学、经济学、法学、教育学、艺术学、哲学等多个门类，成为国家地学人才培养的摇篮和地学研究的重要基地。

1. 北京地质学院（1952—1970）

1952年11月1日，由北京大学、清华大学、北洋大学（今天津大学）、唐山铁道学院（今西南交通大学）、中国矿业学院等五所院校的地质系（科、组）合并组建而成的北京地质学院在京举办首届开学典礼。当时，学校校舍暂定在北京大学工学院（端王府夹道），全院共有在校学生1563人，教授、副教授29人，袁复礼、冯景兰、张席禔、王炳章、尹赞勋、袁见齐、杨遵仪、王鸿祯、马杏垣、池际尚等一大批学术大师汇聚于此。

从学院成立之初起，就十分重视实践教学，在河北唐山等地建立了多个实习基地，建院不久，马杏垣等就选定周口店为教学实习基地，时至今日，周口店仍为我校最为重要的实习基地之一。此外，学院尤为重视科研工作，1654年12月学院成立科学研究处，北京地质学院时期，学院有多项科研成果在国内外产生重大影响，例如1955年到1956年，马杏垣带领师生完成了我国第一幅较正规的1∶200000"五台山山区区域地质图"。重视体育运动是学院的重要特色，1958年起学院将登山运动列为地质专业的必修课，1960年5月25日，国家登山队首次从珠峰北坡成功登顶，我校学生王富洲即为成功登顶的3人之一。

1960年10月，国家发布《关于增加全国重点高等学校的决定》，北京地质学院被确定为全国重点高等学校。

在北京地质学院时期，一大批毕业生后来都成了知名学者和先进人物。例如，1953届毕业生、首届李四光地质科学研究奖获得者、中国科学院地学部委员刘宝珺；1955届毕业生、全国劳动模范、中国科学院地学部委员马宗晋；1956届毕业生、国家有突出贡献的专家、中国科学院地学部委员欧阳自远等。

2. 湖北地质学院（1970—1974）

1970年，学院整体迁至湖北省江陵县，并更名为"湖北地质学院"。由于历史原因及客观条件限制，此时期的教育教学工作以办短期培训班、培养"工农兵学员"和到地矿一线传授知识等形式为主。1971年，石油地质专业普通班开学，标志着中断正常招生达5年之久的全国重点地质学府又恢复了以培养普通大学生为主的高等教育功能。此时期，学院编印和修订了多本专业教材，并决定开办地质力学和英语两个新专业，此外，还参与了一批国家级科研项目和科技情报工作。

3. 武汉地质学院（1974—1987）

1974年7月，湖北省同意湖北地质学院在武汉市选址建校，并最终将新校址确定为武昌喻家山和来旺山（今南望山）南麓，华中工学院以西，武汉邮电科学研究院以东，181工厂以北。同年12月，"湖北地质学院"改名为"武汉地质学院"。

恢复重建后，根据改造单科性地质学院的目标模式，学院相继新建了计算机、经济管理工程、基础课部3个系（部），增设了8个专业。至1985年，学院共设9个系、1个基础课部，涵盖了理、工、文、管学科，初步奠定了以地学理工科为主，理工文管各类专业相结合，具有合理完整的专业学科和层次结构的办学模式。

1978年，武汉地质学院在原北京旧校址设立武汉地质学院北京研究生部。1981年，武汉院本部首次招收硕士研究生，北京研究生部首次招收博士研究生。1986年4月14日，国务院批准武汉地质学院成为全国33所试办研究生院的高校之一。

4. 中国地质大学（武汉）（1987—　）

1987年，国家教委批准"将武汉地质学院及其在北京的研究生院、中国地质科学院研究生部、地质矿产部北京地质管理干部学院、武汉地质科技管理干部学院联合组成中国地质大学"，分设武汉和北京两部，总部设在武汉。1996年5月，国家教委批准中国地质大学正式建立研究生院。2000年2月，学校以独立建制从国土资源部划归教育部管理，2006年9月，教育部、国土资源部签署共建中国地质大学协议。

1997年4月，《中国地质大学"211工程"建设项目可行性研究报告》顺利通过专家组审核，标志着中国地质大学已列入国家重点建设的学校之一。同年12月，国家计委同意中国地质大学"211工程"建设项目正式立项。2005年1月，学校地质过程与矿产资源实验室通过科技部专家组审查，正式列入国家重点实验室建设计划，实现了学校国家级科研基地"零"的突破。2006年和2008年，学校分别申报并获批"地球系统过程与矿产资源"和"长江三峡库区地质灾害研究"两个教育部"985工程优势学科创新平台"项目。

学校现有教职员工3069人，其中教师1700余人。中国科学院院士9人，博士生导师

248 人，教授 444 人，副教授 730 人。国家"千人计划"入选者 19 人，国家"万人计划"入选者 8 人，"长江学者奖励计划"入选者 18 人，国家杰出青年科学基金获得者 14 人，国家优秀青年科学基金获得者 10 人，教育部"新世纪优秀人才"入选者 29 人，湖北省"百人计划"入选者 8 人、"楚天学者计划"入选者 40 人。拥有国家自然科学基金委创新研究群体 3 个，教育部创新团队 3 个，国家级教学团队 6 个，国家级教学名师 1 人，湖北省教学名师 9 人。

学校现有各类科研机构、实验室、研究院（所、中心）86 个，其中国家重点实验室 2 个，国家工程技术研究中心 1 个，科技部地质工程国际科技合作基地 1 个，科技部创新人才培养示范基地 1 个。学校拥有完善的实验实践教学体系，有国家级实验教学示范中心 3 个，国家级虚拟仿真实验教学中心 1 个。自建校起，学校相继在周口店、北戴河、秭归等地建立了教学实习基地，其中周口店野外实习基地被誉为"地质工程师的摇篮"，为"全国地质实验（实践）教学示范中心""国家基础学科人才培养能力（野外实践）基地"。

学校现有 2 个国家一级重点学科，16 个湖北省重点学科，"地质学""地质资源与地质工程"两个一级学科在全国历次学科评估中均排名第一；有 19 个学院（课部）、64 个本科专业；有 13 个一级学科博士点，34 个一级学科硕士点，13 个博士后科研流动站。地球科学、工程学、环境/生态学、材料科学、化学 5 个学科领域进入 ESI 全球前 1%，其中地球科学进入前 1‰。

2010 年以来，学校获国家科技进步特等奖 2 项（参与）、国家自然科学二等奖 1 项、国家科技进步二等奖 2 项，省部级科技奖励 38 项，获"中国科学十大进展"1 项、"十大地质科技进展"2 项、"十大地质找矿成果"2 项。汤森路透"高被引科学家"5 人，爱思唯尔"高被引学者"8 人，入选 ESI 高被引论文作者 30 人次。学校主办的《地球科学》（中文版）被 EI Compendex 收录，《地球科学学刊》（英文版）被 SCIE 收录，《中国地质大学学报》（社会科学版）进入 CSSCI。

学校把弘扬优良体育传统与健全人格培养相结合，学校学生在国内外重大体育比赛中，累计获得金牌 200 余枚，银铜牌 400 余枚。从 2012 年起，学校发起"7+2"登山科考活动，当年 5 月，学校登山队成功登顶珠峰，成为我国第一支登上世界最高峰的大学登山队；至 2016 年 12 月 14 日，学校完成了世界七大洲最高峰的攀登和北极点、南极点的徒步穿越，成为世界上首支由在校师生组队实现这一壮举的大学登山队。

学校积极开展对外学术、科技和文化交流，先后与美国、法国、澳大利亚等国家的 100 多所大学签订了友好合作协议。2012 年成立由中国地质大学发起，联合斯坦福大学、麦考瑞大学、滑铁卢大学、香港大学、牛津大学等 12 所世界知名大学组建"地球科学国际大学联盟"。

5. 现任与历任领导

（1）现任领导。

党委书记：何光彩

校长　党委副书记：王焰新
副校长：傅安洲　赖旭龙　王　华　刘　杰　刘勇胜
党委副书记：成金华　唐辉明　王林清
纪委书记：成金华
校长助理：蒋少涌
党委常委：何光彩　王焰新　傅安洲　成金华　唐辉明　赖旭龙　王　华　王林清
　　　　　刘　杰　刘勇胜　储祖旺

（2）历任领导。

北京地质学院	陈子谷	临时党支书	1952.09
	肖　英	党总支书记	1952.12
	陈子谷	党委书记	1955.11
北京地质勘探学院	刘　型	党委书记	1957.04
	高元贵	第一书记	1958.09
北京地质学院	高元贵	党委书记	1962.01—1963.03
	王　焕	党委书记	1965.09
湖北地质学院	高元贵	临时党委书记	1972.12
武汉地质学院	王　焕	临时党委代书记	1976.03
	张国柱	临时党委书记	1978.05
	李武元	临时党委书记	1983.07
	赵鹏大	党委书记	1986.07
	毕孔彰	党委书记	1986.12
中国地质大学（武汉）	毕孔彰	党委书记	1988.04
中国地质大学（北京）	王　良	党委书记（临时）	1988.04
中国地质大学武汉管理干部学院	任端芳	党委书记	1989.02
中国地质大学北京管理干部学院	程业勋	党委书记（代）	1990.02
中国地质大学武汉管理干部学院	黄澄波	党委书记	1991.11
中国地质大学（武汉）	赵鹏大	党委书记	1991.12
中国地质大学（北京）	程业勋	党委书记	1992.08
中国地质大学北京管理干部学院	韩淑芝	党委书记（兼）	1992.08
中国地质大学（武汉）	赵延明	党委书记	1993.01
中国地质大学（北京）	毕孔彰	党委书记	1993.07
中国地质大学（北京）	毕孔彰	党委书记	1995.07
中国地质大学北京管理干部学院	赵诚玺	党委书记	1995.05
中国地质大学武汉管理干部学院	李玉和	党委书记	1996.12
中国地质大学（武汉）	张锦高	党委书记	1996.12
中国地质大学（北京）	吴淦国	党委书记	1997.07
中国地质大学（武汉）	李玉和	党委书记	1998.02
中国地质大学（武汉）	郝　翔	党委书记	2003.06

中国地质大学（武汉）	何光彩	党委书记	2017.03
北京地质学院	刘　型	院长	1952—1958
	高元贵	院长	1958—1976
	高元贵	"革委会"主任	1972—
湖北地质学院	王　焕	院长	1976—1980
武汉地质学院	王鸿祯	院长	1980—1983
	赵鹏大	院长	1983—1988
	赵鹏大	院长	1994—2005
中国地质大学（武汉）	赵鹏大	校长	1988—1996
	殷鸿福	校长	1996—1997
	赵鹏大	校长	1997—2003
	张锦高	校长	2003—2010
	王焰新	校长	2011—

◎ **参考资料：**

1. 中国地质大学（武汉）官网"学校概况"。
2. 苏玉微编撰：《中国地质大学（武汉）》，载涂上飙主编：《中南高校历史发展沿革概览》，中南大学出版社2017年版，第245~248页。

（苏玉微　撰稿）

武汉理工大学

武汉理工大学是由原武汉工业大学、武汉交通科技大学、武汉汽车工业大学三所学校于 2000 年 5 月合并组建而成，是教育部直属全国重点大学，国家首批"211 工程"重点建设高校。2017 年 9 月入选世界一流大学和一流学科（简称"双一流"）建设高校及建设学科名单。

武汉工业大学、武汉交通科技大学、武汉汽车工业大学，在半个多世纪的发展过程中，始终与祖国同命运，与人民共呼吸，从小到大，由弱变强，均发展为规模较大、水平较高，以工科为主、特色鲜明的多科性大学。伴随着共和国的工业化进程，三校以其鲜明的行业办学特色，成为我国建材工业、交通工业、汽车工业重要的人才培养和科学研究基地。其源远流长，不断发展壮大的光辉历程，共同形成了武汉理工大学深厚的历史文化积淀。

1. 武汉工业大学历史沿革

武汉工业大学的前身有 3 个来源，即南支中南建筑工程学校，北支沈阳建筑材料工业学院、北京建筑工业学院。

南支的源头最早可追溯到 1898 年湖北工艺学堂。光绪二十四年（1898）湖广总督张之洞向朝廷上疏《设立农务工艺学堂暨劝工劝商工所折》，武昌洋务局开办了湖北工艺学堂，到 1950 年发展为湖北省武昌高级工业学校。湖南高级工业学校、湘乡高级工业职业学校、河南省郑州高级工业学校，同样历经了近半个世纪发展变迁。到 1949 年，上述"四大高工"已形成现代办学形式与规模。中华人民共和国成立后，武汉土木工程学校、长沙市政建设工程学校、珠江水利学校相继建立。1952 年，中南建筑工程学校在江西庐山合并组建，它汇聚了"四大高工"的土木科，整体接收了武汉土木工程学校、长沙市政建设工程学校。1953 年，珠江水利学校土木科并入。

1952 年 12 月，中南建筑工程学校在庐山举行开学典礼。学校作为中南区工业性质中等技术学校，以服务国家大规模经济建设的基本建设为目的，为国家培养建筑工程技术人才。1954 年，学校改为武昌建筑工程学校，从庐山迁至武昌马房山。1958 年先后更名为武昌建筑工程专科学校、武汉建筑工业学院，跻身本科院校行列。1960 年更名为武汉城市建设学院，并被列为 4 所部属重点院校之一。1965 年改为武汉建筑工程学校，学校再次走上中等专业技术学校之路。

北支的前身是 1948 年在战争中诞生的中国人民解放军东北军区军工部工业专门学校，

这是我军历史上较早的军事工业高等学校，主要培养和训练兵器工业技术和管理干部。1950年学校扩充为东北兵工专门学校，1956年发展为沈阳建筑机械学校。1958年，沈阳建筑机械学校与1951年建立的沈阳建筑材料工业学校和1955年建立的沈阳计划经济学校合并组成沈阳建筑材料工业学院。

中华人民共和国成立后，一大批军队干部转向经济建设。1955年建筑工程部华北干部学校、1956年建筑工程部高级干部学校应运而生，办学宗旨是为我国建筑建材行业培养管理干部。1958年两校合并为北京建筑工业学院。

1959年，建筑工程部决定实施"京、沈两院一盘棋"，沈阳建筑材料工业学院本科部分和北京建筑工业学院合并组成新的北京建筑工业学院，1960年被列为部属重点院校。学校规划于北京东郊管庄建设以建筑材料工业为特色的万人规模大学，北京建筑工业学院进入一个新的发展时期。1969年，北京建筑工业学院从北京南迁湖南常德。

1971年，北京建筑工业学院再度北移武昌马房山，与武汉建筑工程学校合并，改名为湖北建筑工业学院。1978年湖北建筑工业学院被列为全国重点大学，更名为武汉建筑材料工业学院，并改由国家建材部领导。1985年，经国家教委批准，学校更名为武汉工业大学，发展空间进一步拓展。学校以创建有特色的第一流的工业大学为奋斗目标，不断开拓进取，抢抓机遇，特别是获得了世界银行贷款第二个大学发展项目以及对学校建设和发展有深远影响的国家1亿元投资的二期扩建工程项目，逐步完成了由单一工科学院向多科性工业大学、由教学中心向教学科研两个中心、由封闭型办学向开放型办学的三大转变。

1996年武汉工业大学进入国家"211工程"建设行列，1998年7月，学校划转教育部，成为教育部直属的、国家"211工程"重点建设的全国重点大学。到2000年5月，发展成为一所以材料科学与工程为特色，以工科为主干，以理科为基础，理科、工科、管理、经济与文科相结合、相互渗透的多科性全国重点大学。

2. 武汉交通科技大学历史沿革

学校前身为1946年建立的国立海事职业学校。这是抗日战争胜利后，国民政府教育部"以培植中等海事技术人才，促进海事建设为宗旨"而筹建的一所海事职业学校，校址设在武昌下新河。1949年，随着中华人民共和国的成立，被接管的国立海事职业学校与为培养交通运输方面的专业干部而创办的交通学院合并，1951年更名为中央人民政府交通部武汉交通学院。1952年，全国高等学校院系调整，学校以培养内河交通运输高级技术人才为主，改名为武汉河运学院。随着办学规模的扩大，学校在武昌余家头兴建了新校园，1957年改名为武汉水运工程学院。

武汉水运工程学院成立后，学校在调整中发展前进。1963年，交通部对部属高等院校进行专业调整后，学校主要培养船舶工程、船机设计制造与修理、港口起重运输机械设计制造与管理维修方面的高级技术及管理人才。经过不断的发展，逐渐形成了以船舶机械、船舶工程、港口机械为特色专业体系，为改革开放后学校的快速发展打下了基础。

国家恢复高考后，学校于1977年、1978年两年共招收本科生1千多人。发展到1989

年，在校学生 3800 余人，设 8 个系、4 个部、7 个研究所、4 个独立研究室。学校坚持教学科研两个中心的办学思想，不断提高教学质量和学术水平，加强科学研究，国际合作与交流日趋活跃，成为中国船舶及轮机领域的知名学府。学校拥有国内一流的大型深浅两用拖曳船池和操纵性实验水池，全国最早最先进的用于检测动力机械磨损的铁谱实验室，自己研制成功的、达到当时国际先进水平的轮机管理模拟器以及风洞等一流的教学实验设备，在中国内河航运及船舶界声誉卓著。

武汉河运专科学校是原交通部属工科管理类高等专科学校，以培养航运专业人才为主，为我国内河航运方面唯一的一所全日制普通高等专科学校。学校前身为 1945 年创办的广东省立潮汕高级商船职业学校，经历了民国时期的航海职业教育，1949—1978 年的航运中等专业教育，1978 年后进入航运高等专科教育时期。专业方向也经历了航海、河运和河海兼顾 3 个阶段。从广东省立潮汕高级商船职业学校、广东省立潮汕高级商船技术学校、武汉河运学校到武汉河运专科学校，在半个世纪的发展历程中，为国家培养了上万名各类航运专门人才。

1992 年 7 月，交通部根据交通运输事业的发展需要，进一步优化交通高等教育的布局结构，经国家教委批准，武汉水运工程学院和武汉河运专科学校合并，1993 年更名为武汉交通科技大学。1996 年 12 月，交通部与湖北省人民政府签署共建武汉交通科技大学的协议以期通过滚动发展的形式，使学校进入国家"211 工程"建设行列。1997 年 9 月，学校通过交通部组织的重点学科建设规划及部级重点学科评审。1998 年 8 月，学校通过了中华人民共和国海事局的"中华人民共和国船员教育和培训质量体系"认证，标志着学校按照 STCW78/95 国际公约要求进行船员教育和培训，正式同国际接轨。学校以建设全国第一流交通运输重点大学为奋斗目标，到 2000 年 5 月，发展成为以水运工程和航运技术为主要特色，水陆并举、河海兼顾，工科为主，含理、工、文、经、法、哲多学科的交通部直属重点大学。

3. 武汉汽车工业大学历史沿革

1958 年，为了适应国家工农业生产发展的需要和满足武汉地方工业建设对人才的迫切需求，中共武汉市委创办了武汉工学院。1961 年，湖北化工学院、武汉工学院和湖北工学院（本科部分）三校合并，办学规模扩大。1963 年，面临调整的武汉工学院由第八机械工业部接管，学校由为武汉市地方服务转向为全国农业机械化服务，为发展农机工业培养人才。

1971 年湖北农业机械工业专科学校与武汉工学院合并成立湖北农业机械学院。学校的办学方向是为农业机械化服务，面向工厂和农村开展技术革新和科学研究，取得了多项重要成果。1978 年学校 2 项科研成果：湖北-12 型机耕船、R-175 型柴油机获全国科学大会奖。1979 年学校划归农业机械部领导，恢复武汉工学院校名。1982 年转为机械工业部领导。1983 年学校改为中国汽车工业公司领导，把武汉工学院建设成为汽车工业培养人才的重要基地成为学校的奋斗目标。学校进行管理体制与办学模式改革，率先在全国高校试行"双向参与、一校两制"的办学模式，成立了由全国汽车行业重点骨干企事业单位组成的董事会，深化教育教学和科研管理制度改革，人才培养形成特色，科研工作出现新局面。

1995年经国家教委批准学校更名为武汉汽车工业大学，1996年中国汽车工业总公司与武汉市政府决定共同建设武汉汽车工业大学，1997年学校"211工程"重点学科建设通过部门预审，1999年湖北省第一机械工业学校和湖北省能源经济学校整体并入武汉汽车工业大学。学校面向汽车工业培养各类高级人才，以汽车及轿车零部件研究为重点，形成了一批有特色的研究方向，取得了一批高水平的科技成果。到2000年5月，发展成为一所以工为主，工、经、管、文、理、法、教相结合，协调发展的多学科性大学。

4. 今日武汉理工大学

合并组建后的武汉理工大学，紧紧抓住高等教育发展的重大机遇，积极探索合并高校融合、发展的途径，坚持"育人为本、学术至上"的办学理念，以发展促融合、以融合求发展，以特色创优势、以创新求发展，以服务求支持、以贡献促共建，坚持实施特色战略、创新战略、协调发展战略、国际化战略，实现了整合融合和快速发展。历经十年的互融共进、跨越发展，学校完成了由教学研究型大学向研究教学型大学的转变，奠定了学校在我国高等教育、三大行业和区域发展中的地位，确立了良好的社会声誉，并为最终建成"部分学科水平世界一流，学校整体水平国内一流"高水平大学奠定了坚实的基础。

"十二五"期间，学校坚持以思想观念的超越引领学校发展、以发展规划统领学校发展、以改革创新推动学校发展；坚持实施人才和质量战略、特色和创新战略、国际化战略；坚持以强化特色创造发展优势、以改革创新提升发展内涵、以人才强校带动发展全局、以合作共建获取发展资源，实现了学校发展的内涵提升和新的跨越。通过"十二五"时期的建设和发展，学校实现了由规模和外延发展向提高质量和内涵发展的战略转变，实现了办学思想观念、人才培养能力、科技创新能力、学科创新水平、人才队伍水平、国际合作能力、国际声誉、社会服务能力、依法治校能力、条件保障能力、党建工作的全面提升，从而迈进国家特色高水平大学前列并进入世界知名大学行列。

历经17年的发展，学校现有马房山校区、余家头校区和南湖校区，占地4000余亩。现有24个学院（部），教职工5493人（专任教师3201人），全日制学生50452人（本科生36754人、博士和硕士研究生12471人、留学生1227人）。学校已形成以工学为主，理、工、经、管、艺术、文、法等多学科相互渗透、协调发展的学科专业体系。现有一级学科博士学位授权点15个，一级学科硕士学位授权点38个，博士后科研流动站17个；有15个硕士专业学位授权类别，39个硕士专业学位授权领域。材料学科、工程学科、化学学科和物理学科4个学科进入了世界ESI学科排名的前1%。现有本科生专业89个。学校在新材料与建筑材料、交通与物流、机电与汽车、信息、新能源、资源环境、公共安全与应急管理等领域建有30个国家级和省部级科研基地，建有3个省部级协同创新中心，与地方政府和行业企业共建联合研究中心199个。2010年以来，学校以第一完成单位获国家科技奖励14项，位居全国高校前列。

武汉理工大学以建设"让人民满意、让世人仰慕的优秀大学"作为崇高的大学理想和核心价值追求，高举世界一流大学、一流学科建设的旗帜，培养一代又一代能够以智慧引领人生、具有卓越追求和卓越能力、能够引领三大行业和区域发展的卓越人才，朝着"部分学科水平世界一流，学校整体水平国内一流"的战略目标阔步前行！

5. 现任领导

党委书记：信思金
校长：张清杰
副校长：严新平　张联盟　张安富　曾春年　康灿华　王乾坤
副书记：夏江敬　信思金　万志建
纪委书记：夏江敬

◎ **参考资料：**

1. 武汉理工大学官网"学校概况"。
2. 武汉理工大学百度百科。
3. 徐业松、李兆荣、罗小寒编撰：《武汉理工大学》，载涂上飙主编：《中南高校历史发展沿革概览》，中南大学出版社2017年版，第249~254页。

（徐业松、李兆荣、罗小寒　撰稿）

华中师范大学

华中师范大学是中国教育部直属重点综合性师范大学，国家"211工程"重点建设的大学，国家教师教育"985工程"优势学科创新平台建设高校，是国家培养中、高等学校师资和其他高级专门人才的重要基地。2017年入选世界一流大学和一流学科（简称"双一流"）建设高校及建设学科名单。

1. 学校发展沿革

（1）私立华中大学。

1871年，美国圣公会在湖北武昌城内昙华林创办了文华书院（Boone Memorial School），与1885年英国循道会在武昌开办的博文书院（Bowen College）、英国伦敦会在汉口创办的博学书院并称为武汉地区的三大教会学校。1903年，文华书院成立大学部，这是华中师范大学校史的开端。1909年5月18日，书院在美国哥伦比亚特区注册，正式取得大学资格，校名为"文华大学校"。

1911年1月15日首次公开进行毕业班学生学位论文答辩，16日在文华教堂首次举行毕业班布道会，17日首次授予九名毕业生文学学士学位，韦卓民为其中之一。1915年1月29日，文华书院首次颁授硕士学位。

1922年2月，美国圣公会、美国复初会、美国雅礼协会、英国伦敦会、英国循道会等差会代表应邀到汉口吴德施主教寓所开会，决定在武昌开办一所联合大学。8月，筹建华中大学的临时管理委员会成立。1924年，文化书院改名为（私立）华中大学。同年汉口博学书院大学部、武昌博文书院大学部并入。

1927年5月，受时局影响学校暂时关闭。1929年1月，五个教会的代表在武昌开会，达成为重建华中大学做出最大努力的共识。长沙雅礼大学、岳阳湖滨书院大学部正式并入华中大学。5月，选举韦卓民为华中大学校长，在韦卓民从英格兰返回之前，孟良佐继任校长。9月，华中大学重新开学。文华图书科以专科学校名义在国民政府教育部立案注册，具备了成为一所独立学校的资格。

1938年举校西迁。7月10日从武昌启程，历时一个月余，历程千余里，9月下旬在桂林开学。日军频繁轰炸，再次迁移。

1939年2月20日，师生乘汽车离开桂林，抵达河内。再踏上滇越公路，于27日下午全体抵达昆明。5月1日，在喜洲小镇开始了华中大学新的学期。学校仍设文学院、理学院及教育学院，在此办学近八年之久。

1946年4月17日,华中大学举校返回武昌。1949年5月16日武汉解放。11月1日,学校举行建校二十五周年、重建二十周年校庆纪念会。

（2）公立华中大学。

1951年8月16日,中南军政委员会正式决定,中原大学教育学院与私立华中大学合并,改为公立华中大学,并成立"华中大学改制委员会"。

（3）华中高等师范学校。

1952年秋全国高等院校进行院系调整。原华中大学经济系、外语系并入武汉大学。校名暂称为"华中高等师范学校",潘梓年为主任委员,徐悉庸、王自申为副主任委员,领导建校各项筹备工作。

院系调整中,以原公立华中大学为主体,集中了私立中华大学、广西大学、南昌大学、华南师范大学、湖北教育学院、平原师范学院、海南师范高等专科学校的师范类专业组建了华中高等师范学校。

（4）华中师范学院。

1953年春,华中高等师范学校经过院系调整,规模不断扩大,系科逐步齐全,中南军政委员会教育部呈报中央高教部,拟将华中高等师范学校定性为师范学院。同年10月24日,中央高教部批准将华中高等师范学校更名为"华中师范学院"。1962年湖北大学的一部分并入。1970年中南民族学院的一部分、湖北教师进修学院、湖北函授学院并入。

1985年学校更名为华中师范大学,并由邓小平题写了校名。1993年江泽民总书记为学校九十周年校庆题词:"发展师范教育事业,提高民族文化素质"。2005年进入"211工程"重点建设高校名单。2009年正式成立研究生院。

2017年该校亚洲研究院正式成立,日本籍历史学家、汉学家、美国人文与科学院外籍院士滨下武志担任院长。2017年9月,华中师范大学入选国家"双一流"世界一流学科建设高校名单。

学校在百余年的发展中既继承了中国传统文化的精华,又汲取了外来文化的养分,更弘扬了革命文化教育的传统,形成了"忠诚博雅、朴实刚毅"的华师精神,为国家培养了近30万优秀人才。学校历史沿革见下页图。

2. 今日华中师范大学

学校位于九省通衢的湖北省武汉市,坐落在武昌南湖之滨的桂子山上,占地面积120余万平方米,下设29个学院、60余个研究所和研究中心。70个本科专业面向全国招生,目前各类全日制在校生超过3万人,其中本科生18000人左右,研究生11000人左右,留学生1500人。学校具备从本科生到硕士生、博士生及博士后,从全日制到成人教育的高等教育体系。

学校现有教职工3800余人,专任教师1892人,其中教授、副教授1291余人,博士生导师近300人,专兼职院士、人文社会科学资深教授、"长江学者"特聘教授、"国家教学名师"、国家各类人才专家等40人。现有国家重点学科8个,国家重点（培育）学科1个,湖北省一级重点学科22个;国家文理科基础学科人才培养和科学研究基地2个

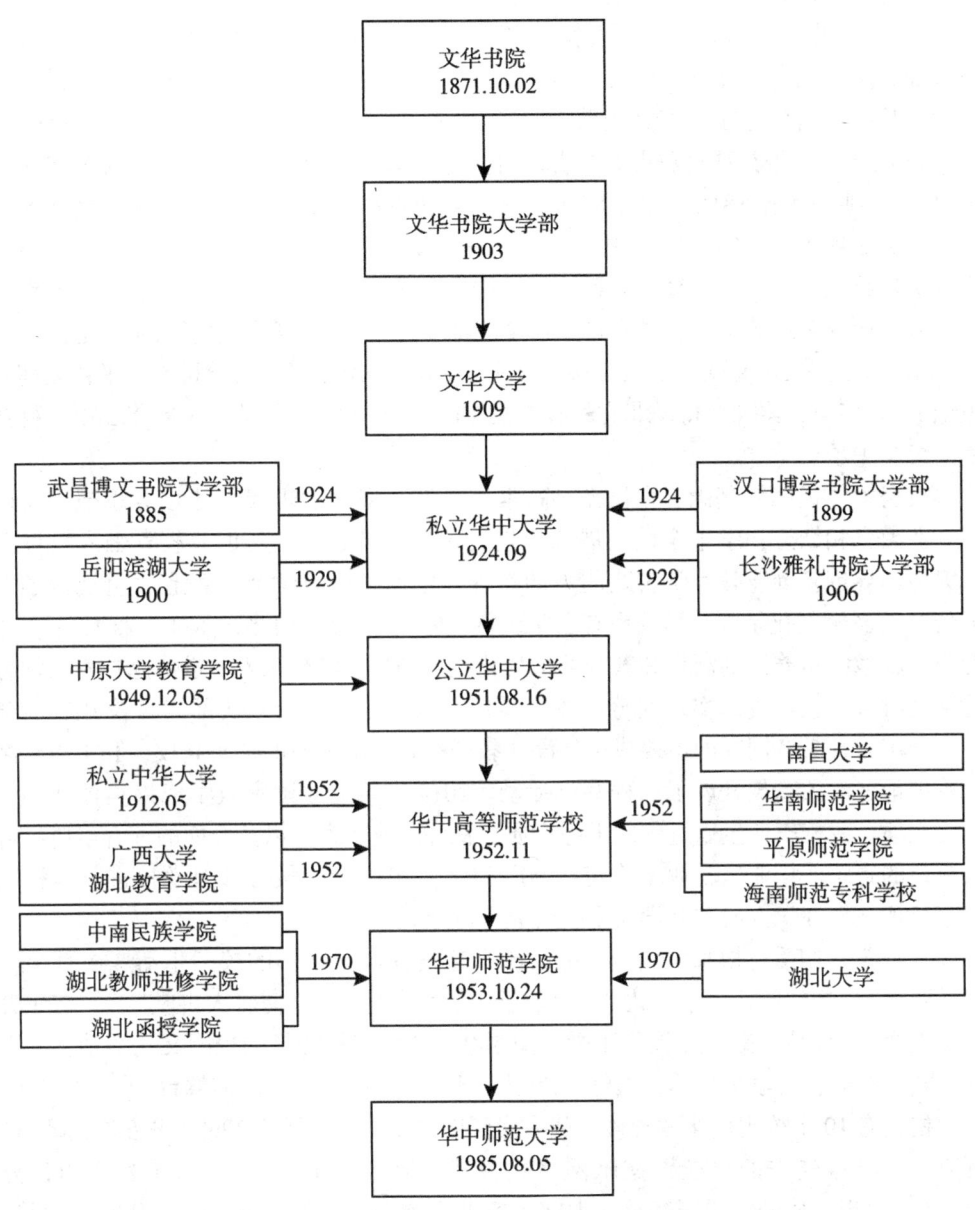

（物理学、历史学）；国家工程技术研究中心1个（数字化学习）；教育部人文社会科学重点研究基地3个（中国近代史研究所、中国农村研究院、语言与语言教育研究中心），文化部"国家文化产业研究中心"、国务院农村综合改革工作小组办公室"中国农村综合改革创新研究中心"等部委社科重点研究基地6个，省级重点研究基地13个。教育部重点实验室3个（农药与化学生物学、夸克与轻子物理、青少年网络心理与行为）和教育部工程技术研究中心1个（教育信息技术）。中国语言文学和物理学等15个专业设有博士后流动站，有14个博士学位授权一级学科，33个硕士学位授权一级学科，94个博士学位授权学科专业，184个硕士学位授权学科专业。

"十二五"期间，学校科研经费快速增长，项目经费总量突破10亿。人文社会科学研究方面，国家和教育部重大攻关（招标）项目38项，国家社会科学基金项目总数、重大招标项目数排名稳定在全国高校前10位；教育部规划项目全国高校排名保持前3位。其中《荆楚全书》编纂项目获得湖北省政府支持，总经费3500万元，将成为湖北的"四库全书"，是独具荆楚特色的文化地标。近三届获得高等学校人文社会科学奖共59项，其中一等奖2项，二等奖38项，排名连续三届位于全国高校前10位；湖北省社会科学优秀成果奖连续五届在湖北高校排名第2位。自然科学方面实现973项目首席、国家创新群体、国家级研究基地等突破，国家自然科学基金项目增至278项，总经费1.7亿元。累计发表SCI论文近3000余篇，在 Science、PNAS、PRL、JACS 等有关学科高水平代表期刊上发表论文30多篇；累计获得湖北省科技奖励19项，其中自然科学奖一等奖3项、科技进步奖一等奖1项。

学校努力体现"厚基础、宽口径、高素质、创新型"的现代人才培养思想，通识教育与专业教育相结合，学生全面发展和个性发展有机结合。创新创业教育融入教育全过程，大力倡导创新创业教育及实践能力的培养。定期举办教学节，营造"重视教学、崇尚创新"的教学文化氛围。学校现有国家级特色专业12个，湖北省品牌专业17个。作为教育部卓越教师培养计划高校和教育部信息化试点高校，学校深入推进信息技术与教育教学的深度融合，教学资源实现充分共享。学校与武汉地区其他6所部属高校开展联合办学，是全国教师教育网联的主要成员，湖北教师教育网络联盟的牵头高校，和中国台湾地区、香港地区有关高校开展了课程共享活动。2014年第七届国家教学成果奖评选，学校共获奖8项。我校毕业生以过硬的思想素质、良好的业务素质以及全面的综合素质赢得了用人单位的青睐，毕业生就业率稳定在90%以上。2013年，教育部对学校进行本科教学工作审核评估，办学方向和办学质量受到充分肯定。

以"博学、博爱、博雅"为内涵的校园文化贯穿丰富多彩的校园生活，逾百个学生社团活跃其中，"创新杯科学文化节""桂子山艺术文化节""博雅大讲堂""一二·九诗歌散文大赛""桂苑之歌"校园歌手爱心演唱会等成为我校传统的校园文化活动，并在武汉地区颇具影响，为学生培养、锻炼、展现自己的才能提供了广阔的舞台。

学校拥有10余栋现代化教学楼，建有两座图书馆，馆藏面积39689平方米，藏书300余万册，并具有先进的"校园文献网络化管理与服务系统"。全校可供教学用计算机15187台，实现了校园无线网络及学生宿舍空调全覆盖。学校建有各类现代化体育设施，可以满足学生的体育锻炼需求。

近年来，学校坚持"一体两翼，建设高水平大学"的战略发展思路，国际化发展进程进一步加快，国际化水平位居全国高校第27位。与美国、加拿大、俄罗斯、法国、英国、澳大利亚、日本、韩国等国家和港澳台地区众多知名高校及研究机构建立了密切的关系，教学与科研合作不断深入，大批外籍专家和教师在校任教讲学。出国（境）研修、参加国际会议、开展合作科研的教师人数持续攀升。与国外大学共建四所孔子学院，积极选派汉语教师及志愿者赴国外开展汉语教学，传播中国语言与文化。大力推动学生的国际双向流动，每年选派大批学生赴国（境）外交流学习，在校长短期国际学生人数达2800

余人,生源遍布全球140多个国家。

华中师范大学立足湖北,面向中南,辐射全国,全体华师人正以昂扬的斗志,为争取把学校建设成为教师教育特色鲜明的研究型高水平大学而不懈努力。

3. 现任与历任领导

(1) 现任领导。

党委书记:黄晓玫

校长:杨宗凯

党委副书记:覃 红 骆 军

副校长:蔡红生 王恩科 彭南生 夏立新

校长助理:林更茂 任友洲

(2) 历任校长及党委书记。

学校名称(起讫年月)	姓 名	职 务	任职时间
文华大学 1903—1924.07	詹姆斯·杰克逊(中文名翟雅各)	校长	1903—1915
	艾尔弗雷德·A.吉尔曼(中文名孟良佐)	校长	1915—1924
私立华中大学 1924.09—1951.09	艾尔弗雷德·A.吉尔曼(中文名孟良佐)	校长	1924—1929
	韦卓民	校长	1929—1951
私立中华大学 1912.05—1952.11	陈 时	校长	1917—1952
公立华中大学 1951.09—1952.11	韦卓民	改制委员会副主任委员	1951.09—1952
	潘梓年	中南军政委员会教育部长 中原大学校长兼党委书记 改制委员会主任委员	1949—1952.11
华中高等师范学校 1952.11—1953.10	潘梓年	建校委员会主任委员	1952.11

华中师范学院 1953.10—1985.08	杨东莼	院长	1954.04—1957.06
	刘介愚	副院长	1954.02—1963.04
		院长	1963.04—1966
		党委书记	1954—1966
		党委书记	1980.12—1983.12
		顾问	1983.12—1986
	白瑞西	临时党委书记	1972.06—1980
		"革委会"主任	1972.10—1978.08
		院长	1978—1980.01
	高 原	副院长	1980.07—1983.12
		党委书记	1983.12—1985.12
	刘若曾	院长	1980.12—1983.12
		党委副书记	1981.03—1983.12
		顾问	1983.12—1986.12
	王庆生	副院长	1981.12—1983.12
	晏章万	党委副书记	1982.07—1985.08
	章开沅	院长	1983.12—1985.08
华中师范大学 1985.08—	章开沅	校长	1985.08—1991.03
	王庆生	副校长	1985.06—1991.06
		校长	1991.06—1999.01
	高 原	党委书记	1985.08—1986.04
	戴绪恭	党委书记	1986.12—1995.11
	路 钢	副校长	1995.11—1999.01
		校长	1999.01—2001.02
	谷士文	校长	2001.02—2003.04
	晏章万	党委副书记	1985.08—1995.11
		党委书记	1995.11—2003.06
	马 敏	副校长	
		校长	2003.06—2011.09
	丁烈云	党委书记	2003.06—2010
	乐政龙	党委副书记	1993—1995
		副校长	1995—2012
	马 敏	党委书记	2011.09—2017.03
	杨宗凯	校长	2011.9—

◎ **参考资料：**

1. 华中师范大学官网"学校概况"。
2. 华中师范大学百度百科。
3. 付强编撰：《华中师范大学》，载涂上飙主编：《中南高校历史发展沿革概览》，中南大学出版社2017年版，第254~257页。

（付强　撰稿）

华中农业大学

华中农业大学,原名华中农学院,1952年秋,由武汉大学农学院和湖北农学院的全部系科以及中山大学等6所综合性大学农学院的部分系科组建而成。1979年,经国务院批准列为全国重点大学,直属农业部。1985年,更名为华中农业大学。2000年,由农业部划转教育部直属领导。2005年,进入国家"211工程"建设行列。2017年,列入国家"双一流"建设行列。校园位于湖北省武汉市武昌南湖狮子山,占地面积495万平方米(7425亩),三面环湖,风景秀丽,环境幽雅,建筑楼群鳞次栉比,自然园林风貌引人入胜。

1. 学校早期发展沿革

(1) 湖北农学院。

湖北农学院的校史可以上溯到1898年(清光绪二十四年)两湖总督张之洞在武昌东厂口正街四川会馆地址(即湖北省图书馆旧址)首创的湖北农务学堂。桑宝任监督,设农、蚕两科。兼办畜牧事宜,五年毕业,学生20余人。1904年扩充为高等农业学堂,校址迁往武昌宝积庵(今湖北大学),头门刻有张之洞亲笔对联:"凡民俊秀皆入学,天下大利必归于农",招农科两班(7年毕业),林科4班(6年毕业),共毕业100余人,是我国最早的农科院校。辛亥革命后,湖北农务学堂改建为湖北甲种农业学校。1912年学校迁往武昌南湖(今湖北省农业科学院),设农、林、蚕三科,在校学生6个班,李继膺任校长,原宝积庵旧址改为农业试验场。此后,经历了1923年湖北第一、第二高级农业学校,1930年省立乡村师范学院,1931年湖北省立教育学院,1937年湖北省立农业专科学校,1940年扩大为湖北省立农学院(抗日战争期间迁到湖北恩施),湖北省教育厅厅长张伯瑾兼任院长。先设农学系,后增设园艺、农经、植物病虫害系。1945年冬迁回武昌原址,管泽良、徐觉非、童世光先后任院长。1949年武汉解放时,学院有农艺、园艺、农经、植保4个系,学生187人,教职工112人,学院建筑面积8000平方米,农场土地71亩,藏书2000多册。1950年更名为湖北省农学院。

(2) 武汉大学农学院。

武汉大学农学院,筹建于1933年,王星拱校长兼任筹备主任。1936年正式成立,先设农艺系,有教职工20余人,当年招收本科生15人。1946年后增设森林、土壤农化、园艺三个系,中华人民共和国成立初期又设粮食、茶叶两专修科。1952年有教职工199人,本、专科学生600余人。叶雅各、杨显东、杨开道历任院长。

（3）华中农学院。

1952年，全国高等学校院系调整时，由湖北农学院和武汉大学农学院的全部系科以及南昌大学、湖南大学、广西大学、河南大学、中山大学农学院部分系科调整合并而组成华中农学院。中南军政委员会教育部长潘梓年兼任筹备委员会主任，直属高教部领导，院址在湖北农学院原址。设农学、土化、园艺、畜牧兽医、森林5个系，共7个专业，另设有茶叶、农业统计两个专修科和一个中等林业技术班，有教师163人，职工334人，学生1193人。当年招收本科生，次年招收首批研究生，科学研究、国际交流取得新的进展。

1957年，学校从宝积庵整体迁址武昌南湖狮子山。校舍三面环湖，校园与学习教学实验农场连成一片，总面积达7325亩，建筑面积达5万多平方米。董必武亲笔书赠学院："勤俭建国""民生在勤，勤则不匮；性习于俭，俭以养廉"。学院师生以此为勉，勤俭、求实成为传统校风。1958年学院属农业部领导，不久改属湖北省领导。"文革"前夕，学院设7个系，共8个专业，学生最多时为2300余人。20世纪60年代，首次招收外国留学生。

1966年年初，学院分别在湖北宜昌市和新洲县设立宜昌分院、黄冈分院，两分院共毕业学生1600多人。1981年两分院撤销。

2. 改革开放后学校的发展

1979年10月，经国务院批准，学院列为全国重点高等学校，由农业部和湖北省双重领导（以农业部为主）。1985年10月，经原农牧渔业部批准，更名为华中农业大学。

截至1989年，学校共设有12个系部，共20个专业和5个专修科，有全国农口出国人员培训中心、中央农业管理干部学院华中农业大学分院等教学单位，是一所专业学科比较齐全的综合性农业大学。

经过20多年艰苦奋斗，学科专业覆盖了农学、理学、工学、文学、法学、经济学、管理学等门类，在多个学科领域形成了特色和优势。2005年，学校正式进入国家"211工程"重点建设大学行列，同年，被中央文明委授予"全国精神文明建设工作先进单位"称号。2006年，学校在教育部本科教学工作水平评估中评为优秀。董必武、李先念等先后为学校题词和题写校名。1998年，时任中共中央总书记、国家主席江泽民为学校百年校庆亲笔题词。2011年，时任中共中央总书记、国家主席胡锦涛听取关于生物产业的汇报。2013年，中共中央总书记、国家主席习近平给学校"本禹志愿服务队"亲笔回信。

学校现有学院（部）18个，本科专业60个，硕士学位授权一级学科27个，硕士专业学位授权类别10个，博士学位授权一级学科15个，博士专业学位授权类别1个，博士后科研流动站13个。全日制在校学生26196人，其中本科生18763人，研究生7433人。生物学、园艺学和作物学学科群、畜牧学、兽医学、农林经济管理5个学科（群）入选国家"双一流"建设学科。在全国第四轮一级学科评估中，7个学科进入A类学科，其中，园艺学、畜牧学、兽医学3个学科为A+，生物学为A，食品科学与工程、作物学、农林经济管理3个学科为A-。据美国信息科技所《基本科学指标》数据库（ESI）2017年9月统计数据显示，学校共有7个学科进入ESI全球排名，植物学与动物学领域进入全球前 1‰ 行列，农业科学、化学、生物学与生物化学、分子生物学与遗传学、微生物学、环境科学/生态学等 6 个学科进入全球前 1%。

现有教职工 2632 多人，其中教师 1528 人，教授 385 人。有中国科学院院士 1 人，中国工程院院士 3 人，美国科学院外籍院士 1 人，第三世界科学院院士 2 人，千人计划专家 24 人，万人计划专家 14 人，长江学者 28 人，国家杰青 20 人，973 计划首席科学家 6 人，现代农业产业技术体系首席科学家 1 人、岗位科学家 55 人。国家自然科学基金创新研究群体 3 个，省部级优秀创新团队 60 个。国家级教学名师 4 人，国家教学团队 7 个。

累计获国家级教学成果奖 22 项，其中特等奖 1 项、一等奖 3 项、二等奖 18 项。"十二五"期间，获批国家教育体制改革项目 1 项、国家专业综合改革试点专业 2 个、国家"卓越工程师教育培训计划"专业 2 个、国家"卓越农林人才教育培养计划"专业 8 个、国家级实验教学示范中心 4 个、国家级大学生校外实践基地 10 个、教育部农业部农科教合作人才培养基地 6 个、国家级精品资源共享课 32 门、国家级精品视频公开课 10 门、国家级精品在线开放课程 9 门、国家级"十二五"规划教材 18 种。

有国家重点实验室 2 个，国家地方联合工程实验室 1 个，专业实验室 4 个，国家级研发中心 7 个，国际科技合作基地 6 个，部省级重点（工程）实验室 26 个，部省级研发中心 26 个，高等学校学科创新引智基地（"111"计划）5 个，引进国外智力成果示范推广基地 1 个，校企共建实验室（研发中心）35 个，省级高校人文社科重点研究基地 4 个。"十二五"期间，获批科研项目 5388 项，经费 31.29 亿元。在杂交油菜、绿色水稻、优质种猪、动物疫苗、优质柑橘、试管种薯等研究领域，取得一批享誉国内外的标志性成果。

3. 现任与历任领导

（1）现任领导。

党委书记：高　翅

党委副书记：李名家

纪委书记：李名家（兼）

党委常委：高　翅　邓秀新　李名家　周承早　张献龙　李崇光　吴　平　姚江林
　　　　　王从严

校长：邓秀新

副校长：周承早　张献龙　李崇光　吴　平　姚江林

（2）历任校（院）长。

学校名称（起止年月）	姓名及职务		任职时间
湖北农务学堂 1898—1903	张之洞	创办人	1897
	黄铁生	筹办人	1898
	罗振玉	监督（即校长）	1900—1901
	桑　宝	总办	1902—1903
	黄祖徽	监督	1902—1903

学校名称	姓名	职务	任职时间
湖北省高等农业学堂 1904—1911	过伯刚 樊祖徽 梅光羲 喜　源	监督 监督 监督 监督	1904 前后 1905 前后 1907 前后 1909 前后
湖北甲种农业学校 1912—1923	田古泉 尹	校长 校长	1912—1928 1912
湖北省第一、第二高级农业学校 1923—1928	李继赜 屈德泽	校长 校长	1923—1928 1923—1928
湖北省立教育学院 1931—1936	黄建中 罗　濬 罗廷光 姜　琦	院长（兼） 院长 院长 院长	1930—1932 1932—1933 1933—1934 1934—1936
湖北省立农业专科学校 （湖北省立联校五峰山分校） 1937—1940	冯紫岗 周天放 刘发煊 程鸿书	校长 校长（兼） 主任、校长 校长	1937 1937—1938 1938—1939 1939—1940
湖北省立农学院 1940—1949	张伯谨 管泽良 徐觉非	院长 院长 院长	1940—1941 1941—1949 1949—1950
湖北省农学院 1950—1952	童世光	院长	1950—1952
华中农学院 1952—1985	许子威 陈华癸 孙济中	院长 院长 院长	1956 1978—1984 1984—1985
华中农业大学 1985—	孙济中 张端品	校长 校长	1985—1995 1995—2007

（3）历任党委书记。

学校名称（起止年月）	姓名及职务		任职时间
华中农学院 1952—1985	童世光 童世光 许子威 宋彦人 许子威 赵抱一 韩德乾	党总支书记 党委书记 党委第一书记 党委书记 党委书记 党委书记 党委书记	1952.08-1956.04 1956.04-1957.06 1957.06-1957.10 1957.10-1963.02 1963.04-1966.05 1972.08-1984.02 1984.02-1985.10

华中农业大学	韩德乾 党委书记	1985.10—1992.06
1985—2007	孙朝恺 党委书记	1992.06—2002.03
	李忠云 党委书记	2002.03—2017.11

◎ 参考资料：

1. 季啸风主编：《中国高等学校变迁》，华东师范大学出版社 1992 年版。
2. 华中农业大学官网"学校概况"。
3. 华中农业大学"百度百科"条目。

（袁丽玲　撰稿）

中南财经政法大学

中南财经政法大学是中华人民共和国教育部直属的一所以经济学、法学、管理学为主干，兼有哲学、文学、史学、理学、工学、艺术学等九大学科门类的普通高等学校，是国家"211工程"高校和"985工程优势学科创新平台"项目重点建设高校，2017年入选世界一流大学和一流学科（简称"双一流"）建设高校及建设学科名单。学校现有两个校区，南湖校区位于风景秀丽的南湖水畔，首义校区位于历史悠久的黄鹤楼下。

学校前身是1948年中共中央中原局创建的中原大学。学校先后经历了七个历史时期，为国家培养了30万财经政法类高端人才，为经济法制建设和社会发展作出了重要贡献。

1. 学校早期发展沿革

中原大学时期（1948—1953）。

1948年，为建设和巩固不断扩大的中原解放区，培养各方面专业人才和干部，以邓小平为第一书记的中共中央中原局决定在中原地区创办中原大学。1948年7月10日，中原大学筹委会成立，陈毅担任筹委会主任。8月2日，在中原军区召开的"八一"纪念大会上，刘伯承司令宣布中原大学正式成立，临时校部设在宝丰县城北部的大白庄村。10月，中原大学第一届校领导班子正式组建，范文澜任校长，潘梓年任副校长，孟夫唐任教务长。1948年9月，学校迁至宝丰县城。1948年11—12月，学校迁至开封，暂借河南大学校舍。

1949年5—8月，中原大学师生搬迁至武汉。学校的主要任务也转向培养适应中南地区经济文化恢复和建设的专业人才。学校相继成立了文艺学院、教育学院、财经学院与政治学院，并先后承担了筹建中央民族学院中南分院和广西革命大学的任务。在短短五年内，中原大学培养出了1.4万余名干部，补充了战争时期前方干部的不足，为中南地区乃至全国各地输送了大批急需的建设者。

2. 中华人民共和国成立后的发展演变

（1）中南财经学院与中南政法学院时期（1953—1958）。

在全国院系大调整的背景下，1952年年底，河南大学、武昌中华大学经济系先后并入中原大学财经学院。1953年5月29日，中原大学财经学院与中山大学、湖南大学的财经学院，中山大学、湖南大学及南昌大学经济系及会计银行系，中山大学社会系劳动组合并，成立中南财经学院。学院直属高等教育部领导，中南高等教育局管理。

1953年4月3日，中原大学政法学院与中山大学、广西大学、湖南大学的政法系合并，成立中南政法学院，隶属中南政法委员会，后改由司法部直接管理。1956年1月，根据司法部指示，中南政法学院分为中南政法学院和中南政法干部学校。

两校成立后，对合并融入的教学资源进行了有效的整合。中南财经学院成立了经济、财政与信贷、合作贸易、工业经济、会计、统计等六个系。中南政法学院成立了政法系。1954年秋季，两校按照国家计划正式招收四年制本科生，并继续担负为中南地区培养财经政法干部的重任。

（2）湖北大学时期（1558—1970）。

1958年9月底，在全国"大跃进"高潮中，中南财经学院、中南政法学院、中南政法干校与武汉大学法律系合并组建成湖北大学。学校以财经、政法类专业为主，同时增设一些理科专业。受当时"大跃进"运动和"左倾"思想的影响，学校提出"建设共产主义湖北大学"的口号，学校的定位、教育方针、教学改革等均呈现求快求多、急躁冒进的情况，违背了实事求是的思想路线、偏离高等教育的客观规律和学校的实际情况。

1964年，学校被列为全省高校"四清运动"试点单位，日常工作几乎全部停滞。1966年，"文化大革命"开始，学校停止了一切教学活动。1968年秋，工人、解放军毛泽东思想宣传队进驻湖北大学，撤销了学校系、教研室和行政编制，实行班、排、连、营的军事化编制。1970年11月，湖北大学被宣布撤销。

（3）湖北财经专科学校时期（1971—1977）。

1971年12月7日，湖北省革命委员会决定，湖北大学撤销政法专业，保留财经专业，改名为湖北财经专科学校。1972年1月，湖北财经专科学校正式成立。湖北财经专科学校成立后，学校千方百计将原来调出的教师调回学校，积极恢复有关专业的招生和教学秩序，恢复系科设置，设立了工业经济系、商业经济系、农业经济系、计划财金系、政治法律系等。1976年，全校恢复了10个专业的招生。此外，学校还努力保存了政治、法律的教师力量，通过举办短训班、进修班的方式，开始逐步恢复法律专业的招生和教学。

湖北财经专科学校是学校发展史上最困难的时期，学校克服种种困难，坚守了全国不多的财经教育阵地，培养毕业生800余人，各类干部2万多人。

（4）湖北财经学院时期（1978—1985）。

1978年1月，湖北省"革命委员会"批准将湖北财经专科学校更名为湖北财经学院，成为恢复高考制度后首批招收本科生的高校之一。1979年1月，经国务院批准，湖北财经学院由财政部和湖北省双重领导，以财政部为主。学校各项工作走上了正轨，并提出"建成一个在国内具有先进水平的财经学院，培养出高质量的适应四化建设需要的财经管理人才"的发展目标。

学校共设置14个本科专业，新增经济信息、商品养护两个理科专业，面向全国招生。1978年，学校成为全国最早招收硕士研究生的学校之一，先后有18个学科专业获得硕士学位授予权，为国家培养了一批经济学、法学专家。同时，学校在科研方面有了突破性进展，公开发表了科研成果1200多项。《中国近代经济思想史》《中国会计史稿》等著作产生了广泛影响。

(5) 中南财经大学/中南政法学院时期（1984—2000）。

1984年12月8日，中南政法学院恢复成立，学院的主要师生员工来自湖北财经学院法律系，由司法部和湖北省人民政府双重领导，以司法部为主。1985年9月，湖北财经学院更名为中南财经大学。

1988年，学校举行建校40周年庆典，中央军委主席、中国改革开放总设计师邓小平为学校题写校名。1992年9月，中南财经大学成功地举办了第四届全国大学生运动会。中南财经大学在学科专业改造、改革方面取得重大突破，形成了学士、硕士、博士、博士后研究人员的人才培养体系。1997年3月，学校重获招收外国留学生资格。中南政法学院恢复重建后，先后成立了法律系、经济法系、国际经济法系、经济贸易系、法律外语系。研究生教育和各层次教育呈现良好态势。

中南财经大学与中南政法学院虽然各自成为独立院校，但两校共同传承了革命大学的教育传统，办学理念和风格一脉相连，教学科研守望相助，在新时期共同获得长足发展。

(6) 中南财经政法大学时期（2000—　）。

2000年5月26日，原中南财经大学、中南政法学院合并，成立中南财经政法大学。2003年12月，湖北省机电学校并入中南财经政法大学。2005年9月，学校跨入国家"211工程"重点建设高校行列；2011年6月，学校进入国家"985工程优势学科创新平台"项目重点建设高校行列。2012年10月，教育部、财政部、湖北省人民政府签署正式协议，共建中南财经政法大学。2017年9月，学校入选世界一流大学和一流学科（简称"双一流"）建设高校及建设学科名单。

学校下设马克思主义学院、哲学院、经济学院、财政税务学院、金融学院、法学院、刑事司法学院、外国语学院、新闻与文化传播学院、工商管理学院、会计学院（会硕中心）、公共管理学院（MPA中心）、统计与数学学院、信息与安全工程学院、文澜学院、知识产权学院、MBA学院、继续教育学院（网络教育学院）、国际教育学院、中韩新媒体学院等20个学院。

截至目前，学校共有教职工2400余人，其中专任教师总数1500余人，教师中教授280余人，副教授570余人，博士生导师200余人。先后聘任"长江学者"讲座教授3名、"长江学者青年学者"2名、湖北省"楚天学者"22人，校聘海内外"文澜学者"讲座教授30名，2人获评"文澜学者"资深教授，12人获评"文澜学者"特聘教授，75人获评"文澜青年学者"。此外，2人入选国家"万人计划"哲学社科领军人才，2人入选中宣部文化名家暨"四个一批"人才工程，8人入选国家百千万人才工程，11人入选教育部教学指导委员会委员，20余人入选"教育部新世纪优秀人才支持计划""霍英东青年教师"基金资助，全国高校名师2人，享受"国务院政府特殊津贴专家"77人。

近年来，学校国家社科基金立项数基本稳定在全国高校前列，财经、政法类高校第一的位次。近10年，学校教师承担完成国家、省部级重点科研项目共计1395项，其中国家社会科学基金项目、国家自然科学基金项目和国家教育部门重大攻关科研项目共535项，国家教育部、国家财政部、国家司法部和国家科技部及其他省部级科研课题共860项，共取得科研成果13000余项，其中专著800余部，编著及教材800余部，论文11000余篇。尤其是2013年获得代表我国社会科学研究领域最高水平的"高等学校科学研究优秀成果奖（人文社会科学）"9项，斩获该奖项全部等次和类型，体现了学校在人文社科领域一流的科研实力。

学校现有全日制本科生20000余人，硕士生8100余人，博士生1200余人，成人教育学生5000余人，每年接收来华留学生400余人次。学校现有56个本科专业，15个一级学科硕士学位授权点，91个二级学科硕士学位授权点，6个一级学科博士学位授权点，54个二级学科博士学位授权点，6个博士后流动站；拥有国家重点学科4个，国家重点（培育）学科1个；国家级专业综合改革试点项目6个；入选教育部首批"卓越法律人才培养"3个基地，即"复合型应用型法律人才培养基地""西部基层法律人才教育培养基地""涉外法律人才培养基地"；拥有国家级实验教学示范中心3个，设立了500多个学生实习实践基地。

学校坚持以人才培养为中心，确立科学的"以生为本""全面质量观""特色制胜观""协调发展观"等教育思想观念，突出"融通性、创新型和开放式"的人才培养特色。学校一方面开设了商贸英语、法律英语、法制新闻、经济新闻、司法会计、经济伦理、法经济学、经济侦查等极具特色的课程；另一方面，在全国高校公共基础课中首先创设了"经济学通论""法学通论"和"管理学通论"三门必修课程，有力推动了经、法、管三大互动学科的交叉、渗透与融合。学校在大力提高课堂教学质量的同时，还主办、承办和参加一系列的全国性、地区性本科学生学科竞赛活动，并取得优异的成绩。

学校一直坚持科学研究与现代化建设相结合，充分发挥高校哲学社会科学的价值导向功能、研究工作的咨政功能以及师资队伍的服务功能。学校科学研究工作确立了"顶天立地"（即基础研究追求高深、应用研究贴近实际）的发展战略，牢固树立起"立足湖北、面向全国、特色鲜明、主动服务"的思想，发挥学科优势，全力缔造财经政法领域思想库，努力打造"中部崛起"的智力服务品牌，形成了为国家知识产权战略、法制建设、经济建设提供强大智力支持的格局。学校现有1个教育部人文社科重点研究基地、8个湖北省人文社科重点研究基地、2个湖北省协同创新中心、3个省委智库以及与最高人民法院、最高人民检察院等联合组建的行业研究基地等多个高水平学术平台。近年来，学校有百余项咨政报告得到相关领导批示或被省级及以上政府部门采纳，其中10余项获中央领导批示。

在对外学术交流方面，学校与美洲、欧洲、亚洲、大洋洲的二十几个国家和地区的100余所高校和科研机构建立了广泛的国际合作研究和国际学术交流关系。学校与韩国东西大学合作举办视觉传达设计（动漫游戏方向）和电影学（影像内容方向）本科教育项目，为教育部同类专业项目中第一个与亚洲高校合作的项目。作为中国13所高校之一与俄罗斯13所高校共同成立了中国—俄罗斯经济类大学联盟，并成为中俄"长江—伏尔加河"两河流域高校联盟成员。与意大利罗马第一大学全面开展合作交流，共建中意法学研究中心中国法图书馆（罗马）；与塞尔维亚诺维萨德大学签订合作协议，成立"中国收入分配研究中心塞尔维亚分中心"。与美国纽约州立大学石溪分校合作建设有孔子学院，并与美国石溪大学、宾夕法尼亚州立大学、德国汉堡大学、法兰克福应用科技大学、意大利罗马一大、俄罗斯联邦政府直属财政金融大学、圣彼得堡经济大学、法国里昂三大等有交换生项目；有70余个国家和地区的留学生在校求学深造。

近 70 年来，学校先后为国家培养各层次、各类型学生累计 30 余万人，毕业生水平和质量得到社会的广泛认可和好评，一大批毕业生已经成为引领时代潮流的高级领导干部、学术精英和商界巨子，为国家经济建设和社会进步作出了重要贡献。

中国特色社会主义进入新时代，学校将坚定不移地走中国特色社会主义教育发展道路，为建设成为"特色鲜明的高水平人文社科类大学"而奋斗，为建设富强民主文明和谐美丽的社会主义现代化强国作出应有的贡献。

3. 现任与历任领导

（1）现任领导。

党委书记：栾永玉

校长：杨灿明

党委副书记：万清祥　王文贵

总会计师：王建鸿

副校长：姚　莉　陈　明　刘仁山　邹进文

（2）历任领导。

学校名称（起讫年月）	姓　名	职务	任期
中原大学 （1948.08—1953.07）	潘梓年	校长	1952—1953
	范文澜	校长	1949—1951
中南财经学院 （1953.08—1958.09）	朱明远	党委书记	1955.02—1958.08
	马哲民	院长	1954—1957
中南政法学院 （1953.08—1958.09）	李光斗	党委书记	1955.12—1958.08
	李光斗	院长	1955.10—1958.10
	林　山	党总支书记	1953.04—1955.08
	李伯刚	院长	1953.04—1955.10
湖北大学 （1958.10—1970.11）	赵抱一	党委书记	1965.08—1967.08
	林　山	主持工作副校长	1964.07—1966.06
	李光斗	党委书记	1961.06—1964.06
	李光斗	主持工作副校长	1958.10—1964.06
	朱劭天	党委书记	1958.10—1961.06
	孟夫唐	校长	1958.10—1966.06
湖北财经专科学校 （1971.12—1977.12）	邓周立	党委书记	1977.11—1978.01
	张赤侠	党委书记	1972.07—1977.11
	王平东	主持工作的"革委会"副主任	1972.02—1972.07

学校名称	姓名	职务	任职时间
湖北财经学院 （1978.01—1985.09）	邓周立	党委书记	1978.01—1985.09
	何盛明	院长	1984.05—1985.09
	洪德铭	院长	1983.05—1984.05
中南政法学院 （1984.12—2000.05）	郑承泉	党委书记	1997.09—2000.05
	吴汉东	院长	1997.09—2000.05
	郑承泉	院长	1993.06—1997.09
	罗玉珍	院长	1988.04—1993.06
	厚大源	党委书记	1986.11—1997.09
	罗雄辉	主持党委工作的副书记	1984.08—1986.10
	章若龙	院长	1984.08—1988.04
中南财经大学 （1985.09—2000.05）	徐敦楷	党委书记	1999.01—2000.05
	吴俊培	校长	1999.01—2000.05
	汪行远	校长	1994.10—1999.01
	李渭清	党委书记	1986.06—1999.01
	邓周立	党委书记	1985.10—1986.06
	何盛明	校长	1985.10—1994.10
中南财经政法大学 （2000.05—　　）	栾永玉	党委书记	2017.06—
	杨灿明	校长	2014.01—
	张中华	党委书记	2011.11—2017.06
	吴汉东	校长	2000.05—2014.01
	徐敦楷	党委书记	2000.05—2011.11

◎ 参考资料：

1. 中南财经政法大学官网"学校概况"。

2. 中南财经政法大学档案馆编撰：《中南财经政法大学》，载涂上飙主编：《中南高校历史发展沿革概览》，中南大学出版社2017年版，第258~261页。

（中南财经政法大学档案馆　撰稿）

中 南 大 学

中南大学坐落在中国历史文化名城——湖南省长沙市，占地面积5886亩，建筑面积276万平方米，跨湘江两岸，依巍巍岳麓，临滔滔湘水，是教育部直属全国重点大学、国家"211工程"首批重点建设高校、国家"985工程"部省重点共建高水平大学和国家"2011计划"首批牵头高校。2017年9月进入国家"世界一流大学建设高校"（A类）。

1. 合并组建前的发展概况

中南大学由原湖南医科大学、长沙铁道学院与中南工业大学于2000年4月合并组建而成。

原中南工业大学的前身为中南矿冶学院。1952年，经当时国家政务院批准，武汉大学、北京理工大学、湖南大学、中山大学等六所著名高校的地质、矿冶类系科云聚湖南长沙，在原清华大学南迁校址上组建了我国第一所以有色金属学科为主的矿冶类高校——中南矿冶学院。1960年被中央确定为全国重点大学。1985年更名为中南工业大学，完成了由单科性院校到多科性大学的转变。1997年成为首批"211工程"大学。1998年原长沙工业高等专科学校并入中南工业大学，同年9月，成为教育部直属高校。1999顺利通过教育部本科教学工作优秀评价。中南工业大学具有鲜明的行业特色，在矿业工程和金属材料等领域位居世界前列。地洼学说是世界两大地质学说之一，选矿剂分子设计理论被国际选矿界公认为"长沙学派"，双频激电理论被誉为新一代激电找矿理论，粉末冶金成型及烧结理论是国际五大粉末压制理论之一，轧机变相单辊驱动理论对轧制理论具有重大突破，相图计算与设计被国际材料学界称为金氏相图计算理论，相关学科为国防建设作出重要贡献，先后为第一颗原子弹、第一枚洲际导弹、第一颗人造地球卫星、第一艘核潜艇、第一辆主战坦克提供了关键材料和重要部件，多次受到中共中央、国务院、中央军委的嘉奖。

原湖南医科大学创建于1914年，由湖南育群学会与雅礼协会联合创办，是我国现代教育史上首所中美合资的高等医学教育机构，初名湘雅医学专门学校，1925年更名为湘雅医科大学，1931年改称湘雅医学院，1940年8月由私立改为国立，1953年10月更名为湖南医学院。1987年改名为湖南医科大学。1996年通过"211工程"部门预审并以部省共建形式进行建设，隶属于卫生部。长期以来，湘雅按照欧美甲等医学院的标准办学，培养造就了众多高级医学专门人才，如在医学界有"内科全才"之称的张孝骞、世界"衣原体之父"的汤飞凡、名满全球的病毒专家李振翩，享有"南湘雅"的美誉。1925年，孙中山先生为湘雅医科大学第五届学生题赠勉词："学成致用";世纪伟人毛泽东曾两次亲笔写信介绍亲友到湘雅看病:"湘雅诊不好,北京也就诊不好了。"进入新时期,湘雅更是硕果累累,医学遗传学团队成功克隆人类遗传神经性耳聋疾病基因,实现了中国本土克隆疾病致病基因零的突破,被列为新中国基础研究五十年"理论建树 25 项成果之一";临床药理研究团队在国际上首先证实了遗传因素引起药物反应的种族差异和个体差异;诞生了我国首例供胚移植试管婴儿,创建了世界上最大的人类冷冻精子库,建成全世界接受试管婴儿人数最多、妊娠率最高的生殖中心。

原长沙铁道学院前身是 1953 年全国院系调整时中南土木建筑学院,由武汉大学、湖南大学、南昌大学、广西大学、华南工学院、云南大学和四川大学 7 所高校的土木系和铁建系合并组建。1960 年,经铁道部批准,以成建制的铁道建筑、桥梁与隧道、铁道运输三个系和部分公共课教研室为基础成立长沙铁道学院。长沙铁道学院是"江南唯一、专业配套"的多科性、培养高水平人才、全面为铁路建设服务的铁路高校,在交通运输领域具有雄厚的实力。1999 年成为全国第一所本科教学工作随机性水平评价达到优秀的高校,在办学实力和综合水平居全国同类院校领先地位。列车外形设计和列车撞击动力学研究相关成果被鉴定为国际先进水平;以侯振挺教授为学术带头人的数学学科在马尔可夫过程研究等方面不断取得重大成果,"Q 过程唯一准则"被国际数学界称为"侯氏定理";铁路选线的计算机辅助设计领域相关研究填补了国内空白,达到世界先进水平;桥梁时变系统横向振动分析理论达到国际领先水平,在国内外都具有重要影响。

2. 合并组建后的发展概况

(1) 发展现状。

中南大学合并组建以来,秉承百年办学积淀,顺应中国高等教育体制改革大势,弘扬以"知行合一、经世致用"为核心的大学精神,厉行"向善、求真、唯美、有容"的校风,各项事业快速发展,强强合并效应迅速显现,被评价为"合并组建高校成功办学的典范"。

2001 年,中南大学成为"985 工程"部省重点共建高水平大学,开启了快速发展的征程。2012 年,中南大学率先启动以人事制度改革为龙头,以人事、本科教学、学位与研究生教育、科研管理、医学教育和管理服务等为主要内容的校内综合改革,开始了新形势下高等教育体制改革的新探索,中央党校调研组认为"中南大学的改革是中国高等教育本质的返璞归真"。

经过 10 多年的建设,中南大学综合实力大幅提升,社会影响力显著增强,为国家高等教育发展和经济社会建设发挥了重要而积极的作用。

党委领导核心作用有效增强。学校始终坚持党委领导下的校长负责制,牢牢把握正确办学方向,全面提升学校党建与思想政治工作科学化水平,为改革发展稳定提供坚强的思想、政治和组织保证,先后被评为"全国党的建设和思想政治工作先进高校""全国精神文明建设工作先进单位""全国基层思想政治工作先进典型单位"。

一流学科建设步伐进一步加快。拥有完备的有色金属、医学、轨道交通等学科体系,涵盖哲、经、法、教、文、史、理、工、医、管、艺等11大学科门类，辐射军事学的国内著名综合性大学。拥有一级学科国家重点学科6个，二级学科国家重点学科12个，国家重点（培育）学科1个；博士学位授权一级学科29个，硕士学位授权一级学科44个，博士后科研流动站32个。材料科学、工程学、临床医学、化学、药理学与毒理学、生物学与生物化学、神经科学与行为学、数学、计算机科学、分子生物学与遗传学、社会科学总论、免疫学、精神病学与心理学13个学科ESI（基本科学指标）排名居全球前1%，其中材料科学排名居全球前1‰。

人才队伍力量雄厚。有中国科学院院士2人，中国工程院院士14人，国家"千人计划"入选者57人，"973计划"项目首席科学家19人（其中青年项目2人），"长江学者奖励计划"特聘、讲座教授46人，国家教学名师7人，教授及相应正高职称人员1500余人，享受国务院政府特殊津贴专家496人。

人才培养成效明显。全日制在校学生规模达到5.5万名。先后拥有国家精品课程57门，国家教学团队8个，国家级实验教学示范中心7个。在国内率先创办创新型高级工程人才实验班，成为教育部卓越工程师、卓越医师、卓越法律人才教育培养计划试点高校。是全国首批试点开展八年制医学教育（医学博士学位）的大学之一，也是全国第一所为军队培养现役军官指技合一硕士研究生的高校。2000年以来，为国家和社会培养了12万余名优秀人才，入选全国首批毕业生就业典型经验高校，成为我国百强企业最欢迎的10所大学之一。

创新竞争力持续提升。建有国家级创新平台21个，其中国家重点实验室3个、国家工程研究中心4个、国家工程实验室5个、国家工程技术研究中心2个、国家临床医学研究中心3个、国防科技重点实验室1个、国家工程化与创新能力建设平台1个，牵头组建的"有色金属先进结构材料与制造协同创新中心"和参与组建的"轨道交通安全协同创新中心"获得国家"2011协同创新中心"首批认定。2000年以来，学校共获国家科技三大奖86项，其中获国家科技进步一等奖（特等奖）14项，9个项目入选"中国高校十大科技进展"。

开放办学不断深入。先后与20多个国家和地区的200多所大学和科研机构建立了长期合作关系，现有来自100多个国家和地区的留学生在校学习。

近年来，习近平总书记等9位包括中央政治局常委在内的20余位党和国家领导人相继来校视察，对学校各项工作给予高度评价。2013年11月4日，中共中央总书记、国家主席、中央军委主席习近平来校调研科技创新，对学校办学给予充分肯定。

（2）特色与优势。

中南大学始终坚持服务国家目标与鼓励自由探索相结合，瞄准国家和社会重大需求，积极服务国民经济建设和国防现代化建设主战场，深入推进协同创新，取得了系列标志性成果。

建成了世界上最完备的有色金属学科体系，形成了具有世界先进水平的有色金属学科群。在地质、采矿、选矿、冶金、材料、机械等领域均拥有国家重点学科，引领和支撑国家有色金属产业的发展，取得了显著的成果。突破国外理论禁锢，建立了复杂难处理钨资源高效清洁利用新理论和新技术，使我国钨资源保障年限由不足5年延长到25年以上；成功申建高性能复杂制造国家重点实验室，承担大飞机工程所有铝合金研制项目；学校控股的湖南博云/长沙鑫航公司成为C919大型客机机轮与刹车系统的唯一供应商，实现占大飞机制造成本1/6的着陆系统"中国造"；成功研制高稳定性和高一致性的空间对接机构摩擦副，在"神舟"系列载人飞船与"天宫一号"的成功对接中发挥了关键作用。

始终坚持弘扬百年湘雅传统，强力推进医教研协同发展，在医疗卫生事业和民众健康中发挥了国家队的作用。湘雅口腔医院成立运行，湘雅五医院启动建设。推进附属医院综合改革，医教协同的工作经验得到国家卫计委推介。医疗技术攻关能力不断增强，获国家临床重点专科61个，附属医院年门急诊量达700万人次，大中型手术每年10多万台次，心肺联合、全腹腔移植等术后生存均创亚洲纪录，硼中子刀治疗、器官异种移植受到广泛关注，形成了人类辅助生殖和精子库技术创新体系，成功率处于国际先进水平。率先开展医疗大数据建设，制定了约1000种常见和疑难疾病的医疗数据标准，有力促进智慧医疗、个体化医疗、医学教育和基础医学等的发展，国务院副总理刘延东给予高度评价，称之为"中国医疗改革的方向"。湘雅品牌下的国家医疗队、应急医疗队参与国内外重大救援30多起，广受好评。

轨道交通学科群为我国既有铁路提速、高速铁路、城际轨道等重大铁路工程建设和发展作出了重要贡献。依托"高速铁路建造科学技术科技创新平台"，建成了高速铁路建造技术国家工程实验室，高速铁路风洞、双台六自由度振动台试验系统处于国际先进水平。建有世界上规模最大、国内唯一的"列车气动性能动模型模拟试验装置"，"轨道车辆实车碰撞实验系统"和"横风动模型试验装置"填补了世界范围内该实验手段的空白。发明的列车结构塑变吸能技术及装置获得国家奖励。开发的新型自密实混凝土设计与制备技术成功解决了高速铁路无砟轨道结构的施工难题。研发的新型砂浆大规模应用于我国高速铁路建设，研究成果纳入行业技术标准和技术指南。

推进新型智库建设，为经济社会发展提供有力支撑。启动中南大学科技园建设，力造"环岳麓山大学城经济圈"。"产能过剩矛盾突出的行业发展趋势和调整化解对策研究"项目成果入选中宣部社科规划办《成果要报》。"深海采矿工程"被遴选为"事关我国未来发展的重大科技项目"中9个"重大工程"之一。参与起草的《湖南省政府服务规定》成为我国首部政府服务行为规范性文件，连续多年发布《中国法律实施报告》。"两型社会"相关研究成果被湖南省政府采用，并由省政府发布了12项系列标准；知识产权研究院参与《湖南省专利条例》等多部条例的编撰。参与卫生部批准成立的中欧生物医学研究伦理平台和卫生部辅助生殖技术法律、法规的起草及修订等工作。创建了全国最早的村落文化研究中心，集藏了有关实物、文献2万余件，专项调研报告多次得到党和国家领导人批示。

"惟楚有材，于斯为盛"，今天的中南大学正肩负着国家高水平大学建设的历史责任，努力建设世界知名的有特色研究型大学，为实现中华民族伟大复兴的中国梦作出更大贡献！

3. 现任领导

党委书记：易　红

党委常务副书记：陶立坚

党委副书记：陈治亚　李　亮　蒋建湘

纪委书记：李　亮

党委常委（按姓氏笔画顺序排列）：朱学红　李　亮　蒋建湘　陈　翔　陈治亚　陈春阳　周科朝　胡岳华　高文兵　郭学益　陶立坚　黄健陵

校长：田红旗

常务副校长：胡岳华

副校长：陈春阳　周科朝　朱学红　陈　翔　郭学益　黄健陵

校长助理：李　劼　李夕兵

◎ **参考资料：**

1. 中南大学官网"学校概况"。
2. 中南大学档案馆编撰：《中南大学》，载涂上飙主编：《中南高校历史发展沿革概览》，中南大学出版社2017年版，第84~89页。

（中南大学档案馆　撰稿）

湖 南 大 学

湖南大学坐落在中国历史文化名城长沙，校区位于湘江之滨、岳麓山下，享有"千年学府、百年名校"之誉。它不仅是教育部直属的全国重点综合性大学，也是国家"211工程""985工程"重点建设的高水平大学。2017年入选世界一流大学和一流学科（简称"双一流"）建设高校及建设学科名单。

1. 学校早期发展

学校办学起源于宋太祖开宝九年（976）创建的岳麓书院，历经宋、元、明、清等朝代的变迁，始终保持着文化教育的连续性。1903年岳麓书院改制，与湖南省官立高等学堂（湖南官立高等学堂起源于1897年创建的长沙时务学堂，1899年2月长沙时务学堂撤销，在其基础上建立求实书院，1902年求实书院改为湖南省城大学堂，1903年2月，湖南省城大学堂正名为湖南省官立高等学堂）合并，在岳麓书院旧址上成立湖南高等学堂。

1912年，中华民国成立，教育部颁布了国民教育宗旨，制定了《壬子学制》和《大学令》，湖南高等学堂奉令停办，凡没有毕业的学生按志愿送到湖南公立高等工业学校（湖南公立高等工业学校源于1903年创办的湖南省垣实业学堂，1908年湖南省垣实业学堂升为湖南官立高等实业学堂，1912年湖南官立高等实业学堂改名为湖南公立高等工业学校）和湖南高等师范学校（湖南高等师范学校源于1908年成立的湖南优级师范学堂，1912年湖南优级师范学堂改名为湖南高等师范学校）继续学习。同年，湖南高等师范学校奉省政府令迁入湖南高等学堂旧址。1914年，湖南公立高等工业学校按教育部令，正名为湖南公立工业专门学校。1917年，湖南高等师范学校奉教育部令停办，并入国立武昌师范学校，湖南高等师范学校并入国立武昌师范学校的当年，湖南公立工业专门学校迁入湖南高等师范学校旧址（即岳麓书院旧址）。

1926年2月，湖南省政府将湖南省当时的湖南公立工业专门学校、湖南公立商业专门学校、湖南公立法政专门学校三校合并，定名湖南大学，为湖南省省立大学。定名之时，学校设有理科、工科、法科、商科等四科，同年8月，湖南甲种农业学校并入，增设农科。1927年4月，奉湖南省政府令，湖南大学改为湖南工科大学，仅留理工两科。同年7月，湖南工科大学停办。1928年4月，湖南省政府决定，恢复湖南大学，设文、理、工三科。1937年7月，湖南大学由省立改为国立，成为当时国民政府教育部十余所国立大学之一，设有理、工、文、法、商科。湖南大学改为国立大学的第二天，即1937年7月7日，我国抗日战争全面爆发，长沙频繁遭受日军空袭，学校于1938年4月遭受日军轰炸，造成巨大人员、财产损失。学校无法在长沙继续办学，被迫于1938年下半年搬迁至湘西辰溪县，在辰溪县办学至抗日战争胜利后。1945年年底湖南大学从辰溪搬回长沙岳麓山下的原址。1946年，国立商学院（1937年建立）并入湖南大学。1949年8月，湖南解放，由解放军组成的长沙市军事管制委员会接管国立湖南大学。同时从这年9月至12月，湖南省临时政府和中原临时人民政府先后决定：将湖南省立克强学院（1947年建立）、湖南省立音乐专科学校（1946年建立）、国立师范学院（1938年建立）、私立民国大学（1917年建立）归并到湖南大学。这样，湖南大学办学规模扩大，全校拥有工程学院、自然科学院、文艺学院、社会科学院、财经学院、农业学院、教育学院等7个学院26个系5个专修科。

2. 中华人民共和国成立—1978年的发展

1949年12月，中央人民政府任命著名哲学家、教育家李达为湖南大学校长。应李达校长之请，1950年8月20日，毛泽东同志亲笔题写了"湖南大学"校名。从1950年开始，湖南大学有部分院系、专业师生先后调入其他高校或以其为基础组建成新的高等院校。其中1950年先后有教育学院音乐系和音乐专修科师生调往武汉中原大学，工程学院水利系师生调往武汉大学；1951年3月，农业学院师生调出与湖南省立修业农林专科学校组建成湖南农学院。

1952年10月工程学院矿冶系和矿冶研究所师生调离学校、组建成中南矿冶学院。1953年全国高等学校进行院系全面调整，湖南大学撤销，在其址上以湖南大学的有关院系为基础成立中南土木建筑学院和湖南师范学院。学校其他院系的师生相继调往其他高校，其中自然科学院的数学系、物理系、化学系、生物系，文学院的中文系，社会科学院的历史系与经济系等师生调往武汉大学；财经学院的会计系、统计系、企业管理系、财政金融系合作系等师生调往中南财经学院；社会科学院的政治系、法律系师生调往中南政法学院；工程学院电机系、机械系的师生调往华中工学院；另外还有部分院系的师生调往中山大学、河南大学、华南工学院等。中南土木建筑学院由湖南大学、武汉大学、南昌大学、广西大学的土木系和建筑系，华南工学院的铁路系、桥梁系，云南大学和四川大学的铁道系一起组成，集中了这7所高校的土木、铁道等方面的师资、图书与仪器设备。这样，中南土木建筑学院成为当时中南区最强、全国较强的土木类多学科的学院。全院共设有营造建筑系、汽车干路与城市道路系、铁道建筑系、桥梁与隧道系、铁道运输系等5系、6专业、6专修科。

1958年5月，根据中央精神，教育部会同城市建设部，将中南土木建筑学院下放，归湖南省领导。这年6月，湖南省委决定，在中南土木建筑学院的基础上，成立湖南工学院。湖南工学院为新型的多学科性的高等工业学校，全校设有土木系、铁道建筑系、桥梁隧道系、铁道运输系、机械系、电机系和化工系等7个系共15个专业。在筹备成立湖南工学院的同时，湖南省委决定恢复湖南大学。1959年7月，以湖南工学院为基础，湖南大学恢复。同时湖南师范学院从湖南大学原址迁往岳麓山二里半。新恢复的湖南大学是一所新型的以工为主的理、工、文的综合性大学，共设有数学系、物理系、化学系、生物系、土木系、机械系、电机系、化工系、铁道建筑系、桥梁隧道系、铁道运输系、汉语文系等12个系、29个专业及专门化。

1960年7月,铁道建筑系、铁道运输系、桥梁隧道系这三个系从湖南大学调出成立长沙铁道学院。1963年6月起,湖南大学隶属国家第一机械工业部,同时,第一机械工业部撤销其隶属的湘潭电机学院,将该学院的电瓷、碳素、金防、电机、电器五个专业并入湖南大学。这年9月,第一机械工业部将湖南大学列为部属重点高校。1965年3月,上海机械学院及南京机械制造学校汽车专业师生及有关实验设备全部调入湖南大学。1966年开展"文化大革命",学校停课,61级学生延迟至1967年12月毕业;62级、63级学生分别至1968年和1969年毕业,64级、65级学生于1970年同时毕业。从1966年"文化大革命"开始,到1971年,学校每年都没有招收新生。只1970年招收了两年制机制、电机两专业学生76人,学生实行"厂来厂去"。从1972年开始,学校连续招收了五届"工农兵"大学生。

3. 改革开放以来的发展

1978年全国恢复高考招生,同年,湖南大学被列为全国重点大学。1998年调整为教育部直属高校。2000年,湖南大学与湖南财经学院(1960年建立)合并组建成新的湖南大学。2002年,湖南计算机高等专科学校(1979年建立)并入湖南大学。

新组建的湖南大学,理科基础坚实、工科实力雄厚、人文学科独具深厚文化背景,经济管理学科富有特色。

在长期的办学历程中,学校继承和发扬"传道济民、爱国务实、经世致用、兼容并蓄"的优良传统,积淀了以校训"实事求是、敢为人先",校风"博学、睿思、勤勉、致知"为核心的湖南大学精神,形成了"基础扎实、思维活跃、适应能力强、综合素质高"的人才培养特色。中华人民共和国成立以来,学校已为国家和社会培养了一大批高级专门人才,许多毕业生成长为著名的专家学者、企业家和优秀的党政管理人才,师生中先后有34人当选为学部委员和"两院"院士。

学校设有研究生院和23个学院,学科专业涵盖哲学、经济学、法学、教育学、文学、历史学、理学、工学、管理学、医学、艺术学等11大学科门类。拥有24个博士学位授权一级学科,36个硕士学位授权一级学科,23个专业学位授权,建有国家重点学科一级学科2个,国家重点学科二级学科14个,博士后科研流动站25个。

学校现有教职工近4000余人,其中专任教师1800人,教授、副教授1100余人,院士8名(含双聘院士),"千人计划"学者53人,"万人计划"学者13人,"长江学者奖励计划"特聘、讲座教授15人,国家杰出青年基金获得者21人,国务院学位委员会学科评议组成员6人,入选"国家千百万人才工程"人选23人,国家创新人才推进计划中青年创新领军人才2人,教育部新世纪优秀人才支持计划入选者134人,湖南省"百人计划"学者64人,湖南省"芙蓉学者奖励计划"特聘教授、讲座教授17人,享受国务院政府特殊津贴专家201人,国家教学名师4人,国家自然科学基金创新研究群体3个,教育部"长江学者与创新团队发展计划"创新团队8个,湖南省自然科学基金创新研究群体 11 个。现有全日制在校学生 35000 余人，其中本科生 20000 余人，研究生 15000 余人。

学校设有国家工科（化学）和国家理科（化学）基础课教学基地、国家示范性软件学院教学基地、全国大学生文化素质教育基地，拥有 7 个国家级教学团队、6 门双语教学示范课程、6 个人才培养模式创新实验区、4 个国家级实验教学示范中心、5 个"卓越计划"国家级试点专业、5 个国家级大学生校外实践基地、1 个国家级虚拟仿真实验教学中心。近年来，学校获得国家级教学成果奖 1 项，二等奖 7 项，获得国家精品课程 25 门、国家精品视频公开课 8 门、国家级精品资源共享课 22 门。近五年来获得省部级以上大学生竞赛奖励近 1400 项。

学校设有 2 个国家重点实验室、2 个国家工程技术研究中心、1 个国家级国际联合研究中心、1 个国家级国际合作基地、1 个国家工程实验室、1 个科工局国防重点学科实验室、5 个教育部重点实验室、4 个教育部工程技术研究中心、2 个教育部高等学校学科创新引智基地、14 个湖南省重点实验室、1 个湖南省工程技术研究中心、1 个省工程实验室、4 个湖南省高校重点实验室、3 个机械工业重点实验室、15 个湖南省省级社科研究基地等。参与建设的 3 个国家级"211 协同创新中心"获认定，牵头建设的省级协同创新中心 2 个。

近十年来共承担各级各类科研项目 8000 余项，获国家自然科学二等奖 2 项、国家技术发明二等奖 4 项、国家科技进步二等奖 14 项、国家专利金奖 1 项，教育部高等学校科学研究优秀成果奖一等奖 17 项、二等奖 24 项，湖南省科学技术一等奖 36 项、二等奖 60 项，湖南省哲学社会科学优秀成果奖一等奖 11 项、二等奖 24 项。

学校还建设有国家级大学科技园，在长沙高新区麓谷建立了产学研基地，建立了 56 个高水平校地企产学研平台，与 32 个省（市、自治区）和上千家企业建立了产学研合作关系。学校运营管理的国家超级计算长沙中心是国家设立的第三家国家超级计算中心，现已为高校、科研机构、政府和企事业等近数百家用户单位提供高性能计算、云计算及大数据处理服务。

学校已与世界上 160 多所高校和科研机构建立了学术合作与交流关系，每年聘请的长短期外国专家达 300 多人次，全年招收来自 70 多个国家和地区的各类留学生，以及港澳台学生 1000 余人。与韩国湖南大学、加拿大里贾纳大学、美国科罗拉多州立大学合作成立了孔子学院，成为湖南省在海外建立孔子学院数量最多的高校。

学校校园占地面积 153.196 万平方米，校舍建筑面积 104.593 万平方米。拥有藏书 690 余万册，其中中外文数字资源本地镜像 128TB。全网支持下一代互联网 IPV6，万兆骨干地面有线网已覆盖所有的教学楼、办公楼和学生公寓，无线校园网已覆盖南北校区教学区，校园网联网计算机达 3 万多台，出口宽带 6.7G，结合移动技术实现多渠道的信息化教学、管理及服务，数字化校园建设成绩显著。

中华人民共和国成立以来，湖南大学的建设与发展得到了党和国家领导人的充分肯定，刘少奇、华国锋、胡耀邦、江泽民、胡锦涛、朱镕基、温家宝、李克强等领导同志先后到学校视察，留下了"湘楚人才的摇篮""惟楚有才、于斯更盛""千年学府、百年名校"等赞誉。

"麓山巍巍，湘水泱泱，宏开学府，济济沧沧；承朱张之绪，取欧美之长……"历经千年沧桑的湖南大学，将继承和发扬岳麓书院优秀的教育和文化传统，遵循现代大学办学规律，重点突破，整体提升，改革创新，强化特色，为创建国际知名的高水平研究型大学奋勇前行，为实现中华民族伟大复兴的"中国梦"而努力奋斗！

4. 现任与历任领导

（1）现任领导。
名誉校长：周光召
校长：段献忠
副校长：刘金水　曹一家　谢　赤　谭蔚泓　徐国正
校长助理：于德介
党委书记：蒋昌忠
党委副书记：陈　伟　于祥成
校长高级顾问：理查德·N. 杰尔　周绪红　李泽湘

（2）历任领导。
历任书记
高舍梓　中共中南土木建筑学院　党委书记　1956.05—1958.03
徐千里　中共中南土木建筑学院　湖南工学院、湖南大学　党委书记　1958.03—1960.08
戴　彦　中共湖南大学党委书记　1960.08—1966.09
张　健　中共湖南大学"革委会"核心小组组长、党委书记　1970.05—1982.06
杨世杰　中共湖南大学党委书记　1982.06—1985.12
赵里生　中共湖南大学党委书记　1985.12—1993.08
刘光栋　中共湖南大学党委书记　1993.08—2000.04
刘克利　中共湖南大学党委书记　2000.04—2016.01
蒋昌忠　中共湖南大学党委书记　2016.01—

历任校长

姓名	任期	姓名	任期
宾步程	1913—1923	余志宏	1949.09—1949.12
符定一	1914—1915	李　达	1949.12—1953.01
李待琛	1926.02—1926.07	柳士英	1953.05—1958.06
雷铸寰	1926.08—1927.06	朱　凡	1953.01—1953.05 1959.07—1968.09 1981.03—1982.06

任凯南	1928.04—1929.07	张　健	1978.07—1981.03
胡　元	1929.07—1930.08	成文山	1982.06—1987.12
杨卓新	1930.08—1931.03	翁祖泽	1987.12—1993.07
曹典球	1931.03—1932.10	俞汝勤	1993.07—1999.05
胡庶华	1932.10—1935.12 1940.03—1943.08 1945.02—1949.06	王柯敏	1999.05—2003.04
黄士衡	1936.01—1937.07	谷士文	2003.04—2005.07
皮宗石	1937.07—1940.09	钟志华	2005.07—2011.09
易鼎新	1949.07—1949.12	赵跃宇	2011.09—2016.01
		段献忠	2016.01—

◎ **参考资料：**

1. 湖南大学官网"湖大概况"。
2. 湖南大学档案馆编撰：《湖南大学》，载涂上飙主编：《中南高校历史发展沿革概览》，中南大学出版社2017年版，第89~94页。

（湖南大学档案馆　撰稿）

中 山 大 学

中山大学由孙中山先生创办，有着一百多年办学传统。作为中国教育部直属高校，通过部省共建，中山大学已经成为一所国内一流、国际知名的现代综合性大学。现由广州校区、珠海校区、深圳校区三个校区、五个校园及十家附属医院组成。中山大学正在向世界一流大学迈进，努力成为全球学术重镇。

1. 中山手创　山高水长（1924—1931）

1924年2月，时任中华民国陆海军大元帅的孙中山先生颁布大元帅令，"着将国立高等师范、广东法科大学、广东农业专门学校合并，改为国立广东大学"，另命邹鲁为首任校长。

1924年11月11日，国立广东大学举行隆重的成立典礼。孙中山因准备北上不能亲临，特地摘录了《中庸》第二十章中的"博学、审问、慎思、明辨、笃行"十字，手书为国立广东大学成立训词，委托代行大元帅职权的胡汉民到校向师生致训词。这十个字是孙中山先生给国立广东大学师生留下的最后遗训，成为学校的校训并沿用至今。1924年，全校共有各类学生2524人。

国立广东大学寄托着孙中山先生振兴中华的理想信念，是他为培养革命和建设人才而创建的最高学府。1925年3月，孙中山先生在北京逝世。翌年8月，国民政府将国立广东大学改名为国立中山大学，以示垂召永久的纪念。

20世纪20年代，国立中山大学在师资和研究机构建设等方面，取得了令人瞩目的成就。1926年，数学系改称数学天文系，这是中国人自己创办的第一个天文教育机构，1929年，学校建成中国第一座大学天文台；1927年之后，医科先后成立了5个研究所，全面地引进德国先进医疗技术，在设备和科研力量等方面都居于全国前列；1928年，国立中山大学语言历史学研究所成立（"中央研究院"历史语言所的前身）；同年，教育学研究所成立，这是国内最早研究教育学的专门机构。

这一时期，学校延聘了许多著名教授前来任教，如冯友兰、郭沫若、郁达夫、鲁迅、许寿裳、施存统、孙伏园、何思敬、顾颉刚、俞平伯、赵元任、罗常培、汪敬熙、朱物华、陈焕庸、罗宗洛、许德珩、江绍原、容肇祖等都曾相继来校执教。尽管他们的任职时间或长或短，然而他们的人格魅力、学术思想、教学水平等，在中山大学校史上留下了光辉耀目、永不磨灭的篇章。

2. 石牌新校 初现辉煌（1932—1938）

国立广东大学成立之初，校舍在市区且分散：校本部及文、理两科、图书馆和附属学校在文明路高师原址；法科在天官里后街（今法政路）；农科位于东山；医科（前身为广东公立医科大学，1925年7月并入国立广东大学）在百子岗，附属医院分别设在百子路和长堤，这使得学校管理不便，也不利于学生专心致志地求学。

1932年，邹鲁校长按照孙中山先生的遗愿，开始筹建石牌新校。他本着"不但求之中国不落后，即求之世界各国中亦不落后"的宗旨来建设石牌新校。1934年秋，石牌新校第一期建筑告成，农、工、理三学院由文明路旧校迁入石牌新校。11月11日，中山大学隆重举行了十周年校庆暨石牌新校落成典礼。新校舍用地1万多亩，连同林场计算在内有4万多亩，占地面积之大，使"中山大学校，半座广州城"之语流行一时。1935年秋，新校第二期大部分建设工程告成。除医学院及附属医院仍在百子路、西堤原址，文、法二院相继迁入新校，文明路的旧校舍全部拨给附中、附小为校舍。

在九一八事变后，中山大学的科研力量已开始朝着配合抗战转向。根据战时急需增设了工学院和师范学院。到1938年内迁前，学校拥有文、理、法、工、农、医、师范7个院23个学系和研究院，以及20多个附属机构。学校藏书量达30余万册，居全国大学图书馆首位。全校学生人数最多时近5600人，其规模日趋宏大，其体制日趋完备，在全国大学中名列前茅。

石牌时期的国立中山大学，学术科研的发展达到了学校历史上的第一个辉煌，成为南中国乃至全国的学术重镇。1935年，国民政府教育部批准国立北京大学、国立清华大学和国立中山大学设立研究院，中山大学成为中国最早设立研究院的三所国立大学之一。

为抗战计，学校加大了有关国防和大后方建设研究的投入，并瞩目于考察和研究国内外，特别是广东及西部边疆区域的重大历史、经济、政治、民族、社会、地理、地质和农林业等问题。这一时期，学校科研成果之丰硕，不仅在国内学术界居于前列，在国际学术界也享有盛誉。如1936年，农学院丁颖教授用早银粘和印度野生稻杂交改良的稻种，盆栽每穗多达1400多粒穗，是当时一般稻种产量的10倍，一时轰动海内外。与此同时，学校与国内外的高校、学术机构保持着紧密的合作与交流，其活动之频繁，开拓了学校对外交流史上的新局面。

1937年抗战全面爆发后，日军对广州进行长达14个月的飞机轰炸，国立中山大学校园成了日军轰炸的主要目标之一，石牌和文明路的部分校舍被炸毁，学校蒙受了巨大的损失。广大师生在炮火纷飞中坚持教学科研，一往无前地投身于抗日救国活动中，践行着孙中山先生复兴中华民族的理想信念。

3. 烽火连天 弦歌不辍（1939—1945）

1938年10月，日军在惠州大鹏湾登陆，广州告急。国民政府命令国立中山大学自择大后方，迁址办学。国立中山大学开始了漫长而艰难的搬迁历程。10月，学校先迁校广东罗定；11月，再奉令迁往云南澄江。经过四个多月的迁徙，国立中山大学2000多名师生和部分校产陆续抵达澄江。此次迁校学校损失巨大，据国民政府教育部1939年4月所公布的数据，国立中山大学死伤人数达12人，财产损失达6217828元（含校舍），居全国各公私立大学之首。

1940年7月，日寇企图从越南进攻云南，情势危急；其时广东迁省会于粤北韶关，国民党在广东的元老们，也力主国立中山大学应该回迁广东。8月，在代理校长许崇清的主持下，学校迁回粤北坪石。坪石办学初期，学生总数只有1736人；到1942年，学生总数达4054人，办学规模有了较大的发展。这一时期，虽在迁徙过程中流失了一部分的师资，但又吸引了李达、王亚南、梅龚彬、黄友棣、许幸之、斯行健等名家前来任教。1942年，国立中山大学研究院还增设了医科研究所。

1944年湖南长沙、衡阳相继失守，粤汉铁路全线告急。危急时刻，国立中山大学通告紧急疏散，开始了抗战以来的第三次迁校。学校在混乱的形势下被迫分散在粤东三地办学，校本部迁到粤东梅县，并分设仁化、连县分教处。在烽火连天的岁月里，国立中山大学在图书、设备紧缺的艰苦条件下，想方设法地维持教学科研活动，以维持民族精神之不堕，直到抗战的最终胜利。

国立中山大学内迁受到了当地政府和人民的欢迎和支持，他们将大量的民房和庙宇提供给学校办学。国立中山大学师生在当地开办民众夜校、读讲报纸、宣传抗日、开展公共卫生运动和农业科技等教育，起到了移风易俗、开启民智的作用，深受民众欢迎。

学校内迁到云南、粤北后，师生们掀起了对西南大后方大规模考察、实习和调研的热潮，对西南各省的历史、人口、语言、民族、矿藏、水土、森林、农业和植物资源等方面作了详细的调查和研究。学校的教学、实习活动，也积极地服务于国家军需生产和征调。许多学生奔赴到大后方最需要他们的地方，直接参与军需生产和建设，为持久抗战贡献力量。

此外，许多学子投笔从戎，踊跃参加各种抗日武装，为民族独立作出了不可磨灭的贡献，如广东人民抗日游击队东江纵队的司令员曾生、政治部主任杨康华，珠江纵队的政委罗范群、梁嘉都是国立中山大学的毕业生。

抗战胜利后，国立中山大学复员广州。1945年12月，著名学者王星拱出任校长。为了促进战后国家和民族的复兴，学校大力发展与生产建设关系密切的农、理、工等学科，如地理系和生物系师生参与了广东省政府接收西沙群岛的工作。

1946年6月，内战爆发。国立中山大学师生谨记孙中山先生救国救民的遗训，积极投身于各种争取民主与和平的社会活动中。1948年年初，国民政府部署国立中山大学迁校，筹划将学校迁往海南。国立中山大学师生展开护校斗争并取得胜利，为学校完整地回到人民政权手中提供了保证。

4. 移址康乐　风云变幻（1950—1976）

1949年10月14日广州解放，中山大学开始了新的一页。中华人民共和国成立初期，国立中山大学由临时校务委员会主政。1951年1月，曾两次出任国立中山大学代理校长的许崇清被中央人民政府任命为中山大学校长。

1952年，中国高校拉开了全国范围内院系调整的序幕。中山大学由一所完整的多科性大学，调整为以原国立中山大学和私立岭南大学文、理两科为基础的综合性大学，学系由原来的31个缩减为8个。

院系调整也促成了学校校址的迁移和教学科研体制的又一次重新建构。1953年中山大学迁到广州东南郊的康乐村（原岭南大学校址，占地面积1.208平方公里）继续办学，中山大学原来的石牌校园，则成为华南工学院和华南农学院的校址。

学校按照苏联的模式建立教学和科研新体制，从1953年3月起，将"系"作为教学的行政单位，教研室、教研组作为学校的科学研究机构。当时全校有教师304人，职员195人，员工235人，学生1524人。

院系调整之时，一批学术名师被调离中山大学；而随着其他高校相关科系的并入，著名教授陈寅恪、陈序经、姜立夫、容庚、郑曾同、董每戡、戴镏龄、陈竺同、梁宗岱等名师调入任教，大大增强了学校文理两科的师资力量，尤其是历史学系中国古代史教研室，拥有陈寅恪、岑仲勉、梁方仲、刘节、杨荣国、董家遵、曾纪经、何竹淇等八位名教授，阵容之鼎盛前所未见。

1956年，党中央提出"向科学进军"的号召和"百花齐放，百家争鸣"的方针。中山大学认真执行了当时的知识分子政策，减轻教师教学任务，重视教师的研究时间问题，使用福利金补助教师生活，并设法改善了教师的居住条件，学校的科学研究出现了新的气象，这时期学校科研成果众多，尤其以史学最为突出。

从1957年到1976年，中山大学经历了多次的政治活动，教学和科研频频受到影响。在"文革"后期，中山大学主要实行厂校挂钩、社校挂钩的研究模式。到1976年，校内共设110个实验室和20个研究机构，还有几十个校外协作单位，共完成科研项目240多项，大多与国防、生产联系密切，有24项成果获全国科学大会奖，59项成果获广东省科学大会奖。

5. 风清气正 崭新一页（1977—1999）

1978年，中山大学根据党中央的部署，开展拨乱反正的工作，撤销了"文革"期间存在的教育革命组等各"革命"领导小组，并为在20世纪50年代被错划为"右派分子"的193名师生公开平反昭雪，恢复名誉。

中山大学地处广东、毗邻港澳，对外交流活动有着天然的优势，改革开放后，国内外的学术交流越来越频繁。1979年1月1日中美建交。是年1月，美国加州大学洛杉矶分校学术代表团访问中山大学，正式建立了两校的校际合作关系。4月，李嘉人校长率学术考察团应邀访问加州大学洛杉矶分校，这是改革开放以来中国大学较早出国访问的学术团体，开创了新时期中山大学与西方高校学术交流的新局面。

1985年，中国高校开始全面改革开放。根据中央的精神，中山大学确定了"重视基础，加强应用，鼓励学科渗透，发展边缘学科，积极进行科技开发"的科研工作指导思想，决定实行以学院为实体，学院和学系精简的管理体制，逐步向学院制过渡。自1985年成立管理学院以来，至1999年，学校共成立了11个学院、35个学系、48个本科专业和 5 个专科专业。

1988 年，我校光学、高分子化学与物理、动物学、昆虫学和中国古代文学被原国家教委确定为重点学科。1991—1994 年，我校的生物学、化学、汉语言文学、历史学和哲学获准成为国家基础科学研究和教学人才培养基地。1996 年 6 月，《中山大学"211"重点学科建设项目》经有关部门组织专家评审，申报的 9 个学科（学科群）全部通过论证，部投资达 2.52 亿元，成为国家 21 世纪重点建设的大学。

1985 年之后，学校不断增设科研机构，到 1999 年，学校拥有约 90 个研究所、研究中心或研究室。1988—1999 年，中山大学先后建成超快速激光光谱学、生物防治和聚合物复合材料与功能材料 3 个重点实验室，研究水平均具国际先进水平。

截至 2000 年年底，学校在"九五"计划中，有 12 项应用研究成果进行了成果鉴定，其中省级鉴定 8 项，市级鉴定 4 项；达到国际领先水平 3 项，达到国际先进水平 3 项，达到国内领先水平 4 项，达到国内先进水平 2 项。

在 21 世纪到来之前，中山大学形成了一支实力较为雄厚的科研队伍，拥有一批著名学者和学科、学术带头人，如江静波、林尚安、林浩然、苏锵等院士。此外，许宁生、屈良鹄、陈小明、朱熹平、桑兵、鞠实儿、彭少麟等人受聘于"百千万人才工程""长江学者奖励计划"等人才工程，并作出重要成绩，成为中山大学学术的领军人物。

自 1979 年年初学校开创与西方高校学术交流的新局面以来，到 20 世纪 90 年代末，中山大学与美国、加拿大、日本、澳大利亚、英国、法国、德国等国家和地区的 100 多所著名大学、学术机构和团体建立了学术交流关系，并与其中 30 多所大学签署了交流协议。

6. 创新纪元　写新篇章（2000—2017）

在千禧年到来之际，面对全国高校扩招、多校区办学的新形势，中山大学也迎来了多校区办学的新时期。

1999 年 9 月，中山大学与珠海市人民政府签署协议，合作建设中山大学珠海校区。珠海市将位于唐家湾的 3.571 平方公里的土地，以及原珠海大学（筹）校址上的价值 2.7 亿元人民币的建（构）筑物和配套设施无偿提供给中山大学，开启了中山大学异地办学的新时代。

2001 年 10 月 26 日，中山大学和中山医科大学合并为新中山大学。两个同根同源的高校强强联合，为中山大学在 21 世纪的发展注入了强劲的驱动力。就在同一日，教育部、广东省人民政府重点共建中山大学协议签字仪式在广州举行，广东省计划在三年内向中山大学投入 9 亿元人民币支持中山大学的发展。

2004 年，广州大学城建设第一期工程如期顺利开学。中山大学广州校区东校园位于广州大学城外环东路 132 号，总占地面积 0.989 平方公里，处于小谷围岛的东北顶端。截至 2015 年，已有 13 个以应用学科为主的实体学院进驻东校园，它是我校实现跨越式发展的一个新契机。

2015 年 11 月，中山大学与深圳市人民政府签订共建世界一流大学战略合作协议，校市双方将按照世界一流大学的标准在深圳市光明新区新建中山大学深圳校区（总占地面积 3.217 平方公里），共同推动中山大学建设世界一流大学、深圳市建设现代化国际化创新型城市战略目标的实现。深圳校区将重点布局医科"强项"、补齐工科"短板"，重点建设临床医学、基础医学、公共卫生（卫生政策、流行病学）、药学院（化合药/生物药）以及3家附属医院。

"十二五"期间，学校持续推进了"211工程"和"985工程"等重点专项建设，学科整体水平显著提升。18个学科领域进入ESI全球前1%，8个学科领域进入前0.5%，2个学科领域进入前0.1%，学校学科总体实力居于国内高校前列。

"十二五"期间，学校大力实施"人才强校"战略，汇聚和培养了一大批学科带头人和学术骨干，其中有中国科学院院士15人（含双聘8人）、中国工程院院士5人（含双聘2人）；海外高层次人才引进计划（含"青年千人"）专家96人、教育部"长江学者"特聘教授42人、国家杰出青年科学基金获得者79人等。

2016年是"十三五"的开局之年。这一年，中山大学深圳校区从构想到落地、从规划到建设，美好的蓝图正在变成现实；珠海校区重点围绕"深海深空"领域，进一步优化了学科布局；广州校区南校园综合整治成效显著，"三校区五校园"的全新办学格局已经形成。中山大学坚持立德树人根本，以"德才兼备、领袖气质、家国情怀"为人才培养目标；以"面向学术前沿、面向国家重大战略需求、面向国家和区域经济社会发展"为基本导向；树立了"三校区五校园"错位发展、合力支撑的发展思路。学校正在努力推进由外延式发展向内涵式发展转变，由常规发展向主动发展转变，由文理医优势向文理医工各具特色、融合发展转变。现在，中山大学正站在新的起点上，为建设成为"国内高校第一方阵、世界一流大学行列"的中国特色社会主义一流大学而努力奋斗！

7. 现任领导

党委书记：陈春声

党委副书记：罗　俊

党委副书记、纪委书记：国亚萍

党委副书记：余敏斌

党委副书记：马　骏

校长：罗　俊

常务副校长：孙冬柏

副校长：黎孟枫　李善民　朱熹平　马　骏　肖海鹏　杨清华　王雪华

校长助理：宋珊萍　祁少海　赵　勇　邰忠智　刘济科

◎ **参考资料：**

1. 中山大学官网"学校概况"。

2. 中山大学档案馆编撰：《中山大学》，载涂上飙主编：《中南高校历史发展沿革概览》，中南大学出版社2017年版，第1~8页。

（中山大学档案馆　撰稿）

华南理工大学

1. 学校办学历史溯源

华南理工大学原名华南工学院，是依据1951年11月中央人民政府政务院批准的《全国工学院调整方案》，以中山大学工学院、华南联合大学理工学院、岭南大学理工学院工科系及专业、广东工业专科学校为基础，调入湖南大学、武昌中华大学、武汉交通学院、南昌大学、广西大学等5所院校部分工科系及专业，于1952年11月在广州石牌原中山大学校址组建成立，1988年改为现名。

学校具有深厚的办学历史，作为主要组建基础的中山大学工学院源于1931年成立的国立中山大学理工学院，华南联合大学理工学院由1930年成立的私立广东国民大学工学院和1940年成立的私立广州大学理工学院合并而成，岭南大学理工学院可追溯至1930年成立的岭南大学工学院，广东工业专科学校前身是1918年成立的广东省立第一甲种工业学校，最早可追溯至1910年清政府创办的广东工艺局。

2. 学校组建、分合与改名

1951年11月，为适应中华人民共和国成立后的国民经济发展，中央政务院第113次政务会议批准了于同年11月3日至9日由教育部召开的全国工学院院长会议上通过的《全国工学院调整方案》。该方案第8项规定："将中山大学的工学院、华南联合大学的工学院、岭南大学工程方面的系科及广东工业专科学校合并成立独立的工学院"。

1952年10月7日，广东省、广州区高等学校院系调整委员会以秘函字64号文指示成立华南理工学院筹备委员会。

1952年11月，以中山大学工学院、华南联合大学理工学院、岭南大学理工学院工科系及专业、广东工业专科学校为基础，调入湖南大学、武昌中华大学、武汉交通学院、南昌大学、广西大学等5所院校部分工科系及专业，在广州石牌原中山大学校址组建成立华南工学院。

同年11月17日，学校正式开学。

从华南工学院组建到1957年春，共有18所院校的相关学院、系科陆续调入学校。其中，基础院校4所：

中山大学工学院（土木、化工、机械、电机、建筑学5个系，1952）；华南联合大学理工学院（土木、机械、电机、建筑学4个系，1952）；岭南大学工程方面的系科（土木、机电2个系及有关科，1952）；广东工业专科学校（化工、机械、水利3个科，1952）。

其他院校14所：

湖南大学工程学院（化工专业，1952；工民建、建筑设计及电讯专业，1953）；武昌中华大学（化工系部分，1952）；武汉交通学院（公路桥梁专修科，1952）；南昌大学（化工专业，1952，工民建、有线电专修科、电报与电话专业，1953）；广西大学（化工专业，1952，土木结构、电讯专业，1953）；武汉大学（工民建、土木测量、无线电广播及通讯3个专业及电信组，1953）；华南农学院（农化系农产加工组，1953）；南京工学院（造纸专修科，1953）；江西省陶业专科学校（陶业工程专业，1953）；成都工学院（造纸、糖品物专业，1956）；四川财经学院（糖品物工学专业，1957）；武昌高级工业职业学校（化工专业，具体时间不详）；西南农学院（农产制造科，具体时间不详）；四川化工学院（造纸、食品、糖品物3个专业，具体时间不详）

此外，1953年至1956年之间，学校也有部分系、教研组调往兄弟院校，具体有：土木工程系（部分）调往中南土木建筑学院（1953）；水利工程系（部分）调往武汉大学水利学院（1953）；机械工程系（部分）、水利工程系（部分）、电机系（部分）调往华中工学院（1953）；工程测绘教研组调往武汉测绘制图学院（1955）；电讯系调往成都电讯工程学院（1956）；附设工农速成中学调往石油部（1956）。

1958年8月，为适应形势发展的需要，根据上级指示，中共广东省委决定，从华南工学院分出化工系、造纸系成立华南化工学院，将原来化工系、造纸系共8个专业，调整增加为5个系14个专业。这5个系分别是：有机物工业系、无机物工业系、食品工艺系、造纸工艺系、化工机械系。

华南化工学院分出后，华南工学院只存机械工程系、土木工程系、建筑学系，共3个系3个专业。至1958年下半年增加电讯系、工程物理系、工程数学系、造船系，共7个系27个专业。1959年又将专业调整成23个。

1958年学校在韶关和湛江分别办了华南工学院韶关分院和华南工学院湛江分院，1961年根据中共广东省委决定撤销。1960年，建筑学系与土木工程系合并成建筑工程系。1962年上半年，华南工学院共设6个系19个专业。1962年8月9日，《国务院关于广东省高等学校调整方案的批复》中确定华南化工学院和华南工学院合并。1970年10月，暨南大学被撤销，该校本部机关干部、化学系、数理化基础教师职工调入我校。1970年10月30日，广东省革命委员会对本省高等学校做出"调、并、迁、改"的决定，并把华南工学院再次分为两所学校：将华南工学院易名为广东工学院；11月18日起，正式启用广东工学院革命委员会印章；同年11月，原广东工学院（省属）的汽车制造与修理、发电厂与电力网、农田水利工程3个专业调入广东工学院。此时，广东工学院设有5个系24个专业。5个系分别为：机械系、建筑工程系、无线电系、电力系与造船系、自动化系。

同年，华南工学院的化工类专业分出与原暨南大学化学系及行政系合并，建立广东化工学院。1970年11月29日，广东化工学院宣布成立。当时，广东化工学院的权力机构是革命委员会。全校共有3个系、10个专业。3个系分别是：重化工系、轻化工系、化工机械系。

3. 改革开放后的发展

1977年10月29日，经上级批准，广东工学院复名为华南工学院。

1978年春，暨南大学决定恢复办学，当年4月以后，该校本部机关干部、化学系、数理化基础教师职工及专业返回暨南大学。1978年5月30日，教育部向广东省革命委员会发出文件："根据国务院领导批示，同意广东化工学院与华南工学院合并为华南工学院。"

两校合并后，共设11个系，一个基础部，45个专业。11个系分别是：机械工程系、自动化系、建筑工程系、造船系、无线电工程系、无线电器件系、电力系、化工机械系、有机化工系、无机化工系、轻化工系。

1988年1月28日，经国家教委批准，华南工学院更名为华南理工大学。学校从单一的工科发展为以工为主，理工结合，兼有应用文科和管理学科。

截至2017年4月，学校共有28个学院，1个独立学院，28个部处，16个直属单位，3所附属医院。它们是：学院：机械与汽车工程学院、建筑学院、土木与交通学院、电子与信息学院、材料科学与工程学院、化学与化工学院、轻工科学与工程学院、食品科学与工程学院、数学学院、物理与光电学院、经济与贸易学院、自动化科学与工程学院、计算机科学与工程学院、电力学院、生物科学与工程学院、环境与能源学院、软件学院、工商管理学院（创业教育学院）、公共管理学院、马克思主义学院、外国语学院、法学院（知识产权学院）、新闻与传播学院、艺术学院、体育学院、设计学院、医学院、国际教育学院；独立学院：华南理工大学广州学院；学校党政职能部门：党委办公室（机关党委办公室）、学校办公室、纪监办公室、党委组织部（党校办公室）、党委宣传部、党委统战部、学生工作部（处）（人民武装部、学生就业指导中心、国防生教育学院）、校工会（计生办、附属实验学校、幼儿园、家委）、校团委、发展规划处（学科建设办公室）、教务处（教育技术中心）、研究生院（党委研究生工作部、学位评定委员会办公室、国家公派研究生工作办公室）、招生工作办公室、科学技术处（工业技术研究总院）、社会科学处、人事处、国际交流与合作处、公共关系处（校友工作处）、离退休工作处（关工委）、保卫部（处）、实验室与设备管理处、财务处（科研经费管理办公室）、审计处、基建处、资产管理处、中外合作办学办公室、后勤处、大学城校区管委会；直属单位：继续教育学院（网络教育学院、公开学院）、图书馆、档案馆、测试中心、校医院（公费医疗管理办公室）、资产经营有限公司、科技园、出版社、信息网络工程研究中心（信息化办公室）、学报编辑部、招标中心、高等教育研究所（发展战略与政策研究中心）、公共政策研究院、广州现代产业技术研究院、华南协同创新研究院、珠海现代产业创新研究院；附属医院：华南理工大学附属广东省人民医院、华南理工大学附属第二医院、华南理工大学附属天河医院。

4. 学校性质、职能与概况

学校是直属教育部的全国重点大学，自组建开始就肩负着为国家培养高层次专业技术人才的职能。

1960年，学校被评为全国文教战线先进单位，同年成为全国重点大学；1981年经国务院批准为首批博士和硕士学位授予单位；1993年学校开创全国省部共建、联合办学的先河；1995年通过"211工程"部门预审，进入国家面向21世纪重点建设的大学行列；1999年年底，通过教育部本科教学工作优秀评价，成为全国第一批"本科教学优秀学校"；同年，经科技部、教育部批准，成立国家大学科技园；2000年，经批准成立研究生院；2001年，实行新一轮部省重点共建，学校进入国家高水平大学建设（"985工程"）行列；2007年以优秀成绩通过教育部本科教学工作水平评价；2012年，进入上海交通大学"世界大学学术排名"500强；2013年1月，入选《中国大学评价》的"中国一流大学"行列；同年，再次进入"世界大学学术排名"500强；2016年在上海交通大学"世界大学学术排名"中，整体进入300强，工科领域排名跃升至全球第22名。

经过60多年的建设和发展，华南理工大学成为以工见长，理工结合，管、经、文、法、医等多学科协调发展的综合性研究型大学。轻工技术与工程、食品科学与工程、城乡规划学、材料科学与工程、建筑学、化学工程与技术、风景园林学等学科整体水平进入全国前十位。化学、材料学、工程学、农业科学、物理学、生物学与生物化学、计算机科学7个学科进入国际ESI全球排名前1%。学校办学条件良好，教学环境优良，治学严谨，秉承"博学慎思明辨笃行"的校训，坚持高素质、"三创型（创新、创造、创业）"、具有国际视野的拔尖创新人才的培养目标，着力培养创新型、复合型人才。建校60多年来，学校为国家培养了高等教育各类学生29万多人，一大批毕业校友成为我国科技骨干、著名企业家和领导干部。

在新的历史发展阶段，学校将高举中国特色社会主义伟大旗帜，以邓小平理论、"三个代表"重要思想、科学发展观为指导，坚持以人为本，坚持学术立校、人才强校、开放活校、文化兴校，以学科建设为龙头，以人才培养为根本，以科技工作为重点，努力把华南理工大学建设成为国内一流、世界知名的高水平研究型大学。

5. 学校隶属关系

学校建校之初，均为教育部和广东省双重领导。

至1969年10月1日，中共中央发出《关于高等院校下放问题的通知》后，华南工学院下放给广东省革命委员会领导。

1978年2月17日，国务院转发《教育部关于恢复和办好全国重点学校的报告》，确定第一批重点高等学校88所，华南工学院和广东化工学院均在此列，且两所学校均属教育部和广东省双重领导，以部为主。1978年7月上述两校合并为华南工学院。

1985年，学校隶属单位之教育部更名为国家教育委员会。

1998年,学校隶属单位之国家教育委员会更名为国家教育部。

迄今,学校仍为国家教育部直属的全国重点大学,后入选国家"211工程""985工程"重点建设大学,接受教育部和广东省双重领导。

6. 现任领导

党委书记:章熙春

校长:王迎军

党委副书记:王迎军 刘琪瑾 余其俊 陶韶菁

纪委书记:刘琪瑾

副校长:邱学青 朱 敏 党 志 李 正 吴业春

党委常委:章熙春 王迎军 刘琪瑾 余其俊 陶韶菁 邱学青 朱 敏 李 正 吴业春

校长助理:张 明 苏 成 房俊东

◎ 参考资料:

1. 华南理工大学官网"学校概况"。
2. 华南理工大学档案馆编撰:《华南理工大学》,载涂上飙主编:《中南高校历史发展沿革概览》,中南大学出版社2017年版,第19~23页。

(华南理工大学档案馆 撰稿)

重庆大学

重庆大学是教育部直属的全国重点综合性大学,学科以工科为优势,理工结合、文理渗透,多学科协调发展,涵盖主要学科门类,先后入选为国家"211工程"和"985工程"重点建设大学,2017年9月进入国家"世界一流大学建设高校(A类)"。学校创建于1929年,历经省立、国立等多个办学时期,1960年被国家确定为全国重点综合性大学。2000年5月,原重庆大学、重庆建筑大学、重庆建筑高等专科学校三校合并组建成新的重庆大学,使得一直以机电、能源、材料、信息、生物、经管等学科优势而著称的重庆大学,在建筑、土木、环保等学科方面也处于全国较高水平。

1. 原重庆大学(1929—2000)

原重庆大学始建于1929年。1929年秋,四川省长、川军总司令刘湘在"重庆大学促进会"的基础上,召集有关人士,正式成立重庆大学筹委会。10月,重庆大学正式开课宣告成立,首任校长由刘湘兼任。建校初期,招收三年制文、理预科班各1个。1932年,正式组建文学院和理学院,设置数学、物理、化学、中文和外文共5个系。1933年,增设农学院,1934年开办历史系和测候研究所。至此,重庆大学以3个学院、7个系和1个研究所的规模形成了大学的雏形。何鲁、李乃尧等为学校著名教授。

在留学德国的矿业专家胡庶华出任校长期间,增设工学院并下设5个系。1935年5月,重庆大学经国民政府教育部和四川省政府批准为省立大学。同年12月进行院系调整,将文学院和农学院调出,将省立工学院并入;1936年下半年增设体育专修科。此时的重庆大学已成为一所理工大学,分设理学院和工学院,有数理、化学、地质、电机、矿冶、化工、土木等7个系和体育专修科,共有在校生326人,教授34人。留美经济学家、伦敦大学研究院叶元龙出任校长后,新建商学院并下设3个系,将工学院的电机系分为机械、电机两个系,将土木系分为土木、建筑两个系。

1944年春,重庆大学改为国立,留美化学博士张洪沅出任校长。学校延揽知名教授担任教师,在教学上实行导师制,注重开设新科,重视科学研究,制成了首台国产雷达并取得了不少研究成果。学术氛围浓厚,周恩来、邓颖超、郭沫若、林同济、李庚阳、邹肇治、朱伯涛等名人志士、专家学者应邀来校作专题演讲和学术报告。到1945年抗日战争胜利时,重庆大学具有理、工、商3个学院和2个专修科的办学规模,有学生1527人、教职工304人,是全国较为知名的大学之一。之后,学校恢复文学院,重设中文、教育两系,增设医学院、法学院(下设法律系、经济系、政治系)。到1949年,已发展成为拥有理工文法商医 6 个学院、20 个系、1 个专修科和 3 个研究所的综合性大学，在校学生达 2088 人，教师 358 人，拥有一批著名的专家学者，教授副教授约占教师总人数一半。从 1936 年到 1949 年，共输送 2961 名毕业生，其中工科毕业生 1086 人。

1949 年 11 月重庆解放后，重庆大学成立临时校务委员会，迅速恢复了教学秩序。在 1952 年的院系调整中，学校取消学院建制，文理法商医 5 个学院、13 个系相继调出，仅保留了工学院的电机、机械、矿冶 3 个系和 3 个专修科，同时西南工作专科学校等 5 校并入，学校由综合性大学调整为电机、机械、动力、采矿、冶金等系组成的多可科性工科大学。到 1957 年年底，5 个系的 8 个专业有在校生 3970 人，教职工 1072 人（其中教师 520 人），有 34 个教研室、34 个实验室和 1 个实习工厂。从 1950 年至 1957 年共输送工科毕业生 3910 人，为 1949 年前全部工科毕业生人数的 3.6 倍。

1960 年 10 月，重庆大学被中共中央批准被全国重点大学。之后，学校根据全国统一的专业教学计划和"少而精"的教学原则，保证教师工作时间，加强学生基础理论、基本知识、基本技能的训练，在科学研究方面取得较大进展，完成了光电检验技术、计算机技术、气动原件、机床震动和电磁场理论等 118 个研究项目。"文革"期间，学校遭到严重破坏，但是在极其困难的条件下，全校师生仍然坚持完成了 106 项科研项目，使一些重大研究课题得以延续发展。粉碎"四人帮"后，学校大力恢复、重建各个学科，发展为教育部直属全国重点综合大学，形成以大专、本科、硕士、博士为主干的基本高教层次。1981 年获硕士和博士学位授予权。1997 年成为国家"211 工程"重点建设大学。

至 1989 年下半年，学校共有 18 个系、38 个本科专业和 4 个专科，还有 9 个本科专业兼招专科生。有 32 个学科、专业有硕士学位授予权，其中有 12 个学科、专业有博士学位授予权。有 13 个重点学科，其中生物力学是国家级重点学科。1989 年有专任教师 1350 人，其中教授副教授 431 人。至 1989 年 10 月，有在校生 11000 余人，其中研究生 900 余人，本科生 8000 余人。1949 年至 1989 年四十年来，为国家培养毕业生 4 万多名、研究生 1000 多名。

2. 重庆建筑大学（1952—2000）

重庆建筑大学前身是重庆土木建筑学院，是我国著名的建筑老八校之一。在 1952 年的全国高等院校调整中，重庆大学、西南工业专科学校、川北大学、川南工业专科学校、成都艺术专科学校、西南交通专科学校共六所院校的 9 个土木、建筑系（科）合并组建了重庆土木建筑学院，是由国家建设部主管并与重庆市共建的全国重点大学。1953 年并入云南大学、贵州大学的土木系。1954 年更名为重庆建筑工程学院，成为西南地区唯一一所建筑工程学院，也是当时中央建筑工程部唯一一所直属高等院校，1958 年开始招收研究生。到 1965 年，学院共有建筑系、土木工程系、卫生工程系等 3 个系 6 个专业，有教职工 818 人，其中专任教师 348 人、教授副教授 33 人，在校生 1631 人。

1966 年开始停止招生，1972 年恢复招收三年制"工农兵学员"，到 1976 年共招收 5 届学生 2970 人。1977 年开始招收四年制本科生，并在结构工程等 13 个学科、专业招收研究生。1978 年被确立为全国重点大学，1981 年成为首批具有硕士学位授予权的高等学校，1983年有建筑学等10个专业获得博士学位授予权。1994年1月更名为重庆建筑大学。

到1989年，学校有教职工2295人，其中专任教师988人，教授副教授306人；在校生4907人，其中研究生286人，本科生4120人。设建筑系、建筑工程系、城市建设工程系、建筑材料工程系、机电工程系、基础科学系、建筑管理工程系、社会科学系、外语系共9个系25个专业，建筑设计等13个学科具有硕士学位授予权，其中3个学科有博士学位授予权。

设有建筑城规学院、建筑工程学院、城市建设学院、机电工程学院、管理学院等5个学院；材料科学与工程系、应用科学与技术系、商贸与法律系、外语系和计算机科学系等5个直属系。有23个本科专业招生；设有建筑设计及其理论等22个硕士学位授权点，结构工程等7个博士学位授权点，土木工程（一级学科）和建筑学（一级学科）博士后科研流动站，建筑材料学科有项目博士后研究人员。城市规划等13个学科为省部级重点学科，大型结构实验室等4个实验室为省部级重点实验室。经过近48年的建设，学校发展成为以土木建筑、城乡建设和环境保护为主要专业特色的，以工学为主，兼有理学、文学、法学、管理学等学科的多科性理工大学，形成了学士、硕士、博士完整的教育体系。

有教职工2072人，其中专任教师969人。有博士生导师42人，国家级和省部级中青年科技专家14人，教授、研究员164人。各类在校学生总数达到14365人。其中全日制本专科学生7991人，博士、硕士研究生1091人（含研究生班380人）。建校以来，已为国家培养输送了近4万名毕业生（其中研究生1200人）。

学校由单科性学院发展成为土建类学科专业齐全，以土木建筑、城乡建设和环境保护等主要专业为特色的、以工为主，兼有理文管理法学等学科的全国重点院校。建筑学、建筑工程等主干专业以优异的成绩通过国家教育质量评估，部分学科居于国内领先水平。

3. 重庆建筑高等专科学校（1974—2000）

1974年3月，国务院、中央军委发文批准成立中国人民解放军基本建设工程兵学校，以提高部队基层干部的专业技术水平和施工组织管理能力，学校定位为培养建筑设计、建筑装饰技术、施工技术、建筑设备安装、经营管理等方面应用型专门人才的普通高等工程专科学校。1982年，国家开始精简、整编军队，中央作出了撤销中国人民解放军基本建设工程兵学校的决定。1984年学校更名为重庆建筑专科学校，划归中国建筑工程总公司主管。1992年，更名为重庆建筑高等专科学校。1997年，被原国家教委确定为全国示范性普通高等工程专科重点建设学校。

4. 重庆大学（2000年合校至今）

2000年5月，原重庆大学、重庆建筑大学、重庆建筑高等专科学校三校合并组建成新的重庆大学。2001年成为"985工程"重点建设大学，2003年升级为副部级高校，列为国家重点大学。2017年9月，入选首批国家"双一流"A类建设高校之一，学校机械工程、电气工程、土木工程三个学科成为一流学科。2017年11月，重庆大学ESI工程学科进入全球前1‰，临床医学首次进入前1%。

学校现有A、B、C、虎溪四个校区，占地5212亩，校园环境优美，"寅初亭"、"工学院"（A区二教）、"理学院"（A区一教）、"文学斋"、"中央大学七七抗战大礼堂"等近代建筑群入选中国20世纪建筑遗产名录。

现设有人文学部、社会科学学部、理学部、工程学部、建筑学部、信息学部6个学部共35个学院。设有本科专业97个，覆盖理、工、经、管、法、文、史、哲、教育、艺术10个学科门类。在校学生47000余人，其中硕士、博士研究生20000余人，本科生25000余人，外国留学生1800余人。在职教职工5300余人，其中中国工程院院士7人，副高级以上2100余人，博士生导师（含兼职）700余人。为国家和地方培养和输送了30万余名高级专门人才，其中40余人当选中国科学院院士和中国工程院院士。

有博士后流动站29个，一级学科博士学位授权点28个（覆盖二级学科博士学位授权点90个），另有二级学科博士学位授权点3个；一级学科硕士学位授权点53个（覆盖二级学科硕士学位授权点181个），另有二级学科硕士学位授权点2个。专业学位授权19种。一级国家重点学科3个、二级国家重点学科19个（含培育2个），重庆市"十三五"重点学科38个。国家级重点研究基地13个，国家级实验教学示范中心8个，国家级虚拟仿真教学实验中心3个；教育部重点实验室（工程研究中心）7个，国际合作联合实验室2个，国防重点学科实验室1个。教育部高等学校学科创新引智计划基地（"111计划"）4个。依靠学科实力，拥有国家甲级建筑设计研究院和规划设计研究院、国家重点出版社、全国公开发行专业刊物的期刊社以及国家大学科技园。

"十二五"以来，承担国家及省部级科研项目4800余项，获国家、省部级（科技）奖251项。获国家级教学成果奖40项，国家级精品课程（含网络教育）20门，国家级双语教学示范课3门，国家级精品视频公开课1门，国家级精品资源共享课（含网络）11门。

学校坚持国际化发展战略，与美、英、法、德、俄等20多个国家的124所知名高校，以及多家国外及境外公司和研究机构建立了良好的合作关系，是教育部指定的接收中国政府奖学金生的院校和教育部首批"来华留学示范基地"，已接收来自美国、加拿大、意大利、法国等143个国家的留学生。

学校以"研究学术、造就人才、佑启乡邦、振导社会"为办学宗旨，以立德树人为根本任务，以培养高素质创新型人才为首要目标，以教育教学为中心工作，以增强学生的社会责任感、创新精神、实践能力为基本要求，提高人才培养质量。

5. 现任与历任领导

（1）现任领导。

党委书记：周　旬

党委副书记：陶举虎　王　旭

校长、副书记：张宗益

常务副校长：杨　丹
副校长：孟卫东　刘汉龙　王时龙　廖瑞金

（2）历任领导。

名称	职务	姓名	任职时间
重庆大学	校长	刘　湘	1929.10—1935.08
	校长	胡庶华	1935.08—1938.07
	校长	叶元龙	1938.10—1941.07
	校长	张洪沅	1941.09—1949.11
	校长	何　鲁	1950.03—1952.11
	校长	郑思群	1956.07—1966.08
	校长	曾德林	1978.04—1980.05
	校长	何文钦	1980.05—1982.04
	校长	江泽佳	1982.12—1986.12
	校长	顾乐观	1986.12—1992.08
	校长	吴云鹏	1992.08—1996.08
	校长	刘　飞	1996.08—1997.07
	校长	吴中福	1997.07—2003.01
	校长	李晓红	2003.02—2010.12
	校长	林建华	2010.12—2013.06
	校长	周绪红	2013.06—2017.12
	书记	郑思群	1953.12—1966.08
	书记	曾德林	1972.04—1980.05
	书记	何文钦	1980.05—1982.02
	书记	张文澄	1982.02—1983.08
	书记	程地全	1983.08—1989.05
	书记	顾乐观	1989.08—1997.04
	书记	欧可平	1997.04—2000.05
	书记	祝家麟	2000.05—2005.12
	书记	欧可平	2005.12—2015.10
重庆建筑大学	院长	李海文	1952.10—1955.07
	院长	石昌杰	1965.08—1972.06
	院长	宋元良	1972.06—1983.10

	院长	卢忠政	1983.10—1992.03
	院长	梁鼎森	1992.03—1995.12
	院长	祝家麟	1995.12—2000.05
	书记	石昌杰	1952.12—1956.04
	书记	宋元良	1973.02—1978.12
	书记	李仲直	1981.02—1983.10
	书记	宋元良	1983.10—1985.06
	书记	刘德骥	1985.06—1988.09
	书记	傅大勇	1988.12—1996.02
	书记	肖允徽	1996.03—2000.05
重庆建筑高等专科学校	校长	石泽民	1978.11—1979.11
	校长	尹 钧	1979.11—1983.07
	校长	何高毅	1987.01—1991.04
	校长	武育秦	1993.03—1998.10
	校长	潘文宛	1998.11—2000.05
	书记	石泽民	1979.11—1982.03
	书记	王长德	1982.07—1983.07
	书记	汪文儒	1983.09—1985.05
	书记	黄绍群	1987.02—1991.04
	书记	黄荣勤	1991.04—1996.04
	书记	郑平生	1996.04—2000.05

◎ **参考资料：**

1. 重庆大学官网"校情概况"。
2. 季啸风主编：《中国高等学校变迁》，华东师范大学出版社1992年版。
3. http：//www.edu.cn/20010101/5010.shtml。
4. 中国教育报刊社组编，重庆大学撰稿：《重庆大学》，重庆大学出版社2006年版。

（武汉大学档案馆徐莉　撰稿）

西南大学

西南大学是教育部直属,教育部、农业部、重庆市共建的重点综合大学。西南大学最早起源于1906年创办的川东师范学堂,先后更名为川东共立师范学校乡村师范专修科、四川乡村建设学院、四川省立教育学院。四川省立教育学院于1950年分为两部分,分别与其他学校合并建立西南师范学院和西南农学院。1985年,西南师范学院更名为西南师范大学,西南农学院更名为西南农业大学。2005年,西南师范大学与西南农业大学合并组建西南大学,并被批准为教育部"211工程"重点建设高校。学校"现代农业科学"入选教育部"985工程优势学科创新平台"。2017年9月,学校生物学入选"双一流"建设学科名单。

1. 学校早期发展沿革

(1)川东师范学堂。

为实施新学制,培养师资,1906年4月18日在重庆正式创办了第一所正规的师范学校——官立川东师范学堂,是重庆市历史上最早的新式学堂,也是当时四川东部地区的最高学府。1906年首次招收一年制师范科23名学生,1907年开办五年制师范科及附属小学。至辛亥革命前,共有毕业生230余人。

1914年改名为川东联合县立师范学校,1932年再改名为川东共立师范学校乡村示范专修科。1933年7月,四川省政府将乡村师范专修科改为"四川乡村建设学院",开始招收本科学生,与川东共立师范学校分开,成为一所独立的高等院校。甘绩镛任该院院长。8月,学院开学行课。此时,学院仅设乡村社会系和农业系。加上专修科学生,共有100余人。1935年年初,四川乡村建设学院共有教师23人,其中教授11人,讲师10人。

川东师范学堂是西南地区第一所真正意义上的现代新式高等学府,首开西南近代新学之风,同时也是我国近代史上第一所独立的师范院校,为新学(即西学)培养了大批师资,为重庆的教育事业作出了很大贡献。

(2)四川省立教育学院。

1936年8月,四川省教育厅将"四川乡村建设学院"改为"四川省立教育学院",委任高显鉴为院长。此后,系科逐渐调整或增加。至1946年,全院已有7个系446名学生、133名教职员工(包括附属农场、附中、附小教职员在内)。到重庆解放时,共有教育、国文、数学、英文、史地、博物、农艺、农制、园艺等9个系,已经具备大学的规模。

2. 中华人民共和国成立后的发展演变

（1）西南师范学院。

1950年10月，四川省立教育学院的部分院系和国立女子师范学院（创建于1940年）合并，组建西南师范学院。成立之时，设有教育系、保育系、中文系、外语系、数学系、生物系、音乐系、美工系、史地系、理化系和体育专修科。全校有教师146人，学生907人。1951年5月，学院建立院务委员会，谢立惠任委员会副主任。

在1952年和1953年的全国高等学校院系调整中，重庆大学、川东教育学院、四川医学院、四川大学、华西大学等学校的部分学系、专修科和师生相继转入，西南师范学院规模逐渐扩大。1953—1959年，学院对部分院系进行了合并、更名，还设立了函授部。1965年，教育系学校教育专业与学前教育专业停止招生，中文、政教、历史、生物等系招收半农半读四年制本科生，函授教育发展为中文系、数学系、物理系、化学系、生物系、历史系等6个专业。"文革"中学校停止招生7年。1973年开始，除教育系外，各系各专业开始恢复招生，1975年函授教育恢复招生。1973—1976年共招收工农兵学员2631人。

1978年，学院划归教育部主管，同年秋，恢复体育系并开始招生，教育系学校教育专业与学前教育专业也分别于1978年和1979年恢复招生。1979年开始招收研究生。1984年开始招收少数民族预科班学生。

（2）西南师范大学。

1985年8月，经国家教育委员会批准，西南师范学院更名为西南师范大学。到1989年学校设有16个系，26个专业。学校实行多层次、多规格、多种形式办学。除本科外，有28个学科、专业招收硕士和博士研究生，其中20个学科、专业有硕士学位授予权，3个学科专业招收博士研究生。学校还设有教育科学、汉语言文献、高等教育、亚热带生物地理、哲学等12个研究所。建校以来，凝聚了一批学识渊博、治学严谨的学者和专家。1989年下半年，全校有教职工2891人。教师总人数1202人，其中，教授（研究员）79人，副教授（副研究员）277人，讲师469人，助教377人。全校有各类学生10390人，其中全日制在校生5736人，包括本科生4673人和研究生270人。建校以来，毕业各类学生46000余人，80%以上在教育战线辛勤工作。学校重视民族教育，为西部地区培养优秀少数民族人才是学校办学的一大特色。全日制学生中在校少数民族学生常年近1000人，包括藏族、彝族、苗族、回族、白族、蒙古族、土家族、维吾尔族等30多个民族，被誉为"没有挂牌的民族学院"，是教育部确定的少数民族预科教育培养基地。

学校坚持抓好本科教育，自1985年开始实行学年学分制，增设选修课。1989年制定了《教学优秀奖评奖办法》等管理条例，改革制度，促进竞争和提高，重视科学研究，坚持理论与实际相结合。1978—1987年，完成自然科学研究项目190项，多次获得国家发明奖、国家教委科技进步奖等重大科技奖项。2000年，重庆市轻工业职业大学并入西南师范大学。

学校坐落于重庆市北碚区，占地面积79万多平方米，绿化率达70%以上。多次被评为全国精神文明建设工作先进单位、全国民族团结进步模范单位、全国社会实践活动先进单位。经过20年的建设，西南师范大学已建成为文、理、工、艺、体相结合的教育部直属重点综合性师范大学，在西南地区规模最大、学科门类最多，是国家在西南地区培养高等次人才的重要基地。

（3）西南农学院。

1950年11月，四川省立教育学院农艺系、园艺系、农产制造系，与私立华西协和大学农艺系、私立相辉学院农艺系合并组建西南农学院，直属西南文教部领导。成立之时，学院设农艺、园艺、农产制造、森林、畜牧兽医等五个系，农业生物科学、植物病虫害两个研究室，并设有西南植物标本馆；有学生536人，职工129人，教师62人，其中教授22人、副教授9人。被国际上誉为"杂交水稻之父"的中国工程院院士袁隆平即是1949年考入相辉学院农艺系的学生。

1951年11月，植物病理学家何文俊教授任院务委员会副主任委员，主持院务。因校园面积严重不足、难以保证教学科研的正常运行，1952年9月，学院选定北碚农事实验场天生桥场地作为新校址，10月动工，1954年5—8月按计划完成迁校工作。新校址总建筑面积达23500平方米，迁校后人力和设备都得以扩充，实习农场机构均有保障，还建立了教学所需果园。之后学院开始了征地工作，到1956年征地工作结束之时，先后征入土地756亩，连同原有土地公占地1162余亩。

在1952—1953年的院系调整中，四川大学、云南大学、贵州大学等校的相关学系和专业相继调入，与此同时，学院农产制造系、畜牧兽医等系调出。调整工作结束后，学院集中了西南地区十多所院校大部分农科和农业经济管理学科的师资和设备，共设6个系6个专业。至1960年学院共设9个系18个专业。1961年调整为7个系7个专业。到1965年，在校学生达1904人，教职工849人，专任教师357人，其中正副教授38人。

1953年3月，学院调整为由西南高教局主管，1954年西南高教局撤销后改为中央教育部直管。1958年改属四川省高等教育局。1966年，改为由四川省农业厅和高教局双重领导，由省农业厅主管。

"文革"期间被迫停止招生8年，1974年恢复招收三年制学生，1978年恢复招收四年制本科生。1979年，学院经国务院批准成为全国重点大学。1981年国务院首批批准学院为博士、硕士、学士三级授予权学校。

（4）西南农业大学。

1985年10月，西南农学院更名为西南农业大学。至1989学年，共有农学、园艺、植物保护等11个系3个部和28个专业。有硕士学位授予权的学科、专业16个。有在校本专科学生2754人，其中本科生2292人。有教职工1741人，其中专任教师804人（正副教授共272人）。至1988年年底，学校共开展了1262项课题研究，取得重要科研成果162项，发表科研论文3780篇。学校图书馆从1979年起为联合国粮农组织固定关系的藏书图书馆。

2001年，原四川畜牧兽医学院（1978年建立）、中国农业科学院柑橘研究所（1960年建立）并入。并入后，中国农业科学院与西南农业大学共建柑橘研究所，在保留柑橘研究所名称的同时，成立西南农业大学研究院。

(5）西南大学。

2005年，由国家教育部正式批准，西南师范大学和西南农业大学合并为西南大学，同年被批准为"211工程"重点建设高校，是国家布局在西部高水平的全国重点综合性大学，办学水平及规模居我国高校前列。

学校学科门类齐全，综合性强、特色鲜明，现有53个一级学科，涵盖了哲、经、法、教、文、史、理、工、农、医、管、艺等12个学科门类，其中有3个国家重点学科、2个国家重点（培育）学科，28个一级学科具有博士学位授予权、51个一级学科具有硕士学位授予权，有1种专业博士学位、19种专业硕士学位，另有博士后科研流动站22个，有6个学科领域进入ESI世界排名前1%。

现有32个学院（部），105个本科专业，其中国家级特色专业20个、重庆市特色专业43个。教学资源丰富，现有国家级实验教学示范中心4个、国家级虚拟仿真实验中心3个、重庆市实验教学示范中心13个，有国家级精品课程46门、重庆市精品课程96门，有国家级大学生文化素质教育基地1个。现有在校学生5万余人，其中普通本科生近4万人，硕士、博士研究生11000余人，留学生800余人。

有专任教师2968人，其中教授572人，副教授1115人，博士生导师331人、硕士生导师1398人，中国科学院院士1人、中国工程院院士1人、资深教授1人、国家级教学名师3人、国家级有突出贡献中青年专家5人、"千人计划"入选者12人、"国家特支计划"入选者9人、"长江学者"13人、"国家杰出青年基金"获得者2人、"973"项目首席科学家2人、"百千万人才工程"国家级人选12人、国务院学位委员会委员和学科评议组成员8人，国家级教学团队4个、教育部创新团队3个。

建有国家重点实验室1个、国家工程技术研究中心1个、国家地方联合工程实验室1个、省部共建国家重点实验室培育基地1个、教育部或农业部重点实验室10个、教育部工程研究中心3个、国家野外科学观测试验站2个。

"十二五"期间，学校国家级科研立项数量达900余项，科研经费总量达到20.35亿元，获国家级项目700余项，获得授权专利1000余项，育成动植物新品种50个，出版专著800余部，自然科学在SCIE、EI、ISTP三大检索论文数量达5400余篇，人文社会科学在SSCI、A&HCI、CSSCI三大检索论文数量达3600余篇。"十二五"以来获国家科技进步二等奖2项、国家自然科学二等奖1项、中国专利优秀奖1项、教育部普通高校科学研究优秀成果奖（人文社会科学）20余项。

西南大学秉承"特立西南、学行天下、杏坛育人、劝课农桑"的办学宗旨，彰显教师教育和农业科学特色，以世界一流学科为基础，建设特色鲜明的世界一流大学。其发展目标是：到2020年实现向研究型大学转型，进入国内高水平综合性大学行列；到2030年基本建成综合性、有特色的、开放式的高水平研究型大学；到21世纪中叶，基本建成特色鲜明的世界一流大学。

3. 现任和历任领导

（1）现任领导。

党委书记：舒立春

党委副书记：徐晓黎　安春元　李　华
校长：张卫国
副校长：李　明　陈时见　丁忠民　王永才　周常勇　靳玉乐　崔延强

（2）历任领导。

时期	职务	姓名	任职时间
川东师范学堂	校长	杨　霖	1906—1911
	校长	冉献琛	1911.04—1913.02
	校长	童宪章	1913.02—1913.08
	校长	刘德华	1913.08—1913.12
	校长	邱兆熊	1913.12—1915.03
	校长	杨　霖	1915.03—1915.08
	校长	龚秉权	1915.08—1918.10
	校长	文伯鲁	1918.10—1921.07
	校长	张明刚	1921.07—1922.08
	校长	曾　熔	1922.08—1922.09
	校长	李孝泌	1922.09—1923.01
	校长	龚秉权	1923.01—1923.04
	校长	黄吉元	1923.04—1924.01
	校长	黄远诚	1924.01—1925.03
	校长	萧树尚	1925.03—1925.06
	校长	黄秉衡	1925.06—1925.07
	校长	龚守贤	1925.07—1927.04
	校长	孟学孔	1927.04—1927.06
	校长	陈孔荐	1927.06—1928.02
	校长	周天治	1928.02—1928.06
	校长	周欲平	不详
	校长	张方谷	不详
	校长	黄子裳	不详
	校长	肖仲文	不详
	校长	甘绩镛	1928—1935
	校长	聂荣藻	1935—1949.05
	校长	蔡天亲	1949.05—1949.12
	校长	黄继武	1950—1951

西南师范（学院）大学	党组书记	姚大非	1952—1954
	党委书记	张永清	1954—1957，1960—1983
	党委书记	孙 泱	1957—1960
	党委书记	张凤山	1983—1985
	党委书记	王长楷	1986—2002
	党委书记	黄蓉生	2002—2005
	院长	谢立惠	1951—1954
	院长	张永清	1954—1964，1977—1983
	院长	徐方庭	1965—1970
	院长	陈重穆	1983—1986
	校长	钟章成	1986—1993
	校长	邱玉辉	1993—2002
	校长	宋乃庆	2002—2005
西南农业（学院）大学	党委书记兼副院长	张一夫	1954—1959
	党委书记	李 兰	1973—1984
	党委书记	张 郁	1986—1999
	党委书记	戴思锐	2000—2001
	党委书记	华 鹏	2001—2005
	副院长	何文俊	1953—1957
	院长	李世俊	1957—1962
	院长	刘明钊	1979—1984
	（院）校长	刘鸿仁	1984—1996
	校长	向仲怀	1996—2002
	校长	王小佳	2002—2005
西南大学	党委书记	黄蓉生	2005—2017
	党委书记	舒立春	2017—
	校长	王小佳	2005—2011
	校长	张卫国	2011—

◎ **参考资料：**

1. 百度百科"川东师范学堂"。
2. 西南大学官网"学校概览"。
3. 季啸风主编：《中国高等学校变迁》，华东师范大学出版社1992年版。
4. 中国教育报刊社组编，西南大学撰稿：《西南大学》，重庆大学出版社2007年版。

（武汉大学档案馆徐莉　撰稿）

四 川 大 学

四川大学是教育部直属重点综合性大学,先后入选为国家"985工程"和"211工程"重点建设的高校,2017年9月进入国家"世界一流大学建设高校(A类)"。学校由原四川大学、成都科技大学、华西医科大学三所全国重点大学经过两次合并而成。原四川大学发源于1896年创办的四川中西学堂,成都科技大学创办于20世纪50年代的全国高等院校院系调整期间,华西医科大学起源于1910年创办的华西协合大学。

1. 原四川大学(1896—1950)

(1) 四川中西学堂。

1896年6月,四川总督鹿传霖奉光绪特旨创办的四川中西学堂开堂,这是当时四川唯一的省级新式学堂,也是西南地区最早的近代高等学校之一。学堂设有英法文科、算学科,学制四年,采用西式教学方法,实行学年学分制。

1902年,四川总督奎俊奉旨将四川中西学堂与改制后的锦江书院(1704年创办)、尊经书院(1875年兴建)合并,组建了四川通省大学堂,当年再更名为四川省城高等学堂。同一时期,四川还先后成立了四川通省师范学堂(1905年创建)、四川通省法政学堂(1906)、四川通省农政学堂(1906)、四川通省藏文学堂(1906)、四川工业学堂(1908)和四川存古学堂(1910)。后五所学堂在1914年分别更名为四川公立法政专门学校、农业专门学校、外国语专门学校、工业专门学校和国学专门学校。

1916年,四川省城高等学堂与四川通省师范学堂合并为国立成都高等师范学校,是全国六大高等师范学校之一。国立成都高等师范学校后来一分为二,组建了国立成都大学(1926)和国立成都师范大学(1927)。前述五所公立专门学校也于1927年合并建立了公立四川大学。成立之初,国立成都大学设文、理、法三个学院11个系,张澜任校长;国立成都师范大学设文、理、教育三个学院11个系和两个专修科;公立四川大学设文、理、法、工、农5个学院19个系。

(2) 国立四川大学。

1931年11月,国立成都大学、国立成都师范大学和公立四川大学合并,组建了国立四川大学,是当时全国最具名气的13所国立大学之一。合校之初设文、理、法、教育4个学院11个系及两个专修科,规模、实力位居全国前列。到1948年,国立四川大学共有文、法、理、公、农、师范6个学院、25个系、10多个专修科和2个研究所,有教职工980余人,其中专任教授166人。在校研究生、本专科生共6405人,总人数超过全省大学生人数的 2/3，校园面积 5100 余亩，是当时全国学生人数最多、规模最大的大学。

（3）四川大学。

1950 年，国立四川大学由人民政府接管并更名为四川大学。1952 年开始进行院系调整，在接收部分其他院校文理系科的同时，也有大量系科调出本校。到 1956 年院系调整基本结束时，四川大学转变为文理科综合大学。1960 年成为全国重点大学。至 20 世纪 60 年代，学校恢复和新建了哲学、无线电、原子能系和部分高新科技专业，达到 11 个系 19 个专业。到 1993 年年底设有 5 个学院、22 个系、20 多个研究所、5 个本科专业、56 个硕士点、16 个博士点和 1 个博士后科研流动站，有 4 个国家和省级重点学科。学校由文理综合大学，发展成为以人文社会科学和自然科学为主，管理科学和技术科学兼容的全国重点综合大学。

2. 成都科技大学（1978—1994）

成都科技大学创建于 20 世纪 50 年代的高校院系调整期间。1952 年，四川大学、重庆大学等 9 所院校的化工系科合并组建了四川化工学院。1954 年，原四川大学工学院独立新建成都工学院，同年四川化工学院并入成都工学院。到 1964 年，成都工学院共有 5 个系 17 个本科专业。1978 年成都工学院划归中国科学院，更名为成都科技大学，位列全国重点大学，转为以工为主、理工结合的大学。1980 年改属原国家教委，已发展为 10 个系 21 个本科专业。1985 年后，学校相继与水利电力部等国家部门实行联合办学，分别建立水利电力学院、纺织工学院等。至 1993 年，学校有 4 个学院、23 个系、56 个专业。

3. 华西医科大学（1910—2000）

1910 年，英、美、加三国基督教会仿照英国牛津大学办学模式，在四川成都建立了华西协合大学。1913 年，美国人毕启出任首任校长。学校目标是建成一所规模宏大、科学完备的高等学府，初设文、理两科，至 1918 年，增设医科、牙科、宗教课和教育课，学科规模逐步发展扩大，其中医科和牙科实力显著，是国内最早招收和培养研究生的大学之一。学校教师大多来自英国剑桥大学、牛津大学，加拿大多伦多大学，美国哈佛大学、耶鲁大学等院校，也聘请前清优贡、举人、进士、翰林等作为国学教员，如成都著名的"五老七贤"。

1922 年，纽约州立大学特许由其向华西协合大学毕业生授予该校学位，1924 年开始招收女学生，成为四川女子高等教育的开端，也率先在西部实现了男女合校。1929 年医科与牙科合并组成医学院。1932 年成立文学院，1934 年理科改为理学院。1933 年，学校更名为私立华西协合大学，中国人张凌高被任命为校长。1937 年后，齐鲁大学、金陵大学、金陵女子文理学院、中央大学、燕京大学等学校先后前来成都，与之联合办学。五所大学成为当时大后方文化教育中心之一。抗战胜利后，从外地迁来华西坝的各大学陆续迁回，五大学联办落下帷幕。私立华西协合大学新办和恢复了有关专业，成立了自然博物馆、大学医院，探索了医、教结合及文、理、医、牙医学相互渗透等问题。到中华人民共和国成立前夕，私立华西协合大学已是一所包括文、理、医、牙4个学院的综合性大学，设有26个系和2个专修科，7所附属医院。其中创刊于1946年的《华大牙医学杂志》已发展成国际一流水准的口腔医学杂志。

1951年私立华西协合大学由人民政府接办，改名为华西大学，在全国高校院系调整中，华西大学由综合性大学成为一所多专业医药院校。1953年更名为四川医学院。1978年2月，四川医学院被确定为卫生部领导的全国重点大学，1985年5月更名为华西医科大学，向以医、牙为主，医、管、文结合的方向发展。1985年建立法医专业。1996年6月，华西医科大学被列为卫生部3所"211工程"建设的医科大学之一。至2000年9月，学校设基础医学、口腔医学、临床医学、公共卫生、药学、成人教育和法医学等7个学院，外国医院文学和妇幼卫生2个系，临床医学等12个本科专业。

4. 四川联合大学及四川大学（1994— ）

1994年，原四川大学和原成都科技大学合并为四川联合大学。1998年四川联合大学更名为四川大学。四川大学于1996年成为全国首批进入"211工程"重点建设的大学之一。2000年，四川大学与原华西医科大学合并，组建了新的四川大学。合并后的四川大学汇聚了中国高等教育的主要办学类型，包括近现代以新式学堂为肇端的国立大学、以西方高等教育为样板的西式大学和由高校院系调成而创办的新型大学。三校合一后，学校有了飞速的发展，学科优势互补，人才培养更具特色，师资力量更加雄厚，整体实力明显增强。

学校学科门类齐全，覆盖了文、理、工、医、经、管、法、史、哲、农、教、艺等12个门类，有34个学科型学院及研究生院、海外教育学院等学院。现有博士学位授权一级学科45个，博士学位授权点354个，硕士学位授权点438个，专业学位授权点32个，本科专业142个，博士后流动站37个，国家重点学科46个，国家重点培育学科4个，是国家首批工程博士培养单位。截至2017年年底，学校进入ESI排名全球前1%的学科领域14个，其中，化学、材料科学学科领域进入全球前1‰。

学校大师云集，名师荟萃。百余年来，学校先后汇聚了历史学家顾颉刚、文学家李劼人、美学家朱光潜、物理学家吴大猷、植物学家方文培、卫生学家陈志潜、数学家柯召等大师。有专任教师5494人，具有正高级职称的1733人。有中国科学院和中国工程院院士16人，四川大学杰出教授5人，国家"万人计划"领军人才14人，国家自然科学杰出青年基金获得者50人，"四青"人才104人次，"973"首席科学家9人。

2005年以来，共获国家科技三大奖41项。现有13个国家级重点实验室（中心），4个国家级国际科技合作基地，11个教育部重点实验室和6个教育部工程研究中心，3个国家卫生和计划生育委员会重点实验室；有9个国家人才培养和科学研究及工科基础课程教学基地，8个国家级实验教学示范中心，19个国家级工程实践教育中心。2016年度发表国内科技论文总数列全国高校第5位，SCI收录论文数列全国高校第6位。2017年科研经费达19.53亿元。

学校承文翁之教，聚群贤英才。吴玉章、张澜曾执掌校务，共和国开国元勋朱德、共和国主席杨尚昆、文坛巨匠郭沫若、人民作家巴金、一代英烈江竹筠（江姐）等曾在四川大学求学。中国科学院和中国工程院院士中，有64位是四川大学校友；2001年评选的近代50位"四川文化名人"中，有36人是四川大学校友。现有全日制普通本科生3.7万余人，硕博士研究生2万余人，外国留学生及港澳台学生3700余人。

学校主动服务社会发展，大力推进创新创业，服务社会能力不断增强。四川大学国家技术转移中心是全国高校中最早设立的6家国家技术转移中心之一，2008年被国家科技部授予首批"国家技术转移示范机构"。坚持开放办学，不断推进国际交流与合作，目前已与34个国家和地区的268所大学和研究机构建立了交流合作关系。与美国、加拿大、澳大利亚、港澳台等33个国家和地区的214所国际知名大学构建了全方位、多层次、多形式的学生联合培养体系。与韩国、美国、比利时的5所大学合作共建了5所孔子学院。有望江、华西和江安三个校区，占地面积7050亩，馆藏图书文献丰富，体育场馆设施齐全、设备先进。

当前，四川大学已经确立了"全面推进学校党的建设新的伟大工程和建设世界一流大学新的伟大事业"的宏伟目标。展望未来，学校将始终肩负集思想之大成、育国家之栋梁、开学术之先河、促科技之进步、引社会之方向的历史使命与社会责任，再谱中国现代大学继承与创造并进、光荣与梦想交织的辉煌篇章！

5. 现任与历任领导

（1）现任领导。
党委书记：王建国
副书记：陈志坚　李旭锋　曹　萍　敬　静
校长、副书记：李言荣
副书记、副校长：李向成
副校长：晏世经　侯太平　许唯临　梁　斌　李蓉军　张　林
（2）历任领导。
原四川大学（1896—1993）

时期	职务	姓名	任职时间
四川中西学堂	校长	何维棣	1896—1897
	校长	王荣懋	1897—1898
	校长	谷绮龄	1899—1900
	校长	李尚昆	1901
	校长	蔡德耀	1902
	校长	袁　凯	1902
四川高等学堂	校长	胡　峻	1902—1909

	校长	周　翔	1909—1912
	校长	骆成骧	1912—1916
国立成都高等师范学校	校长	周　翔	1916—1918
	校长	杨若笠	1918—1919
	校长	贺孝齐	1919—1922
	校长	吴玉章	1922—1924
	校长	付振烈	1924—1925
	校长	蔡锡保	1925—1926
国立成都大学	校长	张　澜	1926—1931
国立四川大学	校长	王兆荣	1932—1935
	校长	任鸿隽	1935—1937
	校长	张　颐	1937—1938
	校长	程天放	1938—1943
	校长	黄季陆	1943—1949
四川大学	校长	谢文炳	1950—1952
	校长	周太玄	1952—1953
	校长	彭迪先	1953—1958
	校长	戴伯行	1958—1962
	校长	温建平	1962—1977
	校长	康乃尔	1978—1981
	校长	柯　召	1981—1984
	校长	鄢国森	1984—1989
	校长	林理彬	1989—1994
	党组织领导	倪受禧	1950—1950
	党组织领导	谢文炳	1950—1953
	党组织领导	戴伯行	1953—1956
	党组织领导	丁耿林	1956—1975
	党组织领导	温建平	1975—1978
	党组织领导	赵　铎	1978—1984
	党组织领导	饶用虞	1984—1994

原成都科技大学（1954—1995）

时期	职务	姓名	任职时间
成都工学院	院长	许琦之	1954—1956
	院长	袁仲凡	1957—1965
	院长	郑 方	1965—1978
	党组织领导	许琦之	1954—1955
	党组织领导	郑 方	1955—1978
成都科技大学	校长	郑 方	1978—1982
	校长	曹振之	1982—1983
	校长	王建华	1983—1992
	校长	陈君楷	1992—1994
	党组织领导	郑 方	1978—1983
	党组织领导	韩邦彦	1983—1985
	党组织领导	赵静桂	1985—1994

原华西医科大学（1910—2000.9）

时期	职务	姓名	任职时间
华西协合大学	校长	毕 启	1913—1930
	校长	张凌高（代）	1930—1932
	校长	方叔轩（代）	1932—1933
	校长	张凌高	1933—1946
	校长	方叔轩（代）	1946—1948
	校长	方叔轩	1948—1951
华西大学	校长	刘承钊	1951—1953
	书记	孙毅华	1952—1953
四川医学院	校长	刘承钊	1953—1968
	校长	马俊之	1978—1985
	书记	孙毅华	1953—1967
	书记	李资平	1959—1968
	书记	展 旗	1972—1978
	书记	董启勋	1978—1984
	书记	顾德诚	1984—1985

华西医科大学	校长	曹泽毅	1985—1988
	校长	杨光华	1988—1995
	校长	张肇达	1995—2000
	书记	顾德诚	1985—1988
	书记	陈钟光	1988—1995
	书记	吕重九	1995—2000

四川联合大学及四川大学

时期	职务	姓名	任职时间
四川联合大学	校长	陈君楷	1994—1997
	校长	卢铁城	1997—1998
	书记	饶用虞	1994—1996
	书记	王祯学	1996—1997
	书记	卢铁城	1997—1998
四川大学	校长	卢铁城	1998.12—2003.05
	校长	谢和平	2003.05—2017.12
	校长	李言荣	2017.12—
	书记	卢铁城	2000.12—2004.07
	书记	杨泉明	2004.07—2016.10
	书记	王建国	2016.10—

◎ **参考资料：**

1. 四川大学官网"学校简介""历史沿革""领导架构"。
2. 四川大学党委办公室、四川大学校长办公室编：《今日四川大学》，四川大学出版社2006年版。
3. 四川大学校长办公室编：《四川大学》，浙江大学出版社2000年版。

（武汉大学档案馆徐莉　撰稿）

西南财经大学

西南财经大学是教育部直属的国家"211工程"和"985工程"优势学科创新平台建设的全国重点大学。

学校始于1925年在上海创立的光华大学。1938年,因抗战西迁建立光华大学成都分部;1952—1953年汇聚西南地区17所院校的财经系科组建四川财经学院,这是中华人民共和国成立初期国家按大区布局的四所本科财经院校之一,也是西南地区唯一的综合性高等财经学府;1960年后历经分设、合并、更名等,于1978年恢复为四川财经学院;1979年由四川省划归中国人民银行主管,逐渐形成了学校独特的金融行业背景和出色的金融学科优势;1985年更名为西南财经大学,1997年成为国家"211工程"重点建设高校,2000年以独立建制划转教育部管理,2011年成为国家"985工程"优势学科创新平台建设高校。

1. 学校早期发展沿革

(1) 上海私立光华大学。

上海光华大学创办于1925年。抗战爆发后,1938年内迁成都兴办了光华大学成都分部,故校址所在地得名"光华村"。

(2) 成华大学

1945年抗日战争胜利后,光华大学在上海复校,校董事会决定将成都分部赠与四川人士接办,更名为成华大学。当时由邓锡侯代表川籍校董接受,先后有王兆荣、向傅义、何北衡等任校长及代校长。1949年,成华大学设有中国语文、外文、政治、经济、工商管理、会计、银行等7个学系和工商管理、会计、农艺3个专修科。

2. 中华人民共和国成立后的发展演变

(1) 四川财经学院。

1949年12月成都解放后,学校由人民政府拨款补助办学,先由黄宪章主持校务,继由刘星恒、彭迪先任校长。1952年全国高等学校院系调整中,成华大学于10月和成都会计专科学校、西南贸易专科学校、华西大学经济系、川北大学企业管理系、重庆大学银行保险系、重庆财经学院经济系合并,成立四川财经学院,在成都市西郊光华村成华大学和成都会计专科学校原址办学,当年秋开始上课。1953年,贵州大学企业管理系、西南人民革命大学三处（1952年由西南军政委员会财政部财政学校、重庆大学商学院和法学院经济系、重庆财经学院和西南贸易专科学校等校合并而成）并入四川财经学院。经过两次院系调整，四川财经学院成为当时西南地区唯一的高等财经学校，荟萃了西南地区财经学科的专家学者和教授，共有教师245人，其中教授50人，副教授28人，有著名经济学家陈豹隐、知名教授杨佑之、李孝同、归润章、刘心锥、汤象龙、梅远谋、杨声等在校执教。

学院设工厂管理系（工厂管理专业）、经济计划系（经济计划专业）、统计系（工业统计专业）、会计系（簿记核算专业）、财政系（财政学专业）等5个系5个专业，工厂管理、工业统计、簿记核算3个专业还设有专修科。共有在校学生1100余名，学制为四年（西南人民革命大学合并来的学生学制三年）。同年，由张部方任校长。学院由中央人民政府高等教育部委托四川省人民政府代管，1954年11月改由高教部直接领导，1958年7月又由高教部下放四川省领导。

1954年，对一批专业进行调整，拓宽专业口径：工厂管理系改为工业经济系，工业管理专业改为工业经济专业，工业统计专业改为统计学专业，簿记核算专业改为工业会计专业（1955年再改为会计学专业），经济计划专业改为国民经济计划专业，财政专业改为财政信贷专业。1955年至1959年，为业务部门培训在职干部，举办了一批一、二年制的干部专修科。1956年，建立农业经济系，设农业经济专业，同时，增设了工科3个系和专业，即机械系设机械制造工艺专业、土木系设工业与民用建筑专业、化工系设糖品物工学专业，同年，附设夜大学特别班。1957年春，撤销3个工科系，3个工科专业分别调整到重庆大学、成都工学院（现成都科技大学）、华南工学院（现华南理工大学）。1959年，增设政治经济学专业。1960年，建立政治经济学系，会计、统计两个系合并为核算经济系，增设贸易经济专业，将贸易经济专业与财政系合并为财政贸易系，新建科技一系、科技二系和科技三系（设原子核物理、半导体物理、自动学及远动学、流体力学、计算技术与计算数学、高分子化学、无线电材料与器械、无线电技术等8个专业），学校对外挂四川财经学院和四川科学技术学院两个牌子，校内仍为一套机构，统一领导，原拟在条件成熟后分为两个学院。学校在校人数达到1780余人。同年，成立经济研究所。1961年，根据中央提出的"调整、巩固、充实、提高"八字方针，四川省决定，不再办四川科学技术学院，撤销了3个工科系，将学院改名为成都大学，设政治经济学、计划经济、物理、化学、数学力学等5个系，下设工业经济、农业经济、会计学、统计学、物理学、化学、数学、力学等9个专业。1963年，计划经济系分为工业农业经济系和会计统计系。1964年，理科3个系调整到四川师范学院（现四川师范大学），工业农业经济系分为工业经济和农业经济两个系，会计统计系分为会计和统计两个系。同年开始举办函授教育，设8个专业。到1966年，成都大学共有5个系5个专业，在校学生1345人，教职工543人，其中专职教师25人。学校还先后成立外文编译室和货币陈列室、实验工厂、实验农场，以及农业技术学、工业技术学、商品学等实验室，并先后建立各专业资料室。学校图书馆藏书40余万册。经过中华人民共和国成立后十几年的建设，一所新型的社会主义高等财经学校已形成一定规模，具有相当的学术水平。

1966年"文革"开始后，学校停止招生，教学、教育工作陷于停顿。1971年，成都大学被撤销，学校校舍被占用，但干部、教师基本保留下来。1978年4月，国务院批准恢复四川财经学院，由四川省人民政府领导。同年，学院恢复政治经济学、工业经济、会计、统计、财政5个系，增设银行专业，并招收学生。1979年，恢复农业经济系，成立金融系、银行专业改为金融专业，建立人口研究室。1980年4月，学院改由中国人民银行和四川省双重领导，以中国人民银行为主，学院开始向以金融学科为重点、其他各类财经专业相互渗透的综合性方向发展。1981年，经国务院学位委员会批准，政治经济学、工业经济、农业经济、财政学、货币银行学、会计学、统计学、人口学等8个学科获硕士学位授予权。1982年，学院增设金融专修科。1988年，重建经济研究所；增设物资会计、计划统计、基本建设财务与会计、财政、工业企业管理、国民经济计划、财务会计师7个专修科；受四川省高等教育自学考试指导委员会委托，主持经济类9个专业的课程考试。1984年，经国务院学位委员会批准，政治经济学学科获博士学位授予权。

（2）西南财经大学。

1985年11月，四川财经学院改名为西南财经大学，同年，建立经济信息管理系，设经济信息管理专业，增设价格学专业和金融学专业，人口研究室改为人口研究所，建立西南财经大学出版社。1986年，经国务院学位委员会批准，中国经济史、数量经济学2个学科获硕士学位授予权，工业经济、农业经济、财政学、人口学4个学科获博士学位授予权。同年，新建贸易经济系，增设农村金融专业税务专业、市场学专业。1987年，建立法学系，设经济法与人口学2个专业，国际经济系，设国际金融专业。1988年，政治经济学学科被国家教委确定为全国高等学校重点学科。

1990年，又有马克思主义经济思想史、企业管理、国民经济计划与管理、国际金融4个学科获硕士学位授予权，货币银行学学科获博士学位授予权。1997年，成为国家"211工程"重点建设高校。1998年，教育部批准西南财经大学建立"国家经济学基础人才培养基地"。

2000年2月，学校以独立建制由中国人民银行划转教育部直接管理。9月，组建教育部人文社会科学研究基地——"中国金融研究中心"。2002年，在教育部组织的评审中，西南财经大学金融学科被评为首批国家重点学科。2010年，成为国家教育体制改革试点高校。

2011年，成为国家"985工程"优势学科创新平台建设高校，"985工程"金融学科群与中国金融创新发展优势学科创新平台正式立项建设。2011年9月，经国务院学位委员会和教育部批准，研究生部升格为研究生院。2012年7月，西南财经大学、清华大学、上海财经大学三所院校联合组建国内首个经济学协同创新中心；8月，由西南财经大学牵头，国家审计署、中国银监会、中国人民大学及武汉大学等共同发起组建"中国金融发展与金融安全协同创新中心"。

学校坚持社会主义办学方向，全面贯彻党和国家的教育方针，坚持立德树人根本任务，肩负人才培养、科学研究、社会服务、文化传承创新、国际交流合作的重要使命。扎根中国大地办大学，坚持走以质量提升为核心的内涵式发展道路，坚持依法治校、教授治学、民主管理、社会参与，努力建设特色鲜明高水平研究型财经大学。

学校致力于培养德智体美全面发展、具有社会责任感、创新精神、国际视野的财经领域的卓越人才。现有全日制在校学生22600余人，其中普通全日制本科生15800余人，硕士研究生5800人，博士研究生900余人，长期留学生700余人。建校以来，学校共培养了16万余名各类高级专门人才，为国家经济建设和社会进步作出了重要贡献，被誉为"中国金融人才库"。

学校拥有教育部人文社会科学重点研究基地"中国金融研究中心"、国家经济学基础人才培养基地、国家级教育示范中心"经济管理实验教学中心"和"现代金融创新实验教学中心""教师教学发展示范中心"以及四川省重点实验室"金融智能与金融工程实验室"等一批师资力量雄厚的教学与科研机构；学校主办的《经济学家》《财经科学》分别入选"教育部名刊工程""全国高校百强社科期刊"；创办国内首本金融英文学术期刊Financial Innovation；图书馆馆藏文献200余万册，是目前西南地区最大的财经文献中心，设有西南地区唯一的货币金融博物馆。

学校着力构建特色鲜明、优势突出、结构合理、充满活力的学科生态体系，形成了以经济学管理学为主体、金融学为重点、多学科协调发展的办学特色。学校设有26个学院（中心、部）等教学单位，33个本科专业，108个硕士学位培养专业（含18个硕士专业学位），57个博士学位培养专业；有理论经济学、应用经济学、工商管理、法学、管理科学与工程5个博士学位授权一级学科，11个硕士学位授权一级学科；拥有金融学、政治经济学、会计学和统计学4个国家重点学科，5个省级重点一级学科；有理论经济学、应用经济学、工商管理和管理科学与工程4个博士后流动站。

学校坚持人才为本、学术为魂，在波澜壮阔的办学历程中，人文荟萃，名师云集。胡适、钱锺书、徐志摩、叶圣陶等大师在此传道讲学；谢霖、陈豹隐、汤象龙、许廷星、刘诗白等著名经济学家于此授业解惑。现有专任教师1380余人，其中，教授290余人、副教授530余人，博士生导师280余人，全职海归博士260余人，特聘海外院长7人。享受国务院政府特殊津贴专家16人，"万人计划"3人、"千人计划"7人、"杰青""优青"4人、"长江学者"18人。

学校坚持主动服务国家战略，加强协同创新，服务社会能力不断增强。积极开展国家、行业、区域经济社会发展中重大理论和实践问题的研究，获批建设"全国中国特色社会主义政治经济学研究中心"；依托学校人才优势和学科优势，主动响应国家精准扶贫战略，积极开展对口帮扶工作，勇担大学社会责任；加强中国金融安全协同创新中心、中国家庭金融调查中心以及西财智库等科研机构建设，拓宽智库成果报送渠道，充分发挥"智囊团"和"思想库"的作用，为党和政府科学决策提供高质量的智力支持。

学校坚持国际化办学理念，着力提升国际交流与合作的层次与水平，国际影响力显著提升。设立中外合作办学项目和办学机构、招收培养留学生、举办国际学术会议、开展国际教育文化交流。目前已与近50个国家和地区的近百所知名大学、金融机构及知名企业建立了广泛的合作关系。建有2所孔子学院。品牌项目Discover SWUFE暑期学校影响力不断增强。光华讲坛影响力提升，众多诺贝尔奖获得者等知名学者先后作客学校与师生展开高层次、前沿性对话与研讨。

一所大学的发展，悠远而漫长。90余年的历史长卷，展现的是厚重的文化，思想的光芒；是英才辈出，群贤荟萃；是艰难求索，成就斐然。鉴往知来，登高临远，全体西财人信心满满，永葆大学理想，秉持"经世济民，孜孜以求"的大学精神，必将以更高站位、更大格局、更强定力、更优作风，携手共进，砥砺前行，抓住"双一流"建设这个重大历史机遇，围绕实现学校"十三五"规划任务，着力在特色化、高水平、研究型上下工夫，加快建成特色鲜明的高水平研究型财经大学，为实现中华民族伟大复兴的中国梦作出新的更大贡献。

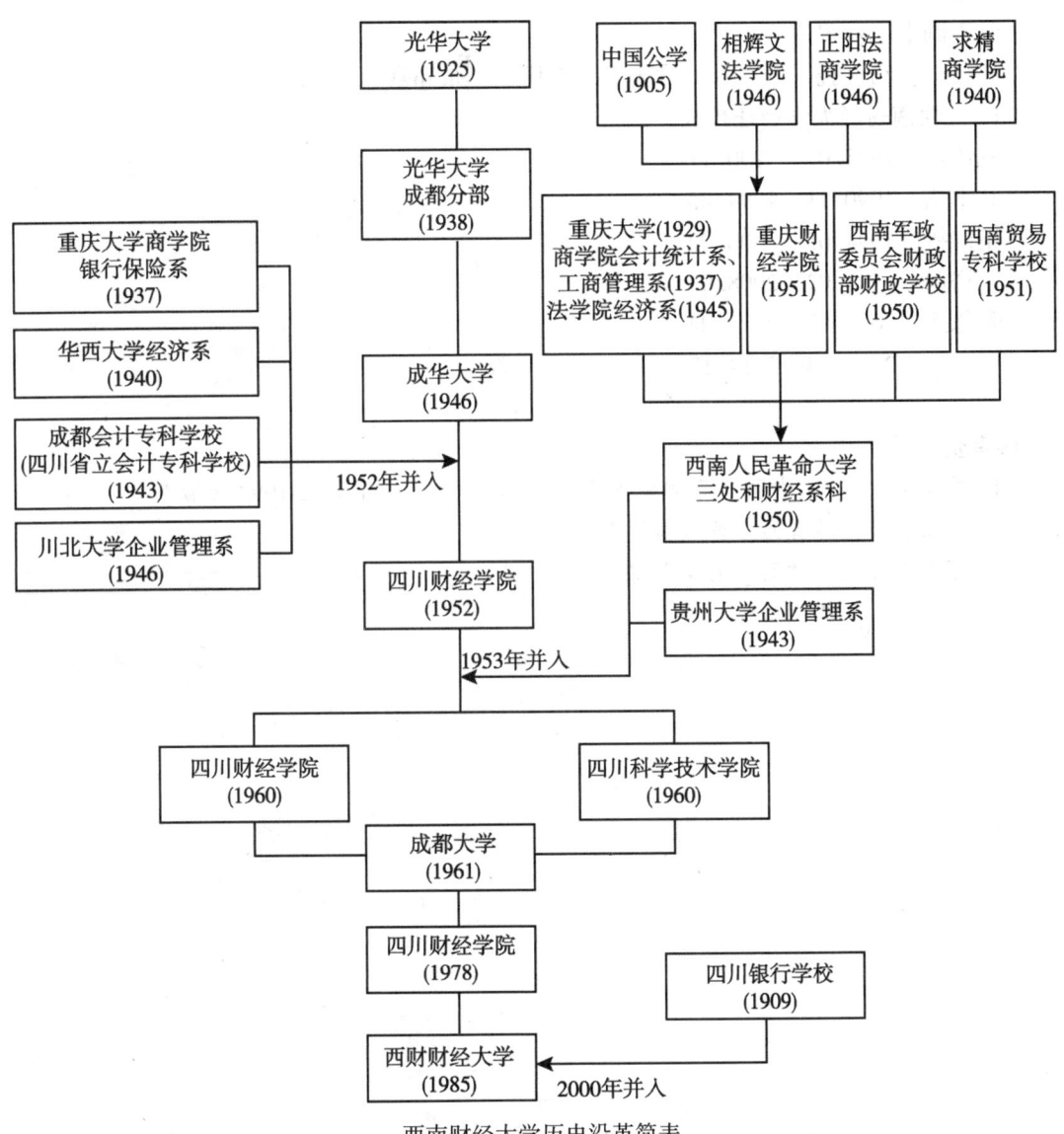

西南财经大学历史沿革简表
［括号内的年份为该院校（系科）的创办或者更名时间］

3. 现任与历任领导

（1）现任领导。
党委书记：赵德武
党委副书记、校长：卓　志
党委副书记、纪委书记：欧　兵
党委副书记：曾道荣
副校长：马　骁　杨　丹　尹庆双　史代敏　张邦富
（2）西南财经大学历任校长。
刘诗白　1985.02—1990.11
甘本佑　1990.11—1994.05
王永锡　1994.05—2000.02
王裕国　2000.02—2008.07
赵德武　2008.07—2012.04
张宗益　2012.04—2014.12

◎ **参考资料：**

1. 季啸风主编：《中国高等学校变迁》，华东师范大学出版社 1992 年版。
2. 西南财经大学官网"学校概况"。
3. 西南财经大学"百度百科"条目。

（雷虹　撰稿）

西南交通大学

西南交通大学是教育部直属全国重点大学，国家首批"双一流""211 工程""985 工程""2011 计划"重点建设并设有研究生院的研究型大学。

学校创建于 1896 年，前身为山海关北洋铁路官学堂，是中国第一所工程高等学府，中国土木工程、交通工程、矿冶工程高等教育的发祥地，"交通大学"最早两大源头之一，素有"东方康奈尔"之美誉。学校先后定名交通大学唐山工（程）学院、国立交通大学贵州分校、中国交通大学、北方交通大学、唐山铁道学院等。1952 年全国高等学校院系调整，学校部分系科师资调入清华大学、天津大学等院校，1964 年根据中央建设"大三线"精神内迁四川，1972 年更名西南交通大学。

1. 清末时期的发展

（1）山海关北洋铁路官学堂。

学校前身为 1896 年创立的山海关北洋铁路官学堂。时任直隶总督兼北洋大臣王文韶上奏光绪帝设立铁路官学堂，后经光绪帝御批，在津榆铁路总局创办了中国第一所铁路学堂——山海关北洋铁路官学堂。1896 年 11 月 20 日，开始招生。建校初附设在北洋水师学堂上课，后迁山海关铁路工程分局旧址单独建校，这是我国最早的工科大学之一。初期专授铁路工程，设自然科学和工程技术课程 20 余门。1900 年 4 月，首届学生毕业。同年 9 月，八国联军入侵，山海关沦陷，学堂教学被迫中辍。

（2）邮传部唐山路矿学堂。

1905 年，因铁路建设人才匮乏及山海关铁路学堂卓越的办学成绩，山海关内外铁路总局筹备恢复学堂，遂选址唐山复校。因添办矿冶学科，学堂名称为"山海关内外路矿学堂"，又因校址在唐山，故定名为"邮传部唐山路矿学堂"。

1906 年 8 月初，学堂在天津、上海、香港等地主要报纸刊登招生广告，开始招生，设机械、铁路工程、矿业 3 个科，学生 190 人。1907 年归邮传部直属，当时学校已发展成为全国最为知名的工科学府之一。

2. 民国时期的发展

（1）唐山工业专门学校。

1911 年对学校发展起决定性影响的罗忠忱教授到校任教。1912 年改属交通部，更名为唐山铁路学校,学校课程主要为土木工程类。同年秋,当时任全国铁路督办的孙中山先生到校视察,勉励师生关心国事、勤奋学习,为国家铁路事业作贡献。1913年9月,遵照国民政府教育部和交通部指示,学校更名为唐山工业专门学校。1916年教育部组织全国专门以上的学校进行评比,唐山工业专门学校获得第一,教育总长范源濂手书"竢实扬华"匾额一块以为奖励。1917年,毕业生茅以升、黄寿恒考取庚子赔款,留学美国。

1919年,学校校友会正式成立,时任校长章宗元及"中国近代工程之父"詹天佑等被推举为理事。至1920年,学校已发展成为全国一流的工科学府,培养了一批具有开创性贡献的科学家,如茅以升、竺可桢、杨杏佛、李俨、何杰、胡博渊、李光前、李国伟、钱崇澍、贝祖贻、潘承孝、何乃民、杜镇远、侯家源等。

(2)交通大学。

1920年12月,北洋政府交通部长叶恭绰以"交通要政,亟需专才"为由,将交通部所属之上海、唐山工业专门学校、北京邮电学校和北京铁路管理学校合并改组为交通大学。设立交通大学上海学校、交通大学唐山学校和交通大学北京学校。为了统一学科,沪校的土木科调归唐校,唐校的机械科调归沪校;沪校的管理科调归京校为大学部,京校原有系科改为专门部。1921年7月1日交通大学完成改组工作;交通大学唐山学校设立土木工程科,统称为"理工部"。

1922年6月20日,交通大学改组为两所独立的学校。沪校为交通部南洋大学,唐校为交通部唐山大学。京校撤销,并入交通部唐山大学,称交通部唐山大学北京分校。

1926年秋,北洋政府交通部代理总长兼唐山大学校长常荫槐筹建交通部唐山大学锦县分校,设管理、工程、矿冶三个系。这是东北的第一所国立大学。

1928年2月,北洋政府交通部指令交通部唐山大学改名唐山交通大学。6月,国民政府交通部改唐山交通大学为交通部第二交通大学(上海的南洋大学,已改称交通部第一交通大学)。

1929年3月,唐山交通大学锦县分校独立,称东北交通大学,由张学良兼任校长。

1929年,国民政府交通部再次将上海、唐山、北京三所交通大学整合为统一的交通大学。在上海设立电气工程、机械工程、铁道管理学院;在唐山设立交通大学唐山土木工程学院;在北平设立交通大学铁道管理学院北平分院。

(3)交通大学唐山工学院。

1931年,学校增设矿冶工程系,因此,更名为交通大学唐山工学院。增设交通大学研究所唐山分所。

1932年后,日本帝国主义加紧侵华,但学校在孙鸿哲院长主持下,唯唐山交通大学独挂国旗,全体教师及学生团结一致,在最前线坚持每一寸国土。

自1921年与上海南洋公学、北京邮电学校和北京铁路管理学校共同组建交通大学起,"唐山"与"交大"成为学校的共同名片,校名虽屡有变更,但唐山交通大学成为学校校友心中共同认可的校名。

(4)国立唐山工(程)学院。

1937年七七事变后,学校校园被日军占领,孙鸿哲院长病逝于北平。全校师生自发南迁,在湖南湘潭复校,茅以升任代理院长,后正式聘为院长。

1938年3月，教育部电令交通大学唐山工学院不再隶属交通大学校部而直接向教育部行文；令原交通大学北平铁道管理学院并入，在唐山工学院内增设铁道管理系。此后，唐山工学院又迁湖南湘乡、贵州平越。

1942年，因原北平铁道管理学院部分教师试图恢复独立，茅以升院长被迫离职。当年底教育部令，学校更名交通大学贵州分校，下辖唐、平两院，唐山工学院校友及教师胡博渊、罗忠忱、顾宜孙相继任贵州分校校长。1944年，日寇入侵贵州，该校再迁重庆璧山丁家坳，至抗战胜利。

1946年8月，回到唐山校园，接教育部电令，更名国立唐山工学院，顾宜孙任院长。

1949年，国立唐山工学院南迁上海，唐振绪校友在茅以升、赵祖康等支持下出任唐山工学院代理院长，为保全唐山工学院作出了巨大贡献。

3. 中华人民共和国成立后的发展

（1）中国交通大学。

1949年7月，中国人民革命军事委员会铁道部正式接管学校，将唐山工学院、北平铁道管理学院和从石家庄迁往唐山的华北交通学院合并为中国交通大学，本部在北京铁道部，下设唐山工学院和北京铁道管理学院，茅以升再次回到母校任职，在他和唐振绪院长的领导下，学校从国内外聘请了大批知名学者到校任教，新组建了机械、电气、化工系，开办机车、车辆、电信、号志、线路、桥架6个二年制专科，增强了数理共同学科，形成了完整的现代工科教育体系。1949年，在王柢教授领导的交通材料研究所的基础上，筹建铁道科学研究所。

（2）北方交通大学。

1950年8月，中国交通大学更名为北方交通大学，学校继而更名为北方交通大学唐山工学院。同年，建立了铁道技术研究所。建筑系调往北京铁道管理学院，北京铁道管理学院的材料工程系调入唐山工学院。至此，全校共有7个系6个专修科，教职工510人，在校学生175人，并从当年开始接收越南、朝鲜留学生到校学习。

1951年4月，毛泽东主席应茅以升校长之请为学校题写校名。同年，学校下辖的铁道科学研究所迁入北京由时铁道部管理，发展成为中国铁道科学研究院。

（3）唐山铁道学院。

1952年在全国高等学校院系调整中，唐山工学院采矿系调出，参加组建北京矿业学院，冶金系调出，参加组建北京钢铁学院，化工系并入天津大学，采矿系地质组并入北京地质学院，土木系水利组并入清华大学。清华大学、重庆大学、哈尔滨铁道学院的土木系铁路组调入唐山工学院，学院属铁道部领导。学校由一所多科性理工大学变为专门的铁道工程学院，改名为唐山铁道学院，设铁道建筑、铁道桥梁与隧道、铁道运输机械、铁道电气运输4个系7个专业。

1956年，学制由四年改为五年，增设运输系，并开始招研究生。同年，与唐山市联合开办了唐山市业余工学院。1958年，派出部分教师参加组建兰州铁道学院。1959年，增设数理力学系。至1960年，学院已发展为6个系20个专业，开始向理工科大学发展，被国家定为全国首批重点大学之一。同年，又调派干部和教师支援长沙铁道学院和上海铁道学院。

唐山铁道学院从20世纪50年代初起因唐山校址受开采煤矿地下采煤影响停止扩建后，曾先后在北京、天津、兰州等地选址谋迁。1958年在兰州建成部分校舍，后又决定不迁兰州，已建成的部分校舍成立兰州铁道学院，唐山铁道学院的铁道工程、桥梁隧道、机械工程3个系以及共同课的教学骨干均配套调给。1964年经国务院批准学院迁往四川省峨眉建校。因"文革"动乱等原因，1971年才正式搬迁完毕。

（4）西南交通大学。

1972年，学校改名为西南交通大学。1978年恢复招收研究生。1979年试行学分制，1981年国家恢复高等教育学位制度以后，学校被批准为首批具有硕士、博士学位授予权的学校之一。

1983年设研究生部，学校的学科和专业建设开始立足铁路、面向全国，向理、工、管、文结合的方向发展。同年建立土木工程系、运输系、电气工程及计算机工程系、数理力学系、机械工程系、机车车辆系、航空摄影测量及工程地质系。1984年，拓宽专业口径，调整了部分专业的名称，成立社会科学系和管理工程系。同年，岩土工程、工程机械、运输管理3个学科被批准为有硕士学位授予权。

1985年，建立材料工程系，电气工程及计算机科学系分为电气工程系和计算机科学与工程系，从数理力学系中分出建应用物理系和工程力学系。1986年，成立应用数学系，原数理力学系撤销；机械工程系改名为机械工程一系，机车车辆系改名为机械工程二系；从土木工程系中分出建立建筑学系；还成立了出版社，建立了电化教育中心。同年7月，国务院学位委员会又批准结构工程、水力学及水流动力学、工程测量、机械学、机械制造、内燃机、工业管理工程、一般力学、计算力学等9个学科、专业为硕士学位授权点，铁道工程、机车车辆、运输管理工程3个学科、专业为博士学位授予点。1987年，土木工程系分建为铁道及道路工程系、桥梁及地下工程系、建筑工程系，筹建土木工程学院。

1989年，学校校部正式搬迁至四川省成都市，从而形成了成都、峨眉两个校区。

2000年2月12日，西南交通大学由铁道部正式划归教育部。2002年，学校在成都市郫县启动犀浦校区建设。2002年12月25日始学校由教育部和铁道部共建。2004年"一校两地三校区"的办学格局正式形成。

2017年9月，入选国家"双一流"建设高校。

学校现有九里、犀浦和峨眉三个校区，占地面积共约5000亩。2006—2017年，学校共获得科技成果奖励100多项，其中包括国家科学技术进步奖特等奖2项、一等奖5项、二等奖14项、国家自然科学二等奖1项等22项国家科学技术奖；2009年、2010年国家科技进步奖获奖数量分列全国高校第七位和第九位。

竢实扬华，交通天下。以习近平新时代中国特色社会主义思想为指引，西南交通大学正全面深化改革，深入推进"双一流"建设，主动对接"一带一路""交通强国"、中国高铁走出去等国家战略需求，坚定不移地朝着"交通特色鲜明的综合性研究型一流大学"总目标，扎扎实实建设"轨道交通领域世界第一的大学"，为谱写中华民族伟大复兴中国梦的西南交通大学篇章而努力奋斗。

4. 现任与历任领导

（1）现任领导。
党委书记：王顺洪
党委副书记：陈志坚　晏启鹏　桂富强
校长：徐　飞
副校长：朱健梅　蒲　云　张文桂　冯晓云
总会计师：张　兵

（2）历任领导。
山海关北洋铁路官学堂时期，1896年5月至1900年9月，校址山海关。

姓名	职务	任期
吴调卿	总办	1896年夏
罗仙桥	监督	1897.10—1898秋
胡叔博	监督	1898秋—1899
蓝轶符	监督	1899春—1900.09

唐山铁路学堂时期，1905年5月至1906年3月，校址唐山。

姓名	职务	任期
梁如浩	总办	1902.05—1905.07
周寿臣	总办	1905.07—1906.09

山海关内外路矿学堂时期，1906年3月至1908年1月。

姓名	职务	任期
方伯梁	监督	1905.07—1908.06

唐山路矿学堂时期，1908年1月至1912年7月。

姓名	职务	任期
罗敦曧	坐办	1908.01—1908.06
熊崇志	监督	1908.06—1912.07

唐山铁路学校时期，1912年7月至1913年9月。

姓名	职务	任期
赵仕北	校长	1912.07—1916.08

唐山工业专门学校时期，1913年9月至1921年7月。

姓名	职务	任期
骆　通	校长	1916.08—1917.07
章宗元	校长	1917.07—1920.06

| 刘式训 | 校长 | 1920.06—1921.07 |

交通大学唐山分校时期，1921年7月至1922年7月。

姓名	职务	任期
叶恭绰	交通大学总校校长	1921.05—1922.05
罗忠忱		1921.07—1922.07
茅以升	唐校副主任	
陆梦雄	交通大学总校长	1922.05—1922.06
关赓麟	校长	1922.06—1922.07

交通部唐山大学时期，1922年7月至1928年2月。

姓名	职务	任期
俞文鼎	校长	1922.07—1923.01
刘式训	校长	1923.02—1924.11
孙鸿哲	校长	1924.11—1926.01
茅以升	校长	1926.01—1926.06
胡仁源	校长	1926.03—1926.06
常荫槐	校长	1926.06—1927.09

唐山交通大学时期，1928年2月至1928年6月。

姓名	职务	任期
程 崇	校长	1927.09—1928.05

第二交通大学时期，1928年6月至1928年9月。

姓名	职务	任期
王伯群	校长	1928.07—1928冬
孙鸿哲	副校长	1928.06—1928.09

交通大学唐山土木工程学院时期，1928年9月至1931年8月。

姓名	职务	任期
孙 科	总校校长	1928.11—1930.10
孙鸿哲	院长	1928.09—1929.05
郑 华	院长	1929.02—1929.09
黎照寰	总校副校长	1929.06—1930.10
黎照寰	总校校长	1930.10—1944冬
李垕身	院长	1929.09—1930.05

| 李书田 | 院长 | 1930.05—1932.07 |

交通大学唐山工程学院时期，1931年8月至1942年1月，学校唐山、湘潭、湘乡、平越四地搬迁。

姓名	职务	任期
孙鸿哲	院长	1932.08—1937.10
茅以升	代院长	1938.02—1938.05
茅以升	院长	1938.05—1942.04

国立交通大学贵州分校时期，1942年1月至1946年8月，校址平越。

姓名	职务	任期
胡博渊	校长	1942.04—1943.08
罗忠忱	校长	1943.08—1945.06
顾宜孙	校长	1945.06—1946.08

国立唐山工学院时期，1946年8月至1949年7月，校址唐山。

姓名	职务	任期
顾宜孙	院长	1946.08—1949.03
唐振绪	代行院务	1949.01—1949.03
唐振绪	院长	1949.03—1949.07

中国交通大学唐山工学院时期，1949年7月至1950年8月。

姓名	职务	任期
茅以升	总校校长	1949.10—1950.08
金士宣	总校副校长	1949.11—1950.08
唐振绪	主任委员	1949.07—1950.09

北方交通大学唐山工学院时期，1950年8月至1952年5月。

姓名	职务	任期
茅以升	总校校长	1950.08—1952.05
金士宣	总校副校长	1950.08—1952.05
顾稀	代院长	1950.09—1951.07
顾稀	院长	1951.07—1957.10

唐山铁道学院时期，1952年5月至1972年3月。

姓名	职务	任期
白铁岩	代院长	1956.08—1957.06
钱应麟	院长	1957.10—1959.12

| 顾　稀 | 院长 | 1959.12—1966.02 |
| 杜景云 | 院长 | 1966.02—1973.01 |

西南交通大学时期，1972年3月至1988年3月，校址峨眉。1988年3月至今，校址成都。

姓名	职务	任期
杜景云	革委会主任	1973.01—1973.11
戈　平	主持校务	1973.11—1978.03
沈正光	主持校务	1978.03—1978.08
刘圣化	校长	1978.08—1982.01
阎　涛	校长	1982.01—1983.10
王润霖	校长	1983.10—1985.10
沈大元	校长	1985.10—1993.06
孙　翔	校长	1993.06—1995.03
胡正民	校长	1995.05—1997.12
周本宽	校长	1997.12—2007.02
陈春阳	校长	2007.02—2013.09

◎ **参考资料：**

1. 季啸风主编：《中国高等学校变迁》，华东师范大学出版社1992年版。
2. 西南交通大学官网"学校概况"。
3. 西南交通大学"百度百科"条目。

（雷虹　撰稿）

电子科技大学

电子科技大学是中华人民共和国教育部直属重点大学,"211 工程"及"985 工程"重点建设高校,是中国高层次电子信息人才培养和科学技术研究的重要基地。学校成立于1956 年 9 月,是在周恩来总理的亲自部署下,由交通大学(现上海交通大学、西安交通大学)的电讯工程系、华南工学院(现华南理工大学)的电讯系和南京工学院(现东南大学)的无线电系合并创建而成中华人民共和国第一所无线电大学,是中国最早的七所重点国防院校之一。

1. 学校的历史沿革

1955 年 3 月 30 日,高等教育部向周恩来总理提出:"将华南工学院、南京工学院、交通大学等校的电讯工程有关专业调出,在成都建立无线电工程学院。"5 月,国务院决定由高等教育部和第二机械工业部共同负责筹建成都无线电工程学院。

1955 年 7 月,第二机械工业部召开成都无线电工程学院的筹备会议,决定成立成都无线电工程学院筹备委员会。1956 年 2 月,中共四川省委常委会议正式决定,学院院址设在成都市东北郊府青路以东、沙河以西的保和乡地区。1956 年 9 月初,沙河校区电子通信大楼、教学主楼、教职工宿舍均已竣工。9 月 29 日,在主楼东边体育场举行了成都电讯工程学院首届开学典礼;中国的科学巨匠、文学大师郭沫若手书"成都电讯工程学院"校名。

学校成立以来,随着国务院机构改革的进程,先后归属二机部、一机部、三机部、四机部、电子工业部、机械电子工业部、电子工业总公司、信息产业部负责管理。1960 年被列为全国重点高等院校。1961 年划归国防部国防科学技术委员会管理。1970 年划归四机部和解放军总参通信兵部共同管理。

1988 年更名为电子科技大学。1997 年首批成为国家"211 工程"重点建设大学。1998 年,国家冶金部所属成都冶金干部管理学院并入电子科技大学。2000 年独立建制划归教育部管理。2001 年成为国家"985 工程"重点建设大学。

2. 学校的发展变化

建校之初,学校定位为国家培养无线电工业干部(人才)的主要基地,重点为无线电工业部门培养专业技术人才。上海交通大学电讯系、华南工学院电讯系全部专业课教师、专业设备与图书和各年级学生以及南京工学院无线电系部分教师等为建校基础。1955年8月有教职工782人，其中教师168人（有教授16人、副教授11人，讲师25人），在校学生2889人。9月正式开学，学院首届招生147人，学制定为五年，设有线电系（设有线电设备专业）、无线电系（设无线电设备专业）、电真空系（设电真空器件专业）和无线电零件及绝缘材料制造系（设电声设备、半导体、绝缘材料、磁性材料4个专门化），并建有附属实习工厂。同年筹建计算装置制造系（设电子计算机、自动化设备专门化）。其中半导体专门化和电子计算机专门化都是国内首批建立的，为中国早期的半导体计算机研究和生产单位输送了急需的人才。

1958年新建雷达系，无线电数学物理系。1959年，有线电系和无线电系合并为电讯系，并增设无线电测量设备设计与制造专业、无线电通讯设备设计与制造专业，原电声设备专门化改为电视设备设计与制造专业并归入电讯系，无线电零件及绝缘材料制造系改名为无线电材料与器件系，原半导体、绝缘材料、磁性材料3个专门化分别改为3个专业；电真空系改为电子器件系，增设电真空化学专业；计算装置制造系改为自动控制系，增设无线电遥控遥测、光学自动导引设备设计与制造、陀螺仪表设计与制造等3个专业。

到1960年，学院已建成6个系20个专业，其中不少是当代世界电子科学技术发展的前沿学科专业。1960年，学院被中央正式确定为首批全国重点高等院校之一。1961年，改由国防科学技术委员会主管。

1957年开始招收研究生。到1965年，先后在无线电通讯、无线电定位、信息论、自动控制、无电物理、计算技术、半导体材料与器件等13个学科专业招收了4名研究生。1963年，成立电子机械系，设电真空机械设备、无线电设备结构设计与工艺2个专业。

学院经过10年发展到1965年，在校生规模已达到8600多人，教职工总数发展到2194人，其中专任教师增加到868人，不少中青年优秀教师脱颖而出，在国内电子行业和电子科技领域有较高的声望。

1970年，学校改由第四机械工业部领导。到1976年，已先后在电视、电子计算机、激光技术等10多个专业招收学员3400余人。同期还举办了部分专业的进修班、培训班。

1977年全国恢复高校招生考试制度后，在13个专业恢复招收四年制本科学生。1978年恢复招收研究生。1979年，学院增设电子计算机软件专业，并和原有的电子计算机设计与制造专业组成计算机系；增设电子材料专业。1980年，学院对系和专业作了调整：原电讯系改建为无线电技术系；雷达系改建为电子工程系；由激光技术专业和真空电子技术专业组成光电子技术系；将无线电材料与器件系改为固体器件与电子材料系，设电子材料专业和固体器件专业；将原电视设备设计与制造、电子仪器及测量技术、无线电通信等专业合并为无线电技术专业，原雷达专业和无线电遥控遥测专业、电子对抗专业合并为电子工程专业；同时新建电磁场工程系，设电磁场工程专业；新增自动化专业，设在电子机械系。经过以上调整，学院共设8个系，下分15个专业。

1981年，经国务院学位委员会批准，学院成为首批具有博士和硕士学位授予权的高等学校之一。1982年，建立管理工程系（设工业管理工程专业），恢复夜大学，1983年成立研究生部。1984年，建立社会科学系（1988年更名为人文科学系），设思想政治教育专业和秘书专业；成立外语系，设科技英语专业；原基础系分设为数学系和物理系，数学物理专业同时改为应用数学，应用物理专业。1985年，经国家科委、国家教委批准，建立博士后科研流动站，4个博士点均可接收博士后人员。同年，成立成都电讯工程学院出版社，新建计算机通信、通信工程、电子精密机械、微电子电路与系统、图像传输与处理等专业，激光技术专业和真空电子技术专业分别改为物理电子技术专业和光电子技术专业，同年，学院全面实行学分制。1986年，组建自动化系，设自动控制、电子仪器及测量技术和新增的生物医学工程及仪器等3个专业。1987年，固体器件与电子材料系更名为微电子技术与电子材料系；增设工业与民用建筑专业，应用电子技术专业，检测技术及仪器专业。同年，学院的4个博士学位授权点被确定为国家级重点学科。

1988年，成都电信工程学院改名为电子科技大学。1989年，电磁场工程系改名为微波工程系；微电子技术与电子材料系改建为微电子科学与工程、材料科学与工程两个系；新建体育艺术系；增设电磁环境工程等8个新专业，原秘书等2个专业拓宽专业范围。到1989学年度开学时，共有15个系、37个专业。

电子科技大学重视开展科学研究工作，继1979年成立高能电子学研究所和应用物理研究所以后，又先后建立微型计算机、微电子、信息系统、光电子技术、磁记录、电子工程、高等教育等7个研究所和电子工程系统设计所。另外，还建有电子对抗、天线及电波传播、雷达技术、电波传播、可靠性、电子测试、生物电子学、自然辩证法等一批研究室。现有专职科研人员400余人。全校自建校以来共进行1800多项较为重要的科学研究，还承担国家16个"八六三"高技术研究项目、14个"七五"攻关项目、14个自然科学基金项目和7个博士点基金项目；共发表或出版学术论文、学术著作3800余篇（部），取得470多项重大科技成果，有4项成果获国家科技进步奖，2项成果获国家自然科学奖，1项成果获国家发明奖，3项成果获国家"六五"攻关优秀项目奖，200多项获省和部委级科技成果奖。

此外，还获得1987年第36届布鲁塞尔尤里卡发明博览会银牌、铜牌各一枚，全国第三届发明展金牌一枚，四川省首届发明展金杯奖6项。一批优秀教师如：中国科学院学部委员林为干、刘盛纲；教授谢立惠、顾德仁、谢处方、王欲之、张世美、冯志超、李乐民、黄香酸、张有正、毛钧业、曲喜新、刘锦德、陈星弼、陈尚勤、张宏基、江明德、吴正德等同志，在各自的学术领域里都有很深的造诣，并产生较大影响。1987年，学校成功地主办了第四届回旋管及自由电子激光国际讨论会。据中国管理科学院对发表在国际权威性科技刊物的论文数量排序，电子科技大学在全国工科院校中位居前列。

1989年，电子科技大学建立了宽带光纤传输与通信系统技术国家重点实验室，并建成电化教育、微型计算机开发与培训、电子材料微观分析与测试、计算机、微波测试、电子测试与计量等6个中心。

1992年，成立了电子工程学院、信息材料工程学院。1993年，成立了管理学院、人文社科学院。1994年，成立了通信与信息工程学院、计算机科学与工程学院。1997年，成为国家首批"211工程"重点建设大学，同年成立了体育系。1998年，国家冶金部所属成都冶金干部管理学院并入电子科技大学。

2000年，独立建制划归教育部管理；建立研究生院。2001年，成为国家"985工程"

重点建设大学；成立微电子与固体电子学院、物理电子学院、光电信息学院、自动化学院、机械电子工程学院、生命科学与技术学院、应用数学学院、外国语学院、示范性软件学院、体育部。2002年至2004年，先后成立了电子科技大学中山学院、电子科学技术研究院、电子科技大学成都学院。2006年学校与教育部、信息产业部签署共建电子科技大学协议；成立政治与公共管理学院、空天科学技术研究院。2007年，成立经济与管理学院、东莞电子科技大学电子信息工程研究院。2008年，成立国际教育学院。2009年，成立英才实验学院、马克思主义教育学院、数学科学学院。

2010年，成立无锡研究院。2011年，学校入选教育部"卓越工程师教育培养计划"；成立能源科学与工程学院、信息与软件工程学院。2012年教育部全国第三轮一级学科评估结果中，"电子科学与技术"学科全国排名第一，"信息与通信工程"学科全国排名第二，同年成立了资源与环境学院、航空航天学院、成都研究院。2013年，成立格拉斯哥学院、医学院。2014年，成立基础与前沿研究院。2016年9月，国内首座综合性电子科技博物馆在电子科技大学清水河校区开馆。近2000平方米的展厅陈列了近千件电子类藏品，辅以多媒体设备和图文说明，清晰地展示了电子科技发展历史。2016年11月，全国历史最久、规模最大的大学生创新创业赛事"创青春"全国大学生创业大赛在学校举行，来自海内外6000多名高校师生代表参会。电子科技大学以团体总分第一名的成绩捧得最高奖"冠军杯"。2017年9月，教育部、财政部、国家发改委公布了世界一流大学和一流学科建设高校及建设学科名单，学校入选一流大学建设高校A类名单。

经过60年的建设，学校现设有清水河、沙河、九里堤三个校区，占地面积4000余亩，有24个学院（部），66个本科专业，其中14个为国家级特色专业建设点；2个国家一级重点学科、2个国家重点学科；一级学科博士学位授权点15个，二级学科博士学位授权点52个；一级学科硕士学位授权点26个，二级硕士学位授权点70个。各类全日制在读学生33000余人，其中博士、硕士研究生12000余人，教职工3800余人，其中专任教师2300余人，教授500余人。形成了从本科到硕士研究生、博士研究生等多层次、多类型的人才培养格局，已成为一所完整覆盖整个电子类学科，以电子信息科学技术为核心，以工为主，理工渗透，理、工、管、文协调发展的多科性研究型大学。根据2017年3月ESI数据，学校工程学、材料科学、物理学、计算机科学、化学、神经科学与行为学6个学科进入ESI前1%，其中工程学于2016年7月进入了ESI前1‰。

学校还拥有国家级重点实验室4个，国家工程中心1个，国家地方联合工程实验室1个，国家级国际联合研究中心2个，省部级科研机构43个，2个国家自然科学基金委创新群体、7个教育部创新团队和1个国防科技创新团队，5个高等学校学科创新引智基地（"111"计划）。"十一五"以来科技成果获国家级奖励17项、部省级奖励239项，发表论文（专著）36000余篇（部），申请专利6400余项。

电子科技大学以"求实求真、大气大为"为校训，以人才培养为根本，以服务国家、地方经济建设和国防建设为己任，开拓进取，锐意创新，努力在21世纪中叶前建成有中国特色的世界一流大学！

3. 现任与历任领导

（1）现任领导。

校长：李言荣

副校长：熊彩东　朱　宏　杨晓波　胡皓全　曾　勇　徐红兵　胡　俊

党委书记：王亚非

党委副书记：李言荣　申小蓉　彭　岚　靳　敏

党委常委：王亚非　李言荣　熊彩东　杨晓波　申小蓉　胡皓全　彭　岚　靳　敏　徐红兵　胡　俊　武好明

（2）历任领导。

历任党委书记

姓名	任期	姓名	任期
吴立人	1956—1959	原　钧	1983—1986
蒋崇璟	1959—1960	张中瀛	1986—1990
孙　泱	1960—1962	王明东	1990—2001
羊君度	1965—1971	胡树祥	2001—2009
庄玉铭	1973—1981	王志强	2009—2017
宋大凡	1981—1983		

历任校长

姓名	任期	姓名	任期
吴立人	1956—1958	刘盛纲	1986—2001
谢立惠	1958—1978	邹寿彬	2001—2009
王甲纲	1978—1983	汪劲松	2009—2013
顾德仁	1983—1986		

◎ **参考资料：**

1. 季啸风主编：《中国高等学校变迁》，华东师范大学出版社1992年版。
2. 电子科技大学官网"学校概况"。
3. 电子科技大学"百度百科"条目。

（雷虹　撰稿）

西安交通大学

西安交通大学简称"西安交大",位于古都西安,是中华人民共和国教育部直属全国重点综合性研究型大学,为我国最早兴办的高等学府之一。

其前身是1896年创建于上海的南洋公学,1921年改称交通大学,1956年国务院决定交通大学内迁西安,为交通大学西安部分,1959年定名为西安交通大学,并被列为全国重点大学。2000年国务院决定将西安交通大学、西安医科大学、陕西财经学院三校合并,组成新的西安交通大学。学校是"七五""八五"首批重点建设单位,首批进入国家"211"和"985"工程建设、国家确定为以建设世界知名高水平大学为目标的学校。2017年,在国家公布的"双一流"建设名单中,入选一流大学A类建设高校,8个学科入选一流建设学科。

1. 学校早期发展沿革

(1)南洋公学。

1895年,甲午战争的失败和《马关条约》的签订使中华民族处于危难之中。为了兴学强国,洋务派大臣盛宣怀提出"自强首在储才,储才必先兴学"的主张和对旧式教育机构进行改革的建议。1896年,盛宣怀再次向清廷条陈自强大计,附奏《请设学堂片》,在上海筹款议建新式学堂,名曰"南洋公学"。1897年1月26日,奏折得到清廷御准,南洋公学正式创立,盛宣怀亲自担任公学督办,何嗣焜担任总理。

1897年设立师范院和外院,1898年设立中院,后来又设立上院,实现四院并设的计划。南洋公学的教育目标是:"以通达中国经史大义,厚植根底为基础,以西国政治家日本法部文部为指归,略仿法国国政学堂之意",培养内政、外交、理财三方面的人才。1898年开始选派学生出国留学。

南洋公学于1899年成立译书院,由著名出版家张元济任主任。严复翻译的《原富》一书全部22册首先由译书院出版。1903年译书院停办,张元济将停办的译书院和张瑞芳主持的书局合并,成立商务印书馆。

为了培养政治、经济等专门人才,南洋公学1901年设立政治科,办特班、政治班,1903年办商务班。著名教育家蔡元培任特班班主任,对学生进行爱国主义教育。公学早期培养的学生很多都是辛亥革命的骨干,其中著名的有辛亥革命的烈士白雅雨、护国将军蔡锷及著名人士邵力子、黄炎培等。

(2)商部高等实业学堂到交通部上海工业专门学校。

南洋公学于1905年划归商部,改名为商部高等实业学堂;1906年改名为邮传部上海高等实业学堂,设立商务科,开办铁路工程班,开始向工科学校发展。1907年秋将铁路工程班扩充为铁路专科,停办商务科。1908年增设电机专科,1909年增设航海专科。

辛亥革命后学校隶属北洋政府交通部。1911年改名为南洋大学堂,1912年又改名为交通部上海工业专门学校。1913年学校电机科改为电气机械科,铁路科改为土木科。1918年设立我国最早的铁路管理科,学校开始成为一所中国人自己办的以工为主、工管结合的高等工业大学。

唐文治从1907年至1920年任校长,在办学过程中坚持"求实学、办实业"的思想,创建了我国近代高等工科教育体制,对西安交通大学的发展作出重大贡献。这一时期学校逐步形成"爱国、俭朴、求实"的作风,培养出一批革命骨干力量和优秀科技人才,如革命烈士侯绍裘、文化界名人邹韬奋、科技专家赵祖康、发明中文打字机的周厚坤、我国最早制造电机的周琦、最早制成内燃机的支秉渊、最早设计无线电台的张廷金等都是这一时期培养的人才。

(3) 交通大学上海学校到交通部交通大学。

1920年8月,叶恭绰出任交通总长。同年12月,叶以"交通要政,亟需专材"为由,将交通部所属的上海工业专门学校、唐山工业专门学校、北京铁路管理学校和北京邮电学校合并,改名为交通大学,由叶兼任交通大学校长。1921年8月1日,本校正式改名为交通大学上海学校。

1922年交通大学上海学校改名为交通部南洋大学,将原并入京校的铁路管理科全部迁回,学校设有电机、机械、铁路管理三科。1926年学校设立南洋大学工业研究所,积极开展科学技术研究工作。1927年学校改名为交通部第一交通大学,铁路管理科改为交通管理科,分路政、电政、邮政、船政四门。

1928年蔡元培任第一交通大学校长时,为了加强基础教育,在学校设立了数学系、物理系、化学系、中国文学系和外国文学系。1928年9月交通部第一交通大学、第二交通大学、第三交通大学合并,称交通部交通大学。同年11月移交铁道部管辖,统称交通大学,分为上海本部、唐山土木工程学院、北平铁道管理学院,由铁道部长孙科兼任校长。1929年在交通大学(上海本部)恢复土木工程学院,并将南洋公学工业研究所扩充为交通大学研究所,分设工业研究部和经济研究部。1930年学校把数、理、化三系合并成立科学学院,1931年成立管理学院。

(4) 国立交通大学。

1937年抗日战争全面爆发后,日本侵略者占领校园,学校被迫迁到法租界上课。1938年学校改归教育部直辖,将科学学院改称理学院,将土木、机械、电机3个工程学院改为系,合并组成工学院,并仍设有管理学院。1940年在重庆建立交通大学分校。1942年上海部分被汪伪政府接管,不少师生员工纷纷离校,前往重庆,重庆分校称为"国立交通大学",学校设有土木系、电机系、机械系、航空系、管理系。1943年成立电信研究所,专门培养电工研究生。同年将重庆商船专科学校并入,设立造船工程、轮机和驾驶方面的系科,又在国立交通大学增设工业管理系和财务管理系。1945年增设电讯管理系。

抗日战争胜利后，重庆交通大学师生分批回上海，和上海的师生会合，克服重重困难，于1946年正式在上海徐家汇校舍复课，并很快恢复了理、工、管3个学院，设有18个系。

国立交通大学在长期的办学中形成"起点高、基础厚、要求严、重实践"的特点和"爱国爱校、追求真理、勤奋踏实、艰苦朴素"的校风。中华人民共和国成立前报考国立交通大学的多数是东南沿海著名中学的优秀生，学生数理化和中英文基础都比较扎实。学校有一批著名教授，担任教学和参加教学管理工作。物理教授周铭、裘维裕，数学教授胡明复和化学教授徐名材，还有凌鸿勋、陈石英等教授，治学严谨，讲授得法，教学经验丰富，教学效果良好。经过严格的训练，国立交通大学的毕业生以作风朴素、学业优异而闻名遐迩，其中著名的科学家及知名人士有：钱学森、陆定一、吴文俊、汪道涵、张光斗等。

2. 中华人民共和国成立后的发展演变

（1）交通大学到西安交通大学。

1949年5月上海解放，人民政府接管学校，对交通大学系、科设置进行调整。1950年将运输管理系调到北方交通大学，财务管理系调到上海财经学院，纺织系调到华东纺织学院。1952年物理系调到复旦大学，土木工程系调到同济大学，航空工程系调到华东航空学院，化学工程系调到华东化工学院，水利系调到华东水利学院。同时将大同大学的电机、机械，同济大学的机械、电机、造船，沪江大学的电机，武汉交通学院的船舶制造等系科调入。1955年船舶工程系与大连工学院造船系合并成立造船学院，汽车制造专业调到长春成立长春拖拉机学院。1956年将电讯工程系调到成都电讯工程学院。至此，学校共有5个系：机械制造系，动力机械系，电工器材制造系，电力工程系，运输起重机械制造系。

为了适应我国社会主义经济发展的需要，在周恩来总理的亲自主持下，1955年国务院决定将交通大学迁往西安，支援内地的社会主义建设，开发祖国的大西北。到1956年，除运输起重机械制造系外，机械制造系、动力机械制造系、电工器材制造系、电力工程系和基础课程部都迁到西安。1957年至1959年期间交通大学形成西安和上海两部分，1959年两部分各自独立，分成西安交通大学与上海交通大学两校。

1957年交通大学西安部分建立无线电系和数理力学系，并将西安动力学院和西北工学院的纺织、地质、采矿3个系以及西北农学院的农田水利、土壤改良专业一起调入。1958年学校成立工程物理系，并将采矿、地质两系调出，成立西安矿业学院。1959年将电工器材制造与电力工程两系合并为电机工程系。1960年将水利系、纺织系调入陕西工业大学。1963年成立基础课程部。到1966年共设有机械工程、动力机械工程、电机制造工程、无线电工程、数理力学、工程物理、基础课程部等6系1部29个专业。

"文革"中，西安交通大学受到破坏，停止招生达6年之久，1972年学校开始招收三年制学生，先后招收了五届，共培养6190人。1977年恢复全国统一高考招生制度，学校恢复招收四年制本科生，并招收研究生，各项工作开始走上正轨。

党的十一届三中全会以后，学校又有了较大的发展。1984年学校被定为全国十所重点建设的高等学校之一。20世纪90年代初，西安交通大学成为"211工程"重点建设的首批七所大学之一。1999年9月，西安交通大学成为"985工程"重点建设的首批九所大学之一。

（2）新西安交通大学。

西安交通大学医学部（原西安医科大学）创建于1937年，其前身为国立北平大学医学院，1950年，改称为西北医学院；1956年，改称西安医学院；1985年，更名为西安医科大学。

西安交通大学经济与金融学院（原陕西财经学院）的前身——西北大学经济系是原国立北平大学法商学院，创建于1929年。1960年，以西北大学经济系为基础组建陕西财贸学院，1963年更名为西北财经学院，1978年定名为陕西财经学院。

2000年4月，经国务院批准，原西安医科大学、陕西财经学院与西安交通大学实现合并，组成新的西安交通大学，学校是国家"七五""八五"首批重点建设高校之一，"211工程"首批重点建设的七所大学之一，"985工程"首批重点建设的九所高校之一，是中国九校联盟（C9）、中国大学校长联谊会、"111计划"成员，"珠峰计划"首批11所名校之一。2017年9月，西安交通大学入选全国36所世界一流大学A类建设高校名单，力学、机械工程、材料科学与工程、动力工程及工程热物理、电气工程、信息与通信工程、管理科学与工程、工商管理等8个学科入选世界一流学科建设学科名单。

学校现有兴庆、雁塔和曲江三个校区，占地面积约3000亩，各类建筑总面积203.85万平方米，是一所具有理工特色，涵盖理、工、医、经、管、文、法、哲、教、艺等10个学科门类的综合性研究型大学，设有27个学院（部）、9个本科生书院和19所附属教学医院。现有教工5982人，其中专任教师3072人。师资队伍中有两院院士35名、国家级教学名师6名、国家"千人计划"入选者112名、教育部长江学者92名、国家杰出青年科学基金获得者40名、国家有突出贡献专家23名、国家"百千万人才工程"及"新世纪百千万人才工程"人选28人、教育部创新团队带头人29人次、教育部"新世纪优秀人才培养计划"入选者234名、为国家作出突出贡献并享受国务院政府特殊津贴专家511名。

学校现有全日制在校生38103人，其中研究生18919人。现有本科专业82个、博士学位授权一级学科31个、硕士学位授权一级学科45个、硕士学位授权二级学科（不含一级学科覆盖点）4个、博士专业学位授权点2个、硕士专业学位授权点22个、博士后流动站25个。现有8个国家一级重点学科，8个国家二级重点学科，3个二级学科国家重点（培育）学科。现有5个国家重点实验室、6个国家工程（技术）研究中心、3个国家工程实验室、5个国家国际科技合作基地、1个"2011协同创新中心"。建有国家西部能源研究院、中国西部质量科学与技术研究院，有115个省部级重点科研基地。据ESI公布的数据，截至2018年3月，学校14个学科进入世界学术机构前1%，2个学科进入前1‰。

学校校训：精勤求学、敦笃励志、果毅力行、忠恕任事。

办学定位：扎根西部、服务国家、世界一流。

西迁精神：胸怀大局、无私奉献、弘扬传统、艰苦创业。

学校使命：致力于培养崇尚科学、求实创新、勤奋踏实、富有社会责任感和高尚品质的杰出人才，保存、创造、传播知识，为科技进步、社会发展和人类文明不断作出贡献。

3. 现任与历任领导

（1）现任领导。
党委书记：张迈曾
党委常务副书记：王小力
党委副书记：赵昌昌　宫　辉
党委副书记、纪委书记：赵军武
校长、党委副书记：王树国
副校长：郑庆华　席　光　荣命哲　颜　虹　王铁军　张汉荣

（2）历任领导。

学校名称（起止年月）	姓名	职务	任职时间
南洋公学 （1896—1904）	盛宣怀	督办	1896 冬—1905 春
	何嗣焜	总理	1897 春—1901 春
	张元济	总理	1901 春—1901 夏
	劳乃宣	总理	1901 秋—1901 冬
	沈曾植	总理	1901 冬—1902 春
	汪凤藻	总理	1902 春—1902 冬
	刘树屏	总理	1902 冬—1903 夏
	张美翊	总理	1903 夏—1903 冬、 1904 夏—1904 冬
	张鹤龄	总理	1903 冬—1904 夏
商部高等实业学堂 （1905—1906）	杨士琦	监督	1905 春—1907 春
	王清穆	代理监督	1905 秋—1906 春
邮传部上海高等实业学堂 （1906—1911）	杨文骏	监督	1907 春—1907 秋
南洋大学堂 （1911—1912）	唐文治	监督、校长	1907 秋—1920 冬
交通部上海工业专门学校 （1912—1921）	凌鸿勋	代理校长	1920 冬—1921 春
	张　铸	代理校长	1921 夏

交通大学上海学校 (1921 夏—1922 秋)	叶恭绰	校长	1921 夏—1922 夏
	陆梦熊	校长	1922 夏
	关赓麟	校长	1922 夏—1922 秋
交通部南洋大学 (1922 秋—1927 夏)	卢炳田	校长	1922 秋—1923 夏
	陈杜衡	校长	1923 夏—1924 冬
	凌鸿勋	校长	1924 冬—1927 夏
交通部第一交通大学 (1927.08—1928.08)	符鼎升	代理校长	1927 秋—1928 春
	蔡元培	校长	1928 春—1928 夏
交通大学 (1928.09—1942.08)	王伯群	校长	1928 秋—1928 冬
	孙 科	校长	1928 冬—1930 冬
国立交通大学 (国立交通大学重庆部分) (1942.08—1949.05)	黎照寰	校长	1930 夏—1944 冬
	徐名材	主任	1940 秋—1941 秋
	吴保丰	校长	1944 冬—1947 秋
	程孝刚	校长	1947 秋—1948 秋
交通大学 (1949.06—1959.09)	王之卓	校长	1948 秋—1949 秋
	吴有训	校委会主任委员	1949 秋—1952 秋
	李培南	校长	1952 秋—1953 夏
西安交通大学 (1959.09—)	彭 康	校长、党委书记	1953 春—1968 冬
	林茵如	党委书记	1973 秋—1977 夏
	刘若曾	党委书记	1977 夏—1979 夏
	苏 庄	党委书记	1980 初—1982 秋
	陈明焰	党委书记	1982 秋—1985 初
	潘 季	党委书记	1985 春—1996 冬
	王文生	党委书记	1996 冬—2003 秋
	王建华	党委书记	2003 秋—2014 春
	陈吾愚	校长	1978 春—1982 冬
	庄礼庭	校长	1983 春—1984 春
	史维祥	校长	1984 春—1990 秋
	蒋德明	校长	1990 秋—1997 冬
	徐通模	校长	1998 春—2003 秋
	郑南宁	校长	2003 秋—2014 春

◎ **参考资料：**

1. 季啸风主编：《中国高等学校变迁》，华东师范大学出版社 1992 年版。
2. 西安交通大学官网"交大概况"。
3. 教育部、财政部、国家发展改革委：《关于公布世界一流大学和一流学科建设高校及建设学科名单的通知》，教研函〔2017〕2 号。
4. 交通大学校史编写组：《交通大学校史（1896—1949）》，上海教育出版社 1986 年版。
5. 西安交通大学医学部官网"历史沿革"。

（邹末　撰稿）

西北农林科技大学

西北农林科技大学地处中华农耕文明发祥地、国家级农业高新技术产业示范区——陕西杨凌，是教育部直属、国家"985工程"和"211工程"重点建设高校，首批入选国家"世界一流大学和一流学科"建设高校名单。学校前身是创建于1934年的国立西北农林专科学校。西北农林科技大学由原西北农业大学、西北林学院、中国科学院水利部水土保持研究所、水利部西北水利科学研究所、陕西省农业科学院、陕西省林业科学院、陕西省中国科学院西北植物研究所等7所科教单位于1999年合并组建而成。

1. 学校前身

（1）西北农业大学。

西北农业大学的前身是我国在西北建立最早的国立西北农林专科学校。1932年秋，国民党中央政治会议通过了于右任、戴季陶等人提出的"筹建建设西北专门教育初期计划议案"，随即成立筹建委员会，同年12月，更名为"建设西北农林专科学校筹备委员会"，公推于右任、张继、戴季陶3人为常务委员。1933年1月，选定武功县张家岗为校址，购地7800余亩，校园占地541亩。同年7月，聘王玉堂为筹备主任。1934年4月20日在武功张家岗校址举行了学校大楼奠基典礼，宣告西北第一所高等农业学府正式成立。1936年7月，任命辛树帜为校长，辛于8月1日到校理事，学校开始招生，设农艺、森林、园艺、畜牧、农业经济、水利等6组，招收新生101名。

在国立西北农林专科学校筹建过程中，上海劳动大学农学院和陕西省水利专科班相继并入，学校内部还附设了高级农业职业学校。上海劳动大学农学院是1927年由李石曾创建的，以原上海大学故址为院址，于1927年10月招生，11月开学。1928年迁吴淞并辟实习基地。1932年春，学院被查封，同年12月归并西北农林专科学校，校产、一批仪器物品和每月5万元基金均办理移交，基金用于支持学校的筹备费。陕西省水利专科班是1932年由李仪祉创建，附设陕西省西安高级中学。1934年并入西北农林专科学校水利组，1935年8月迁至武功张家岗校部。

国立西北联合大学农学院、河南大学农学院畜牧系与国立西北农林专科学校合并，组建国立西北农学院。同年7月，筹委会成立，辛树帜任主任委员。1939年4月，西北农学院正式成立，辛树帜任院长。学院组建后，设有农艺学、园艺学、森林学、农田水利学、畜牧兽医学和农业化学等6个系，其中农艺学系包括农艺、植物病虫害、农业经济3个组，还增设了农业经济专修科。1940年，将农艺、植物病虫害、农业经济3个组扩充为3个系,全校合计有8个系。1941年畜牧兽医系分为畜牧组和兽医组,增设了农业科学研究所农田水利学部,开始招收研究生,1946年增设农业机械学系和农产品制造系。到1949年中华人民共和国成立时,全院共有10个系和1个农田水利学部,有教职工608人,其中教师130人,教师中教授44人,副教授11人,讲师26人。在校学生585人。

1949年5月20日,王震将军率部解放武功,学校又回归人民的怀抱。1949年后,将户县知行农业专科学校、兰州市的西北农业专科学校、兰州大学水利系并入西北农学院,并对校内的系、部进行调整。1964年9月,将全日制改为半工半读,翌年春季开始试行。到1966年学校共设有6个系11个专业。

"文革"时期学校正常的教学秩序被打乱,招生也停止。粉碎"四人帮"后,学校逐步恢复正常教学秩序,各项事业走上正轨。1977年起,各专业恢复四年制。学校从1978年起招收研究生,学习年限三年。1979年,学院被列为全国重点高等学校。同年3月,林学系分出,建立了西北林学院。1985年10月,经国务院批准,西北农学院改为西北农业大学。1999年9月并入西北农林科技大学。

(2) 西北林学院。

学院前身是原西北农学院森林系,成立于1934年。1979年从西北农学院分出,成立西北林学院,由林业部与陕西省双重领导,以林业部为主。1999年9月并入西北农林科技大学。

(3) 中国科学院水利部水土保持研究所。

中国科学院1954年决定筹建西北农业生物研究所,所址选定为陕西武功。1955年定名为中国科学院西北农业生物研究所,先后更名为中国科学院西北生物土壤研究所、中国科学院西北水土保持生物土壤研究所、中国科学院西北水土保持研究所、中国科学院水利部西北水土保持研究所。1995年更名为中国科学院水利部水土保持研究所。1998年被中国科学院确定为首批启动的国家知识创新工程试点单位之一。1999年9月并入西北农林科技大学。

(4) 水利部西北水利科学研究所。

1940年西北农学院与中央水工实验所(后称中央水利实验处)合办武功水工实验室。1952年扩建为西北水工实验所。之后,先后更名为西北水利科学研究所、陕西省水利科学研究所、水利部西北水利科学研究所、陕西省水利科学研究所、水利部西北水利科学研究所。1999年9月并入西北农林科技大学。

(5) 陕西省农业科学院。

前身是西北农业科学研究所,于1952年由西北军政委员会农林部筹建成立。1954年隶属农业部,1958年改由中国农科院、陕西省农林厅双重领导,更名为中国农业科学院陕西分院。1973年划归陕西省农牧厅领导,更名为陕西省农林科学院。1983年定名为陕西省农业科学院,1999年9月并入西北农林科技大学。

(6) 陕西省林业科学院。

前身系陕西省林业研究所,成立于1958年,属中国农业科学院陕西分院的一个专业研究所。1980年从陕西省农林科学院分出,成立陕西省林业科学研究所,归省林业厅领导。1998年更名为陕西省林业科学院。1999年9月并入西北农林科技大学。

（7）陕西省中国科学院西北植物研究所。

前身系中国科学院 1965 年组建的综合性植物学专业研究机构——中国科学院西北植物研究所。1970 年 7 月下放陕西省管理。1982 更名为西北植物研究所。1991 年实行陕西省与中国科学院双重领导体制，更名为陕西省中国科学院西北植物研究所。1999 年 9 月并入西北农林科技大学。

2. 今日西北农林科技大学

1999 年 9 月，经国务院批准，同处杨凌的原西北农业大学、西北林学院、中国科学院水利部水土保持研究所、水利部西北水利科学研究所、陕西省农业科学院、陕西省林业科学院、陕西省中国科学院西北植物研究所等 7 所科教单位合并组建为西北农林科技大学。学校是教育部直属全国重点大学、32 所副部级建制重点大学之一，国家"双一流"世界一流大学建设高校，"985 工程""211 工程"重点建设高校。

学校校园面积 5653.5 亩，建筑面积 128.06 万平方米。学校现有全日制本科生 20995 人，各类在校研究生 8162 人，其中博士生 1953 人。学校现有教职工 4509 人，其中专任教师 2073 人，正高级专业技术人员 571 人，副高级专业技术人员 1172 人。有中国科学院院士 1 人，中国工程院院士 2 人，双聘院士 10 人；国家"千人计划"入选者 7 人，青年千人计划入选者 8 人；"长江学者"特聘教授 6 人，青年长江学者 2 人；国家杰出青年科学基金获得者 7 人，优秀青年基金获得者 7 人；国家"百千万人才工程"入选者 12 人，新世纪优秀人才支持计划入选者 64 人；陕西省"百人计划"入选者 43 人，学校"特聘教授"12 人，国家教学名师 2 人。

学校是全国农林水学科最为齐备的高等农业院校，设有 25 个学院（系、所、部）和研究生院，共有 13 个博士后流动站，16 个博士学位授权一级学科，28 个硕士学位授权一级学科，66 个本科专业。现有 7 个国家重点学科和 2 个国家重点（培育）学科；农业科学居 US.NEWS 学科排名全球第 18 位；农业科学学科领域进入 ESI 全球学科排名前 1‰ 之列，农业科学、植物学与动物学、工程学、环境科学与生态学、化学、生物学与生物化学等 6 个学科领域进入 ESI 全球学科排名前 1% 之列。建有 2 个国家重点实验室，1 个国家工程实验室，3 个国家工程技术研究中心，3 个国家野外科学观测研究站，62 个省部重点实验室及工程技术研究中心。

自合校以来，学校累计获得国家级科技奖励 40 项，其中主持完成 13 项；主持完成省部级科技成果一等奖 72 项；获陕西省科技进步最高成就奖 1 项。获国家授权发明专利 1161 件；审定动植物新品种 496 个。发表 SCI、EI、SSCI 论文 14367 篇，其中 2016 年第一署名单位 SCI、EI、SSCI 论文 2035 篇。现有 8 家农、林、水专业一级学会挂靠学校，编辑出版 20 种学术期刊，建有大学出版社。

学校面向国家和区域主导产业发展需求，积极开展科技成果示范推广和产业化工作。在国内率先探索实践以大学为依托的农业科技推广新模式，在全国首批建设新农村发展研究院。与 100 多个地方政府或龙头企业建立科技合作关系，在区域主导产业中心地带建立农业科技试验示范站 27 个、示范基地 45 个，构建了大学农业科技成果进村入户的快捷通道，累计创造直接经济效益500多亿元。学校科技园暨留学人员创业园进入首批国家级大学科技园。学校始终紧扣"三农"发展主题，坚持走产学研紧密结合的办学道路，已从以农为主的单科性大学发展为目前以农为特色、多学科协调发展的全国重点大学。

3. 现任与历任领导

（1）现任领导。
党委书记：李兴旺
党委常务副书记：赵　忠
党委副书记：徐养福　吕卫东
校长、党委副书记：吴普特
副校长：马建华　钱永华　冷畅俭　罗　军
（2）历任领导。

西北农林科技大学

职务	姓名	任职时间	职务	姓名	任职时间
党委书记	孙武学	1999.09—2003.08	校长	陈宗兴	1999.09—2003.08
党委书记	张光强	2003.08—2013.05	校长	孙武学	2003.08—2011.01
党委书记	梁桂	2013.05—2015.08	校长	孙其信	2011.01—2017.07

原西北农业大学

职务	姓名	任职时间	职务	姓名	任职时间
总支书记	梁得柱	1950.10	校长	于右任	1934—1935
总支书记	陈吾愚	1954.12	校长	辛树帜	1936.07—1938
党委第一书记	陈吾愚	1956.08—1960.04	院长	辛树帜	1938—1939
书记	赵国卿	1958.07—1960.04	院长	周伯敏	1939—1944
书记	陈吾愚	1961.09—1964.09	院长	邹树林	1944—1945
代理书记	康迪	1965.07—1966	院长	田培林	1945.09—1945.12
军宣队书记	张益增	1972.03	院长	章文才	1945—1947
书记	刘敬修	1975.03	院长	唐得源	1947.03
书记	白纪年	1979.03	院长	王纲	1949.05
书记(未到职)	刘程九	1980.11—1981.06	院长	邵敬勋	1949.06
代理书记	刘宏	1981.11	院长	李赋都	1949.08
书记	刘宏	1982.12	院长	辛树帜	1950.04

书记	关联芳	1985.07	"革委会"主任	吴景洲	1967.07
书记	刘光华	1991.12—1999.09	"革委会"主任	崔　健	1970.10
			"革委会"主任	张益增	1972.02
			"革委会"主任	刘敬修	1975.03
			院长	康　迪	1979.03
			院长	万建中	1982.01
			院长	张　岳	1985.06
			校长	张　岳	1985.10
			校长	荆家海	1991.11
			校长	张宝文	1996.01
			副校长主持工作	李　靖	1999.01—1999.10

原西北林学院

职务	姓名	任职时间	职务	姓名	任职时间
党委书记	王　杰	1980.11	院长	彭尔宁	1980.11—1982.12
党委书记	孙景波	1983.12	院长	刘于鹤	1983.12—1986.07
党委副书记主持工作	刘于鹤	1984.03—1986.07	副院长主持工作	王性炎	1986.07—1987.03
党委副书记主持工作	魏恩杰	1986.07—1988.12	院长	王性炎	1987.03—1991.12
党委书记	魏恩杰	1988.12—1993.12	副院长主持工作	李广毅	1991.12—1993.12
党委书记	张柏涛	1993.12—1996.11	院长	李广毅	1993.12
党委副书记主持工作	王学全	1996.11—1997.11	院长	陈存根	1997.11—1999.09
党委书记	刘万堂	1997.11—1999.09			

原中科院水利部水土保持研究所

职务	姓名	任职时间	职务	姓名	任职时间
党支部书记	王育英	1956.04	所长	虞宏正	1956.09—1966.11
党支部书记	伍中秋	1960.10	"革委会"主任	余 峥	1972.08—1978.01
党总支书记	王育英	1964.06	副所长主持工作	朱显谟	1978.08—1984.01
党委书记	张文辉	1965.06—1967.01	所长	杨文治	1984.01
党委书记	余 峥	1972.08—1978.01	代理所长	蒋定生	1990.03
党委副书记	于志立	1978.08	所长	李玉山	1991.04—1994.12
代书记	万为瑞	1984.01—1986.04	副所长主持工作	田均良	1994.12—1996.05
党委书记	万为瑞	1986.04	所长	田均良	1996.05
党委书记	田均良	1995.09	所长	李 锐	2001.12—
党委书记	李 锐	2002.01—			

原水利部西北水利科学研究所

职务	姓名	任职时间	职务	姓名	任职时间
党委书记	白维玉	1965.03	主任	沙玉清	1940
党委书记	孟廷俊	1970.05	主任	陈骏飞	1946
党委书记	朱文炳	1973.01—1978.03	主任	李赋都	1947—1949
党委书记	卢宪文	1978.06	代所长	李赋都	1950—1952
党委书记	王光荣	1992.11—1996.01	所长	韩瀛观	1951.06
党委书记	吴培安	1996.12	所长	陈 靖	1952.04—1952.12
党委书记	贾 芬	1998.12—1999.09	所长	胡步川	1954
			所长	沙玉清	1956
			所长	张寿阴	1959—1966
			"革委会"主任	廖海涵	1971

"革委会"主任	朱文炳	1973
所长	郭一山	1978
所长	丁夫庆	1984
所长	杨 虬	1987
所长	吴培安	1988—1992
常务副所长	吴培安	1992—1996
所长	吴培安	1996
所长	杨晓东	1998—1999.09

原陕西省农科院

职务	姓名	任职时间	职务	姓名	任职时间
党委书记	张静波	1952.10	院长	俞启葆	1952.10—1958.08
党委书记	蔡满德	1956.09	院长	赵锦锋	1958.08
党委书记	李 挺	1957.06	院长	康 迪	1978.12
党委书记	刘佐丞	1958.06	院长	杨生海	1979.03—1980.08
党委书记	任玉珊	1965.12—1967.01	院长	林季周	1983.01—1983.07
党委书记	杨文海	1970.11—1978.07	院长	吕金殿	1984.03
党委书记	雷高艺	1980.09	院长	白志礼	1994.09—1999.09
党委书记	梁巨锋	1984.03			
党委书记	吕金殿	1990.05			
党委书记	白志礼	1994.09—1999.09			

原陕西省林业科学院

职务	姓名	任职时间	职务	姓名	任职时间
支部书记	黄巨海	1960.10	所长	赵师抃	1958.08—1968.08
支部书记	黄巨海	1962.03—1966.12	"革委会"主任	刘书志	1968.08—1973.8

职务	姓名	任职时间	职务	姓名	任职时间
支部书记	刘书志	1969.09—1970.12	"革委会"主任	刘百祥	1973.09—1978.10
支部书记	刘百祥	1973.02—1975.04	所长	李宽胜	1978.10
支部书记	薛崇伯	1976.01	所长	薛崇伯	1988.04
支部书记	黄巨海	1978.10—1980.11	所长	符毓秦	1990.06—1998.06
党委书记	黄巨海	1980.12—1982.12	院长	唐德瑞	1998.06—1999.09
副书记主持工作	郭树德	1983.10			
副书记主持工作	李宽胜	1984.11			
书记	衣汉玉	1990.06			
书记	符毓秦	1992.07			
副书记主持工作	符毓秦	1993.01			
副书记主持工作	吕复扬	1996.11—1999.06			
副书记主持工作	唐德瑞	1999.06—1999.09			

原中科院陕西省西北植物研究所

职务	姓名	任职时间	职务	姓名	任职时间
书记	苏建中	1965.09—1967.05	"革委会"主任	许世越	1972.07—1976.04
书记	许世越	1972.06—1976.04	所长	李振声	1983.07—1984.12
书记	王育英	1979.05—1982	代所长	于兆英	1984.12—1986.04
书记	杨广济	1983.07—1986.04	所长	于兆英	1986.04
书记	沈茂才	1990.05	所长	白守信	1989.07
书记	苏陕民	1992.02—1994.03	所长	李 璋	1993.09—1999.09
书记	陈彦生	1998.05—1999.09			

◎ **参考资料：**

1. 季啸风主编：《中国高等学校变迁》，华东师范大学出版社1992年版。
2. 西北农林科技大学官网"学校概况"。
3. 西北农林科技大学官网"历史沿革"。
4. 教育部、财政部、国家发展改革委：《关于公布世界一流大学和一流学科建设高校及建设学科名单的通知》，教研函〔2017〕2号。

（邹末　撰稿）

陕西师范大学

陕西师范大学位于古都西安,是中华人民共和国 6 所教育部直属师范大学之一,国家"211 工程"、"985 工程优势学科创新平台"重点建设大学,是国家"双一流"世界一流学科建设高校,是国家培养高等院校、中等学校师资和教育管理干部以及其他高级专门人才的重要基地,被誉为中国西北地区"教师的摇篮"。

学校创建于 1944 年,前身是陕西省立师范专科学校和国立西北大学文学院的教育学系,1954 年定名为西安师范学院。1960 年,与陕西师范学院合并成立陕西师范大学。1978 年,划归教育部直属,成为中央部属高校,已发展成为一所在国内外有重要影响力的综合性师范大学。

1. 学校早期发展沿革

(1) 陕西省立师范专科学校。

陕西省立师范专科学校成立于 1944 年 8 月。专业设置有:中国语文、英语、史地、数学、理化等 5 个科,学制三年。第一任校长是郝耀东。1945 年,学校设置中国语文和数学专业的一年制速成班。1946 年秋,学校在汉中建立陕南分校,设立中国语文和数学两个专业,学制三年。

(2) 国立西北大学文学院的教育学系。

国立西北大学文学院教育学系于 1944 年开始筹建,1945 年正式招生,学制定为四年,侧重中小学教育研究。为使学生毕业后有较多的就业机会,教育学系还设置有中国语文和数学两个辅修专业,由学生自由选修。在 1949 年前的 5 年内共招收了 4 届学生,毕业学生 150 余人。

(3) 西北大学师范学院。

1949 年 8 月,根据西安市军事管制委员会命令,以陕西省立师范专科学校为基础,归并西北大学教育学系,成立西北大学师范学院。学院建立时,西北军政委员会教育部任命长期在解放区从事教育工作、富有办学经验的刘泽如同志担任院长。当时学院设置有:教育、中国语文、史地、数学、理化等 5 个系,专职教师 20 人,学生 385 人。在中华人民共和国成立初期,学院坚持以老解放区新教育经验为基础,吸收旧教育有用的经验,同时借鉴苏联教育经验,设立新的课程,加强思想政治教育工作。

2. 中华人民共和国成立后的发展演变

（1）西安师范学院。

1952年8月，西北军政委员会教育部决定将西北大学师范学院独立设置，并开始在西安市南郊吴家坟村附近建校。1952年年底，学院开始从西北大学校部陆续迁至新建校舍进行教学办公。1954年8月正式独立建制，定名西安师范学院。学院先是系、科并设，后调整为以本科为主，设有政治教育、教育、中国语言文学、历史、数学、物理、化学、生物、地理等9个系和1个体育专修科。专任教师200多人，学生1300余人。根据中学教育需要，学院自1955年开始先后举办了中文、数学、历史、地理、物理、化学等专业的函授教育本科。这个时期，学院在党和国家的教育方针指引下，结合实际学习苏联先进教育经验，进行一系列教学改革，使全院教学、科研各项工作走上了正轨。专业设置、教学改革、教材建设、科学研究，以及体育锻炼、文娱活动等方面，均取得了显著成绩，积累了不少教育经验，为学院的进一步发展打下了坚实基础。

（2）陕西师范学院。

1956年8月，陕西省政府在陕西师范专科学校的基础上，整合西安师范学院化学系和生物系，建立陕西师范学院，学校与名闻中外的大雁塔为邻，总建筑面积达66000平方米，占地面积38.7公顷。当时设有：中国语言文学、数学、化学、生物4个系和生化、学前教育两个专修科。专任教师200多人，学生1260多人。

（3）陕西师范大学。

1960年年初，中共陕西省委决定将陕西师范学院与西安师范学院合并，并以西安师范学院校址为基础，建立陕西师范大学。陕西师范大学成立后，专业设置更加齐全，教学设备进一步充实。设置有：政治教育系、教育系（分学校教育、学前教育专业）、中文系、历史系、数学系、物理系、电子系、化学系、生物系、地理系、体育系。教师638人，其中教授23人，副教授18人，讲师174人，教员、助教共423人。学生5700余人。1960年至1966年这一时期，学校在德、智、体等全面发展的教育方针指引下，在总结学习苏联教育经验和1958年教育大革命的经验、教训的基础上，贯彻党中央"调整、巩固、充实、提高"方针，对教学、科学研究、生产劳动、社会工作等，重新作了调整安排。强调学校工作必须以坚持教学为主，充分体现师范教育特点，改革教学内容和教学方法，加强教育学科研究和中学教育研究，狠抓教学质量的提高，鼓励教师在学术上独立钻研，积极开展学术讨论，调动和发挥广大教师的积极性和创造精神，学校面貌焕然一新。

1978年2月，国务院批准学校由陕西省管理划归教育部直接管理，陕西师范大学成为教育部直属的6所重点师范大学之一。2005年12月，陕西师范大学进入国家"211工程"建设，成为国家"211工程"重点建设大学。2017年9月，陕西师范大学入选国家首批世界一流学科建设高校，中国语言文学入选"双一流"建设学科名单。

学校位于世界四大历史文化名城之一的古都西安，占地面积2800亩，现建有长安、雁塔两个校区。长安校区从2000年开始建设，目前已成为学校的主校区，主要承担本科三、四年级和研究生的教育培养任务；雁塔校区已有六十多年的历史，目前主要承担本科

一、二年级基础课和通识课教学以及教师教育、继续教育、远程教育、教师干部培训以及留学生教育等任务。学校现有全日制本科生 17502 人，研究生 17343 人（其中全日制学生 8341 人，非全日制学生 9002 人），继续教育和网络教育学生 66034 人，外国留学生 1100 余人。

学校现有教师 1752 人，其中有教授 475 人，副教授 696 人。双聘院士 5 人，国家有突出贡献中青年专家 4 人，国家"万人计划"哲学社会科学领军人才 3 人，科技创新领军人才 1 人，国家"千人计划"特聘教授 1 人，"长江学者奖励计划"特聘教授、讲座教授 13 人，国家百千万人才工程入选者 6 人、国家杰出青年科学基金获得者 3 人，国家级教学名师 2 人，国家"万人计划"青年拔尖人才 2 人，国家"千人计划"青年人才 5 人。

学校设有研究生院和 21 个学院、1 个基础实验教学中心及民族教育学院（预科教育），有 65 个本科专业，18 个博士学位授权一级学科，41 个硕士学位授权一级学科，1 个博士专业学位授权点（教育博士），24 个硕士专业学位授权点（含工程硕士 9 个领域）。有国家重点学科 4 个，4 篇博士论文入选全国百篇优秀博士论文，7 篇博士论文入选全国优秀博士学位论文提名，68 篇博士论文获得陕西省优秀博士论文，16 篇硕士论文获全国优秀教育硕士专业学位论文。

近 5 年来，学校在人文社会科学研究方面共承担省部级以上科研项目 1105 项，其中国家社科基金项目 237 项，教育部项目 152 项，连续 3 年名列前茅。出版著作 737 部，发表学术论文 6340 篇，119 项成果获得省部级以上奖励。自然科学研究方面共争取纵向科研项目 1168 项，其中，国家自然科学基金重点项目 3 项、国家重大科研仪器研制项目 2 项、科学仪器基础研究专款项目 1 项、海外及港澳学者合作研究基金延续资助项目 1 项、优秀青年科学基金项目 3 项；科技部科技支撑计划项目 2 项；教育部中央财政技术成果转化重大专项 1 项。出版及参编学术著作 166 部，其中专著 72 部，发表学术论文 8589 篇，58 项成果获得省部级科技奖励；授权专利 806 项，其中发明专利 642 项，国外发明专利 2 项。

3. 现任与历任领导

（1）现任领导。

党委书记：程光旭

党委副书记：卢胜利

党委副书记、纪委书记：马博虎

校长、党委副书记：游旭群

副校长：杨祖培　冯旭东　党怀兴　高子伟

（2）历任领导。

名称	姓名	职务	任职时间
陕西省立师范专科学校	郝耀东	校长	1944.07—1948.08
	刘安国	校长	1948.08—1949.05

西北大学师范学院	刘泽如	校长	1949.08—1954.07
西安师范学院	刘泽如	校长、党委书记	1954.07—1960.12
陕西师范专科学校	原政庭	校长	1954.08—1957.02
陕西师范学院	王鲁南	党委书记	1957.11—1960.12
陕西师范大学	刘泽如	校长、党委书记	1960.12—1966.07
	王志恒	校长	1970.12—1973.11
	丛一平	校长	1973.11—1977.06
	李 绵	校长、党委书记	1977.06—1983.11
	张肇民	党委书记	1983.11—1987.09
	赵小松	党委书记	1987.09—1993.09
	谢振中	党委书记	1993.09—1994.10
	江秀乐	党委书记	1994.10—2010.12
	陈立人	校长	1983.11—1986.05
	王国俊	校长	1986.05—1994.10
	赵世超	校长	1994.10—2004.05
	房 喻	校长	2004.05—2014.05

◎ **参考资料：**

1. 季啸风主编：《中国高等学校变迁》，华东师范大学出版社1992年版。
2. 陕西师范大学官网"学校概况"。
3. 陕西师范大学校史展览馆官网"学校概况"。

（邹末 撰稿）

西安电子科技大学

西安电子科技大学是以信息与电子学科为主，工、理、管、文多学科协调发展的教育部直属全国重点大学，先后入选为国家首批"211工程""985工程优势学科创新平台"重点建设的高校，国家双创示范基地之一、首批国家"双一流"世界一流学科建设高校、首批35所示范性软件学院、首批9所示范性微电子学院、首批9所获批设立集成电路人才培养基地和首批一流网络安全学院建设示范项目的高校之一。截至2017年9月，学校有南北两个校区，总占地面积约270公顷，校舍建筑面积130多万平方米。

学校前身是1931年诞生于江西瑞金的中央军委无线电学校，历经中央军委无线电通信学校、华北军区电讯工程专科学校、中国人民革命军事委员会工程学校、中国人民解放军通信工程学院等办学时期，1958年迁址西安，1959年被中央确定为20所全国重点大学之一。1960年学校更名为中国人民解放军军事电信工程学院，简称"西军电"；1966年转为地方建制，更名为西北电讯工程学院；1988年更名为西安电子科技大学。1998年学校获准成为国家"211工程"重点建设高校。学校先后隶属中央军委、国防科工委、六机部、四机部、电子工业部、机械电子部、信息产业部，2000年划转教育部管理。

1. 学校早期发展沿革

1931年1月，中央军委无线电学校于江西瑞金洋溪组建，是毛泽东等老一辈革命家亲手创建的中国共产党及红军第一所工程技术学校，培训通信人员。1932年，学校迁到瑞金附近下路头，后又搬到坪山岗，改名为红军通信学校。1934年，增设高级班，负责轮训干部。1935年10月，中央红军经过长征到达陕北后，与陕北红军无线电训练班合并，组建为军委无线电通信学校，校址在瓦窑堡。1937年学校随党中央迁到延安的盐店子、川口等地，改称"延安通信学校"，主要为军队和中央机关培养机务、报务人员。当时在延安的技术专家孙俊人、罗沛霖等同志先后在学校任教。随着革命形势的发展，晋察冀军区无线电训练班、无线电研究班先后与延安通信学校合并。

1947年3月，在河北阜平解放区，在延安通信学校的基础上，建立晋察冀军区电讯工程专科学校，校址在河北省曲阳县。1948年，中央军委三局电讯队创建。后中央军委无线电通信学校、晋冀鲁豫军区电讯工程专科学校、晋冀鲁豫军区通信学校、中央军委气象队、中央军委三局电讯队合并组建华北军区电讯工程专科学校，执行师级权限，下分三个大队。校址在河北获鹿县，下设无线工程、无线机务、有线电话、气象通信等4个班，学制二年。

1949年，中华人民共和国成立前夕，以华北军区电讯工程专科学校为基础，扩大为中国人民革命军事委员会工程学校，下设通信、情报、机要3个部，由中央军委直接领导，校址从获鹿县迁至张家口。

2. 中华人民共和国成立后的发展演变

1952年5月，根据中央军委命令，将军委工程学校的3个部分分开，各自独立建校。通信工程部在原校址扩建为中国人民解放军通信工程学院，设指挥工程系速成班、指挥系、雷达工程系、无线电工程系和有线电工程系，学制分二年、五年。主要为军队培养高级指挥人员和无线电工程技术干部，属中央军委通信部领导。后大连工学院电讯系、西南通信学校工程系并入，升格为中国人民解放军通信工程学院，后更名为中国人民解放军军事通信工程学院。

1955年，中国人民解放军军事通信工程学院更名解放军通信学院。1958年，学院从张家口迁址西安，解放军通信学院更名解放军通信兵学院。1960年1月，解放军通信兵学院更名中国人民解放军军事电信工程学院（简称"西军电"），设有22个专业，有10个专业开始招收研究生，成为解放军历史上规模最大的现代化军事工程技术学校。1963年9月1日，由通信兵划归国防科委领导。1966年4月1日，转为地方建制，中国人民解放军军事电信工程学院更名西北电讯工程学院。1972年6月，首届"工农兵"大学生入校学习。1988年1月，西北电讯工程学院更名为西安电子科技大学。1998年7月，学校获准成为国家"211工程"重点建设高校。2000年，学校划转教育部管理。6月，教育部正式批准学校试办研究生院。2003年，学校征地3000亩，开始建设新校区。2002年，教育部、信息产业部、西安市三方签署共建学校协议。

2004年，教育部、中国电子科技集团签署共建学校协议。学校南校区投入使用。2006年，学校顺利通过教育部本科教学工作水平评估并获得"优秀"。2008年1月，教育部、国防科工委、陕西省三方签署共建学校协议，教育部支持学校整合国防特色优势平台，国防科工委支持学校承建国防科技国家实验室。2010年6月，学校入选教育部第一批"卓越工程师教育培养计划"高校名单。2011年，经教育部、财政部批准，学校先进雷达技术学科获批建设"985工程"优势学科创新平台。2012年，学校入选全国50所毕业生就业典型经验高校之一。2013年11月，西安电子科技大学昆山研究生院揭牌成立。2014年，由学校牵头组建的信息感知技术协同创新中心正式通过"2011协同创新中心"认定。2016年，国防科技工业局和教育部继续共建学校，成为全国仅有的两所连续三轮入选国防科工局与教育部共建的重点院校之一。2017年9月，学校成为首批一流网络安全学院建设示范项目高校。同月，入选首批国家"双一流"世界一流学科建设高校名单。11月2日，西安电子科技大学人工智能学院正式揭牌成立。该学院系教育部直属高校首个致力于人工智能领域高端人才培养、创新成果研发和高层次团队培育的实体性学院。

学校现有专任教师1900余名，其中，博士生导师330人，硕士生导师1088人。学校有院士4人，双聘院士14人，"万人计划"入选者15人（含"青年拔尖人才计划"入选者5人），"千人计划"入选者22人（含"青年千人计划"入选者11人），长江学者27

人，国家自然科学基金创新研究群体1个，科技部重点创新团队2个，教育部创新团队6个，国家杰出青年基金获得者12人，优秀青年科学基金获得者11人，国家级教学名师4人，国家级教学团队6个，973项目首席科学家3人，教育部新世纪优秀人才52人，中国青年科技奖获得者4人，"何梁何利"科学与技术奖获得者5人，国家"百千万人才工程"培养对象11人，陕西青年科技奖获得者7人，教育部教学指导委员会委员15人，享受国务院政府特殊津贴157人。

学校现有各类在校生3万余人，其中博士研究生1700余人，硕士研究生9000余人。设有研究生院。现有通信工程学院、电子工程学院、计算机学院、机电工程学院、物理与光电工程学院、经济与管理学院、数学与统计学院、人文学院、外国语学院、软件学院、微电子学院、生命科学技术学院、空间科学与技术学院、先进材料与纳米科技学院、网络与信息安全学院、马克思主义学院、人工智能学院、国际教育学院、网络与继续教育学院等19个学院。

学校是国内最早建立信息论、信息系统工程、雷达、微波天线、电子机械、电子对抗等专业的高校之一。现有2个国家"双一流"重点建设学科，2个国家一级重点学科（覆盖6个二级学科），1个国家二级重点学科，34个省部级重点学科，14个博士学位授权一级学科，26个硕士学位授权一级学科，具有工程博士专业学位授权，有17个硕士专业学位授权点，9个博士后科研流动站，52个本科专业。

学校现有国家级特色专业15个，国家级精品课程13门，国家级精品资源共享课11门，国家级视频公开课3门，建设有3个国家人才培养及教学基地、6个国家级实验教学示范中心、3个国家级虚拟仿真实验中心，以及3个国家级人才培养模式创新实验区。近年来，学校本科生参与课外科技活动的普及率高，获得各类省级、国家级学科和科技竞赛奖1600余项，研究生和本科毕业生就业率一直保持在98%和96%以上，位居全国高校前列。2006年，学校顺利通过教育部本科教学工作水平评估并获得"优秀"；2012年，学校入选全国50所毕业生就业典型经验高校之一。

多年来，学校致力于电子信息技术领域的系统研制、科技攻关、工程研发等，创造了我国电子与信息技术领域等多项第一，包括第一台气象雷达、第一套流星余迹通信系统、第一台可编程雷达信号处理机、第一台毫米波通讯机，以及我军通信装备史上第一部"塞绳电报互换机"、第一台"塔形管空腔振荡器"、第一套"三坐标相控阵雷达"等。学校现有4个国家级重点实验室、5个教育部重点实验室、18个省部级重点实验室、11个省部级基地，先后牵头单位承担了"973"、"863"、重大专项、国家自然科学基金重大项目等重大、重点项目。十八大以来，学校在认知雷达、移动通讯、网络信息安全、高功率微波集成器件、智能计算、大型天线机电耦合等方面获国家科技奖励15项，省部级科技奖励一等奖29项。2014年，学校牵头的"信息感知技术协同创新中心"通过国家"2011计划"认定，位列行业产业类第一。

建校以来，学校先后为国家输送了20余万名电子信息领域的高级人才，产生了120多位解放军将领、19位两院院士（1977年恢复高考以后院士校友11位，名列全国前茅）、10余位国家副部级以上领导，培养了联想集团董事局主席柳传志，国际GSM奖获得者李默芳，欧洲科学院院士、著名的纳米技术专家王中林，"神五"和"神六"飞船副总设计师、"天宫一号"目标飞行器总设计师杨宏等一大批 IT 行业领军人物和技术骨干,以及数十位科研院所所长和大学校长等。

学校的发展目标是:在全面建设社会主义现代化国家新征程中,秉承"全心全意为人民服务"的办学宗旨,坚持"立足西部、育人育才、强军拓民、服务引领、团结实干"的发展思路,早日把学校建设成为电子信息特色鲜明的一流大学。

3. 现任与历任领导

(1) 现任领导。
党委书记:郑晓静
党委副书记:杨宗凯　杨银堂　任应坤　任小龙
纪委书记:任应坤
校长:杨宗凯
副校长:李建东　蒋舜浩　刘延平　高新波　任小龙　石光明
总会计师:谢军占

(2) 历任领导。

姓名	时间	职务
王　诤	1931.02	中央军委无线电学校、军委无线电通信学校校长
冯文彬	1931.02	中央军委无线电学校、军委无线电通信学校政委
刘光甫	1932.01—1934	中央军委无线电学校校长
杨兰史	1932.01—1933.03	中央军委无线电学校政委
曾　三	1933.03—1935.10	中央军委无线电学校、军委无线电通信学校
吴泽光	1932.01—1933.03	中央军委无线电学校校长
曾涌泉	1947.03	晋察冀军区电讯工程专科学校校长
杨　村	1948	晋察冀军区电讯工程专科学校政委
王　诤	1948.07—1949.05	华北军区电讯工程专科学校校长兼政委
曹祥仁	1949.11—1950.03	中央人民政府革命军事委员会工程学校校长兼政委
李　涛	1950.04—1952.05	中央人民政府革命军事委员会工程学校校长兼政委
周　维	1952.08—1958.04	中国人民解放军通信工程学院、中国人民解放军军事通信工程学院、中国人民解放军通信学院院长兼政委
黎东汉	1960.11—1963.04	中国人民解放军军事电信工程学院院长
王赤军	1958.11—1962	中国人民解放军军事电信工程学院政委

欧阳文	1962—1964.08	中国人民解放军军事电信工程学院政委、院长
梁仁芥	1963.07—1964.12	中国人民解放军军事电信工程学院政委
戴润生	1964.08	中国人民解放军军事电信工程学院院长
张　衍	1965—1978	中国人民解放军军事电信工程学院政委，西北电讯工程学院党委书记
吕　白	1978—1982	西北电讯工程学院院长
朱仕朴	1978—1982	西北电讯工程学院党委书记
杜义龙	1982.09—1984.09	西北电讯工程学院院长
丁开政	1982.09—1988	西北电讯工程学院党委书记
保　铮	1984.09—1992.03	西安电子科技大学校长
吴海洋	1986—1996.04	西安电子科技大学党委书记
梁昌洪	1992.04—2002.04	西安电子科技大学校长
涂益杰	1996.05—2002.04	西安电子科技大学党委书记
李　立	2002.05—2008.06	西安电子科技大学党委书记
段宝岩	2002.04—2012.07	西安电子科技大学校长
陈治亚	2008.06—2017.01	西安电子科技大学党委书记

◎ **参考资料**：

1. 季啸风主编：《中国高等学校变迁》，华东师范大学出版社1992年版。
2. 西安电子科技大学官网"学校概况"。
3. 西安电子科技大学"百度百科"条目。

（李娜　撰稿）

长 安 大 学

长安大学直属国家教育部,是教育部和交通运输部、国土资源部、住房和城乡建设部、陕西省人民政府共建的国家"211工程"重点建设大学,国家"985工程优势学科创新平台"建设高校,国家世界一流学科建设高校。2000年,由原西安公路交通大学、西安工程学院、西北建筑工程学院三所部属院校合并组建而成。

1. 学校发展演变

(1) 西安公路交通大学。

1951年4月17日,经西北军政委员会财经委员会和教育部批准,西北交通干部学校成立,地点兰州十里店。6月,西北军政委员会交通部交通干部学校招生委员会成立,主任委员霍维德,副主任委员刘良湛。9月5日,更名为西北交通学校,举行开学典礼和成立大会。第一次招收专科新生和短期培训班学生5个班256名,当时有教职工42名,其中专业教师7名(关世俊、宋建庭、周允、晋文焕、任兆武、池长华、张秉刚)。校长霍维德,副校长刘良湛、孙发端,教务长钱维人。党小组长李凝,团支部书记崔尚文。占地125亩,校舍214间。

1952年迁至西安,更名为交通部西安汽车机械学校。1956年国家筹建北京公路学院,1958年国家将北京公路学院筹备委员会的教师和设备调往西安,在交通部西安汽车机械学校的基础上,北京公路学院筹委会与西安汽车机械学校合并组建西安公路学院,成为亚洲第一所专门培养公路交通高级人才的高等学府。1995年,更名为西安公路交通大学,以"交通部第一"的身份首批通过交通部"211工程"预审,1997年第一批进入国家"211工程"重点建设高校行列。该校长期隶属于中华人民共和国交通部,系"交通部长子",是交通部所属重点大学。西安公路交通大学是我国在公路交通方面专业配套、学科最齐全、规模最大的高等学校,具有"亚洲第一,世界第二"的名号。西安公路交通大学被誉为中国公路交通行业的"黄埔军校",中国汽车(客车)行业的"黄埔军校",中国工程机械行业的"黄埔军校"。

(2) 西安工程学院。

1953年西安地质学校创建。1978年更名为西安地质学院,隶属地质矿产部。1996年更名为西安工程学院,1998年隶属国土资源部。

学院在矿产地质勘查、区域地质、古生物学、石油地质、应用地球物理、水文地质与工程地质、环境地质、全球定位系统、地理信息系统等学科领域具有良好的科研基础和较强的科研实力，经过多年发展，已逐步形成了一支以中、青年教师为骨干、老中青相结合的多学科的学术队伍，涌现出了一批中、青年学科带头人，在区域地质调查、应用地球物理、水文地质与工程地质、全球定位系统、地理信息系统等方面的研究已达到国内领先或先进水平。学院多次参与国家和省级大型工程的勘察、设计与研究，为国民经济建设主战场和西部的经济服务。

（3）西北建筑工程学院。

1953年，西安建筑工程学校创建。1978年，西安建筑工程学校更名为西北建筑工程学院。

学院是直属国家建设部领导的一所建筑类高等院校，是国务院学位委员会批准的学士学位授予单位，1996年经国家建设部与西安市人民政府协议，确定由双方共同建设西北建筑工程学院，使学院在21世纪末办成规模适中、结构合理、学科专业设置比较齐全、办学条件进一步改善、质量和效益有明显提高，并具有鲜明地方特色的建筑类普通高等院校。学院设有建筑系、建筑工程系、机电工程系、环境工程系、管理工程系、城市（镇）建设系、基础科学系、社会科学系、成人教育学院及计算中心、电化教育中心等教学单位。

学院附设甲级建筑勘察设计院、建筑总承包公司和城市规划设计院作为教学、科研、生产三结合的基地，完成许多大型工程设计项目和施工任务。

（4）长安大学。

2000年4月18日，由原西安公路交通大学、西安工程学院、西北建筑工程学院三所部属院校合并组建成长安大学。2002年9月6日，长安大学渭水新校区破土动工，用了不到一年时间，一期项目就完成了综合教学楼、学生食堂及6栋学生公寓等10万平方米的建筑面积。2003年9月3日5000名新生入住，并举行揭牌仪式和开学典礼。学校现有校本部和渭水2个校区、太白山和梁山2个教学实习基地，校园面积3745亩。

多年来，学校逐步发展成为以工为主，理工结合，人文社会科学与基础学科协调发展，以培养公路交通、国土资源、城乡建设等专业人才为办学特色，在国内外有一定影响的高等学府，已为国家培养各类毕业生25万余人。学校公路交通学科享誉亚洲，为公路交通领域人才培养与科学研究综合实力最强的高校。

学校设有21个教学院（系），有5个国家级重点学科，26个部省级重点学科，8个博士后科研流动站，9个一级学科博士点，34个一级学科硕士点，40个本科专业类别，10个硕士专业学位授权类别，16个工程硕士招生领域，是国家大学生文化素质教育基地、中国人民武装警察部队后备警官选拔培训基地。现有全日制学生33000余人，其中博士研究生、硕士研究生、外国留学生9000余人。

学校有2个国家工程实验室，4个高等学校学科创新引智基地，8个教育部重点实验室和工程研究中心，15个交通运输部、国土资源部、住房和城乡建设部、陕西省重点实验室和工程技术研究中心，5个陕西省人文社会科学重点研究基地，拥有世界高校唯一的汽车综合试验场。

学校高等学校特色专业建设点有：道路桥梁与渡河工程、交通工程、交通运输、车辆工程、地质工程、机械电子工程、资源勘查工程、土木工程、水文与水资源工程、机械设计制造及其自动化、自动化、环境科学、热能与动力工程。2017年9月，长安大学入选国家一流学科建设高校，交通运输工程入选"双一流"建设学科。

学校现有专任教师2027人，其中，中国工程院院士3人，"长江学者"6人，教授、副教授1100余人，博士生导师166人，硕士生导师755人；有省部级突出贡献专家5位，80余人入选"新世纪百千万人才工程"国家级人选和教育部、交通运输部、陕西省等各类高层次人才计划。

近年来，学校承担包括国家"973""863"和国家自然科学基金等重点科研课题在内的科研项目8770余项，荣获包括国家科技进步一等奖在内的国家科技奖励20项，省部级一等奖28项，其他省部级奖励200余项；承担了包括国家规划课题在内的各类教育教学研究项目380余项，获得国家级和省级教学成果奖50余项。年科研经费超过7亿元。

学校编辑出版《中国公路学报》《交通运输工程学报》《交通运输工程学报（英文）》《建筑科学与工程学报》《地球科学与环境学报》《长安大学学报（自然科学版）》《长安大学学报（社会科学版）》《筑路机械与施工机械化》等8种学术性期刊，其中1种为国家百强报刊，2种为国家重点建设期刊，2种为EI数据库收录期刊，5种为中文核心期刊。《中国公路学报》《交通运输工程学报》连续入选百种中国杰出学术期刊。

学校1956年开始招收外国留学生，先后培养美国、德国、日本、澳大利亚、越南、坦桑尼亚、也门等70多个国家和地区的留学生4000多人，现有各类留学生700余人。学校还是我国最早承担援外教育和首批招收港、澳、台学生的高校之一。近年来，学校先后与美国、英国、俄罗斯、乌克兰、日本、韩国等20多个国家和地区的120多所高等学校及科研机构开展了交流与合作，加入了1+2+1中美人才培养计划，与俄罗斯国立罗斯托夫建筑大学等成立国际大学联合体，设有国家外专局长安外语培训中心。同时，学校主办、承办了一系列高水平国际国内学术会议。

学校的发展目标：秉承"弘毅明德 笃学创新"的校训精神，按照工科优势突出、理科基础深厚、文科发展繁荣的学科布局，着力提高人才培养质量和教学科研水平，扎实推进一流学科建设，全面推进特色鲜明、国际知名的研究型大学建设。

2. 现任与历任领导

（1）现任领导。
党委书记：杜向民
党委副书记：陈　峰　白　华　孟德勇　沙爱民　彪晓红
校长：陈　峰
副校长：赵祥模　贺拴海　朱杰君　王建伟　范　文
纪委书记：孟德勇
（2）历任领导。
长安大学历任校领导
党委书记：雷　达　2000.04—2013.09
校长：陈荫三　2000.04—2002.05　　周绪红　2002.05—2006.07　　马　建

2006.07—2017.05

西安公路交通大学历任主要领导：
霍维德　钱维人　刘良湛　雷　荣　杨笑萍　程飞白　庄泽华　白治民
董实丰　杨　非　李　斌　孙祖望　王秉纲　马尔立　陈荫三　雷　达

西安工程学院历任主要领导：
王炳坤　雷　炜　王博文　高保扬　罗春山　刘三寿　张伯声　廉登赢
李永昇　孟宪来　朱自尊　任端芳　喻　晓　杜东菊　杜向民

西北建筑工程学院历任主要领导：
牛福海　李　应　郭三田　田禾丰　刘治中　杜希文　张　旭　张之凡
安　昆　高全禄　党新益　霍维国　刘伯权

◎ **参考资料**：
1. 长安大学官网"学校概况"。
2. 长安大学"百度百科"条目。
3. 西安公路交通大学"百度百科"条目。
4. 西安工程学院"百度百科"条目。
5. 西北建筑工程学院"百度百科"条目。
6. 魏常林"长安大学大事年谱"。

（李娜　撰稿）

兰 州 大 学

兰州大学是教育部直属的全国重点综合性大学,是国家"985工程"和"211工程"重点建设高校之一。2017年9月进入国家"世界一流建设高校"(A类)。

学校创建于1909年,其前身是清末新政期间设立的甘肃法政学堂,是甘肃近代高等教育开端之标志,开启了西北高等教育的先河。历经甘肃省立中山学院、兰州中山大学、甘肃大学、省立甘肃学院、国立甘肃学院、国立兰州大学等办学时期,1949年定名为兰州大学。

1. 学校早期发展沿革

(1)法政学堂。

清光绪二十九年(1903),兰州发审局创办学律馆,1907年学律馆改为法政馆,专为学员讲授吏法、律例等课。1908年11月8日(清朝光绪三十四年十月十五日),甘肃法政馆呈清甘肃省当局将法政馆改为甘肃法政学堂,奏咨立案,呈请颁发关防,制定学堂章程,呈报清政府学部备案。署臬司使彭英甲、提学司使陈曾佑办理移交手续,移交物品主要有法政馆关防、执役名册、图书、器具等。

宣统元年(1909),奉部令改法政馆为法政学堂,划归甘肃提学使司主管。提学使王新桢迁法政学堂至兰州城内西大街,委派堂长,添派职教员,招集讲习科一班,学员额定为一百名。10月,原法政馆的官班学员14人毕业。1910年8月,招收法政别科一班。

(2)甘肃公立法政专门学校。

1912年2月,提学使王新桢到法政学堂,通报甘肃提学使司教育总会及议长议绅商议,决定暂时停办法政学堂。1913年3月,蔡大愚任法政学堂校长兼教务主任。6月,蔡大愚筹划改组法政学堂为"甘肃公立法政专门学校",校舍定于兰州西关萃英门旧举院内。7月,讲习科与法政别科同时毕业,至此法政学堂结束,学校启用"甘肃公立法政专门学校关防"。10月,经教育司批准,甘肃公立法政专门学校将校址迁入省城西关原清朝贡院内原农业矿物学堂的校舍,并接收全部校产,后又批准巡警学堂校舍归属甘肃公立法政专门学校。12月,教育部任蔡大愚为甘肃公立法政专门学校校长。

1915年9月,教育科正式承认甘肃公立法政专门学校办学合格。1917年1月13日,司法部司法总长张耀曾发布司法部第一号布告,认可甘肃公立法政专门学校等全国七所法政学校。1918年,全国专门以上学校成就展览会评定,甘肃公立法政专门学校名列乙等。1921年7月,甘肃公立法政专门学校成立校友会,制定校友会会章。

(3) 国立兰州大学。

1925年7月15日，奉冯玉祥令，甘肃省政府主席刘郁芬批准将甘肃省立五族学校，更名为甘肃省立中山学院。1928年，甘肃省立中山学院扩建为兰州中山大学。1931年2月，更名为甘肃大学。5月，更名为省立甘肃学院。1944年3月，改为国立甘肃学院。

1946年8月1日，以国立甘肃学院为基础，将国立西北医学院兰州分院并入，成立国立兰州大学，由教育部委任辛树帜筹办，并为校长。上任之前，辛树帜赴全国四处网罗人才、图书、设备，奠定了兰州大学系科基础。始设文理学院、法学院、医学院和兽医学院。1947年兽医学院独立建院，兰州大学遂设文学、理学、法学、医学4个学院共15个系。到1949年7月，全校有学生690人，教师176人，职工147人，图书7万余册，校舍建筑面积约3万平方米，学校占地面积为239亩。聘请了国内一些著名学者如盛彤笙、顾颉刚、杨向奎、水天同、陈时伟、左宗杞、马馥庭、王文义、杨朗明、王德基、史念海、袁翰清、常麟定、董爽秋等到校执教。

(4) 民国时期的兰州医学院。

学校前身是创建于1932年的甘肃学院医学专修科，1942年改为西北医学专科学校，1945年成为西北医学院兰州分院，1946年并入国立兰州大学。

2. 中华人民共和国成立后的发展演变

(1) 兰州大学。

1949年，国立兰州大学更名为兰州大学。1952年，全国院系调整中，兰州大学俄文、英文、少数民族语言系分出。1953年，西北艺术学院文学系并入。同年被确立为教育部直属全国重点综合性大学。

1954年，医学系分出，成立兰州医学院。从1955年起，国家为加强西北地区高等教育的建设，陆续从复旦大学、南京大学、南开大学等高校动员一批著名教授如朱子清、周慕溪、徐躬耦、刘有成、段一士、吕忠恕、黄文魁、陈耀祖、赵俪生、宫学惠、邱陵等到校任教，并分配一批归国留学生、国内毕业研究生和大学生到校工作。

1959年，江隆基到校主持工作，整顿教学秩序，大力培养干部，起用一批学有专长的教师，并充分发挥知识分子的作用，初步建立了以教学、科研为中心的教育体系和比较完善的管理体制。

1965年，南开大学核物理系、放化专业并入兰州大学现代物理系。到1966年，学校先后增设原子核物理、放射化学、力学、计算数学、地质学、气象学等专业；全校教师672人。同时，学校逐步形成了有机化学、原子核物理、理论物理、细胞学、植物生理、磁学等几个重点科研方向，配备专职科研人员35名。

改革开放以来，学校紧紧抓住国家实施"科教兴国""人才强国"战略和"211工程""985工程"的历史机遇，全面提高办学水平，2002年和2004年，原甘肃省草原生态研究所、兰州医学院先后并入兰州大学，学校的办学规模进一步扩大。

(2) 兰州医学院。

1954年，为响应国家大力培养专业技术人员的号召，兰州大学医学院分出独立建院，成立兰州医学院。至1999年，兰州医学院设临床医学、药学、预防医学、口腔医学、护理学5个系6个专业，3个公共课教学单位，2个临床教学单位，1所成人教育学院，2所综合性附属医院，1所附属护士学校。

与中国预防医学科学院共建了中国预防医学科学院兰州分院。有21所地方、部队医院为学院的教学医院。27个学科具有硕士学位授予权。其中泌尿外科学、中西医结合学2个学科为首级重点学科，病理学、药学为省级重点扶持学科。

2004年，回并兰州大学，现为兰州大学医学部。

（3）甘肃省草原生态研究所。

1981年，任继周院士创办甘肃省草原生态研究所，是农业部和甘肃省合办的科研机构，承担全国及甘肃省草原生态研究课题，举办各种草原科技培训班，研究、收集整理草原科技情报，草原科技、草地农业咨询、开发和推广，协调进行草原资源调查、草地农业经济生态、草原改良利用、牧草育种栽培、草食家畜营养与粗饲料开发利用、草地病理生态、草坪建植方面的研究。

1984年，《中国草原与牧草》创刊出版，1987年更名为《中国草业科学》，1989年更名为《草业科学》。1990年，《草业学报》创刊。

2001年5月，甘肃省草原生态研究所加挂中国农业科学院草原生态研究所牌子。2002年4月，研究所整体并入兰州大学成立草地农业科技学院，甘肃省草原生态研究所和中国农业科学院草原生态研究所的名称继续使用。

3. 今日兰州大学

学校现有6个校区，校园面积3807亩，有2所附属医院、1所口腔医院。学校现有本科生20710人，硕士研究生9682人，博士研究生2295人。在职教职工4204人，有专任教师2015人，其中教授等正高职507人、副教授等副高职697人，研究生导师1543人，两院院士11人，"千人计划"特聘教授9人，"万人计划"领军人才10人，教育部"长江学者奖励计划"特聘教授15人，国家杰出青年基金获得者18人，百千万人才工程国家级人选12人，"创新人才推进计划"中青年科技创新领军人才6人，教育部"高等学校教学名师"4人，国务院学位委员会学科评议组成员10人，"千人计划"青年项目人选3人，"万人计划"青年拔尖人才5人，教育部"长江学者奖励计划"青年学者项目人选3人，国家优秀青年科学基金获得者21人，教育部新世纪（跨世纪）人才129人，甘肃省教学名师22人，甘肃省领军人才88人，国家自然科学基金委创新研究群体4个，教育部创新团队8个，高等学校学科创新引智基地7个，国家级教学团队5个。

学校学科门类齐全，涵盖了12个学科门类。现有8个国家重点学科，2个国家重点培育学科，35个省级重点学科，3个省级重点培育学科。有2个国家重点实验室，6个教育部重点实验室，2个农业部重点实验室，2个教育部人文社会科学重点研究基地，2个国家地方联合工程实验室，15个甘肃省重点实验室（含培育基地），4个教育部工程研究中心，7个甘肃省工程研究中心（工程实验室），1个国家自然科学基金委中德研究中心。

学校是我国首批具有学士、硕士、博士学位授予权，首批建立博士后科研流动站，首批设置文、理科国家基础科学研究与教学人才培养基地,首批入选国家大学生创新性实验计划的高校之一。经教育部批准建有研究生院。学校现有91个本科专业,44个硕士学位授权一级学科,19个博士学位授权一级学科,18个硕士专业学位授权类型,1个博士专业学位授权类型,19个博士后科研流动站。有6个国家级人才培养基地,7个国家级实验教学示范中心,2个国家级人才培养模式创新试验区,8个省部级基础科学研究和教学人才培养基地。自建校以来,已为国家培养了10多万名各类人才,许多人成为著名的专家学者、企业家和优秀的党政管理人才。1999年至今,先后有14位校友当选为院士。

学校先后获得国家、部委和省级科技成果奖700余项,部编辑出版各种专著、教材、译著1400余部。2007—2016年SCI论文12220篇被引用155512次,篇均被引12.73次。2017年9月,学校化学、大气科学、生态学、草学4个学科入选国家"双一流"学科建设名单。11月,美国汤森路透集团发布了最新基本科学指标数据ESI,兰州大学共有12个学科进入ESI全球前1%,分别是化学、物理学、材料学、地球科学、植物动物学、数学、工程学、生物和生物化学、环境和生态学、临床医学、药物和毒理学以及农业科学。

学校先后与世界35个国家和地区的153所高校及科研机构建立了交流合作关系,合作伙伴遍布亚、美、欧、非、大洋洲。在乌兹别克斯坦、哈萨克斯坦、格鲁吉亚建有3所孔子学院,格鲁吉亚建有1所孔子学堂。

学校的发展目标是:秉承"自强不息、独树一帜"的校训,早日将学校建成国际知名的高水平研究型大学,使学校成为国家特别是西部高层次人才汇聚的高地。

4. 现任领导与历任领导

(1) 现任领导。
党委书记:袁占亭
校长:严纯华
党委副书记:李正元 钟福国 郭 琦 曹爱辉
副校长:安黎哲 陈发虎 徐生诚 潘保田 李玉民 曹 红
纪委书记:钟福国
党委常委:安黎哲 徐生诚 潘保田 李玉民 曹 红
校长助理:贺德衍 范宝军 王 锐
(2) 历任领导。
历任校长(院长)

学校名称	姓名	任职时间
甘肃法政学堂		1909—1913
甘肃公立法政专门学校	蔡大愚	1913—1917
	李 懈	1918.01—1918.02
	施国祯	1918.03—1923.01

	张　瑛	1923.01—1923.03
	赵元贞	1923.03—1923.07
	施国祯	1923.07—1926.02
	沙明远	1926.02—1927.03
	杨集瀛	1927.03—1928.02
兰州中山大学	马鹤天	1928.02—1928.11
	李世军	1928.11—1929.03
	骆力学	1929.04—1929.05
兰州中山大学、甘肃大学、甘肃学院	邓春膏	1929.05—1936.05
甘肃学院	田炯锦	1936.05—1937.04
	朱铭心	1937.04—1938.02
	王自治	1938.02—1941.01
	宋　恪	1941.01—1946.07
国立兰州大学	辛树帜	1946.08—1949.08
兰州大学校务委员会	辛安亭	1949.09—1951.03
兰州大学	曲　正	1951.03—1953.03
	林迪生	1953.03—1959.01
	江隆基	1959.01—1966.06
	刘　冰	1979.01—1982.03
	聂大江	1982.03—1984.04
	徐躬耦	1984.04—1985.03
	胡之德	1985.03—1993.03
	李发伸	1993.03—2006.05
	周绪红	2006.05—2013.06
	王　乘	2013.06—2017.12
	严纯华	2017.12—
兰州医学院	谭道先	1954—1969
	王文义	1979—1983
	王扬宗	1983—1985
	邢祖林	1985—1990
	王　镜	1990—1999
	赵建雄	1999—2004

历任党委书记

学校名称	姓名	任职时间
兰州大学	刘海声	1957—1960
	江隆基	1960—1966
	刘 冰	1979—1984
	聂大江	1984—1985
	刘众语	1985—1992
	王松山	1992—1993
	苏致兴	1993—2001
	陈德文	2001.02—2008.03
	王寒松	2008.03—2016.05
	袁占亭	2016.08—
兰州医学院	白彦博	1956—1960
	董宏杰	1960—1961
	吴 中	1963—1970
	韩 丰	1972—1983
	裴江陵	1983—1985
	廖世伦	1986—1989
	郭正田	1990—1999
	阎孟辉	2001—2004

◎ **参考资料：**

1. 季啸风主编：《中国高等学校变迁》，华东师范大学出版社 1992 年版。
2. 兰州大学官网"学校概况"。
3. 兰州大学"百度百科"条目。
4. 兰州医学院"百度百科"条目。
5. 甘肃省草原生态研究所"百度百科"条目。

（李娜　撰稿）

中国科学技术大学

中国科学技术大学是由中国科学院院长郭沫若提议，经党中央同意，中国科学院所属的一所以前沿科学和高新技术为主、兼有特色管理和人文学科的综合性全国重点大学。

1. 学校的早期发展

1958年9月20日，学校在北京西郊玉泉路甲19号创办。它的创办被称为"我国教育史和科学史上的一项重大事件"。建校后，中国科学院实施"全院办校，所系结合"的办学方针，学校紧紧围绕国家急需的新兴科技领域设置系科专业，创造性地把理科与工科即前沿科学与高新技术相结合，注重基础课教学，高起点、宽口径培养新兴、边缘、交叉学科的尖端科技人才，汇集了严济慈、华罗庚、钱学森、赵忠尧、郭永怀、赵九章、贝时璋等一批国内有声望的科学家，建校第二年即被列为全国重点大学。

首任校长郭沫若，党委书记郁文。设有原子核物理和原子核工程、技术物理、化学原理、物理热工、无线电电子学、自动化、力学和力学工程、放射化学和辐射化学、地球化学和稀有元素、高分子化学与高分子物理、应用数学和计算数学、生物物理、应用地球物理等13个系41个专业，学制5年。

1959年，增设科技情报系，下设物理、化学、生物3个专业。1966年为6个系23个专业，27个专门化组，学制5年。

学校1969年12月开始迁入安徽，1970年10月基本完成搬迁。1971年9月，国务院决定将中国科学技术大学改为安徽省与第三机械工业部双重领导，以安徽省为主。1973年3月，经国务院批准，中国科学技术大学改为安徽省和中国科学院双重领导，以安徽省为主。1975年9月，中国科学院经请示国务院，决定中国科学技术大学由以安徽省领导为主改为以中国科学院领导为主。

至1977年年底，中国科学技术大学校舍面积达11.8万平方米，全校教职工2300余人，其中教师1157人，教授8人，副教授10人，讲师126人。

中国科学院于1977年8月5日至13日在北京召开了中国科学技术大学第一次工作会议，提出中国科学技术大学既要成为教学中心，又要成为科研中心。

1978年2月17日，学校恢复列为重点大学。此后，学校在教育和科研等方面，提出并实施了一系列改革举措，主要有：（1）面向世界，开放办学。先后与30多个国家和地区的近百所大学、科研机构签订了合作交流协议，建立了稳定的合作关系。（2）首创少年班。1978年3月，经中国科学院和教育部批准，中国科学技术大学经过考试选拔智力超常的少年进校学习，探索在少年中成功培养合格大学生的经验。首期少年班 21 人，平均年龄 14 岁，年龄最小的谢彦波仅 11 岁。(3) 创办全国第一个研究生院。1977 年 10 月初，中共中央、国务院批准中国科学技术大学在北京成立研究生院。1978 年 3 月，中国科学技术大学研究生院正式成立，这是全国最早创办的研究生院。(4) 不断深化教学改革。20 世纪 80 年代初，中国科学技术大学在全国率先提出并实施专业结构调整和改造，使当时以理工为主的学科结构调整为理工结合、兼有文管的综合性学科结构，并通过不断完善，使学科专业一直保持在全国高校的先进水平。1980 年中国科学技术大学开始实行学分制，同时实行免修、选修、跳级等措施；试行导师制，允许对拔尖学生单独拟订培养计划；鼓励学有余力的学生尽早参加科研活动，设立学生科研专项费用，开放部分实验室供学生使用。1985 年，设立主辅修制、双学位制。

1984 年 3 月，国务院批准将中国科学技术大学列为全国重点建设的 10 所重点大学之一。

1986 年 6 月，国家计委批准中国科学技术大学第一期工程计划任务，扩建校舍建筑面积 167000 平方米，总投资 9300 万元；批准在校人数为 9800 人，其中本科生 4500 人，研究生 1500 人，教职工编制为 3800 人。1986 年 9 月 20 日，学校举行新校区工程奠基典礼。

经过"七五""八五"国家重点建设，截至 1988 年年底，中国科学技术大学校园面积扩大近一倍，建筑面积已由迁址合肥时的 6 万平方米增至 51 万余平方米。教学楼、化学楼、电子楼、力学楼、生物楼和国家同步辐射实验室、火灾科学国家重点实验室以及结构分析、选键化学等中国科学院开放研究实验室相继建成。国家同步辐射实验室是中国第一个在高校中建设的大型科研工程。

到 1989 年，学校共设有 16 系 47 个专业。16 系是：数学系、物理系、近代化学系、近代物理系、近代力学系、无线电电子学系、地球和空间科学系、生物系、精密机械与精密仪器系、自动化系、计算机科学技术系、应用化学系、工程热物理系、材料科学与工程系、科技管理和科技情报系、经济管理和系统科学系。

有 36 个学科、专业有硕士学位授予权。基础数学、等离子体物理、固体力学、流体力学、电磁场与微波技术、固体地球物理学、放射化学、分析化学、工程热物理、天体物理、自然科学史（物理学史）等 19 个学科、专业有博士学位授予权。基础数学、计算数学、固体物理（联合低温物理）、固体力学为重点学科，并在基础数学、概率统计、计算数学、固体物理、低温物理、天体物理 6 个领域建立了博士后流动站。

1989 年全校教职工总数 3393 人，其中教师 1785 人，教师中教授 107 人，副教授 368 人，讲师 521 人，助教 289 人，副研究员 30 人，其他职称（高工、高实、助研、工程师、实验师、助工、助实）共 470 人。有不少是知名度高的专家、学者：谷超豪、钱临照、杨承宗、龚昇、刘乃泉、汤洪高、石钟慈、李翊坤、吴杭生、伍小平、陈霖、冯克勤、沈兰荪、张裕恒、杨衍明。在校本科学生 3759 人，硕士研究生 924 人，博士研究生 136 人。另有夜大学生 943 人，函授生 1386 人。

1983 年中国首批授予学位的 18 位博士生中，中国科学技术大学占 6 名。建校以来到 1988 年，共为国家培养了 18600 多名毕业生，其中本科生 11808 人，专科及专修科 1745

人，工农兵学员 2139 人，研究生 3000 人左右。少年班到 1989 年已招收 13 期共 465 名学生。

学校常年有 200 位外籍学者来校讲学或短期合作。著名科学家杨振宁、李政道、丁肇中、任之恭、吴健雄、李远哲、陈省身、第三世界科学院院长阿布杜斯·萨拉姆等是学校名誉教授或名誉博士。

2. 今日的中国科学技术大学

1995 年 12 月，国家教委、国家计委、财政部在部分高等学校"211 工程"立项工作会议上，确定包括中国科学技术大学在内的一批重点大学进入国家"211 工程"重点建设项目。

1998 年 5 月，国家决定实施"985 工程"。1999 年 7 月，中国科学院、教育部、安徽省政府签署重点共建中国科学技术大学协议，中国科学技术大学成为首批九所国家重点建设的高校之一，也是唯一参与国家知识创新工程的大学。2017 年 9 月，入选首批"双一流"世界一流大学 A 类建设高校。

长期以来，学校始终坚持"全院办校、所系结合"的办学方针，弘扬"红专并进，理实交融"的校风，形成了不断开拓创新的优良传统，以及教学与科研相结合、理论与实践相结合的鲜明特色，培养了一大批德才兼备的高层次优秀人才。学校面向世界科学前沿领域和国家重大需求，凝练科学目标，开展科学研究，努力提高学术研究水平和科研创新能力与科研竞争力，取得了一批具有世界领先水平的原创性科技成果。

现有 20 个学院（含 5 个科教融合共建学院）、30 个系，设有研究生院，以及苏州研究院、上海研究院、中国科学技术大学先进技术研究院。有数学、物理学、力学、天文学、生物科学、化学共 6 个国家理科基础科学研究和教学人才培养基地和 1 个国家生命科学与技术人才培养基地，8 个一级学科国家重点学科，4 个二级学科国家重点学科，2 个国家重点培育学科，18 个安徽省一级学科重点学科。建有国家同步辐射实验室、合肥微尺度物质科学国家实验室（筹）、稳态强磁场科学中心、火灾科学国家重点实验室、核探测与核电子学国家重点实验室、语音及语言信息处理国家工程实验室、国家高性能计算中心（合肥）、安徽蒙城地球物理国家野外科学观测研究站等 14 个国家级科研机构和 50 个院省部级重点科研机构。

有一级学科国家重点学科数列全国高校第 6；理学博士点国家重点学科覆盖率达到 100%，工学博士点国家重点学科覆盖率达到 40%。一级学科国家重点学科：数学、物理学、化学、地球物理学、生物学、科学技术史、力学、核科学与技术。二级学科国家重点学科：天体物理、地球化学、通信与信息系统、计算机软件与理论。国家重点培育学科：安全技术及工程、管理科学与工程。

一级学科博士学位授权点有：数学、物理学、化学、地球物理学、生物学、科学技术史、力学、仪器科学与技术、材料科学与工程、动力工程及工程热物理、电子科学与技术、信息与通信工程、控制科学与工程、计算机科学与技术、网络空间科学、核科学与技术、环境科学与工程、生物医学工程、管理科学与工程、工商管理、公共管理、软件工程、安全科学与工程、统计学、生态学、地质学、天文学、哲学。

博士后流动站有：数学、物理学、化学、天文学、地球物理学、地质学、生物学、科学技术史、力学、仪器科学与技术、材料科学与工程、动力工程及工程热物理、网络空间安全、电子科学与技术、信息与通信工程、控制科学与工程、计算机科学与技术、矿业工程、核科学与技术、环境科学与工程、管理科学与工程。

在教育部学位与研究生教育发展中心公布的 2012 年第三轮全国一级学科整体水平评估排名中：学校进入排名前 5 的学科数为 9 个（其中理学 7 个），进入排名前 10 的学科数为 14 个；数学、物理、生物、天文、地学等基础学科均进入国内高校学科排名前 5。在学科国际排名方面，根据 ESI（美国科学信息研究所"基本科学指标"数据库）对 2002 年至 2012 年数据的统计分析，中国科学技术大学有 10 个学科（数学、物理学、化学、地球科学、生物学、材料科学、工程科学、计算机科学、临床医学、环境/生态学）已进入国际前 1%，其中材料科学、地球科学、工程科学、数学、物理学、化学、临床医学和环境/生态学 8 个专业领域的学术影响力超过世界平均水平。

目前，全校上下正深化改革，锐意创新，力争把学校建设成为具有科研机构深度融合，创新人才和创新成果不断涌现，具有中国特色的世界一流大学，为实现"创寰宇学府，育天下英才"的宏伟目标而努力奋斗。

3. 现任与历任领导

（1）现任领导。

名誉校长：周光召

党委书记：许　武

校长：包信和

常务副校长：潘建伟

党委副书记、纪委书记：叶向东

副校长：陈初升

党委常委、副校长：陈晓剑　周先意　朱长飞

党委副书记：蒋　一

副校长（兼）：江海河

党委常委、副校长：王晓平

总会计师：黄素芳

校长助理：杨金龙

（2）历任领导。

党委书记	郁　文	1958.09—1963.05
	刘　达	1963.05—1975.11
	欧远方	1975.11—1977.09
	武汝扬	1977.09—1978.10
	杨海波	1978.11—1987.01

	彭珮云	1987.01—1988.02
	刘乃泉	1988.02—1990.04
	余翔林	1993.08—1998.07
	汤洪高	1990.04—1993.08
		1998.07—2003.05
	郭传杰	2003.05—2008.09
校长	郭沫若	1958.09—1978.06
	严济慈	1980.02—1984.09
	管惟炎	1985.04—1987.01
	滕 藤	1987.01—1988.02
	谷超豪	1988.02—1993.07
	汤洪高	1993.07—1998.06
	朱清时	1998.06—2008.09
	侯建国	2008.09—2015.01

◎ **参考资料：**

1. 中国科技大学官网"学校概况"。

2. 中国科技大学百度百科。

3. 王溪松、朱光华、蒋家平撰，谷超豪审：《中国科技大学》，载季啸风主编：《中国高等学校变迁》，华东师范大学出版社1992年版，第599~604页。

（涂上飙 编）

哈尔滨工业大学

哈尔滨工业大学（简称"哈工大"）隶属于工业和信息化部，是首批进入国家"211工程"和"985工程"建设的大学之一，是国家"双一流"世界一流大学和一流学科建设高校。

1. 学校的早期发展

1903年7月，俄国人以哈尔滨为中心修筑中国东省铁路。1920年5月，中东铁路的一些领导人员及中国当地官商士绅，开始筹办"哈尔滨中俄工业学校"。10月17日举行开学典礼，设铁路建筑科和电气机械工程科，学制四年，以俄语授课。

1922年4月2日，哈尔滨中俄工业学校改为"哈尔滨中俄工业大学校"，学制五年，铁路建筑科改为铁路建筑系，电气机械工程科改为机电工程系。

1928年2月4日，学校更名为"东省特别区工业大学校"，东北政府国民教育总长刘哲任校长。10月，东省特区工业大学校改名为"哈尔滨工业大学"。张学良将军任理事会主席，刘哲再任校长。学校办学经费继续由中东铁路拨付。

1932年2月5日，日本帝国主义侵占哈尔滨。哈尔滨工业大学为日本人通过伪满洲国政府所控制。1936年1月1日，伪满洲国文教部命令将哈尔滨工业大学改名为"国立哈尔滨高等工业学校"，清退了大批苏俄教员，以日语代替俄语授课，由俄式逐步改为以日式办学。

从1920年建校到1938年年底，哈工大按俄式教学共培养出毕业生1267人。

1937年1月以后，学校经费由伪满洲国政府拨付，只招收中国、日本、朝鲜籍学生。5月1日，举行国立哈尔滨高等工业学校的建校典礼。日本人铃木正雄任校长，设教务和行政两大部，系主任都是日本人。

1938年1月1日，伪满洲国政府颁布大学令，将国立哈尔滨高等工业学校改名为"哈尔滨工业大学"，开设土木、建筑、电气、机械、应用化学、采矿冶金6个科。

1939年9月，开办哈尔滨苏联中等技术学校分校，校长由哈工大校长兼任，校址在马家沟香坊公路旁克罗地中学后面，设有机械系、电气系好矿山工程系，学制为二年。1941年，分校从哈工大分出独立建校，1946年6月停办。

抗日战争胜利后，根据中苏两国政府的协定，哈工大归属苏联政府管理的中国长春铁路局领导，由中长铁路局局长如拉弗列夫兼任校长，恢复原有的茶蘼建筑、电力机械、运输经济3个系，学制为5年，恢复俄语授课。

1946年成立东方经济系，运输经济系改为工程经济系，开办铁路管理和货物运输系。1948年开设矿冶系、化工系和航空系。至此，学校有教师104名，学生763名。

从1920年到1950年年初，哈工大总计有3500名毕业生，除中国留学生外，还包括大批俄、日、朝鲜、波兰与犹太等外籍学生。

2. 中华人民共和国成立—1978年学校的发展

1950年6月7日，中共中央东北局决定将哈工大移交给中国政府管理。6月7日成为哈工大校庆纪念日。

1952年，学校将铁路有关专业调到东北铁路学院，冶金、采矿系调到东北工学院，化工系调到大连工学院。保留3个系13个专业，即机械系的机械制造、机床刀具、金属热处理、铸造、锻压、焊接6个专业；电机系的发电厂及输配电、电机及电器制造、工行电力装备3个专业；土木建筑系的工业及民用建筑、建筑结构、上下水道、暖气通风4个专业。

学校先后与苏联鲍曼高等工业学校、古比雪夫土木建筑学院、哈尔科夫工学院、基辅工学院、莫斯科航空学院、波兰华沙工学院、波兰科学院、民主德国科学院及布拉格工业大学等院校建立学术联系。

1956年4月9日，以哈工大土木系为基础建立"哈尔滨建筑工程学院"。1958年8月26日，哈工大以轧钢、锻压两专业为基础建立富拉尔基分校，定名为"哈尔滨工业大学富拉尔基重型机械学院"。1960年10月，该分校从哈工大分出，更名为"东北重型机械学院"，归一机部领导。同时，学校的发电厂、输配电、动力经济等专业并入北京电力学院。1958年9月，学校开始了由"民"到"军"的转变工作。1959年春，哈尔滨航空工业学校并入，成为哈工大的中专部（1962年又重新调整为航空工业学校）。1959年3月，学校相继成立无线电系、航空工程系、自动控制系、工程力学系和工程物理系，这几个系通称为哈工大二部。1960年9月，哈工大归三机部领导，1961年2月，又归国防科委领导。1962年，学校经调整后设9个系32个专业。

学校于1970年3月迁至四川重庆市北培区西南师范学院校址，与哈尔滨军事工程学院二系合并成立重庆工业大学，属二机部领导。1971年7月3日，重庆工业大学哈工大部分仍迁回哈尔滨，与哈工大留哈部分合并组成哈尔滨工业大学。8月，恢复哈尔滨电工学院和黑龙江工学院的建制，与哈工大分开各自建校。1976年6月，中央决定哈工大归属国务院八机总局（八机部）领导。1981年八机部与航天工业部合并，学校随之归航天工业部领导。1988年7月，航天工业部与航空工业部合并，哈工大又归航空航天工业部领导。

3. 改革开放后的发展

1978年以来，全校承担科研项目2000多项，取得成果600余项，获国家发明奖、省级和部级奖励700余项。在1984年10月北京新技术革命信息技术展览会上展出的汉字识别系统和 1985 年 5 月北京航天部科技成果展览会展出的中国第一代弧焊机器人等成果，都得到中共中央及国家领导人的很高评价。

有 59 个学科有硕士学位授予权；22 个学科有博士学位授予权；有 4 个学科的博士后流动站。有 34 名教授任博士生导师，他们是吴从炘、洪晶、李淳飞、黄文虎、王铎、顾震隆、陈湛闻、李华敏、袁哲俊、蔡鹤皋、许耀铭、刘庆和、赵新民、雷廷权、姚枕、李庆春、李硕本、王仲仁、田锡唐、陈定华、王其隆、吴林、王仲奇、王宗培、陆永平、刘永坦、马祖光、王广雄、陈光熙、李仲荣、马天超、黄梯云、周定、胡恒章。

自 1978 年至 1988 年的 10 年中，哈工大共招收各类研究生 4700 多名，其中博士生 275 名，硕士生 3538 名。

1984 年 9 月，国务院批准哈工大为重点建设院校，并批准成立研究生院和管理学院。1987 年 5 月成立航天学院，1988 年 5 月成立汽车工程学院。1989 年学校院系与专业设置有：管理学院、管理工程系、经济贸易系、系统工程系、航天学院、控制工程系、无线电工程系、工程力学系、空间科学与技术系、汽车工程系、精密仪器系、动力工程系、计算机科学系、电气工程系、应用化学系、机械工程系、金属材料及工艺系、应用物理系、数学系、工业与民用建筑系、外语系。

4. 今日哈尔滨工业大学

2000 年，同根同源的哈尔滨工业大学、哈尔滨建筑大学合并组建新的哈尔滨工业大学。如今，学校已经发展成为一所以理工为主，理、工、管、文、经、法等多学科协调发展的国家重点大学。

学校坐落于素有"东方小巴黎"和"东方莫斯科"之称的冰城夏都哈尔滨市，同时在山东省威海市和广东省深圳市分别设有哈尔滨工业大学威海校区和哈尔滨工业大学深圳校区（筹），形成了"一校三区"的办学格局。

学校在长期的办学过程中，形成了"规格严格，功夫到家"的校训，以朴实严谨的学风培养了大批优秀人才，以追求卓越的创新精神创造了丰硕的科研成果。学校以适应国家需要、服务国家建设为己任，形成了以航天特色为主，拓宽通用性为准则，充分发挥学科交叉、融合的优势，形成了由重点学科、新兴学科和支撑学科构成的较为完善的学科体系，涵盖了哲学、经济学、法学、教育学、文学、历史学、理学、工学、管理学、艺术学等 10 个门类。学校现有 9 个国家重点学科一级学科，6 个国家重点学科二级学科。在教育部第三轮学科评估中，学校有 10 个一级学科排名位居全国前五位，其中力学学科排名全国第一。材料科学、工程学、物理学、化学、计算机科学、环境与生态学、数学、生物学与生物化学等 8 个学科进入 ESI 全球前 1%，其中材料科学、工程学已进入全球前 1‰。

学校坚持以人为本、爱惜人才、不拘一格培养和使用青年人才的历史传统，汇聚、培养了以两院院士为带头人、长江学者和国家杰出青年基金获得者、教育部新世纪优秀人才等中青年骨干为代表的锐意进取、业务精良、作风过硬的高水平师资队伍，为学校创建世界一流大学奠定了良好的人才基础。学校实施了"首席国际学术顾问计划"，聘请国际著名学者和管理专家，以世界一流大学的标准和发展经验为学校人才培养、学科建设、基础科研和管理服务等各方面的发展建设提供指导。同时，学校还广纳海内外贤才，聘请境外兼职博导、合约外国专家和海外留学人员来校工作，他们中80%的海外留学人员是在美、俄、英、法、德、日等国家的著名大学取得博士学位，具有丰富的教学经验和很高的学术水平。

学校综合办学条件优良，基本设施齐备，科学园、实验中心、体育馆（场）、活动中心、游泳馆等各类设施齐全，为全校师生员工的学习、生活、开展中外学术和文化交流活动提供了条件。

学校坚持"面向国家重大需求，面向国际科技前沿"，为工业化、信息化和国防现代化服务，为地方经济社会发展服务，突出国防、航天优势，紧密结合工业、信息、机电、能源、材料、资源环境、土木建筑等领域国民经济和社会发展的重大国家需求，不断提高学术研究水平、科研创新能力和科研竞争力，解决了国内外相关领域内一系列创新性好、探索性强的前沿基础科学问题，取得了一批具有世界领先水平的原创性科研成果。学校积极参与了国家16个重大科技专项中的14项，在航天、机器人、小卫星、装备制造、新能源、新材料等领域取得了一批重大标志性成果，为国家和地方的经济社会发展作出了积极的贡献。

多年来，哈尔滨工业大学始终保持航天特色，坚持自主创新，不断主动承接国家高、精、尖大型科技项目，科研实力始终位居全国高校前列。学校先后成功抓总研制并发射"试验一号""试验三号""快舟一号""快舟二号""紫丁香二号"卫星，创下了国内高校研发小卫星五战五捷的纪录。先进微小卫星平台技术研究、空间机械臂技术、星地激光链路试验、快舟星箭一体化技术、神光III激光装置中的靶场光电及控制系统等入选中国高校十大科技进展。"超精密特种形状测量技术与装置""星地激光链路系统技术"分获2006年度、2014年度国家技术发明奖一等奖。多项技术成果为载人航天工程、探月工程、载人深潜工程提供了有力支撑。在"神舟号"系列飞船研制过程中，哈工大攻克了KM6、返回舱焊接变形矫形技术、三轴仿真实验转台、航天员训练用"模拟失重训练水槽"、航天员出舱用反光镜体等多项技术难关。在"天宫一号"目标飞行器与"神舟号"系列飞船交会对接任务中，学校提供了20多项技术支撑。为此，哈工大获得"中国载人航天工程突出贡献集体"荣誉称号，是全国唯一的高校单位。2012年，哈工大荣获"天宫一号与神舟九号载人交会对接任务成功纪念奖牌"。2013年，学校牵头组建的"宇航科学与技术协同创新中心"成为"2011计划"首批启动的14个中心之一。2014年，哈工大被国家发改委正式确认为国家重大科技基础设施项目"空间环境地面模拟设施"牵头建设单位。

秉承"规格严格，功夫到家"的校训，哈工大坚持个性化培养与柔性化管理相结合的人才培养方法，遵循课程学习与项目学习结合、理论学习与社会实践结合、课内学习与课外学习结合、教师教与学生学结合等原则，注重对学生能力和素质的培养，造就了大批工程实践能力强、具有团结协作精神的创新型人才。2014年，学校获国家教学成果一等奖、国家级研究生教学成果一等奖各1项。学校充分发挥党委的领导核心作用，认真贯彻落实党委领导下的校长负责制，形成了精神引领、典型引路、品牌带动的思想政治工作特色，涌现出一大批全国先进典型。学校被授予全国先进基层党组织、全国五一劳动奖状、全国五四红旗团委、工业和信息化部"一提三优"工程特别优秀学校、全国厂务公开民主管理示范单位等荣誉称号。建校以来，30余万学子从这里走向各条战线。他们中既有党和国家领导人，也有共和国的将军，既有科技领域的骨干，也有著名的企业家。他们在各行各业为祖国的繁荣强大和人类的文明进步贡献着自己的才智。

回首哈工大的发展历程，每一轮进步跨越、每一次腾飞奋进，无不与祖国的命运紧紧连在一起。今天的哈尔滨工业大学站在一个新的历史起点上，将努力走出一条中国特色、世界一流、哈工大规格的办学之路，为中华民族伟大复兴、人类文明进步作出新的更大贡献！

5. 现任与历任领导

（1）现任领导。
党委书记：王树权
党委副书记 校长：周　玉
党委常务副书记：熊四皓
副校长：韩杰才　任南琪　丁雪梅
纪委书记：才巨金
副校长：郭　斌　安　实　徐殿国
副校长兼威海校区校长：徐晓飞

（2）历任领导。

姓名	年份	职务
宋小濂	1920—1924	校长
摄罗阔夫	1920—1924	校长
乌斯特鲁果夫	1924—1925	校长
张寰湘	1928—？	校长
张学良	1928—1931	校长
刘　哲	1928—1938	校长
刘梦庚	1933—1935	校长
王宇清	1935—1937	校长
铃木正雄	1937—1945	校长
奥哲夫	1945—？	校长
谢德和	1947—？	校长
冯仲云	1949—1951	校长
陈康白	1951—1953	党组书记
李　昌	1953—1964	党委书记
高　铁	1965—？	校长
吕学坡	1977—？	校长
李　瑞	1977—1978	校长
	1978—1983	党委书记

刘德本	1978—1980	校长
李东光	1983—1985	党委书记
黄文虎	1983—1985	校长
姜以宏	1985—1992	党委书记
杨士勤	1985—2002	校长
吴　林	1992—1998	党委书记
李　生	1998—2004	党委书记
王树国	2002—2014	校长
郭大成	2004—2008	党委书记
王树权	2008—	党委书记

◎ **参考资料：**

1. 哈尔滨工业大学官网"学校概况"。

2. 张凤云撰，周长源、王魁业、赵汝祥审：《哈尔滨工业大学》，载季啸风主编：《中国高等学校变迁》，华东师范大学出版社1992年版，第342~347页。

（涂上飙　编）

北京航空航天大学

北京航空航天大学（简称"北航"），原名北京航空学院，是 1951 年到 1952 年经过两次调整，在清华大学、厦门大学、四川大学、云南大学、西北工学院、北洋大学、北京工业学院以及西南工业专科学校等 8 个院校的航空系科的基础上创建的，是中华人民共和国第一所航空航天高等学府，现隶属于工业和信息化部。

1. 学校的早期发展

1951 年 3 月国家对全国航空系科进行调整，将北洋大学、厦门大学和西北工学院的航空系并入清华大学航空系，成立清华大学航空工程学院；云南大学航空系并入四川大学航空系；西南工业专科学校航空专修科并入华北大学工学院（后改名为北京工业学院）航空系。1952 年 5 月，中央将清华大学航空工程学院同北京工业学院航空系、四川大学航空系合并，组建北京航空工业学院（后正式命名为北京航空学院）。

1952 年 10 月 24 日，正式成立北京航空学院，10 月 25 日举行成立大会。当时学生 737 人（新生 495 人），研究生 26 人，教职工 234 人（教师 108 人）。设飞机、发动机两个系，每系设设计、工艺两个专业。

1954 年 6 月，武光任第一任院长。增设飞机设备系和航空冶金系，下设：航空仪表自动器、飞机电器设备、飞机特种设备、金相热处理、铸造、压力加工和焊接等专业。1956 年到 1957 年增设航空企业经济与组织专业，航空无线电设备专业，并增设导弹弹体、火箭发动机及导弹控制等 3 个导弹类专业。还增设空气动力学专业。1958 年 7 月成立飞行器系，10 月成立无线电系。

1959 年新设解算装置、航空非金属材料、腐蚀及表面保护、火箭地面机械及发射装置、无线电导航、雷达、遥控遥测、航空电视、航空原子能发动机设计等 9 个专业，1960 年增设航空核动力系、物理系、工艺系，1961 年又建立飞行器控制系。共有 10 系。1961 年，取消原子能动力系和物理系。

至 1965 年，国家确定学校设 27 个专业，学制四年，总规模在校生 6000 人。高温高强铝合金、脉冲多卜勒导航雷达、0.02 微米精读陀螺动平衡机、400℃高温应变片、28 路遥测设备等是国内首创科研成果。建立了空气动力学、热应力试验、冲压发动机、陀螺仪、无人驾驶飞机控制、原子能发动机、无线电导航、自动控制与模拟、火箭发动机、测试技术等 10 个研究室。

1971 年开始招收"工农兵学员"，学制三年。到 1976 年共招收 4558 人。

1977 年恢复统一招生制度，1978 年招收第一届研究生。1980 年开始按专业类招生、培养、分配。1984 年建立研究生院。1985 年改革教学管理，实行"弹性教学计划和新的学分制"。

1985 年宁幌教授指导的博士生高歌，发表了"沙丘驻涡火焰稳定器设计原理及方法"，解决了航空发动机多年来燃烧中的一个关键问题，是中国航空技术上的重要发明，获国家一等发明奖。

1988 年 4 月经国家教委批准，学院改名为"北京航空航天大学"。学校发展成为以理、工、文、管相结合的多学科综合性科技大学。

1989 年，全校设有 4 个学院（研究生院、宇航学院、管理学院和继续教育学院）；13 个系（材料科学与工程系、电子工程系、自动控制系、发动机系、飞行器设计与应用力学系、计算机科学与工程系、制造工程系、工业系统工程系、应用数理系、机电工程系、社会科学系、外国语言系、工程系统工程系）；36 个专业（归属 21 个专业类）。

有 46 个硕士学科、专业授予点，航空发动机、飞机设计、飞行器控制制导与传真、惯性技术及其导航设备、航空与宇航制造工程、飞行力学、人机与环境工程、自动控制理论及应用、流体机械及流体动力工程、一般力学、固体力学、空气动力学、实验力学、机械学、流体传动、机械制造、管理工程、通信与电子系统、计算机软件、金属材料及热处理等 20 个学科、专控业有博士学位授予权和 12 个博士后流动站。1989 年年底，在校学生共 9000 余人，其中研究生 1115 人（博士生 188 人，硕士生 927 人），本科生 5000 余人。全校教职工 4300 人，其中专任教师 1163 人，专职科研人员 743 人。全校有教授 144 人，副教授 556 人。

空气动力学、飞行器自动控制和导航、惯性技术和制导、航空发动机、机械学 5 个学科被列为国家级重点学科。计算机软件工程实验室被列为国家重点实验室。

2. 今日的北京航空航天大学

学校首批进入"211 工程"，2001 年进入"985 工程"，2013 年入选首批"2011 计划"国家协同创新中心，2017 年入选国家"双一流"建设高校名单。

截至 2018 年 4 月，有工、理、管、文、法、经、哲、教育、医和艺术 10 个学科门类。有 8 个一级学科国家重点学科（并列全国高校第 7 名），28 个二级学科国家重点学科，10 个北京市重点学科，10 个国防特色学科，14 个 A 类学科，其中航空宇航科学与技术、仪器科学与技术、材料科学与工程、软件工程为 A+学科。有 60 个本科专业，23 个博士学位授权一级学科点，40 个硕士学位授权一级学科点，20 个博士后科研流动站。

学校突出学科基础地位，构建空天信融合、理工文交叉、医工结合的一流学科体系，形成珠峰引领、高峰集群、高原拓展的良性学科生态。在航空、航天、动力、信息、材料、仪器、制造、管理等学科领域具有明显的比较优势，形成了航空航天与信息技术两大优势学科群，国防科技主干学科达到国内一流水平，工程学、材料科学、物理学、计算机科学、化学五个学科领域的 ESI 排名进入全球前 1%，工程学进入全球前 1‰，具备了建设世界一流学科的基础。在 2017 年"软科世界一流学科排名"中，航空航天工程学科为世界第二、中国第一。

有教职工总数达到3928人，其中专任教师2172人。专任教师中，73.75%具有高级职称，83.60%具有博士学位。汇聚了以24位两院院士、27位中组部"千人计划"创新项目入选者、31位"973"计划首席科学家、65位"长江学者奖励计划"教授、50位"国家杰出青年科学基金"获得者、3位国家级教学名师等为代表的高层次人才，引进诺贝尔奖获得者3人，全职在校工作的"青年长江学者"11位，国家优秀青年科学基金获得者38位，"青年千人"58位，涌现出众多国家一等奖获得者、领域专家和型号总师，以及一大批年轻有为、造诣精深的专家学者。

有全日制在校生三万余人，其中本科生与研究生比例为1:1，在校攻读学位的外国留学生近1300人。学校坚持立德树人的根本任务，突出人才培养的中心地位，把培养拔尖人才与强化爱国担当相结合，在知识创造中培养人才，在人才培养中创造知识，着力培养理想高远、学识一流、胸怀寰宇、致真唯实的领军领导人才。打造一流本科生教育，推进大类招生，扩大专业自主选择权，突出厚基础、个性化、导师制、小班化培养，健全完全学分制。推进通识教育、书院育人，发挥华罗庚班、吴大观班、人文社会科学实验班及高等理工学院、中法工程师学院等实验班和荣誉学院的引领辐射作用。构建知识学习、能力实践、国际交流三位一体大课堂，强化跨学科实践、社会实践和创新创业实践。研究生教育坚持面向国家战略需求，立足国际学术前沿，改革创新教育教学机制，重点实施尖端优质生源汇聚、精品课程体系构筑、国际交流深度拓展、多方聚力协同育人、创新激励分类优秀、卓越导师队伍建设等行动计划，着力打造"重创新、强能力、高规格"的人才培养质量品牌，探索出大飞机班、发动机班、信息安全班等定制化高层次人才联合培养模式。建校65载（2016），北航为国家培养了大批学术精英、兴业人才和治国栋梁，为国家主流行业和骨干单位输送了20多万优秀毕业生，毕业生一次就业率保持在98%以上。近6年北航有18名校友当选为院士。

科研经费人均位居全国高校第一。有1个国家实验室（航空科学与技术国家实验室（筹），9个国家级重点实验室（含4个国防科技重点实验室），4个国家级工程研究中心，70余个省部级重点实验室；有7个国家自然科学基金委创新研究群体，12个教育部创新团队，6个国防科技创新团队。建校60余年来，北航创造了40多项国内第一的科研成果，在尖端技术研究领域始终居于国内高校前列，研制发射（试飞）成功的多种型号飞行器填补了国内多项空白，如中国第一架轻型旅客机"北京一号"、亚洲第一枚探空火箭"北京二号"、中国第一架无人驾驶飞机"北京五号"、"蜜蜂"系列飞机、共轴式双旋翼无人驾驶直升机等。近年来，学校团队参与论证并助力研制的国产大飞机C919成功首飞，研制成功我国首个新型临近空间飞艇。学校牵头设计研制的某型无人机定型并执行重要任务，在纪念抗战胜利70周年阅兵中位居无人机方队阵首。"十五"以来，北航共获国家三大科技奖励60余项，其中，近13年获得12项国家级科技奖励一等奖、4项国家自然科学二等奖，创造了一所大学连续获国家高等级科技奖的记录，被社会誉为科技创新的"北航模式"。学校学术论文数量和质量协同增长，实现了在 Nature、Science 等顶级期刊发表文章的突破。

先后与国外近200所著名高等院校、一流研究机构和知名跨国公司建立了长期稳定的合作关系，加入了国际宇航联合会、"T.I.M.E. 联盟"、"中俄综合性大学联盟"等国际联盟和学术组织，创设了"中德软件联合研究所""中英空间科学与技术联合实验室"等一批高端国际合作平台。

学校第十六次党员代表大会提出以建设扎根中国大地的世界一流大学为发展远景目标。迈入新时代、谱写新篇章，学校将以"北航梦"助力实现中华民族伟大复兴的"中国梦"！

3. 现任领导

党委书记：曹淑敏
校长　党委副书记：徐惠彬
副校长：魏志敏
纪委书记：何新洲
副书记：程基伟　李军锋
副校长：陶　智　刘树春　房建成　黄海军　王云鹏
校长助理：张　广

◎ 参考资料：
1. 北京航空航天大学官网"北航概况"。
2. 张国钧撰，张祖善、徐世达审：《北京航空航天大学》，载季啸风主编：《中国高等学校变迁》，华东师范大学出版社1992年版，第35~39页。

（涂上飙　编）

暨 南 大 学

诞生于国家民族危难之际的暨南大学，百余年中，与国家民族命运共浮沉，与时代脉搏同起伏，虽几经废兴与迁播，然自强不息，折而不断，一路风雨，砥砺前行，如桥梁和纽带般，将中华民族与其华侨华人学子及海外侨胞紧紧联系在一起！

"暨南"二字出自《尚书·禹贡》："东渐于海，西被于流沙，朔南暨，声教讫于四海。"意即面向南洋，将中华文化远播到五洲四海。学校积极贯彻"面向海外，面向港澳台"的办学方针，百载岁月淬炼而出的"知行合一，和而不同"办学精神已经构成了中华精神文化的一部分，建校至今，共培养了来自世界五大洲一百六十多个国家和港澳台地区的各类人才近30万人，堪称桃李满天下，可谓"有海水处即有暨南学子"。

1. 学校早期历史

光绪三十一年（1905），两江总督端方等清朝五大臣考察宪政归国途中，经南洋时感受到海外侨胞爱国情深，深觉开展华侨教育刻不容缓，因此奏请朝廷"爪岛侨民流寓远方，不忘归国，派生内渡，就学金陵，洵属爱国情殷，极堪嘉许，自当官备食宿，妥为照料"。由政府开办的海外华侨教育兴学就此开启，校址选在南京薛家巷妙相庵，地处南京城中央，鼓楼之南，唱经楼之北，西北紧邻金陵大学。

然端方注意到华侨子女归国后，其语言和生活都很难适应，遂开办一所专门接收华侨子女的学校显得十分必要。次年端方再次奏请"惟该生等初回内地，语言骤难合一，应选派教习补习国文国语及各项科学，择度校舍，延订教习分科教授，派员管理，统合画一，名曰：暨南学堂"。暨南学堂就是暨南大学的前身，"暨南"二字便在中华大地植根。

与清政府创办的几所高等学校不同，暨南大学从创时之初即定位为为华侨子弟服务的学校，暨南学堂"办中学，附设高等小学"开办不同层次的分学堂。考虑到华侨子女归去海外后能学以致用，学校自始以来的办学理念就是"重视基础、突出应用"，在当时的教育环境下，如何对海外侨胞制定科学的学习课程是没有任何借鉴的，全靠教育先导慢慢摸索，逐步完善。

1911年辛亥革命爆发后师生星散，学堂停办。民国初年，华侨学生要求回国复学，苦于国内已无华侨学校，教育界的知名人士和海外华侨强烈要求尽快恢复暨南学堂，教育部任职的原暨南学堂校董董鸿炜多次向当局建议恢复暨南学堂，就连任职于交通部航政司的司长雪兰莪和华侨代表叶兆菘等人于1912年联名呈具教育总长，认为暨南学堂在增进海外华侨国家认同国内、争取国外政府重视等方面功不可没，"自丁未南京有暨南之设，侨情始与内地相洽，迄今五年，而荷政府之对待我侨民者与昔遂异：昔之不准立小学者今亦听我立小学矣；昔之不准设中学者，今且听我立中学矣"。

1917年国民教育部批准恢复暨南学堂。1918年3月正式更名为"国立暨南学校"，中辍六年之久的暨南事业在上海真如重新开始。学校针对侨校具有"声教暨南"的特点和使命，根据孔子所言"言忠信，行笃敬，虽蛮陌之邦，行矣"，选取"忠信笃敬"为自己的校训，进一步有深化了学校弘扬中华优良道德风尚，传播中华文化教育的使命感。

1923年，为了适应学生的增多，并创建大学部，暨南学校从南京迁到上海的真如。从此，暨南大学进入一段全面发展时期，1927年9月，国民政府大学院批准国立暨南学校改组升格为"国立暨南大学"，暨南学堂首任堂长郑洪年接任校长职务，"鉴于侨胞处于殖民政府铁蹄之下，受尽帝国主义之蹂躏，暨南教育非提高程度，扩充为完善之大学，不足以增进侨胞之地位，不足以适应其特殊环境，不足以使华侨父老咸达到自由平等之目的，准此旨趣，乃具彻底改革之决心"。同月，南洋文化教育事业部正式成立，与大学部、中学部鼎足而立，作为研究南洋问题的专门科研机构，编辑出版《南洋研究》《南洋情报》《南洋丛书》，开中国南洋（东南亚）研究之先河，在近代中国的华侨研究史上具有相当重要的影响，从宏教泽育英才到华侨文化研究，暨南大学办学思想也更为实际，延聘名师硕学，"新聘教授非著述宏富，即学有专长，固皆海内知名之士，而蜚声教坛者也"，不少校友回忆，当时国立暨南大学"设备日臻完善，规模大具，校誉远播……师资阵容鼎盛，东南亚及远至美国之华裔父老，仰慕暨南大学之盛名，凡遣其子女回中国升学者，莫不以进暨南为荣。是以侨生人数大增，几占在校学生总数四分之三，蔚为华侨最高学府"。

然而国家民族命运的浮沉再次让暨南大学辗转迁移，1937年，抗日战争全面爆发，1938年国立暨南大学迁至上海租界，1941年12月8日，太平洋战争爆发，上海租界为日本军占领，何炳松校长含泪向教师们宣布："当看到一个日本兵或一面日本旗经过校门时，立刻停课，将这所大学关闭。"大家分头准备上课。学生们如往日一样坐在了座位上。教师们宣布了学校的决定，学生们脸上呈现出坚毅的神色，静静地坐着，听老师在讲台上严肃而镇静地讲授"最后一课"。国立暨南大学宣布停课，上海国立暨南大学就此结束了自己的生命，国立暨南大学整体南迁至福建建阳办学。

在这段艰苦卓绝的抗战期间，学校居无定所，颠沛流离，外有强敌环伺，内遭物质窘困之厄，但是全体师生仍然明确侨校身份意识及所肩负之特殊使命，保华侨高等教育血脉不断，想方设法扩大华侨学生的招生，为华侨学生创造好的学习条件。时任校长、著名历史学家何炳松先生明确提出暨南大学的办学思想和目标："我们要造成民族复兴之斗士，不要造成争权夺利的政客。况且暨南比其他大学另有特殊之使命，将来本校毕业同学必须能向海外发展，能在外界立足。""大家如能放开眼光，为复兴民族着想，为海外华侨发展着想，必然要加倍努力用功，以求造成将来有益于国家社会的人物。"

1946年6月，国立暨南大学从福建建阳迁回上海。代表暨南大学在中华人民共和国成立前最辉煌时期的真如校舍早已被日本侵略军焚毁，国民政府划拨上海宝山路和东体育会路两所原日本人学校作为暨南大学校址，受内战影响，复员回沪后侨生比例非常之低。

2. 中华人民共和国成立后的演变

1949年上海解放，暨南大学被接管，原文、法、商及理学院分别并入复旦及交通大学，地理学系并入南京大学（前身为中央大学），人类学系并入浙江大学。暨南大学暂时停办。

直至1958年，中央为了解决侨生读大学过于分散、不易教育和管理等诸多不便的问题，经国务院批准，广东省委决定在广东筹办的这所大学沿用"暨南大学"的名称。时任广东省委第一书记陶铸（1958—1963）担任暨南大学重建后的第一任校长，他将暨南大学的办学方针确定为"办成尽可能符合海外侨胞的愿望与要求，具有特色的综合性华侨大学"，并进行院系调整，以"面向华南，面向东南亚，面向亚热带，面向海洋"。在国内高校尚处"闭门办学"的象牙塔时代，贴近社会务实办学的风气就已在这里兴起；而当众多高等学府意识到服务社会时，"人无我有、人有我优"的打造专才、分流教学、全英教学的现代教育理念也早已在这里实践。20世纪60年代，暨南大学的理科生也要学习中文写作，学校还开设了"西方经济学"，讲起证券股票，这在当时国内大学极为罕见。1963年，著名学者陈序经受陶铸之邀，担任暨南大学校长，他亲自登门造访暨南大学每一位教授，亲自接待返乡来校探访的侨生家长。由省领导直接管理，重建后的暨南大学迅速发展成为一所粗具规模的文理科综合性大学，为中华人民共和国树立国际形象和团结华人华侨起到了重要的作用。"在广东这样一个接近港澳、海外华侨众多的地方，把暨南大学在广州复办起来，对团结港澳同胞和海外侨胞，培育他们的后代，有深远的影响和作用。"

然而每一次中国政治经济社会的变迁都会给暨南大学带来巨大的变化，1966年"文革"开始，暨南大学第三次停办。停办12年后，中央于1978年春决定恢复暨南大学，1979年开始招收和培养研究生。

全国人大常委会委员长叶剑英元帅亲笔为暨南大学题写校名，从精神上给了暨南大学莫大的鼓励，广东省副省长杨康华兼任校长，中共广东省委第二书记习仲勋出席了复办后的第一次开学典礼，并作了重要讲话，他鼓励师生为将暨南大学办成有特色高水平的华侨大学而努力。复办后的暨南大学是一所文、理、医多科性综合大学，从此暨南大学才算真正进入了无间断的发展新时期。

漫漫百年风雨征程，暨南大学经历数次播迁，每一次顿挫所遭遇的都是毁灭性的打击，但她如一只不死的凤凰，在烈火与血泪中重生，在暴风雨中振翅高飞。历经波折，暨南大学抱持情系家国、为国育才之理念，在国家和社会各界以及海内外华侨华人的关爱支持下，屡仆屡起，愈挫愈奋，每次都在较短的时间内即能实现办学的高水平，且乘势而上。1978年复办以来至今短短40年就达到了较高水平，学校充分把握国家大力扶持的政策和机会，锐意革新，开放办学，在招生、教学、科研、对外交流等诸多方面都采取了一系列改革措施，20世纪90年代中期成为国家重点综合性大学，2011年成为国务院侨办、教育部、广东省政府签署共建重点大学，2015年入选广东省高水平大学重点建设高校，这都与暨南大学一直以来不忘使命、砥砺奋进、精勤育人分不开。曾任中共广东省委原书记、广东省原省长梁灵光校长说发扬优良传统，努力办好暨南大学，"培育更多优秀人才，为振兴中华、统一祖国、促进人类社会进步、维护世界和平作出更多贡献"。

为港澳台及华侨华人服务一直是学校的重要工作，改革开放以来暨南大学更是采取走出去的方式，大力开展华文教育，在英、法、美等国实践举办海外汉语培训班和汉语教师培训，在近20年中对香港警务人员和民政总署近万名学员进行普通话培训，2005年商务印书馆世界汉语教学研究中心在暨南大学成立，学校共编写近千本华文教材，其中由贾益民教授编写的全套48本中文教材，被誉为全美境内最好的中文教材，另一套为柬埔寨编写的小学汉语教材被列为柬埔寨唯一合法使用的统编教材。

南洋及华侨华人研究更是暨南大学经世致用、深入研究海外华侨华人群体以服务国家战略之需要的重要传统研究。重建后，东南亚研究和华侨华人研究继续得到重视并取得了长足发展；2011年，暨南大学整合全校国际关系和华侨华人及其他相关领域研究力量，成立国际关系学院/华侨华人研究院。目前，该学院（研究院）已经成为中国华侨华人和涉侨战略研究的重镇和智库。

暨南大学一直保持着优良的体育传统，民国时期就有来自世界各地的学子如足球队队员陈镇和、徐亚辉，篮球队队员蔡演雄、王南珍、尹贵仁，将足球，篮球等赛事带到暨南，在上海时期还曾有田径队员郝春德、傅金城（短跑）、符宝庐（撑竿跳高）代表中国参加历届远东运动会和1936年在德国柏林举办的第十一届奥运会。今日更有我暨南学子苏炳添、莫有雪、陈艾森等入选奥运会，参加田径和跳水项目的赛事，并最终获得奥运冠军。

暨南大学素来以多元文化汇聚、校园活动多元多彩而闻名中外，学校因此有小联合国之称。每年一度的国际文化聚暨南、香港文化节、澳门文化节、中国文化节更是学校的文化旗帜，在全国都独具特色。学生们虽然语言、肤色各异，但多样的文化思潮和学生活动争奇斗艳，可谓"五色交辉，相得益彰；八音合奏，终和且平"。

1979年入读暨南大学外语系，后转至新闻专业的彭伊娜坦言当时在暨南大学度过了十分美好的岁月，她对母校当时活跃又自由宽松的氛围记忆犹新。"20世纪80年代在中国就是改革开放的时候，各种各样的社会、学术思潮都能得到传播，特别是暨大是华侨学校，很多港澳生来探讨时政甚至是社会主义这种敏感的话题，所以有着相对自由、宽松、活跃的学术气氛。我觉得后来暨大学生毕业出来而且都做得不错，跟这个学校氛围还是挺有关系的。就是说暨大是一个特别兼容并蓄的学校，才能培养出胸怀宽广的学生。"她还对暨南大学当年每年举办的舞会印象颇深，当时暨南大学是第一个举办舞会的高校，开风气之先，吸引了当时广州各高校学生参与。

伴随着中国在国际上地位的不断提高，海外招生数量逐年增加，国内高校也逐步放宽对外招生的数量，经过百十年的发展，暨南大学立足于第一侨校，坚持贯彻"面向海外，面向港澳台"的办学方针，在成为国家"211工程"大学后，正式确立"侨校+名校"的战略目标，已然形成了分布在广州的天河本部、南校区、瘦狗岭华文学院、珠海分校和深圳旅游学院五校区，共计210.71万平方米，异地同步办学之壮丽景观，为国家和海外输送着各类人才。据统计，澳门60%的公务员、70%的医生均为暨南大学毕业生，这对拥护国家统一和爱国者的广泛统一战线都具有重大意义。

暨南大学现拥有学士、硕士、博士3个层次的学位系统，15个博士学位授予一级学科，38个硕士学位授予一级学科，博士后科研流动站16个，博士后科研工作站1个，国家二级重点学科4个，国务院侨办重点学科8个、广东省一级学科重点学科20个、广东省二级重点学科4个，工程学、化学、临床医学、药学和毒理学4个学科进入ESI世界排名前1%。现设有国家工程中心2个，教育部人文社会科学重点研究基地1个，部省级重点实验室21个，部省级工程中心18个，国际联合实验室11个，广东省人文社科重点研究基地8个。科研成果硕果累累，学校承担多项"973""863"计划等国家科技计划和国家社科、自科基金重大项目，获得国家科技进步奖、国家技术发明奖各1项，国际科技合作奖1项，国家自然科学基金项目立项数、权威索引收录的国际论文数量持续增长，近3年SCI论文五千余篇，EI论文三千余篇，《中国社会科学》论文7篇，申请专利548项，授予专利433项。

历史上暨南大学的教师队伍就曾有马寅初、郑振铎、梁实秋、王亚南、周谷城、钱锺书、周建人、夏衍、胡愈之、严济慈、楚图南、黄宾虹、潘天寿等著名学者。今日学校师资力量雄厚，结构优化，有专任教师1999人，其中中国科学院院士2人（陈星旦、苏国辉），中国工程院院士6人（刘人怀、姚新生、钱清泉、樊明武、陈志南、詹启敏），"长江学者"10人，"千人计划"专家10人，"杰青"获得者13人。因此，暨南大学成为海外华裔及港澳台地区学生报考深造首选的热门高校，也是国内规模最大的港澳台侨高素质人才培养基地。目前在校各类学生48068人，其中全日制本科生23421人，研究生9440人（其中博士研究生1259人、硕士研究生8181人）。来自107个不同国家和地区在校华侨、港澳台和外国留学生11625人，高居全国第一。暨南大学没有军训只有新生训练营，没有政治课只有爱国主义教育课程，暨南大学与其他知名高校不同的学习氛围，造就了学生思想开放、活泼，毕业生深受海内外用人单位好评，就业率一直位居同类院校前列，大家都评价暨南大学的毕业生活力更强，更具有社会适应力和实践力。

回顾暨南大学百十年的历程，暨南大学经历三落三起、五度播迁，民族命运和学校命运如此紧密地联系在一起，但贯穿其中始终不变的是"宏教泽育英才，播文化系家国"的历史使命，现今国家正式实施"双一流"的战略部署，暨南大学处千载之盛世、发百年之积蕴，坚持"质量是什么，创新是灵魂"的办学理念，大力实施"侨校+名校"的发展战略，正加快推进高水平大学建设，新的起点上，学校发展迎来迈向高水平、续写新辉煌的历史机遇！

3. 现任领导

党委书记：林如鹏

校长、党委副书记：宋献中

副校长：周天鸿　刘洁生　饶　敏　张荣华　叶文才

党委副书记、纪委书记：夏　泉

副校长：洪　岸　张　宏

校长助理：王志伟　邵　敏

◎ **参考资料：**

1. 暨南大学官网"学校概况"。

2. 林文兴、左晋佺编撰：《暨南大学》，载涂上飙主编：《中南高校历史发展沿革概览》，中南大学出版社2017年版，第8~16页。

（林文兴　左晋佺　撰稿）

后　记

2017年9月，国家发布了建设世界一流大学和一流学科的方案。在方案落实的过程中，有一项明确的规定就是大学文化建设。为服务大学的"双一流"建设，推进大学的文化建设，我们组织了高校档案馆系统的部分人员对教育部直属高校的发展历史进行了简明扼要的勾勒，旨在使人们对一批重点大学的过去、发展历史及发展现状有更多的了解。

这一工作是在教育部办公厅陈昆二级巡视员的具体策划和主持下进行的，武汉大学从事档案和校史工作的同志以及湖北、湖南、广东等部分高校档案馆的同志参与其中。大家分工合作、齐头并进共同完成。

在撰写的过程中，教育部75所高校全部收入，根据习惯，直属高校进行学会活动时将中国科学院、工信部及国家侨办所属的4所高校一并邀请参与，所以中国科学技术大学、哈尔滨工业大学、北京航空航天大学及暨南大学的历史发展沿革也一并进行了撰写，放在书的后面。

本书的撰写，基本以历史的方法进行。对于每一所高校前期的历史，笔墨相对较少。主要对其开办的时间、学校名称的变化、学科院系设置及迁移情况等进行记叙。对高校后期的发展尤其是现在的状况，进行了比较全面的介绍。本书的撰写重点是对学校历史发展过程进行撰述及一些数据的记载，没有对学校发展的所有工作及成绩进行面面俱到的撰写。

武汉大学档案馆的同志们承担了本书编撰的主体工作，武汉、长沙及广州所在的直属高校档案馆的同志们承担各自学校的撰稿工作。为编好本书，陈昆同志具体撰写了北京大学、清华大学及中国人民大学三所大学，以期给大家一些指导。

必须强调的是，中国大学形成的历史复杂、来源多途，如有的在晚清拯救民族于水火中出世，有的在民初教育救国的声浪中建立，有的在培养革命人才的需要中诞生；同时早期的大学都产生在战火纷飞、局势动荡的年代，这样导致中国大学断线、改名、迁移等现象较为普遍，而参加此书撰写的人员难免存在知识和能力的局限性。因此，书中不当之处以及错误在所难免，敬请批评指正。

编　者

2018年5月13日